STUDIA
HUMANITATIS
문명공동연구

STUDIA
HUMANITATIS
문명공동연구
9

덕의 귀환

동서양 덕의 역사 | 서양편

박기순·송유례 지음

서울대학교출판문화원

STUDIA HUMANITATIS
문명공동연구
9

덕의 귀환

동서양 덕의 역사 | 서양편

초판 1쇄 인쇄 2017년 4월 25일
초판 1쇄 발행 2017년 4월 30일

지은이 박기순 · 송유레
펴낸곳 서울대학교출판문화원
펴낸이 성낙인

책임편집 박희자
디자인 장혜원

출판등록 제15-3호

주소 (08826) 서울 관악구 관악로 1
대표전화 02-880-5252 | 팩스 02-888-4148
출판관리팀(주문상담) 02-889-4424, 02-880-7995
이메일 snubook@snu.ac.kr
홈페이지 www.snupress.com

ISBN 978-89-521-1896-7 94160
978-89-521-1575-1 (세트)

이 저서는 2007년 정부(교육과학기술부)의 재원으로
한국연구재단의 지원을 받아 수행된 연구임(NRF-2007-361-AL0016).

❁ 책을 펴내며

이 책은 『덕의 귀환—동서양 덕의 역사』의 서양편으로, 함께 출간되는 동양편과 짝을 이룬다. 최근 학계에서 근대에 대한 반성이 다각도로 이루어지는 가운데 근대 이래 서양윤리를 대표해온 의무론과 공리주의에 대한 비판과 함께 그에 대한 대안으로 덕윤리가 부상했다. 현대 덕윤리는 '어떤 인간이 좋은 인간인가?'라는 고전적 질문을 던지며, 그 대답을 찾기 위해 서양 고대 그리스로 눈을 돌렸다. 이런 식으로 고대의 덕윤리가 귀환했다. 덕윤리에 대한 관심은 서양 고대에만 국한되지 않고, 서양의 경계와 고대의 경계를 넘어 확장되고 있다.

서양학문이 동양으로 유입되는 과정에서 '아레테'는 '덕'(德)으로 번역되었다. 하지만 '덕'은 서양 개념을 번역하기 위해 새로 고안된 용어가 아니라, 오랜 동양윤리 전통에서 빌려온 것이다. 이러한 번역에서 개념간의 일대일 대응을 기대하는 것은 무리이다. 그러나 '아레테'가 '덕'으로 번역된 것이 우연은 아닐 것이다. 사실, 좋은 인간에 대한 물음은 동서양의 경계를 초월한 인류보편적인 물음이다. 동서양 윤리 전통에서 '아레테'와 '덕'이 모두 인간의 좋음을 가리키는 용어로 자리잡았다는 점에서 둘은 나란히 견주어질 수 있다.

그러나 동서양 덕윤리는 제각기 논쟁과 탐구의 역사를 지닌다. 이 책에서는 서양 고대에서 출발해 르네상스와 근대에 이르기까지 덕윤리 역사에서 중요한 이정표를 제시한 다섯 명의 철학자들, 즉 플라톤, 아리스토텔레스, 마키아벨리, 스피노자, 니체를 다루었다. 이 책은 덕에 대한 역사적 내지 계보학적 접근을 통해 덕윤리의 다양한 가능성을 드러내고자 했다. 이 책의 저자들은 덕윤리의 역사가 일방적인 진보의 역사라고 주장하지 않는다. 물론, 후대 철학자들은 선대 철학자들을 비판함으로써 보다 나은 이론을 제시하려고 애쓰지만, 후대의 이론이 선대의 이론보다 반드시 나은 것은 아니다. 그렇지만 덕윤리는 철학자들의 논쟁을 통해 다각화되고 풍부해졌다고 할 수 있다.

이 책은 위에서 언급한 철학자들의 입장을 소개하기 위해 입문적 해설과 함께 주요 텍스트의 번역을 제시했다. 이 책의 저자들은 윤리학에 관심이 있는 다른 철학 분야의 학자들과 철학을 전공하지 않은 일반 대중에게 다가가기 위해 전문 학술서적이 지닌 통상적인 틀에 매이지 않기로 결심했다. 각주와 참고문헌을 최소화했으며, 논란의 소지가 있는 해석마다 일일이 이견을 검토하거나 논박하지 않았다. 그 대신 저자 자신의 일관된 해석을 되도록 쉽게 풀어쓰려고 노력했다. 또한 저자 자신이 중요하다고 여긴 점들을 부각시켰다. 이런 식의 글쓰기가 독자로 하여금 덕에 대한 개별 철학자의 입장을 전체적으로 조망하고, 다른 입장들과 차별적으로 이해하는 데 도움이 되길 희망한다.

2011년 겨울, 각기 세부 전공 분야가 다른 네 명의 철학도가 모여 덕에 대한 공동연구를 시작했다. 김경희(동양 고대), 이혜경(동양 근대), 박기순(서양 근대)은 서양 고대 전공자인 필자가 덕을 찾아 낯선 시공간에 들어설 때마다 믿음직한 인도자가 되어 주었다. 덕유산(德裕山)에서 머물며 밤이 새도록 덕에 대해 토론했던 기억이 새롭고 또 그립다. 숱한 우문에도 인내와 호의로 명답을 건네 준 동료들에게 깊은 감사를 표한다. 이 책의 서론은 네 명이 함께 집필했다. 덕윤리 공동연구를 지원하고 이 조출한 성과를 문명텍스트 시리즈에 포함시켜 준 서울대학교 인문학연구원 HK문명연구사업단에 감사드린다. 끝으로 보다 나은 책이 나올 수 있도록 애써 주신 서울대학교출판문화원의 관계자 여러분에게 감사의 마음을 전한다.

2017년 봄 인왕산 자락에서

송유레

차례

책을 펴내며 ·5

I 서론

1. 덕윤리에 대한 역사적 연구 ·13
2. 덕윤리의 귀환과 그 의미 ·16
3. 덕의 어원과 번역 ·26
4. 책의 구성과 내용 ·45

II 플라톤—덕 개념의 이상주의적 정초 송유레

1. 들어가는 말 ·63
2. 소크라테스의 문제 ·67
3. 덕의 탐구 ·79
4. 영혼의 덕 ·93
5. 덕과 정치 ·120
6. 나가는 말 ·133
7. 원전 읽기 ·138

III 아리스토텔레스 — 덕윤리의 고전적 체계화 송유레

1. 들어가는 말 · 175
2. 행복의 정치학 · 177
3. 행복의 분석 · 190
4. 덕의 장인 · 206
5. 지성의 아크로폴리스 · 220
6. 나가는 말 · 229
7. 원전 읽기 · 233

IV 마키아벨리 — 덕 개념의 현실주의적 전환 박기순

1. 들어가는 말 · 269
2. 문제의 전위 : '좋은 삶'에서 '삶'으로 · 272
3. 마키아벨리의 존재론 : 동일한 것의 반복 · 279
4. 욕망의 인간학 · 283
5. 군주의 덕 · 288
6. 나가는 말 · 293
7. 원전 읽기 · 296

V 스피노자 — 덕윤리의 근대적 옹호자 박기순

1. 들어가는 말 · 315
2. 욕망의 인간학과 고전적 인간 본성 모델에 대한 계보학적 비판 · 319
3. 인간 본성 모델(자유와 합리성)의 계보학적 재구성 · 327
4. 자유인과 정치 · 342
5. 나가는 말 · 348
6. 원전 읽기 · 350

VI 니체—덕 개념의 미학적 전화 박기순

1. 들어가는 말 •369
2. 도덕과 진리에의 의지 •374
3. 도덕의 계보, 혹은 가치들의 가치에 대한 탐구 •377
4. 힘에의 의지 •382
5. 고귀한 인간 유형 •390
6. 니체의 덕 개념의 주요 특징 •395
7. 덕의 정치, '위대한 정치' •407
8. 나가는 말 •411
9. 원전 읽기 •415

참고문헌 •461
찾아보기 •465
문명총서 발간사 •473

I.
서론

1. 덕윤리에 대한 역사적 연구

덕윤리의 귀환, 이 책의 문제의식은 이 '흥미로운' 현상에서 출발한다. 20세기 후반 이후 윤리학의 지평에서는 점점 더 분명하게 지각되는 어떤 변화가 일어나고 있다. 현대 철학을 특징짓는 주요 경향들을 지칭하기 위해 사용되는 몇몇 전회들, 예를 들면 '언어적 전회', '정서적 전회', '공간적 전회' 등과 나란히 사람들은 윤리학에서의 이 변화를 '덕으로의 전회'(aretaic turn)라고 부르기도 한다.

이 현상이 '전회'라고 불릴 정도로 근본적이고 결정적인 것인지 우리는 아직 알지 못한다. 어쩌면 미셸 푸코의 말대로 역사에는 그렇게 결정적인 순간, 그것을 기점으로 전과 후가 완전히 달라지는 그러한 순간은 본래 없는지도 모른다. 덕윤리의 귀환은 이러한 의미에서 결정적인 현상은 아닐 수 있지만, 적어도 우리가 보기에 '흥미로운' 현상임에는 틀림없다.

흥미로운 것은 우리에게 생각할 거리를 제공한다. 그래서 그것은 우리에게 단순히 호기심만을 불러일으키는 것과 구별된다. 우리가 예상치 못했던 어떤 것이 일어났을 때, 혹은 새로운 현상이 발생했을 때 우리는 호기심을 갖게 된다. 물론, 우리는 새로운 것을 만나게 되면 그것을 알고자 한다. 그러나 그 앎에 대한 욕망이 단지 새롭다는 이유 때문에 촉발된 것이라면 그 앎은 단편적 지식의 획득 이상의 것이 될 수 없다. 이러한 의미에서 호기심은 데카르트의 말대로 진정한 의미에서의 새로운 앎을 구성하는 동력이 될 수 없다. 요컨대, 새롭기만 한 것은 호기심은 일으킬 수 있지만 흥미로움을 주지는 못한다. 흥미로운 것은 우리에게 근본적인 질문을 제기하는 어떤 것이다. 따라서 그것은 우리로 하여금 전면적으로 다시 생각해보거나 달리 생각해보기를 요구한다. 우리가 보기에 덕윤리의 귀환이라는 이 현대적 현상은 이러한 정확한 의미에서 '흥미로운' 현상이다.

이 책은 현재 논의되거나 개진되고 있는 덕윤리의 주요 이론들, 그것들의 논점 및 쟁점을 정리하고 소개하는 데 일차적인 관심을 갖지 않는다. 이러한 의미에서 이 흥미로운 현상에 대한 우리의 관심과 태도는 직접적이지 않다. 덕윤리에 관한 현재의 논의들에 개입하는 우리의 방식은 오히려 우회적이고 간접적이다. 이 책은 동서양에서 전개되었던 덕윤리의 다양한 모습들을 추적하는 '역사적 연구'의 형태를 띠고 있기 때문이다. 우리는 덕윤리가 자신의 귀환을 알리면서 준거하고 있는 고전적 전통으로 되돌아가 덕윤리의 정초자들이 가졌던 문제의식이 정확히 무엇이었는지를 묻고, 그 고전적 덕윤리가 겪게 되는 변형들의 모습은 어떤 것이었는지를 추적한다. 우리는 이 역사적 연구가 간접적이고 우회적이지만 덕윤리의 부활이라는 현상을 이해하고 나아가 그것에 적극적으로 관계 맺는 가장 적합한 한 방식이라고 믿고 있다.

덕윤리의 귀환이라는 현상을 역사적 관점에서 탐구하는 것은 덕윤리의 현대적 논의, 그것의 문제설정을 정당화하고 승인하기 위한 절차로서 이해되어서는 안 된다. 여기에서 '역사적'이라 함은 '비판적'이라는 의미를 동시에 담고 있기 때문이다. 우리가 과거로, 형성의 원천과 변화의 순간들로 되돌아가는 것은 현재를 승인하기 위해서가 아니라 반대로 현재에 머물지 않고 그 지평을 새로이 확장하기 위해서인 것이다. 과거를 단순화하거나 그것의 일부분만을 보면서 가졌던 협소한 시각에서 벗어나기 위해서, 우리는 다시 그 과거로 되돌아갈 필요가 있다. 우리가 이 책을 기획하면서 가졌던 일차적인 문제의식은 바로 이것이었다.

이 역사적 연구는, 다른 모든 역사적 연구들이 그러하듯이, 역사에 대한 특정한 관점을 가질 수밖에 없다. 역사 연구는 특정한 시선으로부터 자유로운 절대적 관점은 존재할 수 없기 때문이다. 덕윤리의 역사를 보는 우리의 관점은 이 책에서 다루는 철학자들의 선택에서 일차적으로 드러난다. 이 책에서 제시하는 덕윤리의 역사는 여러 가능성 가운데 하나에 불과하다는 점은 분명하다. 그러나 이것은 이 책의 선택이 순전히 자의적이라는 것을 의미하지 않는다. 그러한 선택을 하게 된 근거와 이유에 대해서는 다시 언급할 기회가 있을 것이다. 우리는 동서양의 덕윤리를 정초한 철학자들과 함께 덕윤리의 역사적 전개 과정에서 중요한 기점을 마련한 철학자들에 주목했다. 우리는 덕윤리의 역사가 단선적이라고 생각하지 않는다. 우리가 선택한 철학자들은 오히려 덕윤리의 다양한 가능성을 보여줄 것이다.

이 책에서 제시하는 역사적 연구가 하나의 해석이라는 점은 부인할 수 없다. 그러나 우리는 가능한 한 우리의 시선이 주제적으로 드러나지 않도록 노력하였다. 오히려 독자들이 또 다른 시선이나 해석을 가질 수 있는 여지를 마련하고자 하였다. 덕윤리에 관련된 원전을 논의 순서에 따라 체계적으로 제시하고 있는 것은 바로 이러한 이유에서이다. 이러한 관점에서 보면, 이 책은 덕윤리 전통을 형성하고 있는 주요 철학자들의 원전에 대한 입문적 해설로 간주될 수도 있을 것이다.

다시 말하지만 이 책은 덕윤리의 역사에 대한 연구이다. 그러나 동시에 그것은 이 역사에서 중요한 순간들을 형성하였던 철학자들의 원전에 대한 길잡이이기도 하다. 우리는 이것이 앞에서 언급한 덕윤리의 귀환이라는 흥미로운 현상을 진지하게 접근하는 적합한 방식이라고 판단하였다. 그러나 이것은 그것을 다루는 유일한 방식이 될 수는 없다. 우리가 이 책에서 의도했던 것은 단지 그것의 본격적인 탐구를 위한 출발점이 될 수 있을 뿐이다. 그러나 그것은 우회하거나 회피할 수 없는 것이기도 하다.

2. 덕윤리의 귀환과 그 의미

덕윤리가 돌아왔다. 근대 이후 서양 사회를 지배해온 윤리는 임마누엘 칸트가 그 전형을 제시한 의무론과 제레미 벤담과 존 스튜어트 밀로부터 유래한 공리주의이다. 이 두 윤리이론은 각각 행위의 동기와 결과를 강조하고 있다는 점에서 서로 구별되고 나아가서는 대립하기도 하지만, 도덕적으로 올바른 '행위'의 규칙들을 제시하는 것을 목적으로 삼고 있다는 점에서는 다르지 않다. 그런데 20세기 후반 근대에 탄생했던 이 두 지배적인 윤리이론에 대한 비판과 함께 그것의 대안으로 덕윤리가 부상했다.

'덕윤리'(virtue ethics)는 현대 규범윤리학(normative ethics)에서 의무를 중시하는 접근법과 행위의 결과를 중시하는 접근법과는 달리, 행위자의 덕 또는 훌륭한 성격을 강조하는 접근법을 일컫는 전문용어이다.[1] 이러한 의미에서 덕윤리는 가장 새로운 윤리이지만, 그 기원을 따지면 가장 오래된 윤리이기도 하다. 현대의 덕윤리학자들은 덕윤리의 기원을 고대 그리스 철학, 특히 플라톤과 아리스토텔레스의 윤리학적 저술들에서 찾는다. 이런 식으로 덕을 중심으로 한 고대 윤리가 현대 덕윤리를 통해 '부활'한다. 따라서 '덕윤리'는 현대에 생긴 말이지만, 그 실체는 이미 존재했던 것이라고 할 수 있다. 우리가 덕윤리에 대해서 '귀환'과 '부활'을 말하는 것은 이러한 이유에서다.

부활, 이것은 당연히 옛것의 재탄생을 의미한다. 죽었던 것, 혹은 적어도 죽은 것처럼 간주될 만큼 잊혀 있던 것의 재등장이 부활을 의미한다면, 이 부활은 그것의 쇠퇴나 소멸을 만들어냈던 것에 대한 비판을 동시에 의미할 수밖에 없다. 덕윤리의 부활이 근대의 의무론과 공리주의에 대한 반론으로 이해될 수 있다면, 그것은 '근대성 비판'이라는 보다 넓은 문제설정 속에서 파악될 필요가 있다. 요컨대, 덕윤리의 부활이라는 이 현대적 현상은 많은 다른 현대철학의 이론적 경향들과 마찬가지로 소위 '근대'와 비판적 관계를 맺고 있는 것으로 간주될 수 있다.

그렇다면 이때 '근대성'을 우리는 어떻게 이해해야 하는가? 특별히 의무론과 공리주의가 담지하였던 근대성은 어떠한 것인가? 이 문제에 답하는 것은 쉽지 않다. 더욱이 현대의 많은 포스트 담론들이 비판의 대상으로 삼고 있는 근대성이 실제로는 현대적 비판의 관점에서 단순화되어 재구성되는 경우가 많다는 점을 고려할 때, 근대성의 실체가 무엇인가를 정의하는 것은 적지 않은 위험을 안고 있기도 하다. 어떤 시대도 동질적이지 않다는 점을 고려하면 더욱 그러하다.

---

1 Hursthouse, R.(1999), "Introduction", *On Virtue Ethics*, Oxford: Oxford University Press; Hursthouse, R.(2003), "Virtue Ethics", *Stanford Encyclopedia of Philosophy*, http://plato.stanford.edu/entries/ethics-virtue/.

이러한 위험에도 불구하고, 덕윤리의 부활이 의미하는 것이 정확하게 무엇인지를 이해하기 위해서는 그것이 함축하고 있는 근대성 비판이 무엇인지를 따져 물어볼 필요가 있다. 왜냐하면 이 근대성은 바로 고대 덕윤리 전통의 쇠퇴와 소멸을 만들어냈던 이론적 환경이기도 하기 때문이다. 따라서 덕윤리의 쇠퇴와 부활을 이해하는 데 근대성에 대한 탐문은 필연적으로 요청될 수밖에 없다.

근대철학을 열었던 데카르트와 베이컨에게서 두드러지게 나타났던 모습은 단절의 의식이었다. 그들은 전통과의 단절을 원했고, 자신들을 절대적 출발점으로 간주했다. 특히 이 단절은 '학문'(scientia)의 이념과 관련된 것이었다. 근대철학의 정초자들은 새로운 학문, 더 이상 의심할 수 없는 확실한 기반 위에 세워질 수 있는 학문은 어떻게 가능하며, 그러한 학문의 본성은 어떻게 규정될 수 있는지를 물었고, 그에 대한 답을 추구하였다. 그런데 이 학문의 혁신은, 오랫동안 잘못 이해해온 것처럼, 중세의 그리스도교 신학과의 단절을 의미하지 않았다. 오히려 데카르트에서 전형적으로 잘 드러나고 있듯이, 새로운 학문의 이념은 그리스도교 신학의 전제 하에서 성립된 것이었다. 신과 인간 사이의 건널 수 없는 간극, 달리 말하면 인간의 유한성에 대한 긍정은 인간 지성의 한계를 필연적으로 인정하게 된다. 그리고 이것은 인간이 획득할 수 있는 앎의 영역에서 사물들의 '의미와 목적'에 대한 탐구를 배제하는 것으로 귀결되었다. 이렇게 인간의 앎은 제한적인 것이 될 수밖에 없었다. 우리는 이러한 학문 개념에 '제한적 합리주의', '계산적 합리주의' 혹은 '실증주의적 합리주의' 등의 이름을 붙일 수 있을 것이다.

우리의 원래 주제로 되돌아오자. 우리가 보기에 근대 의무론과 공리주의를 가능케 하였던 이론적 배경에는 바로 이 근대적 학문 이념, 실증주의적 합리주의가 놓여 있었다. 그리스 고대의 지성주의적(intellectualist) 윤리학은 앎은 삶을 변화시킨다는 전제를 가지고 있었다. 따라서 좋은 삶에 대한 성찰은 자연 전체에 대한 앎, 그리고 그 자연 안에서 우리 인간이 차지하고 있는 위상, 즉 인간 본성에 대한 앎에 기반해야 했다. 이러한 의미에서 고대인들에게 앎 혹은 학문은 근본적으로는 '실천적인' 것이었다. 달리 말하면 존재와 당위, 자연에 대한 인식판단과 가치판단이 완전히 별개의 원리를 갖지 않았다. 그러나 근대인들에게 앎은 삶의 방식의 문제와 구별되었다. 우리 인간이 확실하게 참된 인식으로서 가질 수 있는 것은, 예를 들면 사물들 사이의 기계적 법칙뿐이기 때문이었다. 이 제한적 인식은 그 자체로는 우리 인간은 누구이고, 따라서 어떻게 살아야 하는지의 문제에 답할 수 없다.

학문에 대한 이러한 근대적 이해는 윤리의 문제를 두 가지 방향에서 해결하도록 이끌게 된다. 앞에서 말했듯이 근대적 앎은 윤리와 분리된다. 따라서 윤리는 자신의 원리를 별도로 가져야 한다. 칸트의 경우에 잘 나타나고 있듯이, 인간은 무엇을 해야만 하는가라는 당위의 문제는 과학적 인식의 토대인 이론이성과 구별되는 실천이성에서 그 답을 구해야 한다. 실천이성은 도덕 법칙의 입법자이다. 특별히 이 입법자는 그리스 고대에서처럼 권고하거나 설득하는 자가 아니라, 그리스도교의 신처럼 무조건적으로 명령하는 자이다. 여기에서 덕은 이 실천이성의 도덕적 명령을 따르고자 하는 '의지'로 환원된다. 칸트가 말하고 있듯이, 최고선은 선의지인 것이다.

근대적 학문 이해가 낳은 또 다른 윤리이론은 공리주의다. 앞에서 언급했듯이, 근대를 합리주의 시대로 규정할 수 있다면 그 합리주의는 제한적 합리주의 혹은 계산적 합리주의이다. 요컨대, 학문을 구성하는 우리의 이성 능력은 오직 추론적이고 계산적인 기능으로 환원된다. 따라서 우리가 삶에서 추구해야 할 목적이나 동기는 이성의 능력 밖에서 설정되어야 한다. 영국의 경험론자들은 칸트와는 다르게 쾌락으로서의 행복을 인간이 추구하는 가치로 설정한다. 이성은 여기에서 목적으로서의 쾌락을 극대화할 수 있는 수단들 및 정보들을 계산하고 제공하는 기능으로 축소된다.

이렇게 근대 의무론과 공리주의는 서로 상반된 도덕적 행위 규칙들을 제시하고 있지만, 그것들은 모두 근대의 산물이라고 할 수 있다. 앞에서 살펴본 바와 같이, 이 근대성은 학문에 대한 새로운 이해, 삶의 실천적 문제와 분리된 앎에 그 뿌리를 두고 있다. 인간이 획득할 수 있는 앎에 한계를 부여하고자 했던 모든 시도들은 '확실한' 인식에 대한 열망을 표현하고 있었다. 그러나 확실성에 대한 이 열망은 대가를 치러야만 했다. 확실한 인식은 더 이상 윤리의 토대가 되지 못했기 때문이다.

그런데 앎과 삶의 근대적 분리는 현실에서는 단순한 분리로 그치지 않았다. 근대적 자본주의의 발전 속에서 근대적 합리주의는 점점 더 우리의 삶을 지배하는 원리가 되어 갔다. 그러나 현실의 삶을 지배하는 도구적이고 계산적인 합리성 앞에서, 그것과는 독립된 원리로부터 이끌어낸 도덕적 행위의 동기들은 미약하기 그지없는 것이었다. 자본주의가 발전하면 할수록 개인들의 내면은 더욱 황폐해지고, 시민사회는 붕괴되어 인간이 인간에게 '늑대'로서 살아가는 '자연' 상태에 가까워져가고 있지만, 같은 뿌리에서 나온 근대의 도덕이론은 그것에 대한 어떤 비판이나 저항의 힘이 될 수 없었다.

덕윤리의 부활은 근대의 규범윤리학이 태생적으로 가질 수밖에 없었던 이러한 무능력에 대한 자각에서 비롯한다. 따라서 부활된 덕윤리는 근대의 두 윤리이론에 대한 비판을 넘어서 그것이 기초하고 있는 근대성, 즉 학문에 대한 근대적 이해, 그리고 그로부터 나온 앎과 삶의 분리에 대한 비판과 극복을 겨냥한다. 현대의 덕윤리가 고대 그리스의 윤리적 전통으로 돌아가고 있는 이유가 여기에 있다.

이러한 전통의 맨 앞에 소크라테스가 서 있다. 그에게 철학은 이론을 구성하는 지적 작업에 그치는 것이 아니라 삶을 구성하는 전인적인 작업이었다. 이러한 철학은, 피에르 아도가 강조했듯이, 하나의 '삶의 방식'이었다.[2] '어떻게 살아야 할 것인가?'에 대한 철학적 탐구는 앎에서 끝나는 것이 아니라 삶에서 완성되는 것이었다.

소크라테스가 추구한 철학적 삶은 잘 살고 싶다는 인간의 근원적 욕망을 추동력으로 삼아 잘 산다는 것이 과연 무엇인지, 잘 살기 위해 무엇을 해야 할지를 묻고 따지며 체계적으로 생각하는 삶이자 생각한 것을 실천하는 삶이다. 그는 좋은 것을 바라는 마음만으로는 잘 살 수 없다고 보았다. 잘 살기 위해서는 그럴 수 있는 실력이 필요하고, 무엇보다도 무엇이 좋고 나쁜지를 분별할 수 있는 지혜가 필요하다고 보았다.

소크라테스에서 시작하는 고대의 덕윤리 전통에서 지혜는 덕의 요체 또는 최고의 덕이다. 이때 지혜는 인간을 행복한 삶으로 인도하

---

2 Hadot, P.(1995), *Qu'est-ce que la philosophie antique?*, Paris: Folio.

는 살아 있는 지혜이다. 그리스 철학자들은 행복한 사람을 신처럼 사는, 신을 닮은 사람이라고 여겼다. 바로 이런 시각에서 플라톤주의자들은 철학의 목표가 신을 닮는 것이라고 선언했다. 여기에서 철학자들의 신은 완전한 지성이거나 그러한 지성의 원천이었다.

고대 그리스의 덕윤리 전통은 그리스도교 문화의 정착과 함께 쇠퇴하게 된다. 그리스도교에서 인간을 신으로 인도하는 것은 더 이상 지혜와 그러한 지혜에 대한 사랑(철학)이 아니라 신에 대한 사랑, 신으로 향하는 의지, 신에 대한 복종이 된다. 인간의 덕은 앎에 있지 않다. 달리 말하면, 인간이 인간다운 것은 무엇이 옳고 그른지를 아는 것이 아니라 옳은 것을 행하려는 의지에 있다. 옳은 것이 무엇인지를 알아도 그것을 행하고자 하는 의지가 없으면, 오히려 악을 행하고자 하는 의지가 있다면, 앎은 아무 소용이 없기 때문이다.

그런데 선을 행하고자 하는 의지는 결국은 선 그 자체인 신을 따르려는 의지, 신의 명령에 복종하고자 하는 의지에 다름 아니다. 신은 우리에게 도덕적 명령을 주는 자이다. 후에 칸트는 이 신의 자리에 실천이성을 위치시켰다. 그러나 본질에는 변화가 없다. 그것이 신의 명령이든 아니면 실천이성의 명령이든 우리에게는 도덕법칙이 명령으로 주어진다. 이 도덕적 명령을 절대적으로 따르려고 하는 의지가 곧 덕이다.[3]

---

3 그리스도교 전통에서 지성과 감정으로부터 독립된 제3의 심적 요소로서 행위의 동기력으로 기능하는 의지가 부상한다. 의지 개념의 기원과 전개에 대해서는 다음 연구를 참조하라. Dihle, A.(1982), *The Theory of Will in Classical Antiquity*, Berkeley, Los Angeles, London: University of California Press; Frede, M.(2012), *A Free Will. Origins of the Notion in Ancient Thought*, Berkeley, Los Angeles, London: University of California

이렇게 덕이 의지로 환원되는 한에서, 바람직한 인간상의 구성이라는 덕윤리의 문제설정은 사라진다. 덕은 인식과 수련을 통해 습득되어야 하고 구성되어야 하는 어떤 것이 더 이상 아니기 때문이다. 결국, 덕은 결단과 회심(conversio)의 문제로 환원된다. 우연한 사건이나 만남을 통해 우리는 언제든지 새로운 인간이 될 수 있다. 사실, 플라톤도 회심을 말한다. 하지만 플라톤의 회심은 순간적인 결심이 아니라 오랜 교육과 훈련의 결과이다. 그것은 의지의 혁명이 아니라 지성의 정립이다. 지성의 정립은 마음 전체의 변화를 동반한다.

서양의 경우 덕윤리의 부활은 형이상학의 부활과 밀접한 연관이 있다. 앞에서 언급했듯이, 근대 윤리이론의 배후에는 형이상학에 대한 비판이 존재한다. 거기에 어떤 형이상학이 존재한다면, 그것은 도덕을 앎이 아니라 다른 원리, 예를 들면 그리스도교 신학에서처럼, 자유의지에 기초해서 정초하고자 하는 형이상학이다. 덕윤리는 이러한 형이상학 전통, 혹은 형이상학에 대한 비판의 전통과 갈라선다.

덕윤리는 형이상학을 요청한다. 일반적으로 이해되고 있듯이, 덕윤리는 행위가 아니라 그 행위를 만들어내는 성격, 보다 정확히 말하면 '인간 유형'을 고려한다. 요컨대 덕윤리는 바람직한 인간 유형은 무엇이며, 그것은 무엇에 기초해서 구성될 수 있는지를 묻는다. 고대의 덕윤리학자들은 유덕한 인간 유형은 '자연' 또는 '본성'에 기초한다고 대답한다. 따라서 어떻게 살아야 하느냐에 대한 기본적 대답은 자연에 합치하여 본성에 맞게 살아가는 것이라는 데 그들은 동의한

Press.

다. 따라서 덕윤리는 필연적으로 자연과 본성에 대한 이해, 그것의 원리에 대한 형이상학적 이해를 요청할 수밖에 없다. 그리고 이 형이상학의 차이에 따라 상이한 덕윤리가 나오는 것이다.

우리가 보기에 덕윤리의 부활은 형이상학의 부활을 동반할 때 그 진정한 의미를 갖게 될 것이다. 이 점은 덕윤리의 부활이 함축하는 근대성 비판이 무엇을 의미하는지를 논구하는 과정에서 충분히 드러난 것으로 보인다. 그것은 삶과 분리되지 않는 앎에 대한 요구, 불확실성이라는 이유로 존재의 궁극적인 의미 혹은 무의미에 대한 탐구를 폐기하였던 근대정신에 대한 문제제기였다.

주지하듯이 동양의 근대는 서양과 다른 양상으로 전개되었다. 선교사를 태운 상선의 상륙이 이윽고는 주권을 위협하는 군사적 실력행사로 바뀌기 전까지, 동양의 철학적 전통, 특히 유학전통은 고대 이래 단절 없이 이어져왔다. 즉 100여 년 전까지도 유학은 동양에서 현실의 이념이었다. 유학의 철학적 전통에서 앎이란 윤리적인 앎이었다. 이 전통에서 앎은 오롯이 선한 사람이 되어 선한 공동체를 만드는 것과 관련되었다. 개인은 자신의 도덕적 성장을 인생의 과제로 설정하며, 도덕적 성장은 선한 공동체에 기여할 것으로 기대되었다. 그리고 도덕적 성장을 이룬 사람들의 내면은 '덕'과 관련되어 논의되었다. 이 전통에서 앎은 실천을 동반하는 것이었고, 윤리적 탐구는 앎과 실천을 가능하게 하는 것으로서 인간의 내면 탐구에 집중되었다.

윤리적 탐구가 내면과 그 내면의 발현이라는 주제를 중심으로 전개되어왔다는 점에서, 유학전통은 서양의 고대 그리스 전통과 공명하고 있다. 또한 유학전통은 시대의 변동에 민감하게 반응하여, 시대가 요구하는 선한 삶은 무엇인가에 대해 끊임없이 묻고 답을 찾는 자기혁신을 통해 오랫동안 생명을 유지해왔다. 근대까지 이어져온 성장과 실천의 윤리, 변화에 적응하는 자기혁신성, 이러한 특징을 갖고 있는 유학전통은 현대 덕윤리에 적지 않은 시사와 풍부한 자료를 제공해줄 수 있으리라 생각한다. 그러한 기대에서 십여 년 전부터 서양에서 중국사상을 연구하는 학자들을 중심으로 덕윤리의 관점에서 유가윤리의 전통을 조명하는 일이 이루어지고 있다.[4]

이 책은 '덕윤리'라는 현대 서양철학의 현상에 주목하고 그것을 연구의 출발점으로 삼고 있다. 현대 덕윤리 논의에 참여하고 있는 일군의 학자들은 현대 덕윤리의 틀을 만들고 유학을 그 안에서 다루는 것이 적실한지에 관해 논쟁하기도 한다. 이 책은 그 논쟁에 참여하는 것을 당면의 목적으로 하지 않으며, 동양의 유학전통에서 변곡점을 이룬다고 생각되는 학자의 덕 이론을 소개하는 것을 1차적인 목표로 한다. 앞에서도 언급했듯이 이 책을 만든 사람들의 의도는 현대 덕윤리의 지평을 확장하기 위해서 덕의 역사에 관심을 갖는 것이었다.

이질적인 철학전통에 속해 있음에도 덕이라는 매개를 통해서 동서양의 철학자들이 어떤 근본적인 문제의식을 공유하고 있었는지를 독자들은 이 책에서 확인할 수 있을 것이다.

---

4 유학을 덕윤리의 관점에서 조명한 대표적인 연구는 다음과 같다. Norden, B. W. Van(2007), *Virtue Ethics and Consequentialism in Early Chinese Philosophy*, Cambridge: Cambridge Univeristy Press; Yu, J.(2007), *The Ethics of Confucius and Aristotle: Mirrors of Virtue*, London: Routledge: Angle, S. C.(2009), *Sagehood: The Contemporary Significance of Neo-Confucianism*, Oxford: Oxford University Press.

3. 덕의 어원과 번역

현대의 덕윤리는 서양 고대 윤리학의 논의 틀과 기초 개념들을 계승했는데, 가장 중요한 유산은 덕에 대한 논의일 것이다. 그러나 현대의 덕윤리가 고대 윤리학으로부터 덕에 대한 일의적이고 고정된 개념을 그대로 물려받은 것은 아니다. 실제로 현대의 덕윤리학자들은 여러 가지 상이한 덕 개념을 바탕으로 이론체계를 구축하고 있으며, 때로는 모호한 개념을 사용하여 혼동을 불러일으키기도 한다. 이미 고대 윤리학 전통 내에서도 덕에 대한 체계적인 이해를 도모한 철학자들이 여러 가지 상이한 덕 개념을 제시했다. 그렇지만 고대 윤리학자들은 덕의 기본적인 의미를 다소간 공유했으며, 그러한 공유된 이해를 기반으로 덕에 대한 철학적 반성과 토론을 전개할 수 있었다.

고대 그리스어에서 '덕'(德, virtue)으로 번역된 용어는 'ἀρετή'(아레테)이다. 이 용어가 라틴어 'virtus'로 옮겨졌으며, 여기에서 영어 'virtue'가 나온다. 근대 일본 지식인들은 서양의 학문을 도입하면서 영어 'virtue'를 '德'으로 옮겼다. 이때 '德'은 번역을 위해 새로 고안된 용어가 아니라 이미 오랫동안 동양 윤리 전통을 대표해온 핵심용어였다. 번역자들은 단순히 서양 개념을 이식할 용어를 찾은 것이 아니라 서양 개념에 상응하는 개념을 동양 윤리 전통에서 발견한 것이다. 우리는 '덕'의 어원, 의미 및 번역 문제를 덕윤리의 역사를 연구하는 출발점으로 삼고자 한다.

(1) ἀρετή의 의미와 번역

그리스어 'ἀρετή'(aretê)의 어원은 불분명하지만, '좋다'는 뜻의 형용사 'ἀγαθός'(agathos)의 비교급 'ἀρείων'(areiôn)에서 파생된 명사로 추정된다.[5] '아레테'는 일반적으로 탁월성, 다시 말해 훌륭하고 뛰어난 상태를 의미한다. 이 용어는 원래 인간에 국한되어 사용되지 않고 생물과 사물에 두루 적용될 수 있었다. 그래서 집을 잘 지키는 개, 잘 드는 칼, 나아가 잘 보는 눈과 같은 신체의 일부도 '아레테'를 가지고 있다고 말할 수 있었다. 현존하는 그리스 문학작품 가운데 가장 오래된 호메로스의 『일리아스』(기원전 8-7세기 기록)에는 잘 달리는 말(馬)의 '아레테'가 다음과 같이 언급되어 있다. "그러나 날랜 말들이 다시 잿빛 바다를 향해 돌아서서/마지막 주로를 달릴 때 각각의 아레테가 뚜렷이 드러났다."[6]

인간의 '아레테'는 인간이 지니는 훌륭한 상태를 의미한다. 하지만 '어떤 인간이 훌륭하고 뛰어난가?'라는 물음에 대해 어떤 대답을 하느냐에 따라 그 실질적인 의미가 달라질 것이다. 호메로스의 영웅서사시는 용감한 전사를 '훌륭한' 인간으로 제시한다. 그에 따라 용기가 인간의 훌륭함을 대표한다.[7] 가령, 헥토르는 디오메모스와의 결전을 앞두고 다음과 같이 말한다. "내일이면 그가 과연 내 창의 공격을

---

5 Chantraine, P.(1990), *Dictionnaire étymologique de la langue grecque. Histoire des mots*, Bd. 1/2 Paris: Klincksieck, p. 107.

6 호메로스, 『일리아스』, 23. 373-375: Ἀλλ' ὅτε δὴ πύματον τέλεον δρόμον ὠκέες ἵπποι/ ἂψ ἐφ' ἁλὸς πολιῆς, τότε δὴ ἀρετή γε ἑκάστου/φαίνετ', ἄφαρ δ' ἵπποισι τάθη δρόμος·

7 대체로 전사는 남자였기 때문에 용기는 주로 남자의 덕이었다. '용기'로 옮긴 그리스어 '안드레이아'(andreia)는 남자를 뜻하는 명사 '아네르'(anêr)의 속격인 '안드로스'(andros)에서 파생된 용어로 '남자다움' 내지 '사내다움'을 의미한다.

버틸 수 있을지/그 아레테를 보여주게 될 것이다."[8] 이 문장에서 '아레테'는 용기로 번역될 수 있다.

호메로스가 그린 영웅시대에 용감한 전사는 사회적으로 귀족층에 속했으며 대체로 부유했다. 그리하여 '좋다', '훌륭하다'를 뜻하는 'agathos'는 '귀족임'을 의미하기도 했다. 물론, 귀족 신분을 지닌 사람이라고 해서 우리가 생각하는 훌륭하고 좋은 인품을 지닌 것은 아니다. 아가멤논이 아킬레우스에게 '전리품'으로 배정된 아름다운 브리세이스를 빼앗으려고 하자, 네스토르는 아가멤논에게 다음과 같이 충고한다. "그대가 아무리 훌륭하기로서니(agathos) 그에게서 그녀를 빼앗지 마시오."[9] 여기에서 '훌륭함'은 신분상의 고귀함을 가리키는 것이지 인품의 고귀함을 가리키지 않는다. 따라서 아가멤논이 '훌륭하기' 때문에 불의를 범하지 않으리라 기대할 수도 없고, 불의를 범한다고 해서 '훌륭하기'를 멈추는 것도 아니다.[10]

앞서 말했듯이, 호메로스의 서사시에서 아레테는 주로 남성 귀족 전사의 용기를 가리켰다. 그런데 시간이 흘러 전투 형태가 변화함에 따라 용기의 내용도 달라졌다. 호메로스는 개별 영웅들의 개인적인 전투능력과 패기에 주목했지만,[11] 7세기 말 스파르타의 엘레기 시인인 튀르타이오스는 군대의 결집력을 중시하면서 전열에서 이탈하지

---

8 호메로스, 『일리아스』, 8. 535-536: αὔριον ἣν ἀρετὴν διαείσεται, εἴ κ' ἐμὸν ἔγχος/μείνῃ ἐπερχόμενον.

9 호메로스, 『일리아스』, 1. 275: μήτε σὺ τόνδ' ἀγαθός περ ἐὼν ἀποαίρεο κούρην.

10 MacIntyre, A.(1998), *A Short History of Ethics. A History of Moral Philosophy from the Homeric Age to the Twentieth Century*, Routeledge, p. 8.

11 호메로스의 작품에 나타난 덕의 이상에 대해 Adkins, A. W. H.(1960), *Merit and Responsibility*, Oxford: Clarendon, pp. 34-40.

않는 군인의 용기를 아레테로 제시한다.

> 어떤 이들은 다른 사람들과 함께 머물며
> 전열의 맨 앞으로 나아가 적과 맞붙어 싸웠다.
> 이들은 가장 적게 죽었으며 뒤에 있는 사람들을 구해주었다.
> 뒤로 물러서는 사람들은 모든 아레테를 잃는다.[12]

기원전 7-8세기경 활동한 서사시인 헤시오도스는『일과 나날』에서 과거 전쟁 영웅들의 삶을 노래하는 대신, 당대 촌부의 일상적인 삶과 노동을 노래한다. 그에게 '아레테'는 인간이 노력을 통해 성취할 수 있는 인간적인 훌륭함과 탁월함을 의미한다. 그것은 '용기'가 아니라 보다 포괄적인 '덕'을 가리킨다. 이러한 헤시오도스의 덕 개념은 성공과 그에 따르는 명예를 함축한다.[13]

> 그러나 덕 앞에는
> 땀 흘릴 일들을 불사의 신들이 놓아두었으니
> 그것에 이르는 길은 멀고도 가파르며
> 처음엔 험하기조차 하지. 하지만 정상에 오르고 나면
> 그 뒤로는 견디기가 그야말로 쉽지? 그 힘들던 길이.[14]

---

12 튀르타이오스,『단편』, 11. 11-14: οἳ μὲν γὰρ τολμῶσι παρ' ἀλλήλοισι μένοντες/ἔς τ' αὐτοσχεδίην καὶ προμάχους ἰέναι, παυρότεροι θνήσκουσι, σαοῦσι δὲ λαὸν ὀπίσσω·/τρεσσάντων δ' ἀνδρῶν πᾶσ' ἀπόλωλ' ἀρετή.

13 헤르만 프랭켈(2011),『초기 희랍의 문학과 철학 1』, 김남우·홍사현 옮김, 파주: 아카넷, 223쪽; 헤시오도스,『일과 나날』, 313 참조.

기원전 6세기 말에서 5세기 초에 활동한 메가라의 테오그니스는 용기가 아니라 정의를 귀족적인 인간 이상을 대표하는 덕으로 부각시킨다.

> 스스로의 청렴을 유지하고, 불법적으로 획득한
> 재산을 즐기기보다는 차라리 궁핍한 삶을 살아라.
> 정의(正義) 속에 덕 전체가 포함되어 있다. 퀴르노스여!
> 그러므로 정의로운 사람은 누구나 훌륭하다(agathos).[15]

이 시에서 '훌륭한'(agathos) 인간은 더 이상 부와 권세를 누리는 귀족이 아니다. 남의 것을 탐하는 불의한 아가멤논은 더 이상 '훌륭한' 사람이 아니다. 궁핍해도 정의로운 자가 훌륭하다. 그가 진정 귀족이다. 귀족의 특징은 더 이상 부와 권세가 아니라 덕이다.

기원전 5세기에 이르러, 상류층 시민들의 교육열이 고조되면서 덕은 더 이상 소수 귀족의 전유물이 아니라 배울 능력이 있는 자 모두에게 획득 가능한 것으로 인식되기 시작한다. 이제 페리클레스처럼 나라를 이끄는 데 필요한 실천적 분별력과 정치적 지도력을 지닌 인물이 '훌륭한' 인간으로 인정받게 된다. 때마침 인간적인 덕을 가르

---

14 헤시오도스, 『일과 나날』, 289-292: τῆς δ' ἀρετῆς ἱδρῶτα θεοὶ προπάροιθεν ἔθηκαν/ ἀθάνατοι· μακρὸς δὲ καὶ ὄρθιος οἶμος ἐς αὐτὴν/ καὶ τρηχὺς τὸ πρῶτον· ἐπὴν δ' εἰς ἄκρον ἵκηται,/ῥηιδίη δὴ ἔπειτα πέλει, χαλεπή περ ἐοῦσα.

15 테오그니스, 『애가』, 1. 145-148: Βούλεο δ' εὐσεβέων ὀλίγοις σὺν χρήμασιν οἰκεῖν/ἢ πλουτεῖν ἀδίκως χρήματα πασάμενος./ἐν δὲ δικαιοσύνηι συλλήβδην πᾶσ' ἀρετή 'στι/πᾶς δέ τ' ἀνὴρ ἀγαθός, Κύρνε, δίκαιος ἐών.

칠 수 있다고 자부하는 소피스트들이 나타난다. 이들은 그리스의 전통적인 윤리와 기존의 가치체계를 비판하며 계몽의 시대를 연다. 이러한 시대에 분주한 시민들 사이에서 덕이 과연 무엇인지, 그것을 도대체 가르치고 배울 수 있는지를 묻고 따지는 일에 인생을 바친 철학자가 등장하는데, 그가 바로 윤리학의 시조로 불리는 소크라테스이다.

소크라테스를 비롯한 그리스 철학자들이 'ἀρετή'로 제시하는 덕목들에는 4주덕으로 일컬어지는 용기, 정의, 절제, 슬기 또는 지혜 외에 경건, 후함과 온화함, 긍지, 호탕함 등이 포함된다. 이러한 덕들은 한자문화권에서, 특히 유교전통에서 '德'으로 지칭하던 인의예지나 후덕함, 호연지기 등에 가까운 것으로 보인다. 이런 측면에서 'ἀρετή'를 '덕'(德)으로 옮기는 것이 타당한 것으로 여겨진다.

그러나 서양고전학을 전공하는 학자들 가운데 그리스어 'ἀρετή'를 '덕'(德)으로 번역하는 데 반대하는 이들도 적지 않다. 반대의 이유로 '덕'이 주로 인간의 인품이나 공덕을 가리키는 데 반해,[16] 'ἀρετή'는 앞에서 본 바와 같이 인간 외 생물이나 사물의 탁월성도 의미할 수 있다는 사실을 지적한다. 비슷한 반론이 서양 학계에서도 제기되었으며, 그런 이유로 일부 학자들은 'ἀρετή'의 전통적인 번역어인 'virtue' 대신 'excellence'를 사용한다. 국내 학계에서도 영어 'excellence'에 해당하는 '탁월성'이 '아레테'의 번역어로 사용되곤 한다.[17] 더욱이

16 국립국어원의 『표준국어대사전』에서는 덕(德)의 의미를 다음과 같이 제시한다. 1. 도덕적·윤리적 이상을 실현해나가는 인격적 능력. 2. 공정하고 남을 넓게 이해하고 받아들이는 마음이나 행동. 3. 덕분(德分): 베풀어준 은혜나 도움. 4. 공덕(功德): 착한 일을 하여 쌓은 업적과 어진 덕.

17 독일 베를린 아카데미 출판사에서 아리스토텔레스의 『니코마코스 윤리학』의 권위

개신교 도덕이 지배했던 시기를 거치면서 영어 'virtue'가 무엇보다 성적 정결 내지 정조를 의미하게 되었기 때문에 'ἀρετή'의 번역어로 부적절하다고 간주된다.

하지만 영어의 'virtue'와 달리, 우리말의 '덕'에서는 정결의 의미가 강하지 않다. 따라서 영어권에서 'virtue'를 꺼리는 큰 이유 중에 하나가 '덕'에는 해당되지 않는다. 사실상, 한 언어권의 사회적, 역사적 변천에 따라 한 용어의 지배적인 의미와 용법은 변할 수 있다. 영어 'virtue'의 의미가 처음부터 현재 통용되는 의미와 뉘앙스를 가지고 있었던 것은 아니다. 'ἀρετή'와 마찬가지로 'virtue'의 의미도 역사적 변천을 겪어왔다.

영어 'virtue'는 라틴어의 'virtus'에서 유래한 말이고, 'virtus'는 키케로와 같은 로마 철학자들이 그리스 철학을 수용하면서 'ἀρετή'의 번역어로 채택한 말이다. 'virtus'는 어원상 남자를 뜻하는 'vir'에서 유래한 말로 원래 사내다움, 특히 용기를 지시한다.[18] 하지만 'virtus'의 의미는 다른 생물이나 사물에도 전이되어, 그것이 지닌 좋음과 가치, 힘을 가리키게 되었다. 나아가 그것은 다른 대상에 미치는 영향력이나 도움을 의미한다. 이런 연유로 'virtus'에서 파생된 'virtute'는 '(누구/ 무엇) 덕분에' 또는 '(누구/ 무엇) 덕에'와 유사한 용법으로 사용

있는 번역서를 출간할 도로테아 프레데(Dorothea Frede)에 따르면, 최근 학계에서는 'ἀρετή'의 번역어로 'excellence'에서 'virtue'로 회귀하는 경향을 보이고 있다고 한다.

18 키케로, 『투스쿨룸 대화』, 2권 XVIII 43: Appellata est enim ex viro virtus. Viri autem propria maxime est fortitudo, cuius munera duo sunt maxima, mortis dolorisque contemptio('덕'은 '남자'에서 나온 말입니다. 그런데 남자에게 가장 고유한 것은 용기이며, 용기의 대업은 두 가지인데, 죽음과 고통을 경시하는 것입니다).

된다. 이 용법에서 볼 수 있듯이, 'virtus'와 '덕'은 인간에 대해서만 사용되는 용어가 아니다.

그러나 로마 철학자들이 그리스 철학을 수용하면서 주목한 'ἀρετή'는 탁월성 일반이 아니라 인간이 인간으로서 지닌 탁월성을, 무엇보다도 인간 정신의 탁월성을 지시했다.[19] 또한 정신의 탁월성으로 용기, 지혜, 절제, 정의 등과 같은 전통적인 윤리적 덕목들을 떠올렸다. 윤리학적 논의에서 언급되는 'ἀρετή'와 'virtus'는 주로 인간의 훌륭함을 가리킨다는 점에서 유교전통의 '덕'(德)에 상응하는 것으로 보인다. 이런 점에서 우리는 'ἀρετή'와 'virtus'에서 유래한 'virtue'를 '덕'(德)으로 옮기는 것이 타당하다고 본다. 물론, 두 개념이 얼마나 겹치고, 어디에서 갈라서는지에 대해서는 앞으로 면밀한 검토가 필요할 것이다. 이러한 검토 작업은 두 개념 모두에 대한 이해를 심화시키고, 두 개념을 윤리학적 논의에서 생산적으로 활용하는 데 도움을 줄 것이다.

(2) 德의 어원

중국 후한(後漢)의 허신(許愼, 58?-147?)이 편찬한 『설문해자』(說文解字)[20]에서는 '德'(덕) 자를 다음과 같이 풀이한다. "德은 오르는 것을

---

19 키케로는 덕을 '정신의 모든 올바른 상태들'(omnes rectae animi adfectiones)로 규정한다. 『투스쿨룸 대화』 2권 XVIII 43 참조.

20 『설문해자』(說文解字)는 진(秦)·한(漢) 무렵 중국에서 사용된 한자들의 자형(字形)과 자의(字意) 및 자음(字音)에 대해 해설한 책으로, 9,353자라는 방대한 양의 한자들에 대해 다루고 있는 중국 최초의 자전(字典)이다.

의미한다. 彳을 부수로 하며 悳을 소리로 한다."[21] 그런데 오른다는 의미의 이 '德'에서는 현재 우리가 사용하고 있는 덕 개념과 의미상 연관성을 찾아보기가 어렵다. 『설문해자』에서는 '彳'을 부수로 하는 '德' 자보다는 '心'을 부수로 하는 '悳' 자가 오히려 현재의 덕 개념과 연관성이 있는 것으로 보인다. 『설문해자』의 가장 뛰어난 주석가로 알려져 있는 청대(淸代)의 단옥재(段玉裁, 1735-1815)는 '德'은 본래 '悳'의 가차자(假借字)였다고 주장한다. 그는 '悳'에 대한 주에서 "속자(俗字)에서는 '德'을 가차자로 쓴다. '德'은 오르는 것이다. 고자(古字)에서는 '得'을 가차자로 쓰기도 한다"라고 설명하였다.[22] 가차(假借)는 한자의 형성 원리 중 하나로서, 비슷하게 발음되는 글자를 빌려서 표기하는 방식이다.

『설문해자』를 경유하여 '悳'을 '德'의 초기 형태로 본다면, '德'이라는 용어의 어원은 '悳'이라는 자형을 어떻게 풀이할지에 달려 있다. 그러나 '悳'의 초기 자형이 어떠한지, 또 그 자형의 의미를 어떻게 풀이할지를 두고는 학자들 사이에 의견이 분분하다. 크게는 두 가지 설이 있다. 첫째는 이 글자를 '直'과 '心'이 결합한 회의자(會意字)로 보는 것이고, 둘째는 '省'과 '心'이 결합한 회의자로 보는 것이다. 회의(會意) 역시 한자의 형성 원리 중 하나로, 둘 이상의 글자가 의미상의 요소로 결합하여 새로운 의미를 만들어내는 방식이다. '悳'에서 '心'과 결합하고 있는 글자를 정직함이나 올바름을 의미하는 '直'으로 보는 견해는 『설문해자』에서 잘 볼 수 있다. 허신은 '悳'을 '直'과

21 『說文解字』「彳部」: 德, 升也. 从彳悳聲.

22 『說文解字注』「心部」: 俗字假德爲之, 德者, 升也. 古字或假得爲之.

‘心’의 회의자로 보며, 단옥재는 이에 대해 “直과 心으로 이루어져 있다. 『상서』 「홍범」의 ‘삼덕’(三德)에서는 ‘정직’(正直)을 그 하나로 꼽았다”라고 설명한다.[23] 반면, ‘悳’에서 ‘心’과 결합된 글자를 ‘省’으로 볼 경우, 초기 덕 개념의 내적 성찰성이 강조된다. 대표적으로 청말의 손이양(孫詒讓)과 곽말약(郭末若)은 ‘悳’을 ‘내성(內省)하는 마음’으로 풀이하였다.[24] 그러나 용경(容庚)은 금문(金文)에서 ‘悳’의 본자(本字)와 ‘省’의 본자가 명확하게 구별되어 쓰인다는 점을 들어 ‘悳’을 ‘省’과 ‘心’의 결합으로 보는 입장에 반대하면서, 허신을 따라 ‘悳’을 ‘直心’으로 보는 입장을 취한다.[25]

문일다(聞一多) 역시 손이양이나 곽말약처럼 ‘直’이 아닌 ‘省’의 요소를 강조하지만, 그는 ‘悳’에서 아직 ‘心’이 아직 나타나지 않는 갑골문 자형에 주목한다. 그에 따르면 ‘德’의 어원이 되는 갑골문 ‘’은 돌아다니면서 보는 행위, 즉 순시(巡視)나 사냥, 정벌의 행위를 의미한다.[26] 이렇게 볼 경우 초기 덕 개념은 영토를 순찰하거나 감찰하는 통치행위와 관련이 있으며, ‘德’은 특별히 통치자의 행위를 가리키는 데에서 유래되었다고 할 수 있다. 이런 주장은 ‘德’이 춘추전국시대 이후까지도 정치철학적 맥락에서 두드러지게 사용된 문자학적 배경을 잘 설명해준다.

한편으로 한자의 주술적 어원에 주목하는 시라카와 시즈카(白川

23 앞의 책, “从直心. 洪範三德, 一曰正直.”

24 赤塚忠·金谷治 외(1987), 『중국사상개론』, 조성을 옮김, 이론과실천, 212-213쪽 참조.

25 위와 같음.

26 聞一多(1994), 『聞一多全集』 10卷, 「釋省彳省」, 湖北: 湖北人民出版社, 507-517쪽; 김형중(2011), 『‘덕(德)’의 함양과 행위지침』, 고려대학교 박사학위논문, 17-19쪽 참조.

靜)는 ‘直’의 갑골문 자형을 ‘’으로 보고 ‘省’의 갑골문 자형을 ‘’으로 보면서, 모두 눈의 주술적인 힘에 호소하는 행위를 가리킨다고 주장한다. 두 글자에서 ‘’(目/罒) 위에 그려진 선들은 “눈에 주술적인 힘을 더하기 위한 주술적인 장식”으로, 두 글자는 모두 “눈의 주술적 힘에 의하여 상대방에게 영향을 미치는 것이며, 보는 것에 의하여 상대방과 영적 교류를 하는 것”을 나타낸다는 것이다.[27] 이러한 풀이는 덕 개념이 초기에 원시종교적 문화를 배경으로 출현하였음을 강조한 것이다.

그 구성요소를 ‘省’으로 보든 ‘直’으로 보든, 중요한 것은 이 글자들에 ‘心’이 결합된 ‘悳’의 자형은 갑골문에서는 나타나지 않고, 서주(西周)의 성왕(成王, 기원전 1104-1067 재위) 때 새겨진 금문(金文)에 가서야 처음으로 등장한다는 점이다. 금문은 각종 청동기 기물에 새겨져 있는 문자로서 갑골문을 잇는 옛 한자체이다. ‘德’에 ‘心’의 요소가 들어 있다는 것은, 정직하고 올바른 상태이든 성찰이나 감찰의 행위이든 주술적 능력이든 그것이 마음이라는 내적 근거를 갖는다는 인식이 생겨남으로써 덕 개념이 비로소 출현할 수 있었다는 점을 보여준다. 내적 근거에 대한 인식은 일회적이거나 우발적인 상태나 행위가 아니라, 일정한 지속성이나 일관성 또는 반복된 경향성에 관심을 가질 때 생겨난다. 이러한 관심은 서주 초기의 통치방향이 이전 시대와 비교해서 인간의 주체적 행위와 그에 따른 책임과 의무를 강조하는 인문주의적 문화를 확립하는 데 있었다는 사실과도 궤를 같이

27 시라카와 시즈카(2008), 『한자의 세계』, 고인덕 옮김, 솔, 219-220쪽.

한다.

서주의 금문에서 '德'은 '올바른'(正), '밝은'(明), '아름다운'(懿)과 같이 도덕적인 의미를 갖는 수식어와 나란히 등장하는 경우가 많다. 이는 이 시대에 도덕적 행위의 경향성, 내적인 덕성에 대한 관심과 자각이 커졌음을 보여준다. 그러나 '德'이라는 용어가 그 자체로 도덕적 의미를 갖거나 규범에 합치되는 상태나 행위를 함의하는 것은 아니었다. 이 시대에 성립된 것으로 추정되는 『금문상서』(今文尙書)에서 '德'은 단지 행위의 규칙성이나 경향성, 일관된 태도를 가리키는 데 사용되었으며, 규범적 행위나 태도뿐만 아니라 규범에 반하는 행위나 태도에 대해서도 적용되었다. 「입정」(立政)의 다음 단락은 '德'의 이런 중립적 용법을 잘 보여준다.

> 걸(桀)임금의 덕(德)은 이전 제왕들이 행한 관리 임용의 도리를 따르지 않고, 포악한 덕(暴德)을 가진 자들을 임용했습니다. 그러니 후대가 없었던 것입니다. 탕(湯)임금은 즉위하셔서 상제의 밝은 명을 잘 받드시어, 세 정승들을 데리고 정승의 지위에 잘 나아가게 하시고, 이른바 '세 준걸'이 준걸의 지위에 잘 나아가게 하셨습니다. 엄숙하게 크게 모범이 되시어 세 정승과 세 준걸들을 잘 등용하셨으므로 상(商)나라 도읍에서는 그 도읍을 조화롭게 만드시고, 사방에서는 크게 본받아 덕(德)을 드러내셨습니다.[28]

---

28 『尙書』「立政」: 桀德, 惟乃弗作往任, 是惟暴德罔後. 亦越成湯陟, 丕釐上帝之耿命, 乃用三有宅; 克即宅, 曰三有俊, 克即俊. 嚴惟丕式, 克用三宅三俊, 其在商邑, 用協于厥邑; 其在四方, 用丕式見德.

먼로(D. J. Munro)는 서주시대의 '德'을 중립적인 의미에서 타인에 의해 모방될 만한 행위 모델을 가리키는 것으로 본다. "서주의 금문에서 '刑'(형)과 '帥'(수) 두 용어는 '모방하는 것'을 의미한다. 이것은 '德'이라는 용어와 연결되어 매우 빈번하게 등장한다."[29] '德'의 이러한 특성은 춘추전국시대까지도 지속되어 유가들은 '德'을 주로 모범이나 이상적 기준이 될 만한 행위의 경향이나 태도에 대해 언급하면서 사용하지만, 그럼에도 불구하고 여전히 악덕을 가리키는 데에도 사용하였다. 예컨대, 『맹자』「이루·상」의 "염구(冉求)가 계씨(季氏)의 가신이 되어서도 그의 덕(德)을 고치지 못하고 세금으로 곡식을 거둬들이는 것이 다른 날보다 배가되었다"고 서술한 것은 이 용례를 잘 보여준다.[30]

'德'이나 '悳'이라는 글자의 초기 자형과는 큰 연관성이 없지만, 덕 개념에 철학적 의미를 부가하려고 할 때 전통적으로 가장 많이 시도한 것은 '得'(득)이라는 글자를 사용해서 이 글자를 풀이하는 것이다. 대표적으로 『설문해자』에서는 '悳'의 의미를 다음과 같이 풀이한다. "悳은 밖으로는 다른 사람들로 하여금 얻는 게 있도록 하고, 안으로는 자기에게 얻는 게 있도록 하는 것이다."[31] 이에 대해 단옥재는 "'안으로는 자기에게 얻는 게 있도록 하는 것(內得於己)'은 자신의 마음이 스스로 얻는 것"을 말하고, "'밖으로는 다른 사람들로 하여금 얻는 게 있도록 하는 것(外得於人)'은 은혜를 베풀어 다른 사람들로 하

29 Munro, D. J.(1969), *The Concept of Man in Early China*, Ann Arbor: University of Michigan Press, p.99.

30 『孟子』「離婁·上」: 求也爲季氏宰, 無能改於其德, 而賦粟倍他日.

31 『說文解字』「心部」: 悳, 外得於人, 內得於己也.

여금 얻게 하는 것을 말한다"고 설명한다.[32]

『설문해자』에서 '德'을 '得'과 연관시켜 풀이한 것은 이전의 여러 전적들의 전례들을 따른 것이다. 『논어』에서 '政'(정치)을 '正'(바로잡음)으로 풀이한다든가 '仁'(인간다움)을 '訒'(과묵함)으로 풀이한 데에서 알 수 있듯이, 중국에서는 한 글자가 담고 있는 함의들을 동일한 음을 가진 다른 글자를 활용하여 풀이하는 성훈(聲訓)이 오래 전부터 유행하였다.[33] '德'을 동일한 음의 '得'[34]으로 풀이하는 가장 오래된 용례는 전국시대 문헌으로 추정되는 『관자』「심술·상」에서 발견된다. 「심술·상」에서는 "德이라는 것은 얻는 것이다"라고 설명하며,[35] 이와 동일한 설명이 『예기』「악기」에서도 발견된다. 그러나 '得'으로 '德'의 의미를 설명하는 것은 전국시대 이후의 문헌에서나 볼 수 있을 뿐, 그 이전의 문헌에서는 발견되지 않는다. '得'으로 풀이할 경우, 德 개념은 비교적 추상성을 띠면서 무엇으로부터 언제 무엇을 어떻게 얻는 것인지를 두고 다양한 철학적 의미화가 가능하다. 이러한 풀이는 전국시대 이후 '德'이 풍부한 철학적 해석을 가능하게 하는 철학적 개념으로 확립됨에 따라 나타난 현상으로 볼 수 있을 것이다.

(3) Virtue와 德의 만남

일본의 대표적인 근대주의자 후쿠자와 유키치(福澤諭吉, 1835-1901)는 1875년 간행한 『문명론의 개략』에서 "덕이란 덕의(德義)라는 것으로

---

32 『說文解字注』「心部」: 內得於己, 謂身心所自得也. 外得於人, 謂惠澤使人得之也.

33 赤塚忠·金谷治 외(1987), 『중국사상개론』, 204쪽.

34 중국어 발음으로 둘 다 'de'이다.

35 『管子』「心術·上」: 德者, 得也.

서양 말로는 모럴"[36]이라고 '덕'을 설명했다. 그는 '덕'을 다시 '공덕'(公德)과 '사덕'(私德)으로 나누었다. 그의 의하면 공덕과 사덕은 개인의 마음을 경계로 나뉜다. 사덕이 외부와의 교섭 없이 개인의 "마음 안"에서 일어나는 작용이라면, 공덕은 "밖의 사물"이나 "타인"과의 교섭에서 일어나는 작용이다. 사덕으로 열거되는 것은 정숙, 결백, 겸손 등이고, 공덕으로 열거되는 것은 염치, 공평, 중정, 용감 등이다.[37] 그는 덕이 아니라 '지식'을 문명을 성취하기 위한 핵심능력으로 꼽으면서, 유학으로 대표되는 아시아 문화를, 개인의 활동인 사덕만을 가지고 정치영역까지 해결하려 한 미개한 것으로 폄하했다. 그리고 문명시대의 덕이란 지식을 매개로 하여 외부 존재와의 관계를 넓혀가는 공덕이어야 한다고 주장했다. 사덕이든 공덕이든 그가 꼽은 항목을 보면 통상적으로 '덕'의 영역에 속하는 것들이고 그 자신도 '덕'이라는 말로 지칭했다. 그런데 그에 상응하는 영어로는 '모럴'(moral)을 꼽았다. 덕과 도덕, 혹은 virtue와 morality를 구분하지 않고 사용한 것이다.

1881년 초판이 나온 일본의 서양철학용어사전 『철학자휘』(哲學字彙)는 도덕과 덕을 구별해서 번역어를 제시했다. 여기에서 'virtue'의 번역어로 '德'이, 'morality'의 번역어로 '道義'가 제시된다.[38] 그러나 그 이후에 '덕'이 'virtue'의 번역어로 통용되지는 않은 것 같다. 즉 번역어로 의식되지 않았으며, '덕'이라는 단음절 명사가 주목되지도 않았다. 그 대신, 1889에 발포된 '대일본제국헌법'(大日本帝國憲法)과

---

36 福沢諭吉(1995), 『文明論之概略』, 岩波文庫 青102-3, 119쪽.

37 위의 책, 119-120쪽.

38 morality의 번역어로 '도의'와 함께 '行狀'(행장)도 제시된다.

그 이듬해 발표된 '교육칙어'(敎育勅語)의 등장과 거의 동시에 '덕행'(德行), '덕교'(德教) 혹은 '덕육'(德育)과 같은 합성어가 널리 쓰이게 된다. '대일본제국헌법'은 일본의 주권은 신성불가침의 천황에게 있고, 천황의 신민(臣民)으로서 일본인민은 천황에게 봉사해야 함을 선언했으며, '교육칙어'는 '효제충신'을 주 덕목으로 하여 그 신민의 양성 방향을 제시했다.

독일에서 칸트철학을 공부하고 돌아와 도쿄제국대학 철학과의 교수가 된 이노우에 데츠지로(井上哲次郎, 1855-1944)는 일본의 근대화운동에서 후쿠자와와는 다른 노선을 대표한다. 후쿠자와가 서양화노선을 대표한다면 이노우에는 '동서조화' 노선을 대표한다. 이노우에는 1891년 '교육칙어'의 공인해설서인 『칙어연의』(勅語衍義)를 간행하여, "효제충신의 덕행을 닦고 공동애국의 도의심을 배양해야 함"[39]을 상세하게 부연했다. 이런 식으로 국가주의와 유학의 덕목이 결합되었다. 그는 '공동애국'도 '효제충신'도 동양에 본래부터 있는 것이지만, 서양 각국의 학술이 동점해오면서 공동애국, 효제충신의 시비를 의심하는 지경에 이르렀기 때문에[40] 새롭게 현창되어야 한다고 주장했다. 특히 양명학을 재해석하여 효제충신을 가르치는 덕육의 원천으로 삼으려고 했다. 그는 1900년 『일본양명학파의 철학』(日本陽明學派之哲學)을 간행하면서 "국민적 도덕심에 대해 구명하고자," 국민의 심성을 도야해온 "덕교(德教)의 연원을 천명"하기 위해 양명

39 井上哲次郎(1900), 『勅語衍義』, 東京: 敬業社, 1쪽.
40 위의 책, 5쪽.

학을 조명한다고 출간의 목적을 밝힌다.[41]

앞에서 보았듯이, 후쿠자와는 'moral'을 덕의(德義)에 상응하는 말로 보았고, 『철학자휘』 역시 '도의'라는 상응어를 제시했다. 그런데 오래지 않아 'moral' 또는 'morality'를 가리키는 '도덕'이라는 용어가 등장한다. 1886년 니시무라 시게키(西村茂樹, 1828-1902)는 도쿄제국대학에서 "일본도덕론"이라는 제목의 연설을 했는데, 곧이어 '일본'이라는 단어 대신에 '국민'이 들어앉아 '국민도덕'이라는 말이 한 시대를 풍미하게 된다. '국민도덕'은 '공동애국'을 이끌어낼 국민의 심성을 일컫는 명칭으로 자리잡는다. 후쿠자와와 이노우에는 '국민도덕'의 내용에 대해서는 생각이 매우 달랐지만, 둘 다 국민도덕의 개발과 확산에 종사했다.[42]

'도덕'이 번역어로서 정확하게 누구에 의해 사용되기 시작했는지 확인할 수 없으나, 역시 번역어인 '윤리'와 동일범주의 개념으로 자주 나란히 운위되는 것은 확인할 수 있다. 가령, 1888년에 출간된 『윤리통론』(倫理通論)에서는 다음과 같이 '윤리', '윤리학'이라는 말을 특필한다.

---

41 井上哲次郞(1900), 『日本陽明學派之哲學』, 東京: 富山房, 5쪽.

42 關口すみ子(2007), 『國民道德と國民道德とジェンダー—福澤諭吉·井上哲次郞·和つじ哲郞』, 東京: 東京大學出版部, 92-93쪽. 세키구치에 의하면 '국민도덕'은 national morality의 번역으로서, 허버트 스펜스가 쓴 *Social Statics*의 일본어 번역본 『社會平權論』(1881)에 처음 등장한다. 이 책에서는 부제가 보여주듯이, 후쿠자와와 이노우에를 국민도덕의 주창자로 다루고 있다. 이노우에는 국민도덕의 재료로 유학적인 것을 끌어온 데 반해, 후쿠자와는 도덕은 시대에 따라 변해야 하며, 같은 도덕을 국민에게 일률적으로 적용할 수도 없다는 생각을 갖고 있었다.

윤리학은 서양말로 'ethics'라고 한다. 혹은 'moral philosophy' 또는 'moral science'라고 한다. 지금 이 말을 도덕학, 도의학, 수신학 등의 이름으로 번역하기도 하는데, 나는 특히 윤리학이라는 명칭을 사용한다. 윤리학, 즉 ethics는 선악의 표준, 도덕의 규칙을 논정(論定)하여 사람의 행위와 거동을 명령하는 학문을 말한다. 내가 말하는 '논정'이란 논리적으로 고려하여 구명한다는 뜻으로 가정과 억측에서 나오는 것이 아니다.[43]

근대의 분과학문의 하나로서, '도덕학'보다는 '윤리학'이 더 적절하다고 받아들여진 것은 '도덕'과 '윤리'의 한자 구성 때문이라고 추측된다. 앞의 인용에 이어 저자는 '윤리학'이란 '윤'에 관한 "리학(理學), 즉 사이언스"[44]라고 말한다. '리'가 과학에서 추구하는 객관적 원리를 의미하는 것으로 받아들여진 반면, '도덕'은 비록 과거의 '도덕'의 용법[45]과는 달랐지만, '윤리'보다는 친숙한 것으로 느껴졌던 듯하다. 같은 문장 안에서 "도덕의 규칙"이라는 말이 사용되는 것을 보면, 'ethics'의 번역어로 '도덕학'이 거론되고 있음을 알고 있으면서도 '도덕'이라는 말을 이미 자명한 명사로 사용하고 있는 것으로 보인다.

---

43 井上圓了(1888), 『倫理通論』, 東京: 普及舍, 3-4쪽.

44 앞의 책, 5쪽. "리학, 즉 사이언스의 명칭은 논리적으로 각종 사실을 연구하여 일정한 규칙을 살펴 정하고 하나의 학파로서 학문적으로 계통이 있는 것을 말한다."

45 물론, 노자의 『도덕경』(道德經)에서 '도덕' 역시 지금의 '도덕'과 뜻이 다르다. 그런데 유가경전 안에서도 지금처럼 사용되지는 않았다. 가령, '道德'이라는 말은 『예기』 「곡례상」의 "도덕인의는 예가 아니면 이루어지지 않는다"(道德仁義, 非禮不成)는 구절에서 보이는데, 이에 대해 정현(鄭玄)은 "도는 재주가 많은 것이고 '덕'은 몸소 행동할 수 있다는 것"(道, 多才藝, 德, 能躬行)으로 풀이했다.

『윤리통론』의 저자 이노우에 엔료(井上圓了, 1858-1919)는 위 인용문에 이어, 유학은 "리학(理學)의 고증을 결여하고 논리의 규칙에 맞지 않기[46] 때문에 윤리학이라고 할 수 없다"고 단언한다. 그런데 앞에서 언급한 대로 이노우에 데츠지로는 '도덕심'과 '덕교'와 '양명학'을 동일선상에서 다뤘다.

이노우에 데츠지로는 서양에서 수입된 윤리학의 대표를 "공리주의 혹은 이기주의"라고 생각했는데, 그 사조의 수입으로 "국민적 도덕심이 파괴"되는 것을 두려워했다.[47] 도쿄제국대학 한문학과 박사로서 동양철학 전공자인 다카세 다케지로(高瀨武次郞, 1868-1950)는 자신의 전공을 살려, 양명학 현창 분야에서 적극적으로 이노우에 데츠지로에 호응했다. 그는 왕양명을 '윤리학자'와 구별해서 "도덕실천가"[48]라고 불렀다. 다카세는 나아가 다른 책에서 서양은 이론, 동양은 실천을 중요시하는 것으로 특징짓기도 했다.[49] 윤리가 이론적이고 도덕은 실천적이며, 수입된 것은 이론적이고 전통적인 것은 실천적이라는 인식은 중국에도 그대로 이식된다.[50]

국민국가 건설에 실천의 동력으로서 도덕이 동원된 그 시기, '도덕'은 빈번하게 회자되면서도 '덕'은 그렇지 못했다. 다만, 그 국민도덕의 교육, 즉 '덕육', '덕교'라는 조어로 사용되면서, 유학적 덕목이

---

46 井上圓了(1888), 『倫理通論』, 6쪽.

47 井上哲次郞(1990), 『日本陽明學派之哲學』, 東京: 富山房, 4-5쪽.

48 高瀨武次郞(1904), 『陽明學詳傳』, 東京: 文明堂, 284쪽.

49 高瀨武次郞(1909), 『支那哲學史』, 「緖論」, 東京: 文盛堂書店.

50 특히 양계초의 용어 사용에서 확인할 수 있다. 이혜경(2012), 「유학과 문명, '倫理'를 둘러싸고 주도권을 다투다」, 『개념의 번역과 창조』, 돌베개 참조.

그대로 '덕육'의 항목으로 지목되었다. 메이지 초기부터 확인할 수 있듯이 '德'과 'morality'가 구별되지 않았고, 이윽고는 morality의 번역어인 '도덕'과 '덕'도 구분하지 않았음을 알 수 있다. '국민도덕'은 분명 새로운 것이었는데, 그 내용을 채운 것은 종래의 '유학적 덕'이었다.

'virtue'의 대응어 내지 번역어로서 '덕'에 대한 의식과 천착은 현대에 비로소 일어난 일이다. 즉 현대 이전까지 '덕'은 'virtue'의 번역어가 아니라 이전부터 친숙하게 사용하던 '덕'이었다. 국민국가의 산물로서 국민도덕이 근대기획의 일환이었다면, 유럽에서도 오히려 근대의 뒤안길에 남겨진 'virtue'가 이 시기 일본에서 주의 깊게 다뤄지지 않은 것은 오히려 당연한지도 모르겠다.

그리고 일본에서의 사정은 조금씩 시차를 두고 중국이나 우리나라에서 거의 비슷하게 반복되었다. 즉 번역어가 아닌 '덕'의 사용, '덕육', '덕교' 등 조어 빈출, 그리고 유학적 덕을 전용한 '국민도덕' 등은 한때 동아시아에서 공동으로 볼 수 있는 현상이었다.

4. 책의 구성과 내용

이 책은 동양편과 서양편 총 2부로 구성되어 있다. 각 부마다 덕윤리의 역사적 전개에서 중요하고 주목할 만한 시각을 제시한 철학자들을 다룬다. 동양편에서는 일곱 명의 철학자를, 서양편에서는 다섯 명의 철학자를 다룬다.

동양편은 유가철학의 창시자이자 유가 덕윤리 전통의 기본 토대를 마련한 공자(孔子, 기원전 551-479)의 덕이론에서 시작한다. 공자는 춘추시대 초기에 봇물처럼 쏟아져나온 다양한 덕목들에 대한 성찰을 바탕으로, 이후 유가철학의 핵심이 되는 주요 개념들과 가치들을 제시하였다. 공자가 제시한 덕목들은 궁극적으로 하나의 통합된 전인적 인격의 실현과 바람직한 인간상의 달성을 목표로 한다는 점에서 덕윤리 이론의 주요 특성을 잘 보여준다. 우리는 덕이 개인의 자기완성과 인간공동체의 번영에 어떤 역할을 하는지에 대한 공자의 견해를 살펴보고, '인'(仁)을 비롯해 공자가 인간 삶의 의미이자 지표가 될 가치로 제시한 덕목들 사이의 관계에 대해 검토할 것이다. 아울러 그 덕목들이 '군자'(君子)라는 인간상으로 어떻게 수렴되는지, 군자의 요건은 무엇인지에 대한 공자의 견해를 살펴볼 것이다.

이어서 공자의 덕윤리를 인성론적으로 뒷받침하고 발전시킨 맹자(孟子, 기원전 372-289)의 덕이론을 소개한다. 맹자는 인간다움의 실현을 목표로 삼는 공자의 윤리학적 방향 설정을 계승하면서도 전국시대에 철학적 쟁점으로 떠오른 인간 본성에 대한 논의를 통해 공자가 미처 명시화하지 못한 도덕적 행위의 내적 동기와 기반으로서의 덕성(德性) 개념을 덕윤리 이론의 전면에 내세웠다. III장에서는 맹자의 인성론을 덕윤리의 맥락에서 재검토하고, 그가 유가의 덕윤리 이론의 필수 요소로 도입한 수양론의 내용에 대해서도 살펴볼 것이다.

다음으로 성리학의 집대성자인 주희(朱熹, 1130-1200)의 덕이론을 소개한다. 성리학은 우주 전체가 리(理)로 연결되어 있다는 형이상학을 제시하였다. 이에 따르면, 인간은 우주적 진리를 본성으로 품고 태어나는 존재이며, 덕은 존재론적으로 본성과 동격이다. 따라서 덕은 애초에 내적인 것이며 동시에 보편적인 것이다. 주희는 본성과 덕이 경험을 통해 완성되는 것이 아니라, 그 이전에 이미 완전한 것이라고 생각했다. 이러한 생각을 바탕으로 인간과 사회를 각각 전체적으로 조망하면서 그 운동방향을 제시했다. 개인이 갖는 덕의 근원은 개인의 본성이다. 덕은 습득하는 것이 아니라 내면의 것을 발현 내지 발휘하는 것이다. 개인이 덕을 갖는다는 것은 덕에 의한 행위가 주관을 넘어 객관성을 얻는다는 것을 의미하며, 훌륭한 사회인, 나아가 우주의 조화를 실현하는 우주인이 된다는 것을 의미한다. 공자와 맹자에 의해 정초된 유학의 덕은 주희에 이르러 형이상학적 보편으로 재해석된다.

양명학의 창시자 왕수인(王守仁, 1472-1528)의 덕론이 그 뒤를 잇는다. 왕수인은 마음, 본성, 정, 리, 기, 본체, 작용 등 성리학이 사용한 개념들을 그대로 공유하면서, 도덕적 본성과 도덕적 가치가 둘이 아니라는 점을 강조하며 '심즉리'(心卽理)라는 명제를 제시하였다. 그에 의하면 진리는 경험에 앞서 존재하는 것이 아니며, 인간의 지각에 의해 진리로 드러난다. 선한 본성과 진리는 다른 것이 아닐 뿐 아니라 선한 본성은 그대로 선한 감성이다. 그는 그것을 '양지'(良知)라는 이름으로 불러, 그 활동의 측면을 강조했다. 인간은 태어날 때부터 어떤 가감도 필요하지 않은, 완전한 형태의 순수 선, 즉 양지를 타고난다. 양지는 본체이면서 동시에 발용이다. 덕은 그 양지에 뿌리를 두고 있는 것으로서, 어떤 장애도 없이 양지를 현실에서 발휘할 때 덕 역시 성취되는 것으로 설명된다.

이어서 욕망을 긍정한 철학자로 유명한 청대의 대진(戴震, 1723-1777)을 다룬다. 고증학자로서도 명성이 높은 대진은 그 시대에는 드물게도 자신의 고유한 철학을 전개했다. 그는 성리학이 불교에 물들어 유학 본연의 모습을 잃고 인간의 욕망을 억압했다고 비판하며 욕망을 적극적으로 인정하는 윤리학을 제시했다. 그의 비판에 따르면, 성리학이 보편원리로 내세운 리(理)는 불교의 의식 개념을 변용한 것일 뿐이다. 나아가 권력자 개인의 의견에 불과한 것을 보편원리라고 통용시켜서 보통 사람의 욕망을 압살한다. 그의 철학은 현실과 절연된 보편원리의 존재를 부정하면서, 현실을 구성하고 있는 기(氣)의 존재만을 인정하고 그에 바탕을 두고 세상의 질서를 도출해야 한다는 기일원(氣一元)철학의 전형을 보여준다. 그에게 덕은 나의 욕망뿐만 아니라 타인의 욕망까지도 긍정하고 고려하는 능력이다. 대진의 윤리학은 현실주의적이고 비판적인 철학으로 기능할 수 있는 유학철학의 변주를 보여준다.

정약용(丁若鏞, 1762-1836)은 유학사에서 독특한 덕론을 전개한 조선의 학자이다. 역시 유학적 전통 위에 있는 그는 유가경전을 재해석하는 방식으로, 그리고 경세를 강조하는 입장에서 새로운 덕론을 제시하였다. 그의 관심은 선이란 앎의 대상이 아니라 실행의 대상이라는 것을 천명하는 것이었다. 그가 논하는 덕의 가장 큰 특징은 "행위 뒤에 붙이는 이름"이라는 정약용 자신의 말로 요약된다. 덕이 있다고 평가되기 위해서는 선을 좋아하는 본성, 선을 선택하는 자유의지, 몸의 실행이라는 세 가지 조건이 갖춰져야 한다고 주장함으로써, 그는 덕의 성립을 신체 위, 즉 행위로 끌어내었다. 주희에게서 덕이 마음의 것이라면, 정약용에게 덕은 몸이 얻는 것이다.

마지막으로 근대 유럽문명이 지배하는 세상에서 적응하기 위해 애국과 덕을 결합한 양계초(梁啓超, 1873-1929)를 조명한다. 양계초가 구상한 덕은 사회의 공익에 이바지하는 덕이라는 점에서 종래의 덕과 다르지 않을 수도 있으나, 그 사회가 경쟁사회이고, 개인에게 요구되는 덕이 사회의 경쟁력 고양에 이바지하는 것이라는 점에서 종래의 덕과 성격이 달랐다. 당시 양계초에게 최고의 경쟁주체는 민족국가였고, 민족국가의 부강에 이바지하는 것이 개인에게 요구되는 덕이었다. 국가의 안위가 개인의 안위에 직결된다는 이해관심(interest)의 논리가 동원되었으나, 인간 본성에 뿌리내리고 있는 선함을 근거로 국가의 공공이익에 이바지하는 것이 당연하다는 유학적 논리도 병존했다. 양계초는 개인적 이익추구에 갇히지 않는 유학적 선을 자국의 이익에 봉사하는 마음으로 한정시킨다. 전통적인 선 개념과 이해관심의 결합, 도덕과 국가주의의 결합, 이는 동아시아가 근대를 지나면서 만들어낸 하나의 전형이 되었다. 경쟁국가를 전제하고 그들과 경쟁하는 데 요구되는 애국심과 애국행위가 덕이 된 것이다.

서양편은 플라톤(기원전 427-347)의 윤리학에서 출발한다. 플라톤의 윤리학은 다시금 스승 소크라테스(기원전 469-399)의 윤리학에서 출발한다. 소크라테스는 서양윤리학의 시조로 인정받지만, 글을 남기지 않았다. 그의 윤리학으로 전해진 것은 대체로 플라톤의 저작, 특히 초기 저작에 주인공으로 등장하는 소크라테스의 대화에 나타난 사상이다. 플라톤의 작품을 통해 기억되는 소크라테스는 평생 덕의 탐구에 헌신한 철학자이다. 소크라테스는 기존 관습과 전통적인 가치를 그대로 고집하거나 한꺼번에 거부하는 대신, 그것에 대한 철저한 반성을 통해 객관적이고 보편적인 윤리를 확립하는 데 기여하고자 했다. 그는 행복을 인생의 최종 목적으로 내세웠을 뿐더러 행복의 달성이 덕의 실현에 있다고 본 점에서 행복주의와 덕윤리를 근간으로 하는 서양 고대 윤리학의 전형을 제시했다. 그에 따르면, 행복은 다름 아니라 우리가 좋은 사람이 됨으로써, 다시 말해 덕을 갖춤으로써 도달할 수 있다. 따라서 그는 사람들이 제각기 자신의 덕을 돌보는 데 마음을 쓰길 촉구했으며, 사람들이 덕을 잘 돌볼 수 있도록 옆에서 도와주는 봉사자이길 자처했다. 소크라테스는 특히 좋음과 나쁨을 분별할 수 있는 지혜의 중요성을 강조했으며, 이 지혜야말로 모든 덕을 덕으로 만드는 실체로 보았다.

플라톤은 소크라테스로부터 물려받은 윤리학의 문제를 보다 확장된 철학의 지평에서 천착하길 시도한다. 그는 자연학을 철학으로 다시 불러들여, 대자연 또는 우주의 질서를 개인과 국가가 구현해야 할 질서의 모델로 삼는다. 또한 플라톤은 소크라테스가 개인적으로 실천했던 돌봄의 윤리를 국가적 차원에서 실행하기 위한 제도적 방안을 세우느라 고심한다. 이런 식으로 덕의 윤리학은 덕의 정치학으로 확장된다. 잘 알려져 있듯이, 그는 철인군주론을 통해 덕을 돌보는 철학과 국가를 다스리는 권력이 일치하는 덕치(德治)의 이상을 제안한다. 그가 꿈꾸는 이상국가에서는 덕의 모범이 되는 철학자가 덕으로 나라를 다스려서 시민들을 유덕하고 행복하게 만든다. 하지만 그는 덕치의 이상이 현실에서 실현되기 어렵다는 사실을 인정해야 했다. 후기에 접어들면서 플라톤은 차선책으로 올바른 법치(法治)의 가능성을 타진한다. 더 이상 타락하기 쉬운 인간에 기대는 정치 대신 법에 기대는 정치를 모색한 것이다.

다음으로 고전적 덕윤리를 체계화한 아리스토텔레스(기원전 384-322)를 살펴본다. 아리스토텔레스는 처음부터 자신의 윤리학을 정치학의 일부로서, 아니 정치학으로서 구상했다. 그에게 인간이란 본성적으로 정치적 존재, 다시 말해 정치공동체(polis)를 이루고 사는 존재이다. 이처럼 그는 인간으로서의 정체성을 정치공동체의 구성원, 즉 시민(politês)으로서의 정체성과 분리하여 생각하지 않는다. 그의 정치학이 추구하는 최고선은 정치공동체의 울타리 안에서 시민으로서 살아가는 인간이 추구하는 행복이다.

아리스토텔레스는 행복이 덕의 실현에 있다고 보았으며, 인간의 본질을 이성에서 찾는 이성적인 인간관과 한 사물이 제기능을 발휘하기에 가장 좋은 상태를 '덕'(德)으로 간주하는 기능주의적 덕 개념을 주장한 점에서 소크라테스와 플라톤이 수립한 고대 윤리학의 기본 틀을 계승했다. 나아가 정치공동체가 구성원들의 행복을 목적으로 하며, 그 목적을 이루기 위해 무엇보다도 시민들의 덕 교육에 힘써야 하고, 법 또한 덕을 위해 있어야 한다고 생각한 점에서 플라톤의 정치학적 입장을 수용했다.

그러나 아리스토텔레스는 몇 가지 중요한 지점에서 소크라테스와 플라톤과 길을 달리한다. 우선, 그는 덕을 지식으로 간주하고 배움을 통해 덕을 획득해야 한다고 주장한 소크라테스를 비판하면서, 덕을 지성의 덕과 성격의 덕으로 양분하고, 전자는 배움을 통해 획득될 수 있지만, 후자를 획득하기 위해서는 실천과 습관이 필요함을 강조한다. 다음으로, 그는 플라톤과 달리 실천적 지혜(phronêsis)를 이론적 지혜(sophia)로부터 구분함으로써 실천철학을 이론철학으로부터 독립시킨다. 그의 정치학은 이론철학이 아니라 실천철학이다. 실천철학으로서 정치학의 목표는 행복과 덕이 무엇인지를 아는 데 그치지 않고, 그것을 산출하고 실행하는 데 있다. 마지막으로 그는 정치가가 실천적 지혜를 얻기 위해, 플라톤이 주장하듯이, 수학과 형이상학을 배워야 하는 것은 아니라고 생각했다. 이제 정치가는 더 이상 철학자일 필요가 없고, 철학자가 정치가일 필요도 없다. 이리하여 플라톤의 철인군주의 이상은 거부된다.

소크라테스, 플라톤, 아리스토텔레스의 삼대(三代)에 걸쳐 확립된 덕윤리는 헬레니즘 시대를 거쳐 고대 후기에 이르기까지 윤리학의 주류를 이룬다. 이 책에서 별도로 다루지 않았지만, 아리스토텔레스 이후 고대 덕윤리가 어떻게 전개되었는지를 간략하게 소개하는 것이 이후 논의를 이해하는 데 도움이 될 것이다.

헬레니즘 시대부터 여러 왕조의 부흥과 소규모 도시국가의 쇠퇴로 인해 시민들의 정치활동이 축소되었고, 철학자들도 개인 내면의 '국가'와 자기통치(self-government)에 많은 관심을 기울이게 되었다. 헬레니즘 시대의 철학계를 주도했던 에피쿠로스학파와 스토아학파는 철학의 치유기능을 강조했다. 철학이 무엇보다 영혼의 병을 고치는 의술로 간주된다. 두 학파의 철학자들은 영혼의 건강이 곧 덕이고, 덕이 인간을 행복하게 만들어준다고 생각했다. 그들에게 철학은 영혼의 덕을 돌봄으로써 행복으로 이끄는 삶의 기술(ars vivendi)을 의미했다.

에피쿠로스주의자들은 인간 영혼을 병들게 하는 주된 원인이 신과 죽음, 좋음과 나쁨에 대한 잘못된 생각이라고 진단하고, 병든 영혼을 치유하기 위해 '네 가지 약'(tetrapharmakos)을 처방한다. 첫째, 신은 두려워할 존재가 아니다. 둘째, 죽음은 걱정거리가 아니다. 셋째, 좋은 것은 얻기 쉽다. 넷째, 끔찍한 것은 견디기 쉽다. 에피쿠로스주의자들은 자연과 신, 인간 본성에 대한 철학적 탐구를 통해 이 네 가지 주장을 정당화하려고 노력했다. 그들은 무엇보다도 종래의 종교에서 주장해온 신의 섭리와 사후 심판의 존재를 부정함으로써 공포와 걱정을 제거하고자 했다. 나아가 그들은 행복하기 위해 필요한 쾌락은 이루기 어려운 허황된 것이 아니라 얻기 쉬우며, 행복을 방해하는 고통도 그 자체로는 견디기 어려운 것이 아니라고 안심시킨다. 사실, 에피쿠로스주의자들이 추구하는 행복은 육체의 고통과 영혼의 혼란으로부터 해방된 상태에서 맛볼 수 있는 고요한 쾌락이었다. 그들에 따르면, 덕은 이러한 쾌락을 성취하기 위해 필수불가결한 도구였다. 그들은 슬기를 비롯해 용기와 절제, 정의 없이는 무고통(aponia)과 무혼란(ataraxia)의 '극락'을 확보할 수 없다고 보았다.

이에 비해 스토아주의자들은 덕이 행복의 도구가 아니라 곧 행복의 내용이라고 보았다. 그들은 행복이 '본성에 따르는 삶'에서 성립한다고 여겼다. 또한 인간의 본성을 이성으로 파악했다. 따라서 그들에게 행복이란 이성에 따르는 삶이다. 그들은 덕이 이성의 완성에서 성립한다고 보았다. 그들은 이러한 덕만 있으면 행복하기에 부족함이 없이 충분하다고 믿었다. 그리하여 스토아의 현자(賢者)는 고문대 위에서도 행복하다는 결론에 이르렀다.

스토아주의자들은 인간을 불행으로 이끄는 영혼의 병을 비이성적인 감정(pathos)이라고 보았고, 이러한 병리적인 감정을 제거하기 위해 이성적인 논변을 사용하거나 지혜를 담은 경구나 격언들을 처방하기도 했다. 이처럼 이성의 힘으로 그들은 '부동심'(apatheia), 다시 말해 영혼의 평온을 회복하려고 했다. 그런데 스토아에서 감정은 비이성적인 영혼의 상태가 아니라 이성적인 영혼의 오작동 상태이다. 스토아주의자들에 따르면, 성인이 된 인간의 영혼에는 비이성적인 부분이 없다. 감정은 그 자체로 잘못된 생각이거나 그것으로 환원되는 심리적 흥분상태이다.

에피쿠로스주의와 마찬가지로 스토아주의는 '잘못된 생각'을 바로잡는 것이 철학적 치유의 핵심이라고 보았다. 이런 맥락에서 에피쿠로스주의와 스토아주의는 '바른 생각', 다시 말해 '정설'(orthodoxy)의 확립과 체계화 및 대중화를 시도했으며, 이런 점에서 교조주의(dogmatism)로 규정될 수 있다. 헬레니즘 시대의 교조주의는 '정설'의 확립 가능성에 의문을 제기한 회의주의의 도전을 받았다. 하지만 회의주의조차(특히 섹스투스 엠피리쿠스가 묘사한 퓌론주의) 영혼의 치유책으로 제시된다. '바른 생각' 내지 '참된 판단'을 추구하지 말고, 오히려 그것에 대한 집착을 버리고 '생각 없이' 판단을 중지하고 살 때, 영혼의 평온에 도달할 수 있다는 역설이 회의주의의 가르침 아닌 가르침이다.

헬레니즘 시대가 막을 내리고 로마 제정기에 접어들 무렵, 플라톤 철학에 대한 관심이 증대했고, 고대 후기에는 신플라톤주의가 종래의 고대 철학 전통들을 집대성했다. 신플라톤주의는 신(神)을 닮는 것을 목표로 삼은 경건한 철학이었다. 신플라톤주의자들에게 신은 본받아야 할 윤리적 모범이었다. 그들은 신을 닮아가는 철학적 여정의 종착점이 신과의 합일에 있다고 여겼고, 그 지복의 경지에 이르기 위해서는 덕을 사다리로 삼아야 한다고 주장했다. 플로티누스는 덕이 신을 보여줄 것이라고 했다. 그리고 덕 없이 외치는 '신'은 빈 이름일 뿐이라고 했다. 신플라톤주의자들은 전통적인 덕론들을 비판적으로 종합하여 덕의 위계론으로 발전시켰다. 포르피리우스는 정치적/시민적 덕, 정화의 덕, 관조적 덕, 범형적 덕으로 상승하는 덕의 위계를 수립한다. 덕의 위계에서 하위의 덕은 상위의 덕으로 올라가기 위한 계단이 된다. 이암블리코스에 오면 지적인 덕을 초월하는 성사적 덕이 도입되는데, 이때 성사(聖事, theourgia, sacramentum)란 신을 모방하는 신비적 행위를 뜻한다. '성사' 개념과 함께 신플라톤주의는 서양 고대의 지성주의 전통을 마침내 떠난 것이라는 의혹을 산다.

행복을 성취할 목표로 내세우고, 주체의 자존감과 자긍심에 호소하면서 지적 각성과 감정 및 욕망의 수련을 요구했던 고대의 덕윤리 전통은 그리스도교 문화의 정착과 함께 점차 쇠퇴하게 된다. 행복은 더 이상 행위자가 자력으로 성취할 수 있는 것이 아니다. 그것은 신의 은총이 내리는 선물이다. 이제 드높은 자긍심이나 자존감보다 깊은 겸손과 죄의식이 강조된다. 무엇보다도 고대인들의 자긍심의 원천이었던 덕이 빛을 잃는다. '소위 이교적 덕'이 진정한 덕이 아니라, '빛나는 죄'(splendida peccata)일 뿐이라는 평가가 내려진다.[51] 참된 종교 없이는 참된 덕도 없다는 아우구스티누스의 말은 서양 고대 덕윤리의 종언이다.[52] 사실, 그리스도교에서 예찬하는 믿음, 소망 그리고 사랑의 '신학적 덕들'은 더 이상 인간이 자신의 노력을 통해 성취하는 훌륭함이 아니라, 신이 인간에게 내리는 은총의 선물이며 초자연적인 힘이다.

그리스도교 문화는 근대의 대표적인 규범윤리인 의무론과 공리론의 이론적 배경이 되었다. 그리고 그 속에서 덕윤리는 철학사의 중심무대에서 사라졌다. 그러나 그렇다고 덕윤리 전통이 완전히 소멸되었던 것은 아니었다. 이러한 그리스도교 전통에 대립하면서 고대

---

51 17세기에 활약한 프랑스의 계몽주의자 피에르 베일(Pierre Bayle)은 그의 유명한 사전(*Dictionnaire historique et critique*, 1697년 초판 발행)에서 이러한 견해를 아우구스티누스에게 귀속시킨다(Dict. 401).

52 『신국』 xix 25b. 이와 관련해서 아우구스티누스는 '신앙으로부터 오지 않은 모든 것은 죄'(로마서 14:23)라는 성 바울의 언명에 권위를 부여한다.

덕윤리의 문제설정을 이어받고 있는 철학적 전통이 존재했기 때문이다. 물론, 근대의 덕윤리 전통은 고대 덕윤리를 변형 없이 그대로 수용하고 있는 것은 아니다. 이 전통은 그리스도교 도덕에 대항하여 고대 덕윤리 전통을 복원하고 있지만, 그것에 적지 않은 변형을 가하게 된다. 따라서 근대 덕윤리는 양자를 동시에 비판하면서 제3의 길을 모색했다고 할 수 있다.

이 덕윤리 전통을 구성하는 철학자로 우리는 여기에서 니콜로 마키아벨리, 베네딕투스 데 스피노자, 그리고 프리드리히 니체를 다루려고 한다. 이 세 철학자들은 고대 철학자들이 자연을 이해한 방식을 거부했다. 이들은 모든 자연 사물들은 실현해야 할 목적으로서 본성을 가지고 있으며, 그 본성에 따를 때 그것들은 조화로운 전체를 형성한다는 고전적 믿음을 부정한다. 그들에게 자연에는 어떤 궁극적 목적이나 의미도 존재하지 않는다. 그 목적이나 의미는 인간이 창조하고 구성하는 것이다. 인간의 덕은 바로 질서, 형식, 의미를 생산하고 창조하는 덕이다. 따라서 이 덕은 자연이 가지고 있는 질서나 형식에 합치하며 살아가는 데 있는 것이 아니다. 자연은 그러한 질서를 가지고 있지 않다. 오히려 자연은 특정한 질서가 아니라 다양한 질서나 형식을 산출해낼 수 있는 '힘'을 가지고 있다. 자연의 일부인 인간의 경우 이 생산적 힘은 욕망으로 불린다.

마키아벨리, 스피노자, 니체로 이어지는 이 철학적 전통에서는 인간을 이성이 아니라 욕망의 존재로 파악한다. 이들에게 이것은, 이전의 철학자들이 자신들의 바람대로 만들어낸 이상적인 인간, 어디에서도 존재할 수 없는 인간이 아니라 현실에 있는 그대로의 인간이다. 이들의 덕윤리는 이렇게 인간의 현실을 정확히 직시하는 것에서 출발해야 한다는 문제의식을 표현하고 있다. 이러한 문제의식을 공유하고 있지만 이 세 철학자의 덕윤리는 조금씩 다른 모습으로 등장한다.

우선, 르네상스 인문주의자인 마키아벨리(1469-1577)는 스피노자-니체로 이어지는 근대 덕윤리 전통을 열고 있는 선구자이다. 비록 그는 정치론에 국한된 문제설정 속에서 자신의 철학을 발전시켰지만, 그가 거기에서 성취하고 있는 개념적 혁신은 정치론을 넘어 인간학, 존재론에까지 확장된다. 우리가 마키아벨리를 '근대 덕윤리' 전통의 선구로 삼는 이유가 여기에 있다.

그는 고대 덕윤리 전통이 제기하였던 '좋은 삶은 어떤 것인가'라는 물음을 '삶이란 무엇인가'라는 물음으로 대체한다. 이 물음의 전환은, 전자가 함축하고 있었던 형이상학적, 인간학적, 윤리적 전제들을 문제 삼는다. 조화로운 전체로서의 자연이라는 자연관, 이성적 동물로서의 인간에 대한 정의, 조화, 질서, 평화 등에 대한 도덕적 가치부여가 마키아벨리의 현실주의적 관점 속에서 폐기된다. 이 점에서 마키아벨리주의는 '비도덕적'이라고 평가될 수 있다. 그러나 그의 비도덕주의는 도덕 자체의 부정이 아니라 전통적 도덕과는 다른 도덕, 새로운 덕 개념의 구성으로 이해되어야 한다. 새로운 덕 개념은 철학자들이 자신들의 욕망에 따라 꾸며낸 이상과 목적이 아니라 부정할 수 없는 현실에 대한 긍정으로부터 형성되어야 한다. 인간은 욕망하는 존재라는 점, 이것은 부정할 수 없는 현실일 뿐만 아니라 덕이 근거해야 할 토대이다. 즉 덕은 욕망의 억제가 아니라 그것이 갖는 활력에 기대야 한다. 그러한 한에서 윤리는 현실에서 그 효력을 갖는 실천적인 것이 될 수 있다.

마키아벨리주의에 대한 사람들의 통속적 이해는 마키아벨리의 현실주의 철학에 대한 오해의 산물이다. 마키아벨리는 단지 절대적인 선과 악을 부정할 뿐이다. 우리가 전제하는 어떤 절대적 선과 악에 의해서 우리의 삶이 평가되어야 하는 것이 아니라, 반대로 삶의 관점에서, 존재의 보존이라는 관점에서 도덕적 가치들은 재평가되어야 한다는 것을 그는 주장할 뿐이다. 스피노자와 니체가 이어받고 있는 것은 바로 이러한 관점의 전환이다.

스피노자(1632-1677)는 마키아벨리의 이러한 통찰을 체계화한다. 그의 윤리적 성찰은, 한편으로는 당시의 지배적인 윤리적 담론이었던 그리스도교 도덕의 자유의지론과, 다른 한편으로는 고대 덕윤리 전통의 목적론을 동시에 극복하려는 문제의식에서 출발한다. 그가 기획했던 새로운 '보편 윤리학'은 보다 강한 인간 본성의 구성이라는 덕윤리 고유의 문제설정 하에서 제시된다. 더 나아가 스피노자는 이 유덕한 인간유형을 합리성과 자유를 통해 규정한다. 이 점에서 스피노자는 마키아벨리보다는 고전적 전통에 합류하고 있는 것처럼 보인다. 그러나 그는 합리성과 자유를 전적으로 새로운 존재론과 인간학에 기초해서 재규정함으로써 고전적 덕윤리 전통과 갈라서고 있다. 합리성과 자유를 특정한 결과의 관점에서, 즉 특정하게 전제된 적합한 인식 혹은 '의지의 자유'로서 파악하는 대신에 그 발생과 기원의 관점에서, 즉 다양성과 균형 개념을 통해서 이해함으로써 스피노자는 덕 개념을 계보학적으로 재구성하고 있다. 이 재구성에서 궁극적 토대가 되고 있는 것은 그의 역량의 존재론과 욕망의 인간학이 응축되어 나타나는 코나투스의 원리이다. 여기에서 스피노자는 다시 마키아벨리의 통찰을 따르고 있다. 요컨대 스피노자는 마키아벨리가 열어놓은 새로운 인간학의 지평 위에서 고전적인 덕윤리를 재전유하고 있다고 말할 수 있다.

니체(1844-1900)는 스피노자를 자신의 유일한 선구자로 찬양한 바 있다. 의지의 자유, 목적, 도덕적 세계질서, 비이기주의, 악을 부정하고 있다는 점에서 그는 자신을 스피노자와 동일시한다. 또한 그는 마키아벨리의 덕 개념을 자신의 그것과 동일시하기도 한다. 이렇듯 니체는 마키아벨리와 스피노자의 사상이 자신의 철학과 맺고 있는 친화성을 긍정하고 있으며, 스스로를 이 전통의 계승자로 인식한다. 마키아벨리나 스피노자보다 니체에게서 분명하게 드러나는 것은 덕 개념의 미학적 전화이다. 니체에 따르면, 모든 것은 힘에 대한 의지의 산물이다. 서양철학을 오랫동안 지배하였던 진리의 형이상학, 그리고 그것에 기초해 있었던 윤리도 마찬가지이다. 이 모든 것은 진리를 향한 의지의 산물인 것이다. 그러나 니체는 실제로 이 의지가 만들어낸 것은 진리가 아니라 가상에 불과했다고 주장한다. 철학자들이 말했던 진리는 존재하지 않기 때문이다. 니체는 더 나아가 힘에 대한 의지는 근본적으로 허구 혹은 가상을 향한 의지라고 말한다. 즉 이미 존재하는 어떤 것의 본성을 파악하려는 의지가 아니라 존재하지 않는 것을 창조하려는 의지인 것이다. 바로 이러한 의미에서 힘에 대한 의지는 예술을 향한 의지라고 할 수 있다. 덕이 힘에 대한 의지의 능동적인 발현에 있는 것이라면, 그 덕은 바로 예술에서, 보다 정확히 말하면 예술이 전형적으로 보여주고 있는 창조적 활동 속에서 자신의 본질을 발견하게 될 것이다.

II.

플라톤

— 덕 개념의 이상주의적 정초

1. 들어가는 말

플라톤(기원전 427-347)은 스승 소크라테스, 제자 아리스토텔레스와 더불어 서양지성사에서 가장 영향력 있는 철학자이다. 그는 아테네가 영광스러운 페리클레스 시대를 뒤로하고 쇠락의 길로 접어들었을 무렵, 마치 해질 녘에 날아오르는 한 마리 올빼미처럼 나타났다. 그는 명철한 눈으로 아테네 제국의 문명을 돌아보며 그 공과 과를 가려내고 결산하는 작업에 임한다. 그가 미래의 세대를 위해 남긴 윤리학은 과거의 삶의 방식에 대한 철저한 반성에서 비롯한 것이다.

플라톤은 아테네의 유서 깊은 귀족 가문에서 태어났으며, 젊어서는 극작가가 되겠다는 문학적 야망을 가지고 있었고, 아울러 흔히 귀족 청년에게서 기대되는 것처럼 정치가로서의 진로를 눈앞에 두고 있었다. 그런데 한 사람과의 만남이 그의 삶의 경로를 완전히 바꾸어 놓았다. 그는 작가의 길도 정치가의 길도 접고, 그 한 사람을 따라 익히 들어본 적이 없는 낯선 길, 철학의 길로 들어서게 된다. 플라톤을 철학적 삶으로 인도한 사람이 바로 소크라테스이다.

플라톤의 윤리학은 소크라테스라는 철학자가 살았던 방식에 대한 기억과 성찰의 결실이라고 할 수 있다. 플라톤은 스승 소크라테스를 일평생 진심으로 덕(德)을 돌본 사람으로 기억한다.[1] 그는 덕을 주제로 하는 여러 대화편에서 소크라테스를 주인공으로 등장시킨다. 특히 그의 초기 저작은 덕을 탐구하고 추구한 소크라테스에 대한 철

---

1 『크리톤』, 45d, 51a.

학적 '추모비'라고 할 수 있다.

하지만 플라톤의 대화편은 실제 대화의 기록이 아니다. 소크라테스가 누군가와 대화하는 것을 플라톤이 옆에서 듣고서 그대로 옮겨 놓은 것이 아니다. 플라톤의 대화편에는 역사상 실존 인물이 소크라테스의 대화 상대자로 자주 등장하지만, 거기에 묘사된 대화는 역사적 사건이라기보다는 문학적 허구라고 할 수 있다. 그의 작품은 역사적 사실을 배경으로 한 일종의 '팩션'(faction)이다.

플라톤은 소크라테스와의 만남을 계기로 문학에서 철학으로 회심을 했다고 전하지만,[2] 그는 결국 작가로 남았다. 하지만 그는 무엇보다도 진리를 추구하는 '철학적' 작가가 되었다. 그에게 '철학'은 소크라테스의 말(logos)을 통해 그가 사람들과 나눈 대화(dialogos) 속에 살아 있는 것이었다. 그가 그의 문학 작품 속에서 재현한 것은 서로 주고받는 말을 통해 함께 진리를 추구하는 '소크라테스적 정신'이다. 플라톤의 소크라테스는 그가 생각하는 철학의 화신이라고 할 수 있다. 작가 플라톤은 역사적 사실보다는 철학적 진실에 충실하고자 했다. 따라서 플라톤의 소크라테스를 역사적 소크라테스와 동일시해서는 안 된다.

많은 학자들은 초기 대화편들에 묘사된 소크라테스는 역사적 소크라테스에 가깝지만, 중·후기 대화편들에 나오는 소크라테스는 그와 거리가 멀다고 생각한다. 이에 상응하여 덕에 대한 논의의 성격

---

2 플라톤은 원래 문학청년이었지만, 소크라테스를 만난 후 그에 매료되어 다음과 같이 말하고서 자신의 습작을 불태웠다고 전한다. "헤파이스토스여, 이리 오시오. 플라톤은 지금 당신이 필요하오."(디오게네스 라에르티오스, 『그리스 철학자 열전』, III 5). 헤파이스토스는 불을 다루는 대장장이 신이다.

또한 초·중·후기에 따라 달라지는 것으로 관찰된다. 초기 저작은 덕에 관련된 주요 문제를 제기하고 검토하는 데 중점을 두면서, 제기된 문제에 대한 적극적인 해답을 내놓지 않는 데 비해, 중기 저작은 덕에 대한 보다 적극적이고 체계적인 접근을 시도한다. 플라톤의 덕론으로 알려진 내용은 상당부분 그러한 중기 저작을 원천으로 한다. 중기 플라톤은 윤리학적 탐구를 정치학, 인식론, 심리학, 우주론, 형이상학을 포괄하는 통합적 대(大) 철학의 전망 하에 수행한다. 후기 저작에서는 중기 저작에서 개진된 윤리학 이론을 비판적으로 반성하고 개선하려는 시도가 발견된다.

따라서 특정 대화편에 국한된 연구는 플라톤 자신의 덕 연구의 전체적 윤곽과 향방을 파악하는 데 미흡하다. 물론, 시기별로 연구의 중점과 성격이 변했다고 해서, 근본적인 문제의식과 입장이 변해야만 하는 것은 아니다. 그렇다고 아무런 변화가 없었다고 단정 지어서도 안 될 것이다. 플라톤의 덕의 이해에서 실질적인 변화가 있었는지 유무는 개별 대화편의 연구를 넘어 대화편들의 비교를 통해 밝혀져야 할 사항이다.

아래에서 우리는 플라톤이 어느 정도 일관성 있는 덕 개념을 가지고 있었고, 그 개념을 바탕으로 여러 가지 윤리학적 문제를 체계적으로 접근하려고 했다는 가정하에 그의 윤리학을 재구성하려고 시도할 것이다. 그러나 이러한 시도가 지니는 한계는 처음부터 분명하게 인식되어야 한다. 우선, 플라톤은 덕에 대한 체계적인 이론을 제시하는 아리스토텔레스의 『니코마코스 윤리학』이나 『에우데모스 윤리학』과 같은 윤리학 전문 저술을 집필하지 않았다. 또한 그는 자신의 사상을 논고의 형태로 제시하지 않고, 고도로 문학적인 대화편으로 표현했다. 게다가 대화편에서 결코 자신의 이름으로 논변을 개진하지 않았다. 각 대화편에 등장하는 인물들이 종종 나누는 논쟁적인 대화에서 플라톤의 입장을 끄집어내는 것은 쉬운 일이 아니다. 따라서 플라톤의 덕윤리를 재구성함에 있어 섣부른 일반화와 도식화를 경계해야 한다.

이러한 사정으로 인해, 플라톤의 윤리학을 체계적으로 소개하는 글을 접하기가 쉽지 않다. 줄리아 안나스는 『행복의 도덕』에서 서양 고대 윤리학에 대한 체계적인 분석을 시도했는데, 분석대상에 플라톤의 윤리학이 포함되어 있지 않다. 안나스에 따르면, 처음으로 윤리이론을 체계적으로 다루고, 나아가 고대 윤리학의 틀을 마련해준 철학자는 아리스토텔레스이다.[3] 그래서 그의 연구는 아리스토텔레스부터 시작한다.

실제로 현대 덕윤리에서 관심을 기울인 고대 윤리학은 아리스토텔레스의 윤리학이다. 그러나 아리스토텔레스의 윤리학은 하늘에서 갑자기 떨어진 것이 아니다. 그것은 플라톤 윤리학에 대한 반성과 성찰 속에서 태어난 것이다. 아리스토텔레스의 윤리학뿐만 아니라 스토아 윤리학과 에피쿠로스 윤리학 등 다른 고대 윤리학 체계들도 직접적으로든 간접적으로든 플라톤의 윤리학에 대한 반응이라고 할 수 있다. 그러므로 플라톤의 윤리학을 이해하려는 시도는 이후 전개된 고대 윤리학의 흐름을 이해하는 데에도 이바지할 것이다. 이제 플라톤의 윤리학으로 들어가자. 입구에서 소크라테스가 우리를 기다리고 있다.

---

3 Annas, J.(1993), *The Morality of Happiness*, Oxford: Oxford University Press, p. 17.

2. 소크라테스의 문제

소크라테스적 전회

어떻게 살아야 할 것인가? 소크라테스(기원전 469-399)는 이 물음을 철학의 근본문제로 만들었다. 이 물음과 함께 철학은 하늘에서 이 땅의 나라들과 집들로 내려왔다.[4] 달리 말해 소크라테스를 통해 철학의 관심은 자연에서 인간으로 옮겨왔다. 이러한 소크라테스적 전회와 함께 윤리학이 본격적으로 시작된 것으로 간주된다.[5]

서양 윤리학의 시작은 광범위한 지성사의 맥락에서 볼 때 '소피스트'라고 불린 지식인들에 의해 주도된 일종의 '계몽주의' 운동과 맞물려 있었다. 소피스트들이 주로 활동한 기원전 5세기에 아테네는 정치, 경제, 문화 전반에 걸쳐 최전성기를 누리고 있었다. 아테네 민주주의가 마련해준 자유롭고 개방적인 분위기 속에서 그리스 전역에서 모여든 소피스트들은 기존의 사회적 관습과 전통적 가치에 대해 총체적인 회의(懷疑)와 반성을 촉구했다.

이러한 소피스트들의 도전적이고 비판적인 태도는 사회 보수층의 우려와 반감을 불러일으킨다. 이러한 상황에서 소크라테스의 도발적이고 가차 없는 철학적 대화 또한 사람들의 마음을 불안하고 불편하게 만든다. 소크라테스는 사람들에게 그들이 지닌 가치관과 신념의 '근거를 대라'(logon didonai)고 요구했고, 그들이 제시한 근거를

4 키케로, 『투스쿨룸 대화』, V 10-11.

5 아리스토텔레스는 소크라테스가 윤리적인 주제에만 몰두하고 자연에 대해서는 전혀 관심이 없었으며, 처음으로 윤리적인 가치들을 정의하려고 시도했다고 전한다. 『형이상학』, 1권 987b 참조.

철저하게 따졌다. 그는 사람들의 마음 또는 그가 '영혼'이라고 부른 것을 지배하는 통념과 편견을 논리로 깨부수고자 했다. 이러한 소크라테스의 '논박'(enlenchos)은 사실 영혼을 거짓으로부터 해방시키기 위한 것이었다. 그러나 말로 사람의 마음을 바꾸는 일은 생각보다 어렵고 드문 일이다. 소크라테스의 삶이 이것을 증명한다.

동시대 희극작가 아리스토파네스는 『구름』에서 소크라테스를 '소피스트'라고 칭하며, 시민들을 현혹하고 사회질서를 문란하게 하는 반사회적인 인물로 그렸다. 이 희극작품이 상연된 기원전 423년에 소크라테스는 사십 대 중반이었으며, 이미 아테네시의 유명인사였다. 결국, 소크라테스는 399년에 불경죄와 젊은이들을 타락시킨 죄로 기소되어 법정에 서게 되고, 그 결과 처형된다. 플라톤에 따르면, 소크라테스는 철학을 그만두면 살려주겠다는 말에 굴하기 않고 "살아 숨쉬는 한 철학하기를 그칠 수 없다"고 밝히면서 죽음을 택했다.[6]

플라톤은 『소크라테스의 변론』에서 소크라테스를 철학의 '순교자'로 그린다. 시민 법정에 선 소크라테스는 자신이 종사한 철학을 위해 변론한다. 그에게 '철학'은 인간 삶의 근본문제를 다루는 체계적 이론에 그치는 것이 아니라, 그러한 이론을 생산하고 또 실천하는 삶의 방식이었다. "반성 없는 삶은 살 가치가 없다"[7]는 소크라테스의 언명은 반성, 즉 비판적 검토가 그가 생각한 철학적 삶의 핵심임을 시사한다.

소크라테스에게 삶에 대한 철학적 반성은 사회질서의 전복과 파

6 『소크라테스의 변론』, 29d.

7 『소크라테스의 변론』, 38a.

괴를 위한 것이 아니라 개선과 쇄신을 위한 것이다. 철학은 변화를 무조건 거부하면서 현 상태를 고수하려는 아집에 도전하지만, 그렇다고 변화를 위한 변화를 지향하지는 않는다. 변화를 위한 변화는 사실 지향점이 없는 변덕의 표현일 뿐이다. 과연 무엇을 위해 변화가 요구되는가에 대해 신중한 검토가 필요한 것이다.

플라톤의 소크라테스는 아리스토파네스의 소크라테스가 아니다. 플라톤은 철학자 소크라테스를 대중을 현혹하고 사회를 혼란에 빠뜨리는 소피스트와 구별한다. 사실상, 플라톤이 설정한 철학자와 소피스트의 대결구도 안에서 소피스트가 지닌 혁신적이고 도전적인 면모는 탈색되고, 자만과 허위의식으로 가득 찬 지식의 소매상이자 궤변론자로서의 프로필만이 부각된다. 이렇게 일그러진 소피스트상이 이후 서양지성사에 각인된다. 하지만 소피스트들은 기존의 관습과 사회적 통념에 과감히 도전했다는 점에서 소크라테스의 적이 아니라 동지였다고 할 수 있다.

소크라테스는 예수, 공자, 석가와 나란히 세계 4대 성인으로 꼽힌다. 그러나 그는 통상적으로 성인으로 숭상되는 인물들과는 사뭇 다른 인상을 준다. 특히 플라톤의 초기 대화편에 등장하는 소크라테스는 너그럽고 부드러운 현자와는 거리가 멀다. 그는 대화 상대자의 지적 맹점과 도덕적 약점을 신랄하고 집요하게 물고 늘어진다. 상대방의 자존심은 아랑곳없다. 게다가 상대방의 허세를 조롱하는 그의 반어법(irony)은 대화 상대자를 당혹스럽게 할 뿐만 아니라 강직한 독자의 심기마저 불편하게 만든다. 오늘날 그러한 사람은 '꼰대'라고 불린다. 2400년 전 아테네인들도 소크라테스를 남 일에 간섭해서 잘난 척하는 '꼰대'로 본 것 같다.

하지만 정작 소크라테스는 자신이 잘 낫다고 생각하지 않았다. 그는 자신의 무지를 모르지도 않았고 숨기지도 않았다. 하지만 그가 적어도 자신이 무지함을 안다는 점에서 그것을 모르는 사람보다 낫다고 여겼다. 또한 자신의 무지를 깨닫는 것이 더 나은 자신이 되는 첫걸음이라고 보았다. 그러나 예나 지금이나 나 자신의 어리석음이나 모자람을 스스로 깨우치는 것은 어렵고 드물다. 그렇다고 남이 나의 맹점을 지적하는 것을 달갑게 받아들이기가 쉬운 것도 아니다.

소크라테스와의 대화를 통해 자신의 무지가 드러난 아테네 사람들은 그에게 감사하는 대신 분노했다. 그들은 모르는 것을 알려고 하는 대신 소크라테스에게 가르치려 든다며 화를 냈다.[8] 그렇게 어리석은 자존심에 무지몽매에서 조금이나마 벗어나 자신을 돌아볼 기회마저 놓친 것이다. 마침내 소크라테스는 아테네인들의 공공의 적이 되어 심판대에 오른다. 심판대 위에서 철학자는 자신을 아테네라는 거대하고 굼뜬 말이 졸지 않도록 성가시게 쏘아대는 등에에 비유한다. 그리고 성난 말의 꼬리에 맞아 죽을 등에의 가차 없는 운명을 예고한다.[9] 소크라테스는 결국 아테네의 등에로 죽는다. 그러나 그는 그냥 죽는 것으로 끝나지 않았다. 죽은 후 그는 그를 기억하는 사람들의 가슴속으로 되살아났다. 그리고 지금에 이르기까지 수많은 이의 가슴 깊숙한 곳에서 울리는 양심의 목소리로, 험난한 인생길을 올바로 인도하는 신성한 존재, 다이모니온(daimonion)으로 살아 있다.

---

8 『에우튀프론』, 3c-d.

9 『소크라테스의 변론』, 30d-31a.

네 자신을 돌보라

소크라테스 윤리학의 실천요강은 다른 무엇보다도 자기 자신을 돌보라는 말로 대표될 수 있다[1]. 한마디로 내 자신을 위할 줄 알아야 한다는 말이다. 이 말은 언뜻 보기에 이기주의를 옹호하는 것 같다. 그래서 이기주의는 도덕적인 악이고, 이타주의는 도덕적인 선이라고 믿는 사람들에게 당황스럽게 들릴 것이다. 이러한 이분법에 따르면, 소크라테스는 이기주의를 찬동한 '부도덕한' 철학자가 될 것이다.

소크라테스는 과연 자기 자신을 위해 남에게 해를 끼쳐도 된다고 생각했을까? 소크라테스 본인이 이러한 질문을 받았다면, 우선 무엇이 진정 자신을 위한 것인지를 따지자고 했을 것이다. 또한 자신을 위한 것과 남을 위한 것이 늘 상반되는지 살펴보자고 했을 것이다. 실제로 그는 남을 해치면서 자신을 위할 수는 없다고 생각했다. 남에게 불의를 저지르는 것은 자신을 망치는 일이라고 여겼기 때문이다.

여기에서는 불의를 통해 얻는 이익보다 잃는 손해가 크다는 냉철한 셈법이 숨어 있다. 이러한 손익계산 이전에 사물의 값어치를 매기는 작업이 있어야 한다. 소크라테스는 사람이 지닌 내적 자산, 다시 말해 사람을 사람답게 만드는 능력 내지 성질이 부와 명예와 같은 외적 재화보다 훨씬 가치 있다고 보았다. 내 자신이 무엇보다도 더 중요하다면, 내가 좋아지는 것이, 다시 말해 내가 좋은 존재가 되는 것이 다른 좋은 것들을 소유하는 것보다 중요하다는 것이다. 더욱이 다른 것들의 소유도 결국 내 자신을 위한 것이니 말이다.

게다가 사람의 격과 질을 말해주는 것은 눈에 보이는 육체가 아니라 그것을 돌보고 사용하는 마음 또는 영혼이라고 생각했다. 그래서 육체의 훌륭함과 아름다움보다 영혼의 훌륭함과 아름다움에 값을 더 매겼다. 남의 재산을 가로채 부자가 된 경우, 늘어난 재물이 주는 이익보다 불의를 통해 영혼이 입은 손해가 더 크다는 것이 소크라테스의 계산이었다. 이러한 셈법에 따르면, 남을 올바르게 대하는 것은 곧 내 자신을 올바로 세우는 것이며, 결국 나에게 이익이다. 남에게 잘해주는 것이 곧 나에게 잘해주는 것이다. 소크라테스는 결코 계산적으로 살아서는 안 된다고 설교하지 않는다. 오히려 잘살기 위해서는 계산을 잘하라고, 다시 말해 사물들의 가치를 제대로 재라고 권고한다. 하지만 그의 '이상적인' 셈법으로 어떻게 이 험한 인간 세상에서 '남는 장사'를 할 수 있을지 의구심이 들 수 있다.

소크라테스가 살았던 때에도 정의(正義)는 남 좋은 일이니 지키는 사람에게 손해라는 '현실적인' 생각이 팽배해 있었다. 플라톤의 중기 작품인 『국가』에서 소크라테스는 이러한 통념에 반하여 정의를 지키는 것이 무엇보다 지키는 사람 자신의 이익이라는 논변을 펼친다. 그에 따르면, 정의는 결국 나와 남의 공동 이익, 즉 사회의 공익(共益)이 된다. 정의와 같은 도덕적 선은 소유자 개인의 인격적 자산인 동시에 그 개인이 속한 공동체의 공동선(共同善)이다. 이런 식으로 소크라테스는 남의 이익이 곧 나의 손해라는 발상에 제동을 걸면서, 이기주의와 이타주의의 상호 배타성을 주장하는 이분법적 시각을 극복하려고 한 것으로 보인다.

소크라테스가 우리에게 권고하는 윤리적 사유는 (전지적 작가 시점과 같은) 3인칭 시점이 아니라 1인칭 시점에서 전개된다고 할 수 있다. 어떻게 살 것인지, 무엇을 할 것인지에 대한 실천적인 사고의 출발점은 실천의 주체인 나 자신이다. 어떻게 살아야 내가 잘 살고, 무엇을 해야 내가 잘하는 것인지를 알기 위해 궁리하고 고민해야 한다.

왜냐하면 내가 잘 사는 것이, 그리고 내가 잘 행하는 것이 내 삶의 목적이고 내 행위의 목적이기 때문이다. 그리스어에서 '잘 산다'(eu zên)와 '잘 행한다'(eu prattein)는 '행복하다'(eudaimonein)와 같은 말로 통했다. 그러므로 나의 실천적 사고는 내 자신의 행복(eudaimonia)을 목표로 한다.

이처럼 소크라테스 윤리학은 '내'가 행복하길 바란다는 사실에 기초한다. 만약 행복을 바라지 않는다는 사람이 있다면, 소크라테스는 그 사람이 자기기만 내지 오해에 빠졌다는 것을 밝히거나 아니면 자기 자신의 윤리학을 포기해야 할 것이다. 소크라테스의 윤리학이 여전히 많은 사람들에게 호소력이 있는 것은 실제로 그것이 우리 각자의 근원적인 욕망, 즉 행복에 대한 소망에 호소하기 때문이 아닐까? 소크라테스는 '내'가 행복해지는 길을 철학에서 찾았다. 그에게 철학은 '내'가 행복해지도록 '나'를 돌보는 방식이다.

그러므로 소크라테스에게 돌봄의 윤리학(ethics of care)이 있다면, 그것은 무엇보다 '자기 돌봄'의 윤리학이라고 해야 할 것이다. 그것은 자기의 행복을 추구하는 행복의 윤리학이다. 소크라테스를 비롯한 그리스 철학자들은 행복을 인생의 목적(telos)이라고 여겼다.[10] 행복은 우리 각자가 궁극적으로 원하는 것이다. 이런 시각에서는 왜, 무엇 때문에 행복을 원하느냐는 물음은 의미가 없다[2]. 무릇 인간은 본성상

---

10 이러한 입장을 '행복주의'(eudaimonism)라고 부른다. 행복이 아니라 쾌락을 인생의 목적으로 삼은 퀴레네 학파는 서양 고대 윤리학에서 예외적인 경우에 해당한다. 퀴레네 학파의 쾌락주의와는 대조적으로 에피쿠로스의 쾌락주의는 행복주의 전통에 속한다. 에피쿠로스는 인생의 목적이 행복이라는 입장을 견지하면서, 동시에 행복의 내용이 쾌락이라는 주장을 내세웠다.

행복을 추구하는 법이다. 그러나 인간은 행복을 타고나는 것도 아니고, 저절로 또는 우연히 행복해지는 것도 아니다. 행복하기 위해서는 자신을 그냥 내버려두어서는 안 되고 살뜰히 챙겨야 한다. 행복은 자신을 돌보는 노력을 요구한다.

그렇다면 우리가 제각기 돌봐야 할 '자신'은 무엇인가? 소크라테스는 우리 자신은 우리의 육체가 아니라, 그것을 사용하고 다스리는 '영혼', 즉 마음이라고 주장한다. 그의 표현에 따르면, 육체는 우리에게 속하는 '우리 것'이지 '우리'가 아니다. 이때 1인칭 복수 '우리'는 단수인 '나'를 의미한다.[11] 따라서 '네 자신을 돌보라!'는 '네 영혼을 돌보라'는 뜻이다. 이러한 시각에서 소크라테스는 자신의 철학적 실천을 다음과 같이 요약했다. "사실, 제가 돌아다니면서 하는 일이라고는 그저 당신들이, 청년이든 노인이든, 자기의 영혼이 가능한 한 좋아지도록 돌보는 것보다 먼저 또는 열심히 육체와 재물을 돌보지 말라고 설득하는 겁니다."[12] 여기에서 영혼의 최선의 상태가 곧 덕(德)이다. 자기 자신을 돌보라는 말은 자기 영혼의 덕을 돌보라는 말로 풀이된다. 따라서 자기 돌봄의 핵심은 덕의 추구이다. 이로써 소크라테스의 윤리학은 덕의 윤리학으로 귀결된다.

소크라테스는 자기 자신조차 돌보지 못하는 사람이 다른 사람들을, 나아가 나라 전체를 돌보겠다고 나서는 것을 경계했다. 그는 정치적 야망에 불타는 제자 알키비아데스에게 나라의 번영과 행복을 위해 없어서는 안 되는 것이 바로 시민들의 덕이라고 역설한다. 이와

---

11 『알키비아데스 1』, 128a.

12 『소크라테스의 변론』, 30a.

더불어 나라를 다스리길 원하는 사람은 먼저 스스로 덕을 함양할 것을 촉구한다. 나아가 덕을 지니지 않은 사람은 덕을 지닌 사람에게 다스림을 받는 것이 자신에게도 낫다고 주장한다[3].

네 자신을 돌보라! 소크라테스는 이 말을 스스로 되뇌며 수신(修身)에만 전념한 것은 아니다. 그는 이 말을 자신에게만 한 것이 아니라 다른 사람들에게도 했다. 그것도 성가실 정도로. 그래서 아테네 시민들은 소크라테스로부터, 철학으로부터 해방되길 바랐다. 시민 법정에 소환된 소크라테스는 날마다 덕에 대해 다른 사람들과 함께 대화하면서 서로 반성하고 성찰하는 것이 인간에게 가장 좋은 일이기 때문에 '조용히 지내라'는 권고에 따를 수 없다고 밝힌다.[13] 그렇게 소크라테스는 철학이 침묵으로 망명하는 것을 거부했다.

소크라테스는 '네 자신을 돌보라'라는 말이 외로운 개인들을 향한 고독한 철학자의 외침으로 남길 바라지 않았던 것이다. 그가 생각한 가장 바람직한 돌봄은 개인의 외로운 분투가 아니라 함께 사는 사람들의 협업이었다. 이 점에서 그의 돌봄의 윤리학은 개인적 차원을 넘어 공동체 차원으로 확대될 수 있다.

실제로 소크라테스는 자신의 덕만 돌본 것이 아니라 다른 사람들이 각자 자신의 덕을 돌보도록 독려하고 도왔다. 그 와중에 그는 정작 자신의 가사조차 돌보지 못하는 형편에 이른다. 하지만 그는 그것을 부끄럽게 생각하지 않았다. 오히려 가난을 자신의 철학적 삶의 진정성을 입증할 증거로 내세운다. 그는 철학에 종사함으로써 물질적

---

13 『소크라테스의 변론』, 31a; 38a.

으로 가난하게 살아야 했지만 마음만큼은 넉넉했다. 그는 자기의 덕을 돌보는 데 그치지 않고 이웃의 덕까지 챙겼다. 왜 소크라테스는 남의 삶에 관여하려고 했을까? 왜 타인의 덕에 마음을 쓴 것일까?

물론, 자기 돌봄은 남이 대신할 수 없다. 덕은 남이 만든 기성복처럼 입었다 벗었다 할 수 없다. 덕은 스스로 만들어야 한다. 마치 멋진 몸매를 만들기 위해 몸소 운동을 해야 하듯이 말이다. 운동도 철학도 각자에게 주어진 몫이다. 그런데 체력을 단련하는 데에 트레이너의 지도가 도움이 된다. 그렇다면 철학 훈련에도 노련한 트레이너가 도움을 줄 것이다. 소크라테스는 시민들에게 유익한 철학 트레이너를 자처한 셈이다. 보수도 받지 않는 무료봉사에 기꺼이 나선 것이다. 그는 사람들에게 자신이 가지고 있는 것은 뭐든지 퍼주고 싶은 마음으로 말을 아끼지 않았다. 이처럼 대가를 바라지 않는 무상성(無償性)의 근원은 무엇인가? 심지어 그는 자기 말을 듣는 사람에게 보수라도 주고 싶다고 했다. 이처럼 후한 마음은 어디에서 온 것일까? 그는 그러한 마음의 비밀이 다름 아닌 '인간에 대한 사랑'(philanthropia)이라고 귀띔해주었다.[14]

그러나 소크라테스가 인간을 사랑한 방식은 철학이었고, 그의 철학적 사랑은 보통 사람이 감당하기에 너무나도 솔직하고 모진 사랑이었다. 그는 서슴없이 자신의 무지를 드러냈을 뿐만 아니라 타인의 무지도 가차 없이 파헤쳤다. 그는 상대방의 논리를 반박했지만, 반박당한 상대는 자신이 인간적으로 무시당했다고 생각한다. 대체로 상

14 『에우튀프론』, 3d.

처 입은 자존심은 지적 겸손을 가져오는 것이 아니라 복수심을 불러일으킨다. 지적, 도덕적 열등감을 느낀 사람들은 '잘난' 자존심을 지키기 위해 인간으로서의 존엄과 품위를 저버리고, 자신들에게 호의로 다가왔던 사람을 시기하고 헐뜯는다. 소크라테스는 그러한 사람들의 속을 꿰뚫어보면서도 끝까지 그들이 듣기를 원하는 말을 해주지 않았다. 그는 아첨과 굴종이 사랑의 올바른 방식이라고 여기지 않았다. 게다가 그는 자신이 아테네 시민들에게 최대의 자선을 베푼 은인(恩人)이라고, 나아가 신이 보낸 선물이라고 자부한다.[15] 이러한 철학자의 자부심은 안 그래도 그를 못마땅하게 여기는 사람들에게 거부감과 적대감을 낳는 결과를 가져왔다. 결국, 아테네 시민들은 철학자를 처단한다.

아고라에서 아카데미로

소크라테스의 삶과 죽음은 많은 이들에게 깊은 감명을 남겼다. 소크라테스가 보여준 진리에의 헌신과 투철한 비판정신은 그를 철학자의 귀감(龜鑑)으로 만들었다. 그는 철학적 삶의 모범을 제시했다. 물론, 그가 제시한 삶의 방식만이 유일하게 철학적인 방식은 아닐 것이다. 하지만 적어도 하나의 중요한, 기억할 만한 방식임에는 틀림없다. 많은 이들이 소크라테스처럼 살고 싶어 했고, 그중 어떤 이들은 더욱 급진적인 방식으로 사회적 관습과 통념에 대항하며 살기도 했다. 견유주의(cynicism)를 대표하는 철학자 디오게네스는 '미쳐버린 소크라

15 『소크라테스의 변론』, 36d; 30d-30e.

테스'라고 불릴 정도로 기존 관습의 파괴와 전통적 가치관의 전복을 도모했다. 하지만 소크라테스의 정신을 이어받은 철학자들이 모두 소크라테스처럼 산 것은 아니다.

플라톤은 소크라테스의 죽음 직후 아테네를 떠나 긴 여행길에 오른다. 타향살이 10년간 그는 소크라테스를 기리는 이른바 '소크라테스의 대화편들'(Sokratikoi logoi)을 집필했다. 오랜 애도기를 지나 마흔 즈음에 인생의 전기를 맞이한다. 그는 남부 이탈리아 여행을 통해 피타고라스학파와 교류하게 되었으며, 수학적인 학문 이상과 금욕주의, 그리고 철학적 내지 종교적 '영성'에 깊은 영향을 받게 된다. 또한 시칠리아의 시라쿠사에서 참주 디오니시오스 1세의 인척 가운데 특출한 재능을 지닌 청년 디온을 만나 철인왕(philosopher-king)이 통치하는 정의로운 국가를 건설하려는 꿈을 가지게 되었다. 그러나 그 꿈을 실현하려는 시도는 현실의 벽에 부딪혀 실패한다.

그러나 '다스릴 줄 아는 자가 다스려야 한다'는 신념은 인류사에 길이 남을 사건으로 귀결된다. 기원전 385년경, 플라톤은 아테네에 아카데미를 세웠다. 그는 고정관념에 사로잡혀 철학에 마음을 열지 않는 사람들의 마음을 열기 위해 시끄러운 아고라로 가는 대신 철학에 관심 있고 자질이 뛰어난 젊은이들을 불러모아 가르칠 학교를 세웠다. 이 학교는 애초에 미래 정치가들의 양성소로 만들어졌다. 실제로 아카데미 졸업생들은 여러 도시국가에서 정치가로 활동하게 된다. 그런데 미래 정치가를 위한 교육 프로그램에는 산술학, 기하학, 천문학, 화성학 등 당시 최첨단 학문들이 포함되어 있었기 때문에 아카데미는 차츰 학문의 전당으로 자리잡게 된다. 그리하여 아카데미는 대학의 원형이 된다.

3. 덕의 탐구

덕의 정의(定義)

플라톤은 소크라테스를 덕을 돌본 철학자로 그렸다. 그런데 소크라테스가 돌본 덕이란 도대체 무엇인가? 우리가 '덕'(德)으로 옮긴 그리스어 '아레테'(aretê)는 어원상 '좋다'를 뜻하는 형용사 '아가토스'(agathos)의 비교급 '아레이오스'(areios)와 연관된 명사이며, 일반적으로 어떤 사물의 좋고 훌륭한 상태를 가리킨다. 따라서 이 용어는 사람의 인품이나 능력에만 제한되어 사용되지 않고, 소와 말 같은 짐승이나 도끼와 칼 같은 도구처럼 좋은 상태를 가질 수 있는 생물이나 사물에 두루 적용되었다. 소크라테스는 이러한 일반적인 관념을 바탕으로 인간의 덕에 접근한다[4]. 그에게 인간의 덕은 인간이 인간으로서 지니는 훌륭한 상태이다. 그러므로 남자와 여자, 주인과 노예에 따라 다르지 않다[5]. 소크라테스가 돌본 덕은 바로 이런 의미에서 '인간적인' 덕이다.

플라톤은 초기 대화편들에서 용기, 절제, 경건, 슬기 등 전통적으로 인정되어 온 개별 덕목에 주목하여 그것이 무엇인지를 밝히려고 시도한다. 주인공 소크라테스는 특정 덕이 무엇인지 안다고 자부하는 자에게 그것의 정의(definition)를 요구한다. 그러나 그는 매번 원하는 대답을 듣지 못하고, 탐구는 미궁(aporia)에 빠지고 만다. 그는 개별 덕을 정의하기 위해 여러 사례를 열거하는 대신 모든 사례에 공통적으로 발견되는 특징을 지시해달라고 요구한다. 이러한 맥락에서 형상(idea, eidos) 개념이 도입된다.

『에우튀프론』에서 소크라테스는 종교 전문가인 에우튀프론에게 모든 경건한 것을 경건한 것으로 만드는 경건함 자체, 즉 경건의 형상이 무엇인지를 가르쳐달라고 주문한다. 이때 경건의 형상은 모든 경건한 것들에게 발견되는 동일한 특징이다. 이러한 경건의 형상은 모든 경건한 것들의 본(paradeigma)으로 간주된다. 그리하여 그것은 경건한 사례와 불경한 사례를 구분하는 기준으로 사용된다[6]. 이 작품에서 경건의 형상('이데아')은 경건한 것들 바깥에 독립적으로 존재하는 경건 자체, 시공간을 초월한 절대적인 경건으로 묘사되지 않는다. 초기 저작에서 덕의 형상은 아직까지 이 세상 바깥으로 자리를 옮기지 않은 듯하다.

중기 대화편 『향연』에서 묘사된 아름다움 자체의 특징은 초월적 형상의 일반적인 특징을 잘 드러낸다. 아름다움 자체에는 생성소멸과 증감이 없으며, 시간과 장소, 관점과 관계, 주관에 따라 아름다웠다가 추해지는 것이 아니며, 어떤 주체 안에 존재하는 것이 아니라 그 자체로서 영원히 존재하는 것이다. 모든 아름다운 것들은 그러한 아름다움 자체에 참여하는데, 아름다움 자체는 그러한 참여로 인해 아무런 영향을 받지 않는다. 따라서 아름다운 사물들이 생기고 사라진다고 해서 아름다움 자체가 늘거나 줄어드는 것은 아니다.[16]

이와 같은 방식으로 플라톤은 영원히 존재하는 이데아들의 영역을 생성소멸과 변화의 영역으로부터 분리한다. 그는 『국가』에서 존재의 영역을 가지계와 감각계로 양분하고, 가지계를 감각계의 본(paradeigma)으로 제시한다. 나아가 그는 모든 존재의 최종 근거로서

16 『향연』, 210e-211b.

'좋음의 이데아'를 제시함으로써 존재론과 가치론을 통합한 형이상학을 제기한다.[17] 그는 좋음의 이데아에 대한 앎이 '가장 큰 배움의 대상'(to megiston mathêma)이며, 그것이 인간을 이롭게 한다고 주장한다. 좋음을 모르는 한, 만사가 우리에게 아무런 득이 되지 않는다고 주장한다.[18] 좋음 자체, 즉 좋음의 이데아를 아는 지혜가 바로 인간이 도달할 수 있는 덕의 정점이다.

아마도 역사적 소크라테스는 덕을 정의하면서 플라톤의 초월적인 이데아를 떠올리지는 않았을 것이다.[19] 그러나 그 역시 덕이 때와 장소, 사람에 따라 변하는 것을 원하지는 않았다. 덕을 정의의 대상으로 삼으면서 이미 그는 덕을 보편적이고 객관적인 존재로 상정한 것이다. 그는 윤리적 상대주의에 맞서기 위해 그러한 덕 개념이 필요했다. 플라톤의 이데아론은 덕을 비롯한 가치 일반의 보편성과 객관성을 보장하려는 소크라테스의 시도에서 태어났다고 할 수 있다.

덕의 객관성과 관련해서, 우리는 덕이 영혼의 건강이라는 관념에 주목할 필요가 있다. 이 관념은 신체와 영혼의 유비(analogy)에 기초한다. 이에 따르면, 신체에 건강과 질병이 있듯이 영혼에도 건강과 질병이 있다는 결론을 이끌어낼 수 있다. 『국가』에서 덕은 다름 아닌 영혼의 건강으로, 악덕은 다시금 영혼의 질병으로 제시된다[7]. 건강은

---

17 『국가』, 507b-511e.

18 『국가』, 505a.

19 아리스토텔레스에 따르면, 소크라테스는 플라톤과 달리 정의(定義)의 대상을 초월적인 것으로 만들지 않았다. "소크라테스는 보편적인 것들도 정의들도 [개체들로부터] 분리된 것으로 만들지 않았으나, 그들(플라톤과 그의 추종자들)은 분리했다."(『형이상학』, 13권 4장과 9장 참조).

원래 신체 내부의 자연적 질서, 다시 말해 신체의 자연적 본성에 맞는 상태를 가리키고, 질병은 신체의 자연적 본성에 어긋나는 상태를 가리킨다. 이때 건강과 질병을 판가름하는 자연적 본성은 우리의 주관적 판단에 독립해서 존재하는 사물의 객관적 질서이다. 이런 이유로 누군가 주관적으로 건강하다고 느낀다고 해서 객관적으로 건강한 것이 아니다. 덕도, 영혼의 건강으로 파악된 이상 마찬가지다. 누군가 스스로 덕이 있다고 믿는다고 해서 실제로 덕이 있는 것은 아니다. 누군가는 실제로 영혼이 병들어 있으면서도 건강하다고 느끼거나 믿을 수 있다. 덕과 악덕을 구분하는 기준은 영혼의 객관적 질서이지, 주관적 감정이나 믿음이 아니다.

신체와 영혼, 건강과 덕의 유비는 신체의 건강을 돌보는 기술과 영혼의 덕을 돌보는 기술의 유비를 낳는다. 『고르기아스』에서 소크라테스는 우선 신체에 질서를 가져다주는 기술을 지닌 장인으로 의사와 체육교사를 지목한다. 이들은 단순히 몸의 욕구를 충족시키는 데 봉사할 줄만 아는 게 아니라, 어떤 욕구를 충족시키는 것이 건강을 위해 이로운지도 안다[8]. 그렇다면 영혼에 질서를 가져주는 기술도 있을까? 단순히 영혼의 욕구를 충족시키는 데 그치지 않고, 덕을 위해 어떤 욕구를 충족시켜야 하는지 아는 전문가도 있을까?

우리는 소크라테스에게 '철학자'라는 대답을 기대할 것이다. 그런데 그는 놀랍게도 철학자 대신 정치가를 그러한 덕의 전문가로 내세운다. 이 맥락에서 소크라테스는 개인의 자기 돌봄의 영역을 넘어선다. 소크라테스의 정치가는 자신의 영혼을 돌보는 데 그치지 않고 시민들의 영혼을 돌보는 의사이자 교사이다. 그런데 소크라테스는 아직 그런 정치가를 본 적이 없다고 한다. 그뿐만 아니라 놀랍게도 자신이야말로 동시

대인들 가운데 유일하게 참된 정치를 하는 사람이라고 주장한다.[20]

여기에서 우리는 철학자와 정치가의 관계에 대해 물을 수 있다. 소크라테스는 이 문제를 이 맥락에서 직접적으로 다루지 않지만, 철학자와 정치가가 모두 영혼의 덕을 돌보는 기술을 가졌다는 점에서는 차이가 없다고 할 수 있다. 하지만 만약 철학자가 정치공동체를 벗어나 홀로 오직 자신의 영혼을 돌보는 데 전념한다면, 그런 철학자는 정치가는 아닐 것이다. 소크라테스가 그러한 '비정치적인' 철학의 가능성을 완전히 부정했다고 단정할 수는 없지만, 적어도 그가 산 삶과 그가 실천한 철학을 볼 때, 그러한 철학을 스스로 추구할 만큼 바람직하다고 본 것 같지 않다. 오히려 그는 철학의 정치적 역할을 중요하게 여긴 것으로 보인다. 이러한 생각을 끝까지 밀고 가면, 플라톤의 '철인왕' 이념과 만나게 될 것이다.

위와 같은 시각에서 『에우튀데모스』에서 소크라테스는 '정치술'(politikê technê) 또는 '왕도술'(basilikê), 즉 왕의 통치술을 영혼을 돌보는 기술로 규정한다. 그는 정치술 내지 왕도술의 목표가 시민들을 행복하게 만드는 것이며, 이를 달성하기 위해서는 시민들에게 무엇보다도 사물들을 잘 사용할 수 있는 지혜와 앎을 만들어서 나누어주어야 한다고 주장한다.[21]

『라케스』에서 소크라테스는 자신이 젊어서부터 영혼을 돌볼줄 아는 교사를 찾았지만 찾을 수 없었다고 말한다. 영혼을 돌보는 기술도 찾을 수 없었다고 한다. 젊은이들을 아름답고 훌륭하게 만들어줄

---

20 『고르기아스』, 521d 6-8.

21 『에우튀데모스』, 292a-c.

수 있다고 공언하던 소피스트들도 찾아갔지만 허사였다고 한다.[22]

『프로타고라스』에는 덕의 교사를 자처한 저명한 소피스트가 등장한다. 프로타고라스는 자신이 가르치는 덕의 정체가 정치술임을 밝힌다. 그리고 그는 정치술을 집안일과 나랏일에 관해 잘 숙고할 수 있는 기술로 규정한다.[23] 그런데 소크라테스는 그러한 덕을 가르치는 것이 불가능하다는 주장을 제기한다. 그 근거로 '지혜로운' 아테네인들이 국가경영에 관한 전문적인 덕을 요구하지 않는다는 점과 '지혜로운' 정치가의 대명사인 페리클레스가 자기 자식들에게 정치술을 가르치지 않은 점을 든다[9]. 여기에서 소크라테스의 말을 곧이곧대로 믿어서는 안 된다. 그는 덕의 교육 불가능성을 입증하고 있는 것이라기보다는 오히려 당시 아테네 정치의 아마추어리즘과 자기 자식의 덕조차 돌보지 않는 정치가의 소홀함을 비판하는 것으로 보인다.

그렇다면 소크라테스 자신은 덕을 가르칠 수 있다고 생각했는가? 『메논』에서 자칭 유덕자(有德者)인 메논이 소크라테스에게 사람이 덕이 가르쳐질 수 있는 것인지 아니면 가르쳐질 수는 없고, 다만 수련될 수 있는 것인지, 또 아니면 수련이나 배움에 의해서가 아니라 본성적으로 타고나는지를 묻자, 소크라테스는 덕이 무엇인지도 모르는데 어떻게 덕이 어떠한 것인지, 예를 들어, 가르쳐질 수 있는 것인지 알겠느냐고 대답한다. 그는 한 대상이 어떠한지를 알기 위해서는 먼저 그 대상이 무엇인지를 알아야 한다고 믿는다. 그는 덕이 무엇인지 알지 못하기 때문에 덕이 어떠하다고 단정 지을 수가 없는 입장이

22 『라케스』, 186a-187b.

23 『프로타고라스』, 348e-349a.

다. 하지만 그는 덕이 가르쳐질 수 있다는 가정(hypothesis)하에 덕이 일종의 앎이어야 함을 받아들인다. 왜냐하면 가르침과 배움의 대상은 앎이기 때문이다[10].

앎으로서의 덕

덕은 앎이다. 이 명제는 철학사에서 '소크라테스의 역설'로 불리는 것들 중 하나이다.[24] 여기에서 '역설'(paradox)은 논리적 모순을 뜻하는 것이 아니라, 일반적 상식(doxa)에서 벗어난다(para)는 말이다. 이는 덕이 앎이 아니라든지, 아니면 단지 앎은 아니라는 견해가 일반적으로 받아들여지는 견해임을 함축한다. 전통적인 덕 가운데 지혜와 슬기는 앎이라고 할 수 있다. 하지만 용기와 절제, 정의도 앎이라고 할 수 있을까? 나중에 아리스토텔레스는 소크라테스가 덕의 지적인 측면을 제대로 간파했다고 긍정적으로 평가하지만, 모든 덕을 슬기(phronêsis)라고 주장한 것은 잘못이라고 비판한다. 그의 이론에 따르면, 용기와 절제, 정의는 슬기 없이 성립할 수 없지만, 슬기와 같은 것은 아니다. 용기, 절제, 정의 등은 지적인 요소 외에 정서, 욕망과 관련된 성격적 요소도 포함한다.[25]

소크라테스는 과연 덕을 앎이라고 생각했을까? 만약 그렇다

---

24 소크라테스적 역설에는 다음과 같은 것이 있다. (1) 아무도 나쁨을 원하지 않는다. (2) 알면서 잘못하지 않는다. (3) 덕은 앎이다. (4) 덕만 있으면 행복하기에 족하다. Irwin, T.(2007), *The Development of Ethics*, vol. 1, Oxford: Oxford University Press, p. 14.

25 아리스토텔레스, 『니코마코스 윤리학』, 1144b 17; 『에우데모스 윤리학』, 1216b 4 이하; 1246b 34 이하.

면 어떤 종류의 앎이라고 생각한 것일까? 먼저 지혜(sophia)와 슬기(phronêsis)부터 살펴보자. 플라톤은 이 두 용어를 자주 혼용한다.[26] 또한 이 둘을 지성(nous)을 지닌 상태, 다시 말해 지각 있고 분별 있는 상태와 연관시킨다.[27] 『에우튀데모스』에서 지혜와 슬기는 특별한 종류의 앎으로 규정한다. 그것은 '행복을 위해 사물들을 올바르게 사용할 줄 앎'이다. 이러한 앎은 한 작품을 만들기 위해 재료와 도구를 잘 다룰 줄 아는 장인의 기술을 떠올리게 한다[11].

소크라테스는 한 사물을 만드는 기술과 쓰는 기술을 구분한다. 현악기를 만드는 기술과 현악기를 연주하는 기술은 다르다. 지혜는 이를테면 가야금을 타는 기술에 해당한다. 이런 기술적인 앎은 이해와 암기만을 통해 습득할 수 있는 지식이 아니다. 마치 수영을 배우는 것과 마찬가지로 수영할 줄 알기 위해서는 수영 교재를 읽는 것으로는 부족하고, 물에 들어가 직접 몸을 움직여보아야 한다. 하지만 지혜는 습관에 의해 몸에 배인 비이성적인 능력은 아니다. 지혜는 추구하는 목적을 위해, 주어진 재료와 도구로 무엇을 어떻게 해야 할지 체계적으로 설명할 수 있는 지적인 능력이기 때문이다.

소크라테스는 행복을 위해서 지혜의 덕이 필요하다는 논변을 전개한다. 우선, 우리는 행복하기 위해서 많은 좋은 것들이 우리에게 있기를 바란다. 하지만 행복을 위해서는 그것들을 단지 소유하는 것으로는 충분치 않고 사용해야 한다. 그런데 그것들을 잘 사용할 수도

26 이에 반해 아리스토텔레스는 이론적 지혜와 실천적 지혜를 구분하고, 전자를 '소피아', 후자를 '프로네시스'로 칭한다.

27 『에우튀데모스』, 281b.

있지만 잘못 사용할 수도 있다. 우리가 무지와 어리석음에 이끌리면 좋은 것들을 잘못 사용할 것이고, 지혜의 인도를 받으면 잘 사용할 것이다. 좋은 것들, 가령 돈이나 건강, 권력도 잘못 사용하면 우리 자신에게 해를 끼칠 수 있다. 그 경우 그것들은 더 이상 좋은 것들이 아니다.

소크라테스는 본성상 좋은 것은 결코 좋지 않은 것이 될 수 없기 때문에 우리가 흔히 '좋은 것'(善)이라고 부르는 것은 본성상 좋은 것이 아니라고 생각한다. 그것들은 또한 지혜에 의해 선용될 수 있기 때문에 그 자체로 나쁜 것도 아니다. 그는 본성상 좋은 것은 지혜이고, 본성상 나쁜 것은 무지라고 결론 내린다. 결국, 우리가 행복하기 위해 가져야 할 좋은 것은 지혜 또는 슬기이다[12].

나아가 『메논』에서 소크라테스는 영혼 밖에 있는 소위 '좋은 것들'뿐만 아니라, 영혼 자체와 관련된 것들도 슬기의 인도를 받아야 비로소 행복에 도움이 될 수 있다고 주장한다. 이 주장에 따르면, 모든 덕은 행복에 도움이 되는 것이므로 일종의 슬기이어야 한다[13]. 이로부터 소크라테스는 슬기가—전체이든 어떤 부분이든—덕이라고 결론짓는다.[28]

그렇다면 개별적인 덕들도 모두 슬기 내지 지혜라는 말인가? 용기를 예로 들어 보자. 초기 대화편 『라케스』에서 소크라테스는 용기를 덕의 부분으로 도입한다.[29] 그는 두 명의 유명한 장군 라케스와 니키아스에게 용기가 무엇인지, 그리고 그것이 어떻게 젊은이들에게

---

28 『메논』, 89a.

29 『라케스』, 190c.

생길 수 있는지 이야기해보자고 제안한다. 니키아스가 용기를 '두려워할 것들과 대담하게 할 수 있는 것들에 대한 앎'이라고 정의하자, 라케스는 니키아스가 용기와 지혜를 구분하지 못한다고 비판한다.[30] 니키아스는 용기가 일종의 지혜라는 견해를 고수한다. 소크라테스는 니키아스의 정의에 따르면, 어떤 야수도 용기를 가질 수 없음을 지적한다. 왜냐하면 어떤 야수도 지혜를 지닐 수 없기 때문이다. 그렇다면 사자나 표범이나 멧돼지와 같은 이른바 '맹수'들은 사슴이나 원숭이보다 더 용감하지 않다는 결론이 나온다. 왜냐하면 맹수들이 사슴이나 원숭이보다 더 지혜를 가진 것은 아니기 때문이다. 라케스는 이 결론이 말이 안 된다고 여기지만, 니키아스는 생각이 없어서 겁이 없는 야수를 용감하다고 부르길 거부한다.

그러자 소크라테스는 용기와 더불어 절제, 정의 등은 덕의 부분임을 상기시킨다. 다음으로 그는 두려움을 '장차 있게 될 나쁜 것에 대한 예상'이라고 규정한다. 이어서 의술이 과거의 건강이나 현재의 건강 또는 미래의 건강 중에 어느 하나에 대해서만 아는 것이 아니듯이, 용기도 미래의 나쁜 일에 대해서만 아는 게 아니라 과거와 미래의 나쁜 일도 아는 능력이라고 주장한다.[31] 더 나아가 나쁜 일을 알면 좋은 일도 안다는 점을 지적한다. 동일한 앎이 반대되는 대상에 관계한다는 주장이다. 그러므로 두려워할 것을 아는 사람은 장차 일어날 나쁜 일에 대해서만 아는 것이 아니라, 이미 일어난 나쁜 일과 좋은 일과 현재 일어나고 있는 나쁜 일과 좋은 일에 대해서도 알 것이

30 『라케스』, 195a.

31 『라케스』, 198d.

라고 주장한다. 이로부터 소크라테스는 용기가 '모든 시점에서 모든 좋은 것과 나쁜 것에 관한 앎'이라는 결론을 도출한다.[32] 하지만 그는 그러한 앎을 가진 사람은 용기뿐만 아니라 절제와 정의, 경건도 가지게 될 것이라고 주장하며, 그러한 앎은 덕의 부분이 아니라 덕 전체를 의미하는 것이라고 결론 내린다. 그런데 용기는 앞에서 덕의 부분으로 규정되었다. 그러므로 용기는 그러한 앎일 수 없다. 이렇게 대화는 미궁에 빠진다. 우리는 소크라테스의 논변에서 지혜와 다른 덕과의 관계, 덕의 부분과 전체의 관계에 대한 분명한 해명 대신 퍼즐 조각들만 얻은 셈이다.

『프로타고라스』에서도 같은 문제들이 재등장한다. 소크라테스는 지혜, 용기, 절제, 정의, 경건으로 불리는 개별 덕들이 각각 다른 것인지 아니면 이름만 다를 뿐 실제로는 같은 것인지를 묻는다.[33] 프로타고라스는 상식에 따라 어떤 이들이 용감하지만 정의롭지 못하고, 또 다른 이들은 정의롭지만 지혜롭지 못하며, 특히 용기가 다른 모든 덕들과 많이 다르다고 주장한다.[34] 그 근거로 용기가 출중하지만 극히 부정의하고 불경하고 어리석고 무지한 사람이 많다는 사실을 든다. 프로타고라스는 하나의 얼굴을 이루는 이목구비가 서로 다르듯이, 덕 전체를 이루는 부분들도 서로 다르다고 주장한다[14].

이에 반해 소크라테스는 여러 가지 덕의 이름들이 사실은 하나를 가리킨다고 여기는 것으로 보인다. 이것은 철학사에서 덕의 단일

---

32 『라케스』, 198a-199d.

33 『프로타고라스』, 329c-d.

34 『정치가』, 310e-311a에서도 용기와 절제의 덕이 서로 대립한다는 주장이 발견된다.

성(unity of virtues) 주장으로 불린다. 이 주장을 어떻게 해석해야 할지는 논란거리이다. 그러나 적어도 분명한 것은 소크라테스가 개별 덕을 종국적으로 좋은 것과 나쁜 것을 분별하는 지혜로 환원시킨다는 사실이다. 가령, 용기는 '두려워할 것과 두려워하지 않을 것들에 대한 지혜'로 규정된다.[35] 그는 이러한 용기를 대담함과 구별한다. 용감한 사람은 항상 대담하지만, 대담한 사람이 항상 용기 있는 것은 아니다. 두려워할 것과 두려워하지 않을 것을 분별하지 못하면서 대담한 사람은 용기 있는 사람이 아니다. 소크라테스는 덕을 전적으로 아름다운 것으로 놓는다. 따라서 어리석은, 미친 대담함, 즉 무모함은 추하고 못났다. 따라서 그것은 덕이 아니다. 용기가 덕이다. 그런데 용기는 지혜이기 때문에 덕이다.[36] 마찬가지로 정의, 절제, 경건도 모두 지혜이기 때문에, 달리 말해 지혜에 근거해서 덕이라고 할 수 있다.

소크라테스의 덕의 단일성 논증에서 과연 '정의', '경건', '용기', '지혜'가 단일한 덕의 여러 가지 이름에 불과한 것인지 검토해볼 필요가 있다. 그 경우 우리는 왜 단일한 덕이 여러 이름으로 불리는가를 묻지 않을 수 없다. 이와 관련해 주목할 점은 소크라테스가 용기를 지혜 일반이 아니라 특수한 지혜, 즉 두려움에 관련된 지혜로 규정한 사실이다. 이러한 사고방식을 일반화한다면, 모든 덕들은 각기 상이한 영역에 관련된 특수한 지혜들이기 때문에 서로 다르다는 결론을 얻을 수 있다.

하지만 뒤집어 생각하면, 개별적인 덕들은 상황에 따라 동일한

---

35 『프로타고라스』, 360d.

36 『프로타고라스』, 349e-350c.

지혜가 다양하게 표출된 형태라고 볼 수 있다. 이 경우 덕의 부분은 덕 전체의 통일성을 부여하는, 근간이 되는 덕의 개별적 양상을 가리킨다. 그렇다면 덕의 단일성이 아니라 덕의 통일성이 소크라테스의 생각을 더 잘 드러낸다고 할 수 있다.

플라톤의 마지막 작품인 『법률』에서는 덕의 통일성을 지지하는 논의들을 발견할 수 있다. 우선, 『국가』에서 확립된 4주덕(cardinal virtues), 즉 용기, 절제, 정의, 지혜/슬기가 네 개의 덕으로 언급된다. 그러나 이 넷이 모두 덕이라고 불린다는 점에서 하나로 간주된다.[37] 플라톤은 넷을 하나의 이름으로, 즉 덕이라고 부르게 하는 것, 다시 말해 넷 모두를 관통하는 동일한 것을 알아야 한다고 주장한다. 이처럼 여럿을 분별하고 다시금 여럿을 관통하는 하나를 볼 수 있어야 모두를 함께 볼 수 있다고, 다시 말해 전체에 대한 통합적인 전망이 가능하다고 주장한다.

그렇다면 모든 덕을 관통하는 그 하나는 무엇인가? 플라톤은 이 질문에 대한 직접적인 대답은 하지 않지만, 대답을 암시하는 대목을 남긴다. 거기에서 그는 넷 가운데 지성(nous), 즉 슬기가 지휘자(hegemon)이며, 나머지 셋은 그를 바라보아야 한다고 말한다. 슬기는 다른 덕들을 덕이게 만드는 것이다. 그러나 슬기는 다른 덕들과 그야말로 다르다. 슬기는 덕들을 같이 묶어준다. 하지만 덕들의 총합, 덕 전체는 아니다. 플라톤은 덕의 통일성을 주장하면서, 덕 전체와 부분의 차이, 개별 덕들 간의 차이를 제거하지 않고 보존한다[15].

37 『법률』, 963a-c.

플라톤은 다시 한 번 용기와 슬기의 관계를 다룬다. 일단 용기는 두려움과 관련된 덕으로 제시된다. 이와 더불어 '자연적인 용기'가 언급된다. 이것은 두려움에 반응하는 성격(êthê)의 특징으로, 후천적으로 습득한 것이 아니라 선천적으로 타고난 것이다. 이러한 용기는 이성이 없는 짐승이나 아주 어린아이들도 가질 수 있다. 그러나 이성이 없이는 슬기로울 수 없다. 슬기에는 전(前) 이성적인 단계가 없다. 그러므로 용기와 슬기는 다르다[16]. 물론, 자연적인 용기는 엄밀히 말해 아직 덕이 아니다. 왜냐하면 덕은 슬기의 지휘에 따라야 하기 때문이다. 그렇지 않은 '자연적' 용기는 자신과 남에게 해를 끼칠 수 있다. '자연적' 용기는 영혼 안에 지휘관이 생겨야 진정한 덕으로 성숙할 수 있다. 이와 같은 생각은 나중에 아리스토텔레스의 '자연적 덕' 개념으로 이어진다.

다시 소크라테스로 돌아오자. 아리스토텔레스는 소크라테스가 모든 덕이 앎 또는 슬기라고 주장했다고 전한다.[38] 그는 소크라테스가 덕의 지성적인 면을 강조한 나머지 지성 외적인 요소, 이를테면 감정이나 욕망 등을 간과했다고 생각했다. 이것이 이른바 소크라테스의 '지성주의'(intellectualism) 비판의 요지이다. 실제로 플라톤의 초기 대화편들에서 소크라테스는 지성주의적 발언을 곳곳에서 한다.

---

38 위의 주장은 보고(報告)라기보다는 해석이다. 아리스토텔레스는 플라톤의 소크라테스 대화편들을 통해 소크라테스를 간접적으로 경험했다. 우리가 종종 관찰할 수 있듯이, 아리스토텔레스는 책에 적힌 문구에 지나치게 얽매이기도 한다. 문자적인 해석은 작품 해석의 기본이지만 완성은 아닐 것이다. 특히 그것은 비유법과 반어법, 과장법 등 다양한 문학적 장치를 통해 표현된 플라톤의 복잡한 생각을 오히려 단순화하고 희화화하는 결과를 가져올 수 있다.

앞에서 살펴보았지만, 『프로타고라스』에서는 용기가 지혜와 같다는 주장도 했다.[39] 하지만 '같다'라는 주장에 갇히지 말고, 어떻게 어느 관점에서 같은지를 따져보아야 한다.

적어도 앞에서 언급한 논의에서 소크라테스가 용기를 설명하며 도입한 대담함은 지성-외적인 측면을 지닌 것으로 보인다. 용감한 사람은 항상 대담하다고 하지 않았던가. 용감한 사람이 지닌 대담함은 지혜 내지 지성의 인도를 받는 것이고, 무모한 사람이나 맹수, 철부지 아이의 대담함은 그렇지 못한 것이다. 이처럼 대담함은 지성에 따를 수도, 그렇지 않을 수도 있는 것이다. 따라서 그것은 그 자체로 지성적인 것은 아니다. 그러므로 용기를 완전히 지성화할 수는 없어 보인다. 그렇지만 여전히 용기의 지배적 요소는 지성이다. 이 점에서 소크라테스의 덕론은 확고한 '지성중심주의'를 표방한다고 볼 수 있을 것이다.

4. 영혼의 덕

'플라톤주의' 윤리학의 탄생

플라톤의 초기 대화편에서 소크라테스는 질문하는 자로, 잘못된 견해를 부수는 자로 그려졌지만, 중기 이후의 대화편에서는 오히려 대답하는 자로, 올바른 견해를 세우려는 자로 종종 나온다. 이제 소크라

39 『프로타고라스』, 350d 5.

테스는 플라톤의 사상, 이른바 플라톤주의를 대변한다. 플라톤은 사상의 구축을 위해 소크라테스뿐만 아니라 다양한 사상적 배경을 지닌 실존 인물이나 허구적 인물을 대화편의 주요 화자로 등장시킨다.[40]

아카데미 설립을 전후로 쓰여진 작품들에는 소크라테스 사후의 이탈리아 여행을 통해 얻은 사상적 자극과 정치적 영감이 녹아들어 있다. 특히 피타고라스주의자들과의 교류는 플라톤의 인간관과 세계관 그리고 학문관에 심오하고 지속적인 영향을 끼쳤다. 그리하여 플라톤은 수학을 체계적 학문의 모델로 삼았을 뿐만 아니라 수학적 우주론과 형이상학을 구상했으며, 피타고라스주의의 영혼론과 윤회사상, 금욕적인 삶의 방식에 깊은 영향을 받았다.

긴 방황의 시기를 마치고 고향으로 돌아온 플라톤은 스승 소크라테스가 개척한 윤리학의 외길을 가지 않는다. 그는 철학에 다시금 자연학을 불러들이고, 존재론과 인식론, 논리학을 포괄하는 변증론(dialektikê)을 새로이 포함시킨다. 윤리학은, 자연학과 변증론과 마찬가지로, 철학의 나머지 부분들로부터 따로 떨어져서 자립할 수 있는 자율적인 분과 영역이 아니다. 그것은 철학이라는 통합학문을 구성하는 분리 불가능한 구성 요소이다.

이러한 통합학문의 이념에 따라, 플라톤은 윤리학의 문제를 철학의 확장된 지평에서 천착한다. 특히 개인의 삶의 질서와 국가의 통치질서, 우주의 운행질서가 이상적일 경우 동일한 형태를 지닌다는 개인-국가-우주의 동형설(isomorphism)이 연구의 방향을 잡아주는 작업

40 『티마이오스』의 피타고라스주의자 티마이오스, 『파르메니데스』의 파르메니데스와 제논, 『정치가』, 『소피스트』의 엘레아에서 온 손님, 『법률』의 이름 없는 아테네인.

가설의 역할을 했다. 그는 우주가 개인과 국가가 본받아야 할 질서의 모델을 제공해준다고 생각했다. 규칙적인 별들의 운행이 우주의 완전한 질서를 표상해준다고 믿었던 것이다. 그에게 '완전하다'는 말은 '신성하다'는 말과 다르지 않다. 그는 신성한 우주질서의 원천이 신적 영혼 내지 신적 지성이라고 생각했다.

『티마이오스』에 나오는 창세신화에는 혼돈에 질서를 부여함으로써 우주를 만드는 신적 장인(demiourgos)이 등장한다. 플라톤의 조물주는 무에서 유를 창조하지 않는다. 그에게는 이미 혼돈상태의 재료가 주어져 있었고, 작품을 만들기 위해 참조할 모델도 있었다. 이 모델은 여러 가지 형상들로 이루어져 있었고, 신적 장인은 그 형상들을 보고서 그에 따라 우주를 빚었다. 왜 그랬을까? 신화에 따르면, 신이 좋은 존재이기에 모든 것이 그 자신과 가능한 한 비슷하게, 즉 좋게 되기를 원했기 때문이라고 한다. 왜 좋은 존재는 혼자 좋고 말지, 남이, 나아가 모든 것이 좋아지기까지 원하는가? 여기에 대해 플라톤은 다음과 같이 말한다. "좋은 존재에게는 결코 누구에 대해서도 아무런 시기가 생기지 않는다."[41] 이러한 사고는 이후 '선의 자기확산성'(bonum est diffusivum sui) 명제로 불리게 되었고, '좋음 자체'로부터 만물이 흘러나온다는 플로티누스[42]의 유출설을 낳게 된다.

종합해 보건대, 플라톤의 조물주는 선의 확산을 원한 선한 신(神)이고, 우주의 본을 이루는 형상들을 인식할 수 있는 지성적 신이며,

41 『티마이오스』, 29e 1-2.

42 고대 후기 신플라톤주의의 주창자로, 플라톤의 『티마이오스』에 나온 우주제작신화를 '우의적으로' 해석해서 형이상학적 우주론으로 재구성했다.

그러한 인식을 바탕으로 우주를 제작할 수 있는 기술자이다. 이처럼 선의와 지성, 기술을 겸비한 우주의 장인은 자신과 국가를 돌보는 사람에게 모범이 된다. 신적 장인을 본받아, 우리는 우리 자신의 혼돈과 혼란에 질서를 가져오는 장인이 되어야 하고, 정치가는 국가를 혼돈에서 질서로 이끄는 장인이 되어야 하는 것이다.

신을 본받아야 한다는 생각은 『테아이테토스』에서 신을 닮으라는 권고로 되돌아온다. 플라톤은 이 세상에 악이 있을 수밖에 없다고 판단하고, 세상의 악을 피하기 위해서는 가능한 한 신을 닮아야 한다고 주장한다. 그런데 그는 신을 닮는 것이 다름 아니라 "슬기와 함께 정의롭고 경건해지는 것"이라고 말한다. 다시 말해, 악덕을 피하고 덕을 추구하라는 말이다.[43] 우리는 덕을 추구함으로써 신을 닮아가는 것이다. 덕은 우리 자신이 지닐 수 있는 좋음이다. 완전히 좋은 존재로서 신은 덕을 추구하는 우리에게 본보기가 된다. 헬레니즘 시대가 저물고 제정기가 들어서면서 플라톤의 철학이 재조명되기 시작한다. 이로부터 고대가 막을 내리도록 수많은 '플라톤주의자들'이 등장했는데,[44] 이들에게 플라톤 철학의 목적은 바로 '신을 닮는 것'(homoiôsis theôi)이었다[17].

43 『테아이테토스』, 8a-3b.

44 헬레니즘 시대에 이르러 플라톤이 세운 아카데미아는 회의주의를 표방했다. 이러한 아카데미주의자들(Academici)과 달리, 플라톤의 철학을 진리를 담지한 이론체계로 재구성하려는 철학자들이 등장했는데, 이들은 스스로를 '플라톤주의자들'(Platonici)라고 불렀다. 철학사에서는 3세기 신플라톤주의를 주창한 플로티누스 이전의 플라톤주의자들을 '중기 플라톤주의자들'(Middle-Platonists), 플로티누스를 포함해 그 이후의 플라톤주의자들을 '신플라톤주의자들'(Neoplatonists)이라고 칭한다.

영혼의 정화

소크라테스의 최후를 다룬 『파이돈』은 플라톤 철학의 새로운 변화를 명백히 드러내는 작품이다. 이 작품에서 감옥에서 죽음을 기다리며 영혼의 불사를 논증하는 소크라테스는 더 이상 한평생 오로지 덕의 탐구에만 열중한 소크라테스가 아니다. 『파이돈』의 소크라테스는 젊어서 자연학적 탐구에 관심을 가진 적이 있었을 뿐만 아니라, 이미 이데아론으로 무장된 변증론자이며 피타고라스주의의 세례를 받은 금욕주의자이다. 여기에서 우리는 플라톤의 철학으로 재탄생한 소크라테스를, 플라톤적인 소크라테스를 발견한다.

이 작품은 한 철학자가 죽는 법을 보여준다. 그는 죽음 앞에서 의연하기만 하다. 두려워하지도 노여워하지도 않고, 오히려 기꺼이 죽음을 맞이한다. 소크라테스가 올바르게 철학에 종사한 사람은 죽음을 추구한다며 농담 아닌 농담을 꺼내자, 심미아스는 웃으며 대중들이 그걸 알고서 철학자를 '죽은 목숨'으로, 달리 말해 '산 송장'으로 취급한다고 화답한다.[45] 소크라테스는 죽음을 '몸으로부터 영혼의 해방과 분리'로 정의내리고, 죽음을 육신이라는 감옥으로부터 영혼의 해방이라고 주장한다.

이 맥락에서 소크라테스는 철학이란 '죽음의 수행', 곧 '죽는 연습'이라는 파격적인 주장을 내세운다.[46] 그에 따르면, 몸을 통해 또는 몸 때문에 생기는 감각과 욕망, 쾌락과 고통은 우리의 영혼을 미혹과 혼란에 빠뜨림으로써 진리와 슬기를 추구하는 데 방해한다. 영혼이

---

45 『파이돈』, 64a-b.

46 『파이돈』, 67d.

몸을 모시고 돌보는 노예가 된다면, 자신이 열망하는 진리와 지혜를 추구할 '여가'를 가질 수 없다.[47] 이처럼 몸에 예속된 영혼에게 몸은 일종의 감옥과 같은 것이다. 그런데 이 육신의 감옥은 욕망을 통해 지탱되기 때문에 그 욕구에 응하고 그것의 충족을 위해 종사하는 수인 자신이 바로 자신을 구속하는 데 일조하게 된다. 따라서 몸은 영혼 자신이 만들고 유지하는 감옥인 셈이다. 이 감옥으로부터 영혼을 해방시킬 수 있는 것이 바로 지혜에 대한 사랑, 즉 철학이다.[48]

그러므로 진정 지혜를 사랑하는 철학자는 몸을 모시는 종살이를 거부한다. 그는 몸이 말하고 원하고 명하는 것에 따라 사는 대신, 몸의 영향으로부터 벗어나기 위해 몸으로부터 거리를 두며 산다. 어리석은 육신의 감옥으로부터 해방되길 추구한다는 점에서 철학은 죽음의 추구이다. 그런데 철학자가 추구하는 죽음, 이 철학적 죽음은 영혼의 자유로운 삶을 위한 것이다. 따라서 소크라테스가 말한 '죽는 연습'으로서의 철학은 사실은 사는 연습, 제대로 살기 위한 수행이라고 할 수 있다.

소크라테스는 몸을 사랑하는 대신 지혜를 사랑하는 사람만이 참

---

47 『파이돈』, 66b 7-d 3. "몸은 필수적인 영양섭취 때문에 우리에게 수천 가지 일거리를 가져다주니까요. 더욱이 어떤 병이라도 들면, 우리가 존재(to on)를 사냥하는 일을 방해합니다. 몸은 사랑과 욕구, 공포와 온갖 환상과 수많은 바보짓으로 우리를 가득 채워서, 말하자면 진실로 그것 때문에 전혀 아무것도 분별할 수 없게 됩니다. 사실, 전쟁과 내분 그리고 싸움도 다름 아닌 몸과 그것의 욕구가 가져옵니다. 모든 전쟁은 재물의 획득 때문에 일어나는데, 우리는 몸 때문에 재물을 획득하도록 강요받고 있으니까요. 몸을 돌보는 노예가 되어서 말입니다. 또한 이로부터 우리는 이 모든 것들 때문에 철학할 여가를 누릴 수 없습니다."

48 『파이돈』, 82d-83b.

된 용기와 절제를 가질 수 있다고 주장한다. 그가 보기에, 철학자를 제외한 사람들은 두려움 때문에 용감하고 방종에 의해서 절제한다. 왜냐하면 그들은 더 크고 나쁜 것들에 대한 두려움 때문에 죽음마저 감수하고, 어떤 쾌락을 빼앗기게 될까 두려워서 그리고 그것을 열망하기에, 그 쾌락에 지배당함으로써 다른 쾌락을 멀리하기 때문이다.

소크라테스는 쾌락을 쾌락으로, 고통을 고통으로, 두려움을 두려움으로 교환하는 것은 덕을 위한 올바른 교환이 아니라고 지적하면서, 덕의 가치를 매기는 것은 슬기임을, 슬기가 덕 거래의 '참된 주화'임을 주장한다. 슬기를 동반한 덕만이 참된 덕이고, 그렇지 못한 것은 덕의 '그림자'에 불과한 것이다[18].

마침내 소크라테스는 참된 덕을 '정화'(katharsis) 또는 '정화의례'(katharmos)에 비유한다. 마치 신비종교에서 신성한 존재의 관조를 위해 정화의례를 거치듯이, 사물의 진상을 인식하기 위해 영혼은 육체로부터 오염을 씻어내는 정화의 단계를 거쳐야 하는 것이다. 정화되지 않은 채 저승에 이른 영혼은 무지(無知)의 진흙탕 속을 뒹굴게 될 것이다. 영혼의 정화는 철학을 통해 이루어진다. 그래서 철학자만이 참된 덕을 가질 수 있는 것이다[19].

감옥에서 독배를 들이키기 직전에 소크라테스는 그를 어떻게 매장할지를 묻는 친구에게 매장할 것은 자신이 아니라 자신의 몸이라고 주장하며, 자신은 그때까지 친구들과 함께 토론해온 영혼임을 일깨워준다.[49] '영혼'이라고 옮긴 그리스어 '프시케'(psychê)는 원래 사람

---

49 『파이돈』, 115c-e.

이 죽을 때 몸에서 빠져나와 저승(하데스)으로 가는 희미한 존재를 가리켰는데,[50] 플라톤에 와서 인간의 '자아'(autos)를 지시하게 된다. 영혼은 육체에 생명을 부여하는 생명의 원리일 뿐만 아니라 느끼고 생각하고 욕망하고 행동하는 주체이다. 이러한 영혼이 덕(德)의 자리이다.

영혼의 기능 중의 일부는 육체 때문에 그리고 육체를 통해서 작동한다. 감각과 감각에 뒤따르는 쾌락과 고통, 욕망이 그런 것들이다. 소크라테스는 그것들을 가능한 한 멀리하라고 권한다. 그런 것들 때문에 영혼이 육체에 매이고, 그렇게 육체의 종살이를 하다 보면, 본연의 업무인 사유를 제대로 수행할 수 없다는 이유에서다. 그에게 참된 자아는 사유하는 영혼이다. 따라서 진정한 자아실현은 진리의 인식에 있다. 그가 생각하는 참된 철학자는 진리 인식에 집중한 엄격한 금욕주의자이다.

『파이돈』은 플라톤의 다른 어떤 작품보다도 금욕적인 색채가 강하다. 플라톤은 영혼과 육체의 공생(共生)이 지닌 부정적인 면을 부각시키기 위해, 감각이 참된 인식을 방해할 수 있으며 욕망과 감정, 쾌락과 고통이 영혼을 혼란에 빠뜨릴 수 있다는 사실을 강조했다. 하지만 이것이 플라톤 생각의 전부가 아니다. 플라톤의 장점은 하나의 주제를 다각도로 살피는 데 있다.

앞으로 보겠지만, 플라톤은 영혼이 본성상 자기 자신뿐만 아니라 육체도 돌보는 존재이며(『파이드로스』), 이러한 돌봄을 통해 이 우주를 아름답게 그리고 완전하게 만드는 데 기여한다고 생각했다(『티마이오

50 호메로스, 『일리아스』, 22, 362.

스』). 그리고 사랑(eros)이라는 욕망이 인간을 단지 타락시키는 것이 아니라 아름다움의 극치로 인도할 수 있다고 믿었다(『향연』, 『파이드로스』). 나아가 쾌락이 무조건 좋은 것은 아니지만, 지성과 더불어 가장 좋은 삶을 이루는 한 요소라는 점을 인정했다(『필레보스』). 플라톤은 이러한 생각들을 여러 대화편에 나누어 펼쳐보인다.

우리는 철학자의 죽음이라는 주제의 특성을 감안해서 『파이돈』의 금욕주의를 이해해야 할 것이다. 아마도 플라톤은 곧 이승을 떠날 철학자가 이승에서의 삶을 예찬하는 것이 부적절하다고 생각했을 것이다. 플라톤의 소크라테스는 이승에 대한 미련 대신, 저승에 대한 희망을 품고 떠난다. 그의 육신이 감옥을 벗어나기 전에 이미 그 육신이라는 감옥으로부터 벗어난다.

철학자의 덕과 민중의 덕

『파이돈』에서 소크라테스는 철학적 수행을 통해 성취할 수 있는 덕이야말로 참된 덕이라고 주장하며, 기존의 덕 관념으로부터 거리를 취한다. 그는 사람들이 정의나 절제라고 일컫는 것은 철학 없이도, 다시 말해 지혜에 대한 사랑과 지적인 각성 없이도 습관(ethos)과 훈련(meletê)을 통해 생길 수 있다는 사실을 지적한다. 하지만 바로 그러한 철학의 결여로 인해 그러한 덕이 참된 덕이 되지 못한다고 보았다. 소크라테스는 그와 같은 덕을 '민중적이고 시민적인 덕'(hê dêmotikê kai politikê aretê)'이라고 부른다. 이것은 철학자가 아니더라도 잘 양육된 민중이나 시민이 지닐 수 있는 덕이다.[51] 물론, 이러한 덕은 소크라테스와 같은 철학자가 추구하는 완전한 덕의 이상과는 거리가 멀다.

그러나 부족한 것이라고 반드시 무가치한 것은 아니다. 부족한 것을 메우고 채우면서 완전한 것이 될 수 있다. 사실, 모든 이가 철학자인 것은 아니고, 모든 철학자가 처음부터 철학자로 태어나는 것도 아니다. 우리는 철학적 덕이 갑자기 한꺼번에 생긴다고 믿지 않는다. 분명 소크라테스에게도 철부지 시절이 있었을 것이다. 아마도 그는 철이 들기 전부터 '습관과 훈련'을 통해 규범을 익히기 시작했을 것이다. 어른들이 하는 행동을 보고 따라 하거나 어른들의 말에 따라 행동했을 것이다. 스스로 좋고 나쁜 것, 옳고 그른 것을 분별하기 전에는 어른들의 판단에 의존해야 했을 것이다. 물론, 그를 키운 어른들이 살아온 대로 살기를 원했다면, 소크라테스는 철학자가 되지 않았을 것이다. 그는 자신이 물려받은 규범을 철학적으로 반성함으로써 왜 어떤 것이 좋고 나쁜지, 옳고 그른지를 이해하려고 했을 것이다.

소크라테스와 달리 많은 사람들은 대체로 어려서부터 주변에서 보고 들은 대로 산다. 따라서 어린이가 어떤 어른이 될 것인지는 주변 어른들이 어떤 사람들인지에 크게 의존한다. 다시 말해, 한 인간의 덕과 악덕에는 자신의 책임도 있지만, 그가 속한 사회의 책임도 있다. 이런 관점에서 시민들의 덕 교육이 중요한 국가적 관심사가 될 수 있다. 국가는 '민중적이고 시민적인 덕'을 지닌 시민에게 시민 교육의 권위를 부여할 수 있을 것이다. 이런 식으로 '민중적이고 시민적인 덕'이 확대 재생산될 수 있다.

그런데 『국가』에서 소크라테스는 시민교육을 철학자에게 맡길 것을 제안한다. 소크라테스는 철학자가 '자기 형성'에만 힘쓰지 말고,

---

51 『파이돈』, 82a-b.

자신이 아는 바를 시민들의 성격 형성에 적용한다면, '절제와 정의 그리고 일체의 민중적 덕'의 훌륭한 장인이 될 수 있다고 주장한다 [20]. 이 맥락에서 한 가지 주의할 사항이 있다. 플라톤의 이상국가론에 나오는 철학자는 '이상적인' 철학자라는 점이다. 다시 말해, 칼리폴리스(Kallipolis: '아름다운 나라')의 철학자는 앎을 추구하지만 아직 모르는 자가 아니라 아는 자이다.

어떤 식으로 그러한 철학자가 민중적 덕의 제작자가 될 수 있는가? 이 물음에 대해서는 시민적 용기에 대한 논의가 단서를 제공한다. 시민적 용기는 '두려워할 것과 두려워하지 않을 것들에 관해 올바르고 준법적인 의견(doxa)을 지속적으로 보존하는 능력'이라고 규정된다. 이때 두려움에 관한 올바른 의견은 교육의 산물이라는 점이 중요하다. 따라서 배울 능력이 없는 사자나 호랑이 같은 맹수(猛獸)와 배울 기회가 주어지지 않는 노예는 용기를 가질 수 없다. 그러므로 시민적 용기는 두려움에 관한 올바른 의견을 배움으로써 획득할 수 있는 자유시민의 용기이다.[52]

이러한 시민적 덕을 가지기 위해서 시민 각자가 철학을 하거나 지적인 통찰을 지녀야 하는 것은 아니다. 하지만 적어도 무엇이 올바른 의견인지를 가려낼 수 있는 사람의 지도가 필요하다. 그릇된 의견을 고수하는 사람은 덕이 있는 사람이 아니라 고집이 센 사람일 뿐이다. 무언가에 대한 의견이 옳은지 그른지를 말할 수 있는 사람은 그것에 대해 알고 있는 사람이다. 그런 사람이야말로 올바른 의견이 왜

52 『국가』, 430a-c.

올바른지, 그른 의견이 왜 그른지를 설명할 수 있다. 여기에서 철학자의 쓸모가 드러난다. 철학자는 사물에 대해 올바른 의견을 넘어 참된 인식(epistêmê)을 가진 자이다. 플라톤의 이상국가에서는 시민들이 참된 인식을 지닌 철학자의 인도로 올바른 의견을 가지게 되고, 올바른 의견에 따라 삶으로서 유덕한 삶을 산다. 이런 식으로 철학자는 시민적, 민중적 덕을 제작하는 데 기여할 수 있다.

철학이 무용지물이라는 생각은 흔히 철학의 시조로 간주되는 탈레스가 살았을 때부터 있었다. 이러한 생각은 플라톤에게도 낯선 것이 아니었다. 하지만 플라톤은 한 사물의 쓸모는 그것의 특성에만 달려 있는 것이 아니라, 쓰는 사람에게도 달려 있다는 사실을 잘 알고 있었다. 철학을 제대로 쓸 줄 모르는 사람에게 그것은 돼지에게 던진 진주와 같은 것이다. 한 사회가 철학의 무용성을 불평하거나 조롱하는 것은 뒤집어보면 아직 그 사회가 철학이 제 진가를 발휘할 만한 조건을 못 갖추고 있다고 생각해볼 수 있다.

플라톤의 이상적인, 다소 공상적이기까지 한 칼리폴리스는 철학의 유용성이 극대화된 사회체제라고 파악될 수 있다. 그곳에서 철학자들은 시민들을 가르칠 뿐만 아니라 다스린다. 이러한 이상 국가의 구상은 철학자야말로 교육과 통치의 적임자이며, 교육과 통치야말로 철학자가 사람들을 위해 할 수 있는 가장 유익한 봉사라는 플라톤의 신념을 보여준다.

영혼의 정치체제

플라톤은 『파이돈』에서 영혼과 육체의 대립을 강조했지만, 『국가』에서는 영혼 내부의 갈등에 주목한다. 『국가』에서 영혼은 무엇보다도 내분(內紛, stasis)의 위험이 도사리는 하나의 작은 국가로 제시된다. 플라톤에게 훌륭한 국가는 외적 침입과 내적 분열에서 자유로운 평화와 화합의 공동체이다. 플라톤은 영혼과 국가의 유비를 통해 영혼의 훌륭함, 즉 덕을 규명하길 시도한다. 그는 영혼과 국가를 작은 글자와 큰 글자에 비유하면서, 보기 쉬운 큰 글자를 먼저 살펴보자고 제안한다.

플라톤에 따르면, 국가는 기본적으로 필요의 산물이다. 인간은 살기 위해 의식주와 같이 필요한 것이 많지만, 각자 자족적이지 못할 뿐더러 저마다 잘하는 일이 다르기 때문에 서로 협력하며 모여 산다. 사람들은 각자 생산한 물품들을 상호교환하기 위해 분업과 교환의 원칙이 지배하는 하나의 공동체를 세우게 된다. 이렇게 일종의 '사회계약'을 통해 형성된 공동체가 '최초의 국가'이다.

여기에서 최초의 국가는 시간상 가장 먼저 세워진 국가라기보다는 구조상 가장 기초적인 형태의 국가라고 이해하는 것이 좋겠다. 플라톤의 '원시국가'는 역사적 실체라기보다는 인간본성의 특성과 한계에 대한 고려로부터 도출된 개념적 산물이라고 할 수 있다. 플라톤의 '첫 번째 국가'가 함축하는 국가관은 인간이 자족적이지 못한 존재라는 인식에 기초한다. 이러한 인간관은 다시금 인간이 육체를 가지고 있다는 사실에 근거를 두고 있다. 결국, 인간이 육체를 가지고 있기 때문에 의식주를 비롯해 많은 것이 필요하며, 이 필요한 것을 혼자서 조달할 수 없기 때문에 함께 협력할 사람들이 필요하다는 것이다. 이처럼 플라톤은 국가의 성립이 근본적으로 국가공동체를 구성하는 여러 부분들 간의 경쟁이나 투쟁이 아니라 협력에 기초한다고 생각했다.

작품 속에서 소크라테스가 인간의 자연적인 욕망을 충족시키는 데 충실한 원시공동체를 '참된 나라' 또는 '건강한 나라'(372e)라고 부르지만, 글라우콘은 소크라테스가 '돼지들의 나라'(372d)를 묘사한다면서 불평한다. 그러자 소크라테스는 귀족 청년의 세련된 취향을 만족시킬 수 있는 보다 문명화된 국가(소크라테스는 '사치스러운 국가'(372e)라고 칭한다)의 성립을 보여주기로 한다. 이리하여 '두 번째 국가'에 대한 논의가 시작한다.

소크라테스는 분업을 통한 협업이라는 원칙에서 다시 출발하여 '두 번째 국가'의 성립을 설명한다. 분업이 생산의 효율성을 제고하기 때문에 분업의 원칙에 따라 직종들이 점점 더 분화된다. 이를 통해 축적된 부에 기반을 둔 새로운 욕망들이 생산되고 그것들을 만족시킬 업종이 창출되면서 국가가 팽창한다. 국가의 팽창과 함께 증대한 인간의 탐욕은 전쟁을 불러일으키고, 그에 따라 평화시에는 나라를 지키고 전쟁시에는 전장에 나가 싸울 수 있는 사람들을 필요로 하게 된다. 이런 식으로 생산자층과 수호자층이 갈라진다. 수호자층은 다시금 직업적인 군인들과 통치자들로 양분된다. 이리하여 사회는 총 세 개의 계층으로 구분된다. 여기에서 세 계층은 신분상의 구분이 아니라 직업상의 구분이라는 점에 유의해야 할 것이다. 수호자들은 생산자들의 생명과 재산을 보호하고, 생산활동을 공적인 차원에서 관리, 지원하는 '공무원들'에 해당한다고 할 수 있다.

이러한 국가구조를 바탕으로 소크라테스는 국가의 네 가지 덕에 대해 이야기한다. 국가의 지혜는 통치자들의 지혜에 의해, 용기는 군인들의 용기에 의해 대변되고, 절제와 정의는 세 계층의 관계에서 성립하는 것으로 규정된다. 첫째, 지혜 내지 슬기는 나라 전체와 관련하려 어떻게 나라가 대내외적으로 가장 잘 지낼 수 있는지 잘 숙려함

(euboulia)에 놓여 있다. 둘째, 용기는 두려움에 관련된 올바른 판단을 법을 통해 교육함으로써 보전하는 것이다. 셋째, 절제는 통치질서에 대해, 즉 누가 다스리고 누가 다스림을 받을 것인가에 대해, 세 계층이 합의하고 화합하는 것이다. 넷째, 정의는 각 계층이 제각기 '자기 일을 하는 것'(oikeiopragia)이다.[53]

국가의 구조와 덕에 대한 논의를 바탕으로, 소크라테스는 인간 영혼의 구조와 덕에 대한 논의로 옮겨간다. 그는 인간행위에 동기(motivation)를 제공하는 세 가지 원천에 따라 인간의 영혼을 욕구적인 부분(to epithymêtikon), 기개적인 부분(to thymoeides), 이성적인 부분(to logistikon)으로 삼분한다. 첫 번째 부분은 생리적 욕구[54]의 원천이고, 두 번째 부분은 기개, 다시 말해 감정이 자리잡은 곳이다. 세 번째 부분은 배움과 앎을 가능하게 한다. 주의할 사항은 세 번째 부분도 동기의 직접적 원천으로 작동한다는 것이다. 여기에서 이성(logos)은 단지 생각만 할 수 있는 능력이 아니라 독자적인 욕망의 주체이기도 하다. 이성의 욕망은 '배움에 대한 사랑'(to philomathes), 즉 철학적 욕망으로 이해될 수 있다.[55] 요컨대, 플라톤의 심리학에서 인간의 욕망은

---

53 『국가』, 434c. 우리는 정의를 주로 '각자에게 자신의 몫을 주는 것'(공정한 분배)이나 '각자 자신의 몫을 받는 것'(권리 주장)으로 이해하지만, 플라톤은 '각자 자기 몫을 하는 것'으로 규정지으며, 공동체 구성원의 책임과 의무를 강조한다.

54 플라톤은 『국가』에서 욕구(epithymia)를 '음식이나 성, 그리고 그것들과 밀접한 관계가 있는 것들에 관련된 쾌락을 추구하는 욕구'(436a)라고 규정하기 때문에, 욕구는 좀 더 정확히 말하자면 생리적 욕구뿐만 아니라 그것과 밀접하게 관련된 욕구, 가령 물욕까지 포괄한다고 할 수 있다. 이와 관련하여 페니키아인들과 이집트인들의 물욕(to philochrêmaton)이 언급된다(436a).

55 『국가』, 435e-436a.

이성적인 욕망과 비이성적인 욕망으로 분류되고, 후자는 다시금 생산의 동기가 되는 생리적 욕구와 자기방어와 자기주장의 동기가 되는 기개로 구분된다.

그런데 중요한 점은 플라톤이 욕망을 세 종류로 구분했을 뿐만 아니라, 영혼을 세 부분으로 나누고 각 부분에 한 종류의 욕망을 나누어 주었다는 사실이다. '플라톤적' 영혼의 세 부분은 제각기 마치 세 명의 행위자인 것처럼 자신의 고유한 욕망을 충족시키기 위해 서로 갈등하거나 화합하는 것으로 묘사된다. 한 인간 안에 세 가지 '인격'이 있는 것처럼 말이다. 왜 플라톤은 하나의 영혼을 여럿으로 쪼갠 것일까?

사실, 플라톤의 영혼삼분설은 심리적 갈등을 설명하기 위해 도입되었다. 그는 우선 동일한 것은 동일한 측면에서, 동일한 사물을 대상으로, 동시에 반대되는 것들을 하거나 겪을 수 없다는 원칙에서 출발한다.[56] 가령, 한 사람이 가만히 서서 그의 머리와 팔을 움직일 때,

56 『국가』, 436b. 스토아주의 철학자들은 이러한 원칙에 동의하지만, 인간의 '심적 갈등'을 다른 식으로 이해한다. 그들의 심리학에 따르면, 인간의 영혼은 이성(logos)이며, 충동은 판단 또는 판단의 결과이다. 다시 말해, 인간의 충동은 이성적 영혼의 기능에 속한다. 어떤 사물이 인간에게 추구할 것이나 기피할 것으로 보일 경우, 인간은 그러한 '인상'에 따라 바로 행위를 하는 것이 아니라, 그러한 인상에 동의할 때 믿음 또는 판단이 성립하고 행위를 할 충동이 발생한다. 스토아주의자들은 상호 모순되는 믿음들 또는 판단들이 동시에 양립할 수 없다는 원칙을 고수하기 때문에 동시에 존재하는 판단들 사이에서 갈등이 발생할 수 없다고 생각한다. 그들은 이른바 '심리적 갈등'을 영혼의 상이한 부분들 사이의 전쟁이 아니라, 동일한 영혼이 매우 근소한 시간차를 두고 의견을 바꾸는 것이라고 진단한다(Cf. SVF, III. 459). 다시 말해, 우리가 심리적 갈등을 겪을 때, 우리의 마음이 알아채지 못할 정도로 빠르게 한 생각에서 반대 생각으로 왔다 갔다 하며 흔들리는 것이다.

같은 것이 같은 측면에서 가만히 서 있는 동시에 움직이는 것이 아니다. 플라톤의 설명에 따르면, 그 사람이 한 측면에서는 가만히 서 있지만, 다른 측면에서는 움직이고 있다. 그는 이러한 설명을 영혼 내부의 갈등에 적용한다. 그는 목이 마르지만, (몸에 해로운 것으로 판단되는) 물을 마시는 것을 참는 사람의 예를 들면서, 이 목마른 자의 영혼 안에는 마시기를 종용하는 요소와 그것을 막는 요소가 있는데, 이 두 요소가 같은 것일 수 없다고 주장한다.[57]

나아가 욕구가 이성이 해서는 안 된다고 결정한 것을 하도록 (가령, 바닷물을 마시도록) 강제할 경우, 그는 욕구에 화를 내며 비난할 수 있다. 여기에서 화를 내고 비난하는 요소, 즉 기개가 이성과 욕구 양자로부터 분리된다. 이 경우에 기개는, 플라톤의 표현에 따르면, 욕구와 이성의 내전에서 이성의 동맹군이 된 것이다.[58]

이런 식으로 국가의 삼중구조에 상응하는 영혼의 삼중구조를 확립한 후, 작품의 주인공인 소크라테스는 국가의 덕에 비추어 인간의 4주덕(四主德)을 규정한다. 첫째, 지혜 내지 슬기는 이성적인 부분이 영혼의 각 부분을 위해서뿐만 아니라 영혼 전체를 위해서 유익한 것을 아는 데 있다. 둘째, 용기는 영혼의 기개적인 부분이 두려움과 관련하여 이성이 지시해준 것을 고통과 쾌락에 굴하지 않고 보존함에 있다. 셋째, 절제는 쾌락과 욕구의 억제와 관련되며, 영혼의 나은 부분과 못한 부분 사이의 올바른 통치질서에 대한 양 부분 간의 합의이다. 넷째, 정의는 영혼의 부분들이 서로 남의 일에 참견하지 않고 제

57 『국가』, 436c.
58 『국가』, 440a-b.

각기 자기 일을 행함에 있다. 그러므로 훌륭한 영혼은 지혜로운 이성의 올바른 통치하에 기개, 감정 및 욕구가 모두 제기능을 발휘하는 정의로운 소국(小國)이라고 할 수 있다[21].

플라톤은 영혼의 4주덕 가운데에서도 슬기의 가치를 높이 산다. 다른 덕들이 습관과 훈련을 통해 생긴다는 점에서 오히려 신체의 덕과 유사하다고 지적한다. 슬기는 교육(paideia)을 통해 획득된다. 하지만 이때 플라톤이 생각하는 교육은 마치 눈먼 자에게 시력을 넣어주듯 무지한 영혼 안에 지식을 넣어주는 것이 아니다. 그것은 오히려 영혼 안에 있는 지성의 눈을 올바른 대상을 향하도록 인도하는 것이다.[59] 영혼의 시력은 어느 방향으로 향하느냐에 따라 이로운 것이 될 수도 있고 해로운 것이 될 수 있다. 나쁜 영혼의 경우, '시력'이 좋으면 좋을수록 더 큰 악을 저지를 수 있다. 교육의 역할은 영혼의 눈이 사물의 진상을 파악하고 좋음을 바라보도록 이끄는 것이다[22].

플라톤은 사물의 진상을 파악하고 좋음을 관조하기 위해서는 이 세상, 이 변화무쌍한 생성계만 쳐다보고 있어서는 안 되고, 이 세상에 불완전하게 표현된 질서의 원형(元型), 가치의 원천을 찾아야 한다고 생각했다. 진리와 좋음의 추구가 의미 있는 일이 되기 위해서는 사물의 참된 질서와 좋음 자체가 있어야 한다고 여긴 것이다. 참된 존재의 영역, 이른바 이데아의 세계와 그 세계의 정점에 있는 좋음의 이데아는 플라톤의 철학적 여정에서 최종 목적지이다.[60]

잘 알려져 있듯이, 플라톤은 모든 좋은 것들은 좋음의 이데아에

---

59 『국가』, 518b-d.

60 『국가』, 532e.

'참여함'으로써 좋다고 주장했다. 하지만 여기에서 '참여함'이 정확히 무엇을 의미하는지 잘 알려져 있지 않다. 분명한 것은 이 세상에서 우리가 경험하는 좋은 것들은 모두 상대적으로 제한된 측면에서 좋은 것이라는 사실이다. 이에 비해 플라톤이 가정한 '좋음의 이데아'는 모든 좋은 것들에게 좋음의 척도(metron)가 될 수 있는 절대적이고, 전면적인, 완전한 좋음이다. 그는 좋음의 이데아가 용기, 정의, 절제, 지혜와 같은 도덕적 가치의 최종 척도라고도 생각한다. 그가 원한 것은 그러한 가치를 평가할 수 있는 정확한 척도이다. 이와 관련해서 많은 사람들이 부정확한 척도에 대충 만족하지만, 국가의 수호자들은 척도의 정확성을 추구하는 데 소홀해서는 안 된다고 여겼다.[61]

플라톤은 좋음의 이데아가 무엇인지 직접 설명하는 대신 하나의 비유를 제시한다. 태양의 비유가 그것이다. 좋음의 이데아는, 마치 태양이 이 세상에서 보이는 사물들이 보이게 할 뿐만 아니라 그것들의 생성과 성장을 돕듯이, 참된 존재들의 인식과 존재를 가능하게 하는 최종 원리로 제시된다.[62] 이러한 좋음의 이데아를 아는 것이 플라톤이 생각하는 가장 큰 배움이다.

플라톤은 이러한 대학(大學)의 꿈을 이루기 위해 교육이 우선 영혼의 눈을 감각으로 인식되는 생성계에서 지적으로 이해되는 존재계로 돌려야 한다고 생각했다. 그는 우리 육체의 눈을 반대로 돌리기 위해 온몸을 돌려야 하듯이, 영혼의 눈을 돌리기 위해서는 온 영혼을 돌려야 한다고 주장한다.[63] 그가 원하는 것은 단지 사고방향의 전환,

---

61 『국가』, 504c.

62 『국가』, 508b-c.

생각의 개조만이 아니다. 우리의 사고, 감정과 욕망을 아우르는 영혼 전체의 개혁, 말하자면 철학에로의 온전한 회심(回心)이다.

철인왕의 지혜

앞에서 슬기는 국가와 개인에게 무엇이 좋고 이로운지 숙려하고 인식하는 기능에 관련된 실천적 지혜로 규정되었는데, 여기에서는 참된 존재와 '좋음'을 인식하는 관조적 지혜로 제시되었다. 하지만 플라톤은 (아리스토텔레스와 달리) 실천적 지혜와 관조적 지혜를 구분하지 않았다. 그에게 슬기는 둘 다를 아우르는 통합적 지혜였다. 따라서 상이한 지혜에 종사하는 직업의 분화도 아직 일어나지 않았다. '아름다운 나라'(Kallipolis)로 불리는 플라톤의 이상국가에서는 올바른 교육을 통해 슬기를 얻은 철학자가 통치한다. 슬기로운 철인왕은 통합적 지혜의 화신이다.

존재계의 태양인 '좋음'을 충분히 바라본 철학자는 계속 그 상태로 머물 수 없고, 다른 사람들을 돌보고 지켜주기 위해 생성계의 '동굴'로 되돌아와야만 한다.[64] 그리고 어두운 동굴 속에서 생성소멸하는 사물들을 보는 데 익숙해져야 한다. 이렇게 다시 어둠에 익숙해진 철학자는 이제 어둠 속에 희미하게 비치는 사물들이 실은 그가 동굴 바깥에서 본 실물들의 그림자들에 불과하다는 것을 알기 때문에 그림자들의 정체를 더 잘 알아보게 된다. 그는 이 생성계에서 일그러진 모습으로 나타나는 사물들의 아름답고 좋은 원형들을 알기 때문에

63 『국가』, 518c-d.

64 『국가』, 520a-d.

생성계를 더 낫게 만드는 데 기여할 수 있다.

플라톤은 '아름다운 나라'에서 교육받은 철학자는 어떤 시민들보다 철학과 공적 업무 양쪽 모두에 더 잘 참여할 수 있다고 자신 있게 말한다. 플라톤에게 관조적인 지혜는 실천적 지혜를 말소하는 것이 아니라 그것을 뒷받침하는 것이라고 볼 수 있다. 실천적 지혜는 관조적 지혜와 독립해서 존재하는 것이 아니라 그것에 의존한다. 아는 자가 다스려야 한다는 것이 철인통치론의 핵심이라면, 철인왕은 이 세상이 본받아야 할 이상(理想)을 알 뿐만 아니라 그것을 실현할 줄도 아는 자이다.

플라톤의 철인왕은 왕으로 태어나는 것이 아니라 국가의 교육제도를 통해 만들어진다. 칼리폴리스에는 왕후장상의 씨앗이 따로 있는 것이 아니다. 철인왕이 되기 위해서는 뛰어난 자질을 가지고 있어야 할 뿐만 아니라 길고 고된 교육과정을 거쳐야 한다. 체계적인 교육과정을 거쳐 선발된 철학자들이 번갈아가면서 왕의 과업을 수행하게 된다.

맨 처음 몸을 단련하는 체육과 영혼에 교양을 심어줄 시가(詩歌)—오늘날 문학과 음악을 포괄하는 분야에 상응한다—를 배운다.[65] 다음으로 모든 사고와 기술 및 지식에 공통적으로 사용되는 필수적인 교과인 산수를 배우고, 나아가 기하학, 천문학, 화성학 등 수학적인 학문들을 배우게 된다. 비물질적인 대상을 연구하는 수학적 학문들은 우리의 영혼을 생성계에서 존재계로, 감각계에서 가지계로

65 『국가』, 376c-412a 참조.

돌리게 할 것이다. 마지막으로 '변증법(dialektikê)'이라고 불리는 전문적인 철학적 훈련을 통해 감각을 일체 사용하지 않고 오로지 논증만을 통해 각각의 참된 존재를 인식하고, 최종적으로 가지계의 정점에 있는 좋음 자체, 즉 좋음의 이데아를 관조할 수 있게 된다. 플라톤도 좋음의 이데아는 보기 어렵다도 말한다. 하지만 일단 본 사람은 그것을 '만인을 위한 온갖 정의와 아름다움의 원인'이 되게 할 수 있다.[66]

영혼의 상승

『파이드로스』에서 플라톤은 이제껏 어떤 시인도 노래한 적이 없는 이 세상 바깥에 대해 노래한다. 이때 '바깥'은 공간적 지표가 아니다. 그것은 오직 지성을 통해 인식될 수 있는 존재계의 공간적인 표상이다. 요컨대, 존재계는 감각적 인식의 한계 밖에 있다. 세상의 바깥을 보기 위해서 우리의 영혼은 우주의 천계를 가로질러 그 끝까지 날아가야 한다. 우주의 끝에 서서 시선을 그 끝 너머로 던져야 한다.

플라톤은 영혼을 한 쌍의 날개 달린 말들과 마부로 이루어진 마차에 비유한다. 백마는 마부의 명령에 잘 따르지만, 흑마는 채찍을 써야 겨우 말을 듣는다. 앞의 말은 명예를 사랑하는 영혼의 부분을, 뒤의 말은 육체적 쾌락을 좋아하는 영혼의 부분을 가리킨다. 그리고 마부는 이성적 부분이다. 전자가 이성적 부분을 도와 후자를 지배하면 절제가 생기지만, 후자가 지배하면 방종과 오만(hybris)이 생긴다.[67]

두 마리의 말을 몰아 세상의 끝에 다다른 마부는 머리를 들어, 즉

66 『국가』, 517b-c.

67 『파이드로스』, 253d-254e. Cf. 237e-238a.

지성을 사용해서 세상 바깥에 있는 '색깔도 모양도 없으며 만질 수도 없는 참으로 있는 것'을 바라볼 수 있다. 그곳에서 정의 자체와 절제 자체 등 참된 존재를 발견한다. 이처럼 참된 존재는 지성에 의해서만 인식될 수 있지만, 이러한 인식이 가능하기 위해서는 영혼 안의 비이성적인 동력들이 이성에 의해 올바르게 제어되고 활용될 수 있어야 한다.

플라톤은 이 지상에서 살아가는 우리의 영혼을 날개를 잃어 추락한 마차에 비유하기도 한다.[68] 그런데 영혼의 날개를 새로 돋아나게 할 수 있는 것이 있다. 그것은 영혼이 이 지상에 있는 어떤 아름다움을 보고서, 추락하기 전에 바라본 참된 아름다움을 상기하게 되었을 때 사로잡히는 사랑(erôs)이다.[69] 이러한 사랑에 사로잡힌 영혼은 날개가 돋아 위로 날려고 하지만, 아직 날 수 없기에 위만 쳐다보고, 아래에 있는 것에는 관심을 두지 않게 되고, 그래서 미쳤다고 간주된다. 이러한 사랑의 광기를 플라톤은 신이 보낸 선물, 일종의 신적인 광기로 제시한다.[70]

여기에서 사랑은 이 지상의 덧없는 아름다움에서 저 영원한 아름다움으로 이끄는 심미적 충동이다. 다시 말해 사랑은 영혼의 비상(飛翔)을 위한 내적인 추동력이다. 주목할 점은 이러한 사랑이 사랑하는 영혼 자신을 아름답게 변모시킨다는 것이다. 사랑하는 영혼은 자신이 사랑하는 아름다움 자체를 닮아간다는 말이다. 이러한 사랑은 맹

68 『파이드로스』, 246a-c.

69 『파이드로스』, 249c-e.

70 『파이드로스』, 245b.

목적인 사랑도 아니고, 방종과 오만을 낳는 사랑도 아니다. 그것은 참된 아름다움에 눈뜨게 하는 사랑이고 절제와 정의 등 덕을 낳는 사랑이다.

플라톤이 생각한 '신적인 광기'로서의 사랑은 아름다움에 대한 사랑인 동시에 참됨에 대한 사랑이다. 그에게 미(美)와 진(眞)의 가치는 서로 내밀하게 연관되어 있다. 저 영원한 아름다움은 "색깔도 모양도 없고 만질 수도 없는", 참된 인식의 대상인 참된 존재에서 발견된다. 우리 영혼에게 알맞은 양식(糧食)은 그러한 참된 존재이다. 그러한 참된 존재에는 정의 자체와 절제 자체와 같은 참된 덕들이 포함되어 있다. 플라톤은 참된 존재의 영역, 즉 이데아의 영역을 영혼의 최고 부분을 먹일 '여물'이 나는 '진리의 평원'으로 묘사한다.[71] 그리고 오직 지혜를 사랑하는 자의 마음(dianoia)만이 그곳으로 날아오를 수 있다고 한다. 그러므로 신적인 광기로서의 사랑은 바로 철학자의 사랑이다. 이러한 관점에서 철학자는 진리에 대한 추구에, 지혜에 대한 사랑에 '미친' 사람이다.

그러나 지혜에 대한 사랑에 빠진 철학자는 사랑에 눈먼 사람이 아니다. 그는 그가 감각하는 모든 것에서 그 이면에 있는 참된 존재를 꿰뚫어볼 수 있는 사람이다. 그는 "여러 감각들에서 출발해서 추론을 통해 하나의 형상(eidos)으로 통합해서" 볼 줄 알며, 그 형상에 따라 말해지는 바를 이해한다. 이러한 이해작용을 플라톤은 '상기'(anamnêsis)라고 지칭한다.[72] 감각계는 가지계의 닮은꼴이니, 감각계는

71 『파이드로스』, 247c-248c.

72 『파이드로스』, 249b-c.

그것의 본을 상기시킬 수 있다. 철학자는 감각 대상들을 통해, 그것들 너머 참된 인식의 대상들을 볼 수 있다. 이러한 시각에서 감각은 지적 인식을 방해하는 요소에 그치는 것이 아니라 가지계로 비약하기 위한 발판으로 드러난다.

『향연』은 사랑을 주제로 하는 또 하나의 대화편이다. 이 대화편에서 플라톤은 여사제 디오티마의 입을 빌려 아름다움 자체로 이르는 방법을 제시한다. 이 방법은 비교제의(秘敎祭儀)에 비유된다.[73] 이 비교제의에서 우리를 신적인 아름다움으로 인도하는 것도 사랑이다. 이 사랑의 비의(秘儀)에 입문한 자는 '아름다움의 사다리'를 타고 순차적으로 여기 이 아름다운 것들로부터 저기 저 아름다움으로 올라간다. 처음에는 한 사람의 아름다운 몸을 사랑한다. 하지만 곧이어 여러 몸들에서 유사한 아름다움을 발견하게 되고, 나아가 모든 아름다운 몸들에 공통된 아름다움을 발견하게 된다. 다음으로 영혼의 아름다움에 눈뜨게 된다. 그리하여 아름다운 행실과 법도에 끌리게 되고, 이로부터 아름다운 앎으로 인도되어 지혜를 사랑하면서 많은 아름답고 웅장한 생각과 이야기를 낳는다. 이러한 활동을 통해 힘을 얻고 길러서 마침내 비의의 최종 단계에 이르면 '갑자기' 아름다움 자체를 직관한다. 디오티마는 신적인 아름다움을 바라보며 사는 삶이야말로 진정 살 가치가 있는 삶이고, 그런 삶에서만 덕의 모조품이 아니라 참된 덕을 낳을 수 있다고 가르친다. 끝으로 그녀는 참된 덕을 낳아 길렀을 때 비로소 인간인 한에서 불사자가 될 수 있다고 결론짓는다.

---

73 『향연』, 209e-212a.

불사(不死)의 열망과 인간의 쾌락

사랑은 아름다움에 대한 욕망이다. 도대체 왜 우리는 사랑하는가? 이 질문에 대해 디오티마는 '행복하기 위하여'라고 답한다.[74] 그녀에 따르면, 행복은 만인에게 공통된 궁극 목적이다. 우리는 결국 행복하기 위해 좋은 것을 가지려고 하고, 아름다운 것이 좋은 것이므로 그것을 가지길 욕망한다. 이런 식으로 사랑은 행복의 욕망에 통합된다. 그렇다면 사랑은 구체적으로 무슨 일을 하는가? 데이트나 포옹? 디오티마는 사랑의 가장 중요한 업무로 출산(出産)을 꼽는다. 육체의 출산뿐만 아니라 영혼의 출산도 포함해서 말이다. 가령, 호메로스는 영혼으로 불후의 서사시를 낳았고, 솔론은 위대한 법률을 낳았다.[75]

그런데 왜 출산을 하는가? 왜 작은 미물부터 만물의 영장에 이르기까지 모든 생물이 출산을 위해 그토록 애쓰는 것일까? 디오티마는 사랑이 불사에 대한 열망이기 때문이라고 대답한다. 출산은 필사(必死)의 존재가 불사(不死)에 참여하는 방식이다. 생성소멸의 대변화 속에서 생물은 개체로서 살아남지 못하지만, 자손을 남김으로써 종족의 차원에서 보존된다. 사실, 개체도 부단히 변한다. 일부는 생기지만 일부는 사라진다. 우리 자신도 그런 존재다. 우리의 육체는 힘이 닿는 한, 사라진 것들을 대신할 새로운 것들을 만든다. 우리의 영혼 역시 옛 기억을 새 기억으로 바꾸는 수고를 한다. 이처럼 쉼 없는 '출산'의 노고를 통해 우리는 우리의 정체성을 지키며 우리 자신으로서 살 수 있는 것이다. 이 모든 수고를 견디게 하는 힘이 바로 불사의 열망인

74 『향연』, 205a.
75 『향연』, 209a-d.

사랑이다.[76]

인간이 아무리 불사를 열망해도 불사의 신에 비하면 하루살이에 불과하다. 완전한 신에 비해서는 턱없이 부족한 존재이다. 『필레보스』에서 플라톤은 인간의 불완전성이 쾌락과 고통의 원천임을 지적한다. 그에 따르면, 고통은 한 생명체의 자연적인(본성에 맞는) 상태, 즉 일종의 조화와 균형이 깨질 때 생기고, 쾌락은 원래의 조화 상태를 회복하는 과정에 발생한다.[77] 따라서 조화가 깨어진 상태에 있는 존재만이 조화를 회복하면서 쾌락을 느낄 수 있다. 가령, 배고파야 먹는 즐거움을 느낄 수 있고, 목이 말라야 마시는 즐거움을 느낄 수 있다. 나아가 예전에 보거나 배운 것을 잊었기 때문에 옛 기억을 되살리며, 다시 말해 상기하면서 기쁨을 누릴 수 있다. 부족한 것이 채워지면 쾌락은 멈춘다. 이 논리에 따르면, 부족함이 없는 신들은 기뻐하지도 슬퍼하지도 않을 것이다. 그러나 인간은 온전히 충족된 상태로 머물 수 없고, 다시 배고픔과 목마름, 망각에 빠질 것이다. 그리고 다시 부족함을 채우기를 욕망할 것이다.

플라톤의 철학은 인간의 부족함에 대한 깊은 자각에 기초한다. 그런데 중요한 사실은 인간이 자신의 부족함을 채우려 한다는 것이다. 인간은 결여된 것을 욕망한다. 플라톤은 인간이 욕망의 존재라는 사실에서 인간 존재의 비극성을 보는 대신 위대함을 본다. 왜냐하면 인간은 불완전한 존재이지만, 거기에 머물지 않고 힘닿는 한 완전성을 추구하는 자기-초극적인 존재이기 때문이다.

---

76 『향연』, 297d-208b.

77 『필레보스』, 32a-b.

5. 덕과 정치

덕의 윤리학에서 덕의 정치학으로

내 자신의 영혼을 돌보는 일은 남이 대신 해줄 수 없다. 그래서 소크라테스는 사람들에게 자기 자신을 돌보라고, 자신의 영혼이 가능한 한 훌륭할 수 있도록 마음 쓰라고 권고했다. 하지만 그는 자기의 영혼만 돌보지 않았다. 그는 다른 사람들이 자신들의 영혼을 돌보는 데 돕겠다고 나섰다. 그러나 플라톤은 시민들의 덕을 돌보는 일을 시민들 자신에게만 맡겨서도, 소크라테스와 같은 개인에게 맡겨서도 안 된다고 여겼다. 그 대신 그것을 국가의 공적인 업무로 만들어야 한다고 생각했다. 이렇게 덕의 윤리학은 덕의 정치학으로 확장된다.

플라톤은 시민들의 덕을 돌보기 위한 정치, 문화, 교육 제도에 대해 고민한다. 아카데미가 창설될 무렵 집필된 『국가』에서는 '유덕한' 국가를 만들기 위해 무엇이 고려되어야 하고, 어떤 제도적 장치가 마련되어야 하는지 논의된다.[78] 우선, 플라톤은 어린이들이 주변환경에 쉽게 물든다는 점을 지적하며 문학, 음악, 회화 및 건축 등 문화적 환경을 덕-친화적으로 조성할 필요가 있음을 주장한다[23]. 특히 어린이들의 모방심리에 주목하여 비도덕적인 내용을 담은 신화와 전설의 엄격한 통제와 검열을 요구한다. 다음으로 시민들이 영혼과 몸을 돌볼 수 있도록 시가교육과 체육교육을 제도화할 것을 제안한다. 또한 시민들을 덕으로 이끌 수 있는 유덕하고 유능한 정치가를 육성하기 위한

78 『국가』, 2-3권.

교육제도와 프로그램이 마련되어야 한다고 생각한다. 나아가 법의 힘을 빌려 덕을 장려하고 악덕을 억제함으로써 어른이 된 시민들도 평생토록 덕으로 인도해야 한다고 생각한다. 그러나 시민들이 스스로 문제를 해결할 수 없어 법에 의존하는 것은 자유시민의 품위에 맞지 않는 일이며, 교육이 잘못되었다는 증거임을 지적한다.[79]

『국가』에서는 덕을 돌보는 철학과 나라를 다스리는 권력이 일치하는 덕치(德治)의 이상이 그려진다. 플라톤의 이상국가에서는 철인왕이 통치한다. 그리고 철인왕의 통치는 제도화되어 있다. 플라톤이 생각하는 철인왕은 우연히 나타나는 것이 아니라 개인의 노력과 국가적 지원에 의해 만들어지는 것이다. 철인왕은 국가가 길러낸 가장 훌륭한 시민들 가운데 한 사람으로 국가의 정치·문화적 역량을 집약적으로 보여주는 살아 있는 업적이다. 철인왕이 되기 위해서는 어려서부터 시가와 체육을 통해 심신을 단련하고 여러 수학적 학문을 두루 섭렵한 후, 참된 존재에 대한 철학적 탐구를 통해 마침내 가장 큰 배움의 대상인 좋음 자체, 소위 '좋음의 이데아'를 보아야 한다. 플라톤은 만사의 좋고 나쁨을 분별할 수 있는 확고한 지혜를 지니기 위해서는 좋음 자체를 알아야 한다고 믿었다. 그는 이러한 철인왕의 도래야말로 인간 비극에 종지부를 찍을 수 있다고 선언한다.

> 철인들이 국왕이 되거나 아니면 지금 국왕 또는 통치자로 불리는 자들이 철인이 되기까지는, 그래서 정치권력과 철학이 하나로 결합하

---

79 『국가』, 405a-b.

고 지금은 둘 중 어느 하나만을 따로 따로 추구하는 여러 인재들이 그러지 못하도록 제지당하기 전에는, 여보게 글라우콘, 국가의 고통은, 아니 인류 전체의 고통은 결코 종식되지 않을 것이네.[80]

물론, 인류 전체의 고통을, 아니 한 국가의 고통이라도 종식시킬 수 있는 철인왕의 통치는 현실적으로 실현하기 어려운 '유토피아적' 이상으로 보일 것이다. 플라톤의 철인왕은 메시아나 미륵불과 같은 종교적 구원자와 가까워 보일 수 있다. 하지만 플라톤은 철인왕이 스스로 나타나길 종교적 신념으로 염원하고 기다리는 것이 아니라, 인간이 이룩할 수 있는 문명의 산물로 상정해 놓았다. 그러한 철인왕의 도래는 궁극적으로 우리 인간의 손에 달려 있는 것이다. 플라톤의 교훈은 완벽한 정치지도자를 기다리는 대신, 힘이 닿는 한 훌륭한 정치가를 체계적으로 육성하라는 데에서 찾아야 할 것이다.

잘 알려져 있듯이, 플라톤의 철학자 왕들과 여왕들에게는 사유재산도 가족도 허락되지 않는다. 칼리폴리스의 수호자들은 '친구들은 모든 것을 공유한다'는 피타고라스적 신조 아래 재산을 공유할 뿐만 아니라 남편과 아내, 자식도 공유한다. 그들은 군영의 전사들처럼 공동 식사를 하고, 공동생활을 해야 하며, 금과 은에 손을 대서는 안 된다.[81] 이것은 위정자들이 자신들의 권력을 이용해서 사리사욕을 채우려는 시도를 미연에 막겠다는 강력한 의지의 문학적 표현이다.[82]

---

80 『국가』, 473d.

81 『국가』, 416d-417a; 423e-424a.

82 아리스토파네스의 『민회의 여인들』에는 플라톤의 『국가』에 제시된 것과 비슷한 '공산주의'가 매우 희극적으로 묘사된다. 남자들의 실정에 불만을 품은 여자들이 남편

플라톤은 국가의 수호자들을 양떼를 지키는 용감하고 지혜로운 개에 비유한다. 그런데 국가 수호자들은 그들이 지켜야 할 양떼를 위협하는 늑대처럼 될 수 있다.[83] 그는 '내 것'과 '내 가족'이 먼저라는 생각이 권좌에 앉은 인간을 늑대로 만들 수 있음을 직시했다. 플라톤의 '공산주의'는 생산자 계층이 아니라 국가의 공무를 수행해야 하는 수호자 계층에 요구되는 삶의 방식이다. 여기에서 플라톤은 공무에 임하는 사람들의 공적인 자세가 극대화된 경우를, 다시 말해 공적 정신의 끝을 보여준다.

그러나 플라톤도 철인왕의 이상이 현실에서 너무나 멀다는 것을, 저 하늘에서 질서 있게 운행하는 별만큼이나 이 땅에서 멀리 떨어져 있다는 사실을 인지하고 있었다. 특히 시칠리아에서의 정치적 모험과 실패의 경험은 절대권력 앞에서 타락하기 쉬운 나약한 인간 본성을 직시하게 만들었을 것이다. 그리하여 그는 훌륭한 사람에 기대는 대신 훌륭한 법에 기대는 방안을 강구하게 된다.

플라톤은 후기 저작인 『정치가』에서 법치(法治)를 통치의 차선책으로 제안한다.[84] 물론, 통치의 이상이 바뀐 것은 아니다. 그는 여전히 법이 아니라 슬기로운 왕이 다스리는 것이 최선이라고 믿는다. 그는 정치술 또는 '정치적 앎'(politikê epistêmê)을 지닌 자가 진정한 정치가로

들 몰래 남장을 하고 민회를 접수한 후, 남편과 자식을 포함해 모든 재산을 공유하는 '공산주의' 체제를 수립한다. 고대 아테네시의 규모와 식자층의 범위를 생각해볼 때, 플라톤이 아리스토파네스의 작품을 읽었거나 그것에 대해 들었을 가능성이 높을 것이다. 플라톤의 철학적 저술에는 역사가들이나 극시 작가들의 생각들이 명시적으로든 암시적으로든 많이 반영되어 있을 것으로 추측된다.

83 『국가』, 416a.

84 『정치가』, 300c.

서 다스릴 자격이 있다고 생각한다.[85] 그는 체계적이고 전문적인 정치술을 지닌 자가 다스리는 것이 법이 다스리는 것보다 낫다고 여긴다.

플라톤이 생각하는 이상적인 정치가는, 마치 의사처럼 제각기 다른 상황에 처한 다양한 사람들에게 무엇이 가장 좋고 올바른지를 정확히 파악해서 세세히 지시해줄 수 있다. 이에 비해 보편적인 언명들로 이루어진 법은, 마치 융통성이 없고 고지식한 사람처럼 개별적인 상황의 특수성을 고려한 최선의 지침을 내리지 못한다[24]. 슬기로운 왕은 성문화된 규칙에 의지하지 않고 자신의 기술로 운항함으로써 배와 선원들의 이익을 지키고 승객들을 구하는 유능한 조타수에 비유된다.[86]

이런 관점에서 플라톤은 슬기로운 왕이 법의 제약 없이, 말하자면 '법 위에' 군림하는 것을 정당화한다.[87] 그러나 법보다 슬기로운 왕은 현실적으로 보기 드물다.[88] 게다가 그러한 왕도정치의 이상은 오히려 무지를 감추고 슬기로 위장한 폭군(tyrannos)이 법 위에서 전횡을 휘두르는 빌미를 제공할 수 있다.[89] 그리하여 플라톤은 아무에게도 위법을 허용하지 않지만, 슬기로운 왕의 통찰을 되도록 많이 담은 훌륭한 법의 통치를 차선책으로 제안한다. 그가 생각하는 바람직한 법치는 이상적인 왕도정치의 모사(mimêsis)이다.[90]

---

85 『정치가』, 294a.

86 『정치가』, 296e-297b.

87 『정치가』, 300c.

88 『정치가』, 293a, 297b-c.

89 『정치가』, 301b-c 비교.

90 『정치가』, 293e, 297e.

플라톤은 최후 저작인 『법률』에서 차선책으로서 법치(法治)의 전망을 구체화한다. 슬기로운 왕의 덕치가 최선이라는 신념은 여전히 확고하다. 그에 따르면, "한 사람 안에서 최고 권력이 슬기와 절제와 합쳐질 때 그때야말로 최선의 정치체제와 법률이 자연적으로 생기고 그 이외의 방법으로는 결코 생기지 않는다."[91] 하지만 그는 덕치의 이상이 실현되기 어렵다는 사실을 안다. 현실적으로 한 사람이 각각의 시민에게 무엇이 최선인지를 일일이 일러줄 수는 없다.

그래서 플라톤이 구상하는 '현실적인' 국가에서는 아무도 법 위에 군림하지 않는다. 통치자들은 법의 수호자로서 법을 위해 봉사한다. 그곳에서는 법이 최고 주권을 지닌다.[92] 가장 슬기롭고 덕망 있는 사람들이 법의 수호를 목적으로 설립된 회의에 참석한다. 이 회의는 가장 한가한 시간인 야간에 소집된다. 플라톤은 이 '야간회의'(nykterinos syllogos)를 국가라는 배의 중심을 잡아주는 '국가의 닻'이라고 부른다. 이 회의의 회원들은 엄격한 시험을 통해 선발되며, 방대한 교육과정을 이수해야 한다. 교육 프로그램에는 수학, 천문학, 신학, 법학, 윤리학 그리고 변증법이 포함된다.[93] 이러한 교육을 받은 사람들은 아크로폴리스에 거주하며, 국가와 법의 수호자로서 매사에 만

---

91 『법률』, 712a.

92 『법률』, 715c-d: "그런데 제가 지금 통치자로 불리는 이들을 '법에 봉사하는 자들'이라 부르는 것은 명칭의 혁신을 위해서가 아니라 무엇보다도 그것에 나라의 보존 여부가 달려 있다고 여기기 때문입니다. 법이 지배받으며 주인이 아닌 나라에는 멸망이 다가와 있는 게 보이니까요. 그러나 법이 통치자들의 주인이고, 통치자들이 법의 종인 나라에서는 보존을, 그리고 신들이 나라들에 베푸는 온갖 좋은 것들이 생기는 걸 봅니다."

93 『법률』, 961c-968e.

전을 기하게 된다.[94]

이처럼 국가의 통치자들이 법에 종사한다고 해서 통치의 목적이 변한 것은 아니다. 법치 역시 덕의 실현을 지향한다. 법은 덕을 위해서 존재하는 것이다.[95] 올바른 법은 덕의 실현에 기여하고, 그 아래 사는 사람들의 행복에 기여하는 법이다. 말년에 이르러서도 플라톤은 행복하기 위해서 가져야 할 좋은 것이 다름 아닌 덕이라는 신념을 지킨다.

플라톤은 좋은 것을 인간적인 것과 신적인 것 두 부류로 나누고, 건강과 미모, 부와 명성 등 세속적 가치는 인간적인 것으로, 슬기, 용기, 절제, 정의를 '신적인' 것으로 내세운다. 이처럼 덕에 신성한 가치를 부여한다. 그리고 덕 중에서도 슬기를 으뜸으로 삼는다. 사실, 부와 명예, 건강과 아름다운 외모는 어리석고 부덕한 사람에게는 오히려 불행을 가져올 수 있지만, 슬기, 용기, 정의, 절제는 행복과 더불어 '인간적인' 가치들도 가져올 수 있다. 그러므로 국가공동체의 행복을 추구하는 입법자는 무엇보다도 시민들의 덕을 돌봐야 한다[25].

플라톤은 법치국가의 테두리 안에서 시민들이 부귀영화 등 소위 '인간적인' 가치들을 두고 경쟁하는 것이 아니라 덕을 두고 경쟁하길 소망한다. 사실, 덕은 남이 가지면 내가 못 가지는 것이 아니다. 너도 나도 다 덕을 가질 수 있다. 설령, 덕을 성취하지 못했다 하더라고 누구든 덕에 가까이 간만큼 자신에게 득이다. 자신이 그만큼 좋은 사람이 됐으니 말이다. 또한 이 경쟁에서 남에게 자신이 지닌 좋음, 즉 덕

---

94 『법률』, 969c.

95 『법률』, 631a, 718c

을 나누어준다고 해서 자신이 지닌 것이 그만큼 줄어들지도 않는다. 이것이 아무리 자신을 나누어주어도 고갈되지 않는 참된 좋음의 신비일 것이다. 플라톤은 최후의 저작에서 자신이 지닌 좋은 것을 남에게 나누어주는 사람이 최고로 존중받아야 한다고 주장한다. 이것은 오래 전에 죽은 스승, 인간에 대한 사랑이 흘러넘쳤던 철학자 소크라테스에 대한 헌사라고 할 수 있다[26].

덕을 위한 법

플라톤은 법이 시민들을 덕으로 이끌 수 있으며, 또 그래야 한다고 믿었다. 그는 법이 무엇보다도 감정교육에 기여할 수 있다고 여겼다. 그는 쾌락과 고통, 그것에서 파생하는 여러 감정들이 인간을 움직이는 주요 동인임을 알고 있었다. 하지만 그것들 가운데 어떤 것이 낫고 못한지를 따지는 사고(思考)도 인간을 움직일 수 있음을 간과하지 않았다.

이와 관련해서 플라톤은 인간을 여러 당김줄에 매인 꼭두각시 인형에 비유한다. 당김줄에는 여러 쇠줄들과 하나의 황금줄이 있다. 억센 쇠줄들은 인간의 다양한 감정들을, 유연하고 아름다운 황금줄은 사고를 상징한다. 대립하는 감정들은 상호 반대방향으로 행위를 유도하지만, 유덕한 인간은 감정들에 휘둘리지 않으며 사고가 명령하는 것을 따른다. 물론, 사고가 제기능을 할 때 말이다. 이러한 사고가 국가의 '공동신조'(koinon dogma)가 되면 법이라고 불린다.[96] 그러므로

---

96 『법률』, 644c-d.

입법의 목적은 덕의 함양이라고 할 수 있다.

플라톤에 따르면, 올바른 법은 덕을 따르도록 시민들을 설득할 뿐만 아니라, 설복되지 않는 시민들은 강제와 처벌로 교정하는 역할을 한다.[97] 그는 처벌의 목적이 범법행위에 대한 보복이 아니라 병든 영혼의 치유임을 강조한다.[98] 처벌은 영혼의 잘못된 생각과 나쁜 성격을 고치는 교화의 수단이다.[99] 그는 육체의 병처럼 영혼의 병은 환자 당사자에게 해롭다고 생각한다. 따라서 치유로서의 처벌은 역설적이게도 처벌을 받는 사람에게 이로운 것이다.

앞서 보았듯이, 플라톤이 생각하는 법은 국가의 공동신조이다. 그는 법이 시민공동체의 합의의 산물이라고 보았다. 말하자면 법은 하늘에서 떨어지는 것이 아니라 인간이 만드는 것, 세우는 것이다. 이와 동시에 그는 법의 공익성을 강조했다. 법은 특정 개인이나 집단을 위한 것이 아니라 시민들 전체를 위한 것이어야 한다는 견해이다. 특정 파당의 이익이 시민공동체의 공익이 될 수 없다는 말이다. 이 맥락에서 그는 특정 파당에서 정의(正義)라고 내세우는 것은 공언(空言)이라고 주장한다.[100]

---

97 『법률』, 718b.

98 『법률』, 854d-e, 862d-e, 934a-b, 941d; 『고르기아스』, 525b; 『프로타고라스』, 324a-b.

99 『법률』, 728c.

100 『법률』, 715b 2-6: "지금 우리는 분명히 나라 전체의 공동선(to koinon)을 위해 제정되지 않은 법은 나라의 법도 아니고 올바른 법도 아니라고 말할 것입니다. 법이 일부 사람들을 위한 것일 경우, 이 사람들은 우리가 파당(stasiôtai)이라고 부르지 시민(politai)이라고 부르지 않으며, 이들이 정의로운 것이라고 말하는 것도 헛된 것입니다."

여기에서 우리는 『국가』에서 정의(正義)를 '강자의 이익'이라고 정의한 트라쉬마코스를 떠올릴 수 있다.[101] 트라쉬마코스는 '정의'로 불리는 것이 실상 권력자나 지배층의 이익을 대변한다고 보았다. 그는 참주정에서는 참주의 이익을, 귀족정에서는 귀족의 이익을, 민주정에서는 민중의 이익이 정의로 규정되고 법으로 제정된다는 사실을 염두에 둔 것이다. 그러한 정의와 법에 따르는 것은 약자와 피지배층에게는 '남 좋은 일'이자 손해이다.[102] 따라서 피지배층의 입장에서는 불의와 불법을 저지르는 것이 자신에게 좋고 이로운 것이다. 이것은 도덕규범에 대한 심각한 도전이었다.

이러한 도전에 대응하여 소크라테스는 정의가 소유자 자신에게 좋은 것이라는 주장을 옹호한다. 이를 위해서는 정의 개념의 재고가 필요했다. 그는 정의의 진정한 관심사가 인간의 외적 행위가 아니라 내적인 행위, 다시 말해 인간 영혼의 올바른 기능에 있다고 주장하며, 정의를 내면화하는 전략을 취한다. 그에 따르면, 정의는 인간 영혼의 세 부분, 즉 이성, 기개, 욕구가 제기능을 발휘하면서 서로 조화와 질서를 이루는 데에서 성립한다. 이러한 영혼의 상태에 이르도록 도와주는 행위는 정의로운 행위이고, 그것을 깨뜨리는 행위는 부정한 행위로 규정된다. 이와 같이 인간의 외적 행위는 내적 상태를 기준으로 평가된다.

나아가 소크라테스는 정의가 '본성에 따라'(kata physin) 다스려야 할 것이 다스리고, 다스림을 받아야 할 것이 다스림을 받는 데에서

---

101 『국가』, 338c-339a.

102 『국가』, 343c.

성립하는 일종의 '자연적인' 지배질서라고 보았다. 그는 이성의 지배를 정당화하기 위해 슬기로운 이성은 영혼 전체를 돌본다는 사실을 지적한다.[103] 그는 건강을 육체의 자연적인 질서로 간주하고, 정의를 영혼의 건강으로 제시한다. 따라서 불의는 인간 영혼을 이루는 부분들의 본성에 어긋나는, 비자연적인 통치관계이자 영혼의 병을 가리킨다.[104] 플라톤은 인간의 법이 이러한 '자연적인 정의'의 실현에 기여해야 한다고 보았다. 그는 모든 법이 똑같이 정당하다고 보지 않았다. 즉, 자연적 정의에 부합하도록 세워진 법만이 올바르다고 보았다.

자연의 법

『고르기아스』에서 칼리클레스는 법의 기원을 다수의 약자들이 연합하여 소수의 강자들을 지배하는 권력구조에서 찾는다. 즉 다수의 힘없는 자들이 자신들의 이익을 지키기 위해 법을 세웠다는 입장이다. 칼리클레스에 따르면, 약자들은 강자들이 더 많이 가지는 것을 막기 위해 더 많이 가지려는 것을 불의라고 법으로 정했다. 그는 법과 자연을 대비하면서, 더 강한 자가 더 많이 가지는 것이 법에서는 불의지만, 자연에서는 정의라고 주장한다. 나아가 약육강식을 '자연의 법'(nomos tês physeôs)이라고 일컫는다[27]. 이러한 입장에서 그는 자연의 법에 반하는 인간의 법을 짓밟고 일어나 당당히 자신의 몫을 주장하면서, 남에게 종노릇하지 않고 자신을 '주인'으로 드러낼 수 있는 강자, 종국적으로 모든 이를 예속시킬 참주(tyrannos)의 도래를 기대한

103 『국가』, 441e.
104 『국가』, 444d-e.

다. 그래야 '자연의 정의'가 빛을 발할 수 있다고 믿는다.[105]

이러한 칼리클레스에게 소크라테스는 '자연에서 정의'가 무엇인지 다시 살펴보자고 제안한다.[106] 소크라테스는 칼리클레스의 정의(正義) 개념을 '강자의 지배'로 요약하고, 도대체 진정한 '강자'가 누구인지를 따진다. 칼리클레스가 강자는 '더 훌륭한 사람'이라고 답하자, 누가 과연 더 훌륭한 자냐고 되묻는다. 소크라테스는 결국 더 슬기로운 자가 더 훌륭한 사람이라는 대답을 얻어낸다. 소크라테스는 슬기로운 사람은 나라를 잘 다스릴 뿐만 아니라 자기 자신도 잘 다스린다고 주장한다. 자신을 잘 다스린다는 것은 절제 있음을 뜻한다. 따라서 슬기로운 자는 더 많이 가지려는 사람이 아니라 자신의 욕구를 절제하는 사람이다.

그러나 칼리클레스는 슬기로운 사람은 극대화된 욕구를 충족시킬 수완이 있는 사람이라고 맞서면서, 결국 사치와 무절제와 방종이 덕이고 행복이라고 주장한다.[107] 소크라테스는 탐욕스럽고 무절제한 사람의 욕구를 채워도 차지 않는 구멍 난 항아리에 비유한다.[108] 그는 아무 욕구나 채울 줄 아는 것이 참된 덕이 아니라, 사람을 낫게 만드는 욕구들은 채우고, 못하게 만드는 욕구들은 채우지 않는 기술이 참된 덕이라고 주장한다.[109]

소크라테스는 절제와 정의가 없는 사람은 아무와도 함께할 수 없

---

105 『고르기아스』, 483e-484a.

106 『고르기아스』, 488b 이하.

107 『고르기아스』, 491e-c.

108 『고르기아스』, 493b 이하.

109 『고르기아스』, 503c-d.

고, 친구가 될 수 없다고 말한다. 그는 피타고라스주의들이 우주를 '코스모스', 즉 질서라고 부르는 점을 상기시키고, 이와 동시에 그들의 입을 빌려 절제와 정의가 하늘과 땅과 신들과 사람들을 함께 묶어주는 것이라고 말하면서, 우주에 도덕적 질서가 있음을 암시한다. 그는 우주의 도덕적 질서를 '기하학적 동등'으로 요약한다[28]. 기하학적 동등은 비례적 동등을 가리키며, 분배적 정의(正義)의 원리로서 작용할 경우, 모두에게 똑같이 나누어주는 산술적 동등과 달리, 각각에 적합한 것을 나누어주는 것을 의미한다.

최후의 저작인 『법률』에서도 플라톤은 피타고라스주의적 정의의 원칙에 충실했다. 그는 비례적 동등을 분배 정의(正義)의 원리로 내세운다. 그는 비례적 동등에 따른 분배가 매우 어렵기 때문에 '제우스의 판단'에 속하는 일, 즉 신의 소관이라고 말한다. 그렇지만 비례적 정의를 정치가 지향해야 할 목표로 삼아야 한다고 주장한다. 그래서 덕이 큰 사람에게는 큰 명예를 주고, 그렇지 못한 사람에게는 각자에게 적합한 것을 비율에 따라 나누어주어야 함을 강조했다[29].

플라톤은 법이 시민공동체의 합의의 산물이며, 시민의 일부가 아니라 전체를 위한 것이라고 여겼다. 그는 법이 공동체를 위해 제정된 것이 아니라면 올바른 법이 아니라고 말한다.[110] 또한 그는 올바른 법은 일시적이고 자의적인 규정이 아니라 영구적이고 객관적으로 타당한, 달리 말해, '신적인' 이치를 대변한다고 생각했다. 그는 신적인 이치가 우주를 질서지운 지성(nous), 즉 신의 산물이라고 보았다.[111] 결

---

110 『법률』, 715b.

111 『법률』, 966e.

국 만물의 척도는 인간이 아니라 신인 셈이다.[112] 플라톤은 입법자가 신적인 지성을 본받아 우주의 도덕적 질서에 상응하는 법을 수립해야 한다고 주장했다. 그는 법의 역할이 '지성의 분배'라고 보았다.[113] 그는 지성이 자연적인 것이거나 자연에 못지않은 것이라고 간주했다. 이러한 시각에서 보자면, 지성을 분배하는 법 또한 자연적이거나 자연에 못지않은 것이다.[114] 이러한 생각은 이후 스토아주의와 신플라톤주의를 거쳐 자연법 사상의 토대가 된다.

6. 나가는 말

르네상스 시대 라파엘로가 그린 '아테네 학당'에서 플라톤은 한 손으로 위를, 아리스토텔레스는 아래를 가리킨다. 플라톤은 다른 손으로 우주론과 존재론이 담긴 책을, 아리스토텔레스는 윤리학 책을 들고 있다. 우리에게도 이미 익숙한 이 그림은 플라톤을 이상주의적 철학자로, 아리스토텔레스를 현실주의적 철학자로 각인시켜 왔다. 플라톤 철학의 이상주의적 면모는 그것의 현실비판적인 요소를 반영한다. 실제로 아리스토텔레스는 사회적 통념에 담긴 집단적 지혜를 옹호하고, 철학적 규명을 통해 '상식'을 보완하기를 원했다면, 플라톤은 '상식'으로 통용되는 사회적 편견을 문제 삼고, 철학적 비판을 통해 대

112 『법률』, 416c.
113 『법률』, 714a.
114 『법률』, 890d.

중의 통념을 깨뜨리길 시도했다. 플라톤의 철학은 통념(doxa)에 어긋난다(para)는 의미에서 '역설적인'(paradoxical) 철학이며, 당대의 사상적 흐름을 거스른다는 의미에서 반시대적 사상이라고 할 수 있다.

무엇보다도 플라톤은 고대 아테네 민중의 자존심인 민주주의를 비판했고, 기존 관습과 전통에 도전하며 고대 그리스인들의 계몽을 선도한 새로운 지식인들, 즉 소피스트들의 윤리적 상대주의를 거부했다. 플라톤(기원전 427-347년)은 펠로폰네소스 전쟁(기원전 431-404년) 중에 태어나 성장했다. 민주주의의 만개 속에서 경제, 문화적 번영을 구가했던 아테네의 영광은 빛을 바래고 있었다. 민주주의를 '수출'하면서 그리스 전역에서 패권을 행사하려던 아테네의 제국주의적 야심은 패전으로 인해 결국 좌절되고 만다. 기원전 411년 스파르타의 지원을 받은 30인이 민주정을 전복하고 과두정을 수립한 후 공포정치를 행한다. 이 공포의 과두정을 이끈 30인에는 플라톤의 친척인 카르미데스와 크리티아스가 속했다. 플라톤에게 깊은 환멸을 느끼게 한 과두정은 기원전 404년 종전(終戰)과 함께 막을 내리고 마침내 민주정이 복원된다. 하지만 기원전 399년 민주정은 플라톤이 세상에서 가장 정의로운 사람이라고 여긴 소크라테스를 처형하고 만다. 플라톤은 아테네가 자랑하던 민주주의에 심각한 문제가 있다고 여겼다.

플라톤은 불의한 현실을 바꾸기 위해 곧장 정치의 현장으로 뛰어드는 대신, 현실정치에서 한 발짝 떨어져 정의로운 정체와 이상적인 국가에 대한 큰 질문을 던지기 시작했다. 그리고 그 대답을 찾기 위해 '철학'이라는 멀고도 긴 길을 돌아가기로 했다. 사실상, 고대 아테네의 민주주의는 현대 민주주의와는 여러모로 다르다. 고대 민주주의는 대의 민주주의가 아니라 직접 민주주의이다. 하지만 여성과 노예는 정치적 의사결정 과정에서 배제되었다. 정치적 의사결정은 남성 시민들이 모두 평등한 투표권을 행사하는 민회에서 이루어졌다. 따라서 전문적인 행정 관료는 없었다. 또한 직업적 재판관도 없었다. 그러나 플라톤은 정치에도 '기술'이 있다고 믿었다. '정치의 기술'을 지닌, 다시 말해 나라를 바르게 다스릴 줄 아는 사람이 다스려야 한다는 것이 그의 철인군주론의 핵심이다. 요컨대, 플라톤은 정치의 전문화를 주장했다. 이에 따르면, 정치적 의사결정을 내릴 수 있는 전문적 능력이 있는 사람이 권력을 지녀야 한다.

플라톤이 정치가에게 요구한 기술과 능력은 다름 아닌 덕(德)이었다. 그는 훌륭한 정치는 훌륭한 사람에서 나온다는 고전적인 입장을 표명했다. 국가의 정의가 개인의 정의와 전혀 다른 것이 아니라 동일한 원칙에 기초한다고 보았다. 그에게 정의의 원칙은 일종의 분업 내지 협업의 원칙이다. 다수의 부분으로 구성된 전체에서 각 부분이 제기능을 할 때 전체가 올바로 작동한다고 보았다. 그에게 정의로운 국가는 화합과 조화의 공동체이다. 이런 시각에서 그는 정의를 '각자 제 일을 하는 것'이라고 규정한다. 이러한 협업 모델이 제대로 실현되기 위해서는 협업의 목적과 역할분담에 대한 구성원들의 합의가 전제되어야 한다. 이러한 합의가 과연 현실적으로 얼마나 가능한지는 열린 문제이며, 적어도 플라톤의 이상국가론에서는 직접적으로 다루어지지 않는다.

플라톤은 정치가에게 엄격한 도덕성을 요구한다. 그는 무엇보다도 정치가의 공공심(public mind)을 중요시했다. 그에 따르면, 정치가의 지혜는 국가의 일부가 아니라 국가 전체에 이로운 것을 아는 데 있다. 그는 소위 정치 엘리트들이 자신들의 사적 내지 집단적 이익을 위해 국가권력을 사용하는 것을 우려했다. 플라톤이 묘사한 이상국가에서는 생산자들을 수호하고 다스리는 자들에게 사적 소유가 극단적으로 제한된다. 칼리폴리스의 정치 엘리트들은 가진 것을 모두, 심지어 배우자와 자식까지 공유하는 급진적인 공산주의 방식에 따라 살아야 했으니, 플라톤의 유토피아는 부귀영화를 꿈꾸는 정치지망생에게는 디스토피아라고 할 수 있다.

플라톤은 다스릴 줄 아는 자가 다스려야 한다는 철인정치의 이상에 입각하여 미래의 정치가를 양성할 교육기관으로 아카데미를 창설한다. 플라톤은 결국 교육에서 정치에 대한 답을 찾았다. 올바른 다스림은 정치가의 교육에서 시작하여 시민들의 교육에서 완성된다. 플라톤이 생각한 덕치는 결국 시민들을 덕으로 이끄는 다스림, 즉 덕의 교육이다. 이에 따르면, 덕이 무엇인지 알고 가르칠 수 있는 자만이 정치가의 자격이 있다. 그러나 플라톤은 정치가의 훌륭한 자질에 의존하는 덕치의 이상이 실현되기 어렵다는 것을 인정했다. 그는 최후의 저작 『법률』에서 덕치의 차선책으로 법치를 제안한다. 그는 법을 통한 덕 교육의 길을 모색한 것이다.

덕치의 이상도, 법치의 차선도 모두 덕 교육이 가능하다는 전제 위에 서 있다. 덕이 무엇인지 아무도 알 수 없다면, 덕을 가르칠 수도 없다. 그런데 플라톤은 덕을 탐구하면서, '덕의 교사'를 자처한 소피스트들 대신 자신의 무지 외에 아무 것도 모른다고 고백한 소크라테스를 스승으로 삼는다. 사실상, 소크라테스는 덕의 탐구를 위해 목숨을 바쳤다. 덕에 대한 앎이 가능하다는 믿음이 그에게 없었다면, 그러한 앎을 그토록 진지하게 추구할 수 없었을 것이다.

플라톤은 덕에 대한 앎을 넘어 앎 일반의 가능 조건을 반성하게 된다. 그는 앎의 객관성과 보편성을 보장하기 위해 이성적인 앎의 대상인 이데아들을 상정한다. 그의 이데아론은 소피스트들의 윤리적 상대주의에 대항할 수 있는 절대적인 가치 척도를 제공한다. 플라톤은 정의, 절제, 용기, 지혜의 덕을 객관적이고 보편적인 가치로 내세운다. 또한 그는 법을 단순히 관습과 약정의 산물이라고 보지 않았다. 인간 본성과 그것을 포함한 대자연의 순리에 입각한 법만이 올바른 법이라고 보았다. 그는 대자연의 순리를 약육강식의 불화가 아니라 조화에서 찾았다. 그의 견해에 따르면, 인간에게 본성에 따라 산다는 것은 자신의 가능성을 최상으로 실현하며 산다는 것이다. 플라톤의 덕윤리는 대우주의 본성과 소우주의 본성에 대한 이상주의적 개념에 정초한다.

플라톤은 그의 시대가 던진 질문들에 답하는 데 급급하지 않고, 시대를 넘어서도 여전히 의미 있는 질문들을 제기하고 근본적인 해결책을 모색하려고 노력했다. 이러한 노력은 특정 시대와 사회에 얽매이지 않는 객관적이고 절대적인 진리를 추구하려는 그의 철학적 태도에서 기인한 것이다. 그에 따르면, 진리는 절대 권력이나 다수결에 의해 결정되는 것이 아니다. 그것은 탐구와 발견의 대상이다. 그는 진리를 발견하기 위한 탐구의 방법을 확립하기 위해 묻고 답하고, 되묻고 또 답하는 소크라테스의 대화법에 주목했고, 진리탐구를 위한 대화의 장으로 아카데미라는 학문공동체를 설립했다. 아카데미는 설교나 세뇌가 아니라 토론과 논쟁의 장이었다. 그곳은 성역 없는 질문이 가능한 '질문의 성역'이었다. 그처럼 자유롭고 치열한 학풍의 아카데미에서 플라톤을 비판적으로 계승한 아리스토텔레스가 배출된다.

7. 원전 읽기

여기에 인용된 원전은 버넷(J. Burnet)이 편집한 비판본(*Platonis Opera I-V*, Oxford, 1901-1907)을 번역한 것이다.[115]

[1] 네 자신을 돌보라

아테네인들이여, 나는 여러분을 반기며 사랑하지만, 여러분보다는 오히려 신을 따를 겁니다. 그리고 내가 살아 숨쉬고 또 할 수 있는 한 철학하기를 그만두지 않을 것입니다. 또한 여러분에게 권고할 뿐만

---

115 소개된 인용문은 필자가 그리스 원전에서 직접 번역했으며, 기존 역서들을 참조하며 많은 도움을 받았다. 이와 동시에 플라톤 윤리학의 기본 개념들에 대한 번역에 차이가 있음을 확인할 수 있었다. 필자는 용어들을 문맥을 해치지 않는 한 일관성 있게 '아레테'를 '덕'(德)으로, '에우다이모이나'를 '행복'으로, '프로네시스'는 '슬기'로, '소피아'는 '지혜'로 번역했다. 인용문이 위치한 논의의 전후 맥락을 제대로 파악하기 위해서는 대화편을 전체적으로 숙독하기를 권한다. 필자가 참조하고 비교한 역서는 다음과 같다. 박종현 번역의 『국가·政體』(서광사, 1997)와 『법률』(서광사, 2009), 김인곤 번역의 『고르기아스』(이제이북스, 2011), 강철웅 번역의 『소크라테스의 변명』(이제이북스, 2014), 김주일 번역의 『에우튀데모스』(이제이북스, 2008), 강성훈 번역의 『프로타고라스』(이제이북스, 2011), 전헌상 번역의 『파이돈』(이제이북스, 2013). 이 책의 번역문에서 오역이 있다면 모두 필자의 책임이다.

아니라 여러분 가운데 누구든지 만나면 늘 해오던 말을 하며 다음과 같이 지적할 겁니다. '가장 훌륭한 자여, 당신은 위대하고 지혜와 힘으로 유명한 나라 아테네의 시민인데, 당신에게 재물과 명망과 명예가 가능한 한 많이 있도록 돌보면서도 슬기와 진리와 영혼을, 이것이 가능한 한 좋아지도록 돌보지도 않고 걱정하지도 않는 게 부끄럽지 않은가?' 그리고 만약 여러분 가운데 누군가 반론을 제기하며 자기는 돌보고 있다고 주장한다면, 나는 그를 바로 놓아주지도 않고 내가 떠나지도 않은 채 질문할 것이고 검토하고 논박할 겁니다. 그리하여 만약 나에게 그가 덕을 가지고 있지 않는 것처럼 보이는데도 가지고 있다고 주장하면, 나는 소중한 것을 경시하고 하찮은 것을 중시한다고 나무랄 겁니다. 나는 만날 사람이 누구든지, 청년이든 노인이든, 외국인이든 시민이든 그에게 그렇게 하겠지만, 특히 시민들에게, 그들이 가까운 부류인 만큼 더욱 그렇게 할 겁니다. 왜냐하면 신이 그렇게 명령하기 때문입니다. 잘 알아두십시오. 저는 여러분에게 신에 대한 저의 봉사보다 더 큰 좋음이 이 나라 안에 생긴 적이 없다고 생각합니다. 사실, 나는 여러분이, 청년이든 노인이든, 자기의 영혼을, 그것이 가능한 한 좋아지도록 돌보는 것보다 몸과 재물을 먼저 또는 열심히 돌보지 말라고 설득하는 것 외에 다른 일을 하며 돌아다니는 게 아닙니다. 재물로부터 덕이 생기는 게 아니라, 덕으로부터 재물과 그 밖의 다른 모든 좋은 것들이 사람들에게 사적으로도 공적으로도 생긴다고 말하면서 말입니다.(『소크라테스의 변론』, 29d-30b)

[2] 우리가 궁극적으로 원하는 것은 행복이다

A. "그런데 누군가에게 좋은 것들이 생긴다면, 그에게 무엇이 있게

될까요?"

"그건 더 쉽게 대답할 수 있습니다. 그는 행복한 사람이 될 겁니다." 내가 말했네.

"좋은 것들을 획득하여 행복한 자들은 행복하니까요. 그리고 더는 물을 필요가 없지요. 무엇을 위해 행복하게 되기를 원하는가라고. 그 대답이 최종적인 것으로 보입니다." 그녀가 말했네.(『향연』, 204e-205a)

B. "그러니까 모든 인간들은 잘 지내고(eu prattein)[116] 싶어 하지? 아니면 이 질문은 지금 내가 두려워하듯이 우스꽝스러운 것 중의 하나인가? 왜냐하면 그런 것들을 묻는 게 정신 나간 짓일 수 있기 때문이네. 사실, 사람들 가운데 누가 잘 지내길 바라지 않는가?" "아무도 그런 사람은 없습니다." 클레이니아스가 말했네. "그래." 내가 말했네.(『에우튀데모스』, 278e-279a)

[3] 나라를 다스리기 위해서는 먼저 자신을 다스릴 줄 알아야 한다

A. **소크라테스** 그러니까 알키비아데스, 나라가 행복해지려면 [덕이 필요하고] 덕이 없으면 성벽도, 삼단 노 군선도, 조선소도 필요 없고, 그런 것들의 크고 많음도 필요 없네.

알키비아데스 물론입니다.

---

116 그리스어 'eu prattein'은 직역하면 '잘 행하다'를 의미하지만, 일반적으로 우리말의 '잘 지내다'는 의미로 안부 인사에 사용되던 표현이다.

소크라테스 그러니 자네가 나랏일을 올바르고 아름답게[117] 하려면 시민들에게 덕을 나눠줘야 하네.
알키비아데스 어찌 아니겠습니까?
소크라테스 누군가 갖고 있지 않은 것을 나눠줄 수 있는가?
알키비아데스 어떻게요?
소크라테스 그러므로 자네 자신이든 다른 이든 사적으로 오직 자신과 자신에 속하는 것들만 다스리고 돌보는 게 아니라, 나라와 나라에 속하는 것들까지 다스리고 돌보고자 하는 사람은 우선 덕을 획득해야 하네.
알키비아데스 참된 말씀입니다.
소크라테스 그러니까 자네가 자네 자신과 나라에 준비해야 할 것은 원하는 것을 무엇이든 할 수 있는 권한(exousia)과 통치권(archê)이 아니라 정의와 절제일세.(『알키비아데스 I』, 134b-c)

B. 소크라테스 덕을 가지기 전이라면 아이들뿐만 아니라 어른들도 나은 자에게 다스림을 받는 것이 다스리는 것보다 낫네.(『알키비아데스 I』, 135b)

[4] 덕은 훌륭함이다

A. 칼리아스! 만약 당신의 두 아들이 망아지나 송아지로 태어났다면,

117 그리스어 'kalôs'는 우리말로 자연스럽게 옮기기 어려운 용어이다. 아름다움을 뜻하는 'kalon'의 부사형으로 '아름답게'로 옮길 수 있지만 '알맞게', '제대로', '잘', '올바르게'의 의미도 함축한다.

우리는 이들에게 걸맞는 덕(aretê: 훌륭함)과 관련해서 이들을 아름답고 좋게 만들어줄 감독(epistatês)을 구해 고용할 수 있네. 그는 말 사육사들이나 농사꾼들 중의 한 명일 것이네. 그러나 지금 그들은 인간이니 그들에게 어떤 감독을 구해줄 생각인가? 누가 그러한 덕, 즉 인간적이고 시민적인 덕을 알고 있나? 당신이 아들들을 가졌으니까 생각해보았을 것으로 여겨지니 말일세.(『소크라테스의 변론』, 20a-b)

B. "그런데 말이 해를 입으면 더 좋아지는가, 아니면 더 나빠지는가?"
"더 나빠지죠."
"그렇다면 개의 덕에 있어서인가, 아니면 말의 덕에 있어서인가?"
"말의 덕에 있어서입니다."
"그러므로 개도 해를 입게 되면, 개의 덕에 있어서 더 나빠지는 것이지 말의 덕에 있어서 그렇게 되는 것은 아니겠지?"
"필연적입니다."
"이보게, 사람들도 해를 입으면 인간의 덕(anthrôpeia aretê)에 있어서 더 나빠지게 된다고, 우리는 그렇게 말하지 않겠는가?
"물론입니다."
"그런데 정의(正義)는 인간적 덕이 아닌가?"
"그것도 필연적입니다."
"오, 친구여, 사람들 가운데 해를 입은 자들 또한 더 불의한 사람이 되는 것이 필연적이네."(『국가』, 335b-c)

[5] 인간의 덕엔 남녀노소의 차별이 없다

소크라테스 그런데 메논, 자네에게는 오직 덕에 관해서만 남자나 여자나 그 밖의 것들의 경우가 각기 다르다고 여겨지는가? 아니면 건강에 관해서도, 크기에 관해서도, 또 힘에 관해서도 마찬가지인가? 자네에게는 남자의 건강과 여자의 건강이 다르다고 여겨지는가? 아니면 어디에서나 같은 형상(eidos)이 있는가? 만약 건강이 있기만 하다면, 남자에게 있든 다른 어떤 것에 있든 말일세.

메논 제게는 같은 건강이 남자뿐만 아니라 여자에게도 속하는 것으로 여겨집니다.

소크라테스 그렇다면 크기와 힘도 그렇지 않은가? 만약 여자가 힘 세기만 하다면, 같은 형상, 즉 같은 힘에 의해 힘이 센 거겠지? 사실, 난 '같은 힘에 의해'를 다음과 같이 이해하네. 힘은, 남자에게 있든 여자에게 있든, 힘인 점에서는 아무 차이도 없네. 아니면 자네는 어떤 차이가 있다고 여기는가?

메논 저는 그렇지 않습니다.

소크라테스 그런데 덕은, 아이에게 있든 어른에게 있든 여자에게 있든 남자에게 있든, 그것이 덕인 점에서 차이가 있을까?

메논 저에게는 어쩐지 소크라테스, 이것이 더 이상 저 다른 경우들과 비슷하게 여겨지지 않습니다.

소크라테스 왜 그런가? 자네는 남자의 덕은 나라를 잘 경영하는 것(eu dioikein)이고, 여자의 덕은 가정을 잘 경영하는 것이라고 말했네.

메논 제가 그랬습니다.

소크라테스 나라든 가정이든 다른 무엇이든, 절제 있고 정의롭게 하지 않는 자가 잘 경영할 수 있겠는가?

메논 결코 아닙니다.

소크라테스 정의롭고(dikaiôs) 절제 있게(sôphronôs) 경영한다면, 정의(dikaiosynê)와 절제(sophrosynê)로 경영하는 것이지 않은가?

메논 필연적입니다.

소크라테스 그러므로 여자와 남자 양쪽 모두 훌륭하게(agathoi) 되려면 같은 것들, 즉 정의와 절제가 필요하네.

메논 그렇게 보입니다.

소크라테스 그렇다면 아이와 노인은 어떤가? 무절제하고 부정의하면서 언젠가 훌륭하게 될 수 있겠는가?

메논 전혀 아닙니다.

소크라테스 그러나 만약 절제 있고 정의롭다면?

메논 네.

소크라테스 그러므로 모든 인간들은 같은 방식으로 훌륭하네.

메논 그럴 것 같습니다.

소크라테스 만약 그들에게 같은 덕이 속하지 않는다면, 그들은 결코 같은 방식으로 훌륭하지 않을 것이네.

메논 결코 그렇지 않을 것입니다.(『메논』, 72d-73c)

[6] 판단 준거로서의 형상

A. 소크라테스 경건함(to hosion)은 모든 행위에 있어서 자신과 같고, 불경함은 다시금 모든 경건한 것에 반대지만, 스스로 제 자신과 닮았으니, 무엇이든 불경하려면, 불경함(anosiotês)의 측면에서 어떤 형상(idea)을 지니고 있겠지?(『에우튀프론』, 5d)

B. 소크라테스 그러니까 내가 자네에게 말해달라고 했던 것은 이것, 즉 여러 가지 경건한 것들 가운데 어떤 하나나 둘이 아니라, 그것에 의해 모든 경건한 것이 경건한 것인 저 형상(eidos) 자체라는 걸 기억해주게. 하나의 형상에 의해 불경한 것이 불경할 뿐만 아니라, 경건한 것이 경건하다고 자네가 인정했으니까. 혹시 기억하지 못하는가?

에우튀프론 전 기억하고 있습니다.

소크라테스 그렇다면 그 형상(idea)이 도대체 무엇인지 내게 가르쳐주게. 그리하여 저것을 바라보면서 본(paradeigma)으로 사용해서 자네나 다른 누가 행하는 것들 중 어떤 것이 그와 같으면 경건하다고 하고, 그와 같지 않으면 불경하다고 내가 말할 수 있도록 말일세.(『에우튀프론』, 6d-e)

[7] 덕의 객관성 : 덕과 건강의 유비

"건강을 만드는 것은 몸 안에 있는 것들이 본성에 따라(kata physin) 서로 지배하고 지배받는 관계를 세우는 것이고, 병을 만드는 것은 본성에 어긋나게(para physin) 서로 다스리고 다스림을 받는 관계를 세우는 것이네."

"그러니까 말입니다."

"그렇다면 다시 정의를 만들어넣는 것은 영혼 안에 있는 것들이 본성에 따라 서로 지배하고 지배받는 관계를 세우는 것이지만, 불의를 만드는 것은 본성에 어긋나게 다스리고 다스림 받는 관계를 세우는 것이 아니겠는가?" 내가 말했네.

"정확히 그렇습니다." 그가 말했네.

"그러므로 덕은 일종의 영혼의 건강일 뿐만 아니라 아름다움이자 좋은 상태(euhexia)이지만, 악덕(kakia)은 일종의 영혼의 병일뿐만 아니라 추함이자 약함인 것 같네."

"그렇습니다."

"그렇다면 아름다운 행실(epitêdeumata)은 덕의 획득으로 이끌지만, 부끄러운 행실은 악덕의 획득으로 이끌고 가지 않겠는가?"

"필연적입니다."(『국가』, 444d-e)

[8] 몸을 돌보는 기술과 영혼을 돌보는 기술

A. 자, 훌륭한 사람은, 최선을 향해 말하는 사람은, 무엇을 말하든지 어떤 다른 것을 아무렇게나 말하지 않고 무언가를 바라보면서[118] 말하지? 마치 다른 모든 장인들도 자신들의 작품을 바라보면서,[119] 각자 사용할 것을 아무렇게나 고르고 사용하는 것이 아니라, 그가 만드는 것에 어떤 모습(eidos)을 부여할 수 있도록 말일세. 가령, 자네가 원한다면, 화가들, 집짓는 사람들, 배 만드는 사람들, 다른 모든 장인들, 그들 가운데 아무나 보게. 각자 자신이 만드는 것 각각에 어떤 순서를 부여하고 서로 전체가 순서 있고 질서 있는 사물로 구성될 때까지 부분끼리 어울리고 들어맞도록 강제하네. 실로 다른 장인들뿐만 아니라 방금 우리가 말한 육체를 다루는 장인들, 즉 체육 교사와 의사도 어떤 식으로든 육체에 질서와 순서를 부여하네.(『고르기아스』, 503e-504a)

118 말하고자 하는 바를 염두에 두고서, 다시 말해 논점을 견지하고서.

119 자신들이 만들어낼 작품을 머릿속에 떠올리면서.

B. 왜냐하면 이런 것들 [육체적 욕구를 만족시키는 것들]의 제공자는 소매상인이나 수입업자이거나 그것들을 생산한 장인들, 즉 제과업자나 요리사, 직조자나 제화공이나 (가죽을 손질하는) 무두장이나 제혁공이므로 그와 같은 이가 자신과 다른 이들에게, 그 모든 기술들 외에 어떤 기술, 즉 체육술과 의술이 있다는 사실을 모르는 모든 이에게, 육체의 관리자로 여겨지는 것은 놀랄 일이 아니네. 실로 체육술과 의술이 참으로 육체의 관리술이며, 그 모든 기술들을 다스리고 그것들의 산물들을 사용하기에 적합하네. 왜냐하면 체육술과 의술은 먹을 것이나 마실 것들 중에서 육체의 덕을 위해 이로운 것과 해로운 것을 알지만, 다른 모든 기술들은 모르기 때문이네. 그런 까닭에 이 기술들은 노예적이고 하인적이며 자유롭지 않지만, 다른 기술들, 즉 체육술과 의술은 정의에 입각해서(kata ton dikaion) 이 기술들의 주인이네. 그런데 이와 동일한 사정이 영혼에도 적용된다고 내가 말할 때, 자네가 때때로 내 말을 이해하는 것으로 내게 여겨지며, 자네는 내가 말하는 것을 아는 자로서 동의하네.(『고르기아스』, 517d-518a)

[9] 덕의 교사

A. 당신은[120] 자신도 좋은 사람이고 다른 사람들도 좋은 사람으로 만들 수 있지요. 당신은 자신을 그토록 믿어서, 다른 사람들은 그 기술을 숨기는데도 모든 그리스인들에게 공개적으로 자신을 선전하

120 프로타고라스.

면서 '소피스트'라는 명칭을 자신에게 붙였으며, 교양과 덕의 교사라고 공언하면서 자신이 그에 대한 보수를 받을 자격이 있다고 처음으로 생각한 사람이지요.(『프로타고라스』, 348e-349a)

B. 프로타고라스, 난 이것[정치적 기술]이 가르쳐질 수 있다고 생각하지 않았지만, 당신이 주장하니까 의심할 수 없군요. 하지만 무슨 근거로 내가 그것이 가르쳐질 수 없으며, 사람들이 다른 사람들에게 마련해줄 수 없는 것이라고 여기는지 말해야 마땅합니다. 사실, 나는 다른 그리스인들처럼 아테네인들이 지혜롭다고 주장하니 말입니다. 그러니까 나는 다음과 같은 것을 봅니다. 우리가 민회에 모였을 때, 건축과 관련해서 나라가 뭔가 해야 한다면, 건물들에 대한 조언자로 건축가들을 부르러 보내고, 조선(造船)과 관련해서는 조선공들을 부르러 보내고, 배울 수 있고 가르쳐 줄 수 있다고 여겨지는 다른 모든 것들도 그런 식으로 다룹니다. 그런데 저들이 장인(dêmiourgos)으로 여기지 않는 다른 누군가가 그들에게 조언하려고 시도하면, 그가 아주 잘 생기고 부유하고 좋은 집안 출신이라고 해도, 그 사람의 말을 더 잘 받아주진 않습니다. 오히려 그들은 말하려던 사람 자신이 아우성 때문에 스스로 물러서거나 의장단이 명령해서 치안대가 그를 끌어내리거나 몰아낼 때까지 비웃거나 아우성칩니다. 그러니까 기술에 달려 있는 문제라고 여기는 것들에 관해서는 그들은 그렇게 행동합니다. 그런데 국가경영에 관해 무언가 숙고할 필요가 있을 경우에는 목수든 대장장이든 제화공이든, 수입상이든 선주(船主)이든, 부유하든 가난하든, 집안이 좋든 좋지 않든, 똑같이 일어나서 그들에게 이에 관해

조언합니다. 그리고 아무도 이들에게 앞의 사람들에게 그랬던 것처럼 비난하지 않습니다. 누군가 조언하려고 시도할 때, 그가 아무데서도 배우지 않았고 그에게 선생도 없다고 하면서 말입니다. 왜냐하면 그들은 분명 그것이 가르쳐질 수 있는 것이 아니라고 여기기 때문입니다. 그러니까 국가의 공사(公事)만 그런 것이 아니라, 사적으로도 시민들 가운데 가장 지혜롭고 훌륭한 사람들이 자신이 가지고 있는 그 덕[121]을 다른 이들에게 전수해줄 수 없습니다. 이 젊은이들의 아버지 페리클레스는 교사가 가르쳐줄 수 있는 것은 이들에게 근사하게 잘 교육시켰지만, 자신이 정통한 분야[122]에서는 스스로 그들을 교육시키지 않았고 다른 누군가에게 맡기지도 않았습니다. 그 대신 그들은 어디선가 우연히 저절로 덕을 만날까 싶어, 마치 방목된 가축들처럼 이리저리 돌아다니며 풀을 뜯어 먹습니다.(『프로타고라스』, 319a-320a)

[10] 덕을 가르칠 수 있는가

A. 어쨌든 자네가 이곳 사람들 가운데 어떤 사람에게 그렇게 묻고자 한다면, 누구나 할 것 없이 웃으며 이렇게 말할 걸세. "이방인이여, 당신에게는 내가 축복받은 사람처럼 보이나 봅니다. 어쨌든 내가 덕이 가르쳐질 수 있는 건지, 아니면 다른 어떤 방식으로 생기는 건지 아는 사람처럼 보이니 말입니다. 하지만 난 덕이 가르

121 정치적 덕 내지 기술.

122 원문을 직역하면, '자신이 지혜로운 분야'이다. 이것은 문맥상 정치가 페리클레스의 전문 분야라고 할 수 있는 정치적 기술을 가리킨다.

처질 수 있는 것인지, 아니면 가르쳐질 수 없는지를 알지 못합니다. 실은 나는 덕 자체가 대체 무엇인지도 전혀 알지 못하니까요." 사실, 나 역시, 메논, 그런 처지에 있네. 그게 뭔지 알지 못하는데, 그게 어떠한지를 내가 정말 어떻게 알 수 있겠는가? 아니면 자네는 메논에 대해 그가 누구인지 전혀 알지 못하는 사람이 그가 잘생겼는지 부자인지 귀족 출신이지, 아니면 정반대인지를 아는 게 가능하다고 생각하는가?(『메논』, 71a-b)

B. 소크라테스 그런 식으로 또한 덕에 관해서도, 우리는 그것이 무엇인지도 그것이 어떤 것인지도 알지 못하기 때문에 가설을 세우고서(hypothemenoi) 이것을, 즉 그것이 가르칠 수 있는 것인지 가르칠 수 없는 것인지를 살펴보도록 하세. 이렇게 말하면서 말이지. 덕이 영혼과 관련된 것들 가운데 어떤 무엇이라야 가르칠 수 있거나 가르칠 수 없는 것이 될 수 있을까? 그럼 처음으로, 만약 덕이 가령 앎(epistêmê)과 다른 종류의 것이라면, 그것은 가르칠 수 있는 것인가 없는 것인가? 아니면 방금 우리가 말한 것처럼 상기할 수 있는 것인가? 우리가 어느 쪽 이름을 사용하든 간에 아무 차이가 없다고 하세.[123] 그런데 그것은 가르칠 수 있는 것인가? 아니면 최소한 이것만큼은 누구에게나 분명한가? 앎 외에 다른 어떤 것도 사람에게 가르칠 수 없다는 사실 말일세.

123 『메논』에서 소크라테스는 배움(mathêsis)이 일종의 상기(anamnêsis)라고 주장한다.(81e 4) 이 주장에 따르면, 우리가 무언가를 배울 때 전혀 모르는 것을 알게 되는 것이 아니라, 원래 알고 있었지만 잊어버리는 것을 기억해내는 것이다.

메논 적어도 제게는 그렇게 보입니다.

소크라테스 그런데 덕이 앎의 일종이라면, 분명히 그것은 가르칠 수 있는 것이겠지.(『메논』, 87b-c)

[11] 지혜는 행복을 위해 사물들을 올바르게 사용할 줄 아는 앎이다

A. 내가 말했지. "우리 곁에 좋은 것들이 많이 있다면, 우리는 행복하고 또 잘 지낼 것이라고 우리는 동의했네." 그가 동의했네. "그렇다면 만약 좋은 것들이 곁에 있어서 우리가 행복할 수 있다면, 그것들이 우리에게 아무 도움이 되지 않는 경우인가 아니면 도움이 되는 경우인가?" "도움이 되는 경우입니다." 그가 말했네. "그렇다면 그것이 단지 우리에게 있을 뿐, 우리가 그것들을 사용하지 않는다면 무슨 도움이 있겠는가? 예컨대, 만약 우리에게 먹을 것이 많은데 먹지 않는다면, 또는 마실 것이 많은데 마시지 않는다면, 우리에게 도움이 되는 것이 있겠는가?" "전혀 없습니다." 그가 말했네. "다음은 어떤가? 만약 모든 장인들에게 각자 자신의 작업을 위해 알맞은 것이 모두 준비되어 있는데도 그들이 그것을 사용하지 않으면, 장인으로서 획득해야 할 것을 모두 획득했다고 해서 그 획득으로 인해 잘 지낼[124] 수 있을까? 가령, 목수가 모든 도구와 충분한 목재가 마련되어 있어도 목공일을 하지 않으면, 그 획득으로부터 도움 받을 수 있는 것이 있을까?" "결코 없습니다." 그가 말했네. "그럼 어떤

124 여기에 사용된 그리스어 표현은 'eu prattein'으로 일반적으로 '잘 지내다'를 의미하며, '잘 살다', '행복하다'와 동의어로 사용된다. 아래에 나오는 명사형 'eupragia'도 기본 의미는 '잘함'이지만, '잘 지냄', 즉 '행복함'의 의미로 확장되어 사용된다.

가? 만약 누군가 부와 방금 우리가 말한 모든 좋은 것을 획득했지만 사용하지 않는다면, 그 좋은 것들의 획득을 통해 행복하겠는가?" "아닙니다, 소크라테스." "그러므로 장차 행복하고자 하는 자는 그러한 좋은 것들을 획득해야 할 뿐만 아니라 그것들을 사용하기도 해야 할 것 같네. 그렇지 않으면 그 획득에서 아무 도움도 생기지 않을 것이네." "참된 말씀입니다." "그렇다면, 클레니아스, 이것으로 이미 누군가를 행복한 사람으로 만들기에 충분한가? 좋은 것들을 획득하고 사용하는 것 말이네." "내게는 그렇게 여겨집니다." 내가 말했네. "누군가 올바로(orthôs) 사용하는 경우인가 아니면 그렇지 않은 경우인가?" "올바로 사용하는 경우입니다." "잘 말했네." 내가 말했네. "누군가 어떤 사물이든 올바르지 않게 사용하는 경우가 내버려두는 경우보다 더 심각하지. 전자는 나쁘지만(kakon), 후자는 나쁘지도 좋지도 않으니까. 아니면 그렇지 않다고 우리는 주장하는가?" 그는 그렇다고 동의했네. "그렇다면 어떤가? 목재에 관한 작업과 사용에서 목공술적 앎(epistêmê hê tektonikê) 외에 다른 무엇이 올바르게 사용하는 것을 이루게 하는가?" "결코 아닙니다." 그가 말했네. "진실로 장비에 관한 작업에서도 '올바름'(to orthôs)을 이루는 것은 앎이네." 그가 동의했네. 내가 말했네. "그렇다면 우리가 처음에 좋은 것이라고 부른 부와 건강과 아름다움의 사용에 관해서도 그러한 것들 모두를 올바르게 사용하는 것은 그 행위를 이끌고 성공적으로 수행하는 앎이겠는가, 아니면 다른 어떤 것이겠는가?" "앎입니다." 그가 말했네. "그러므로 앎은 모든 획득과 행위의 경우에 행운뿐만 아니라 잘 지냄(eupragia)도 인간에게 제공하는 듯하네." 그는 동의했네. "그렇다면 맹세코 다른 획득물들에게 슬기와 지혜 없이 어떤 도움이 있는가?" 내가 말했네. "지각(nous)[125]을 갖추지 못했으면서 많은 것을 획득하고 행하는 자가 도움을 얻겠는가, 아니면 오히려 지각을 갖추고서 더 적은 것을 얻고 덜 행하는 사람이 도움을 얻겠는가? 다음과 같이 살펴보게. 덜 행하는 사람은 덜 잘못하고, 덜 잘못하는 사람은 덜 나쁘게 행하는[126] 것이고, 덜 나쁘게 행하는 사람은 덜 불행하지(athlios) 않겠는가?"(『에우튀데모스』, 280b-281c)

[12] 지혜와 무지 말고 아무 것도 그 자체로 좋거나 나쁘지 않다

내가 말했네. "요약하자면, 클레이니아스, 우리가 처음에 좋은 것이라고 부른 모든 것은 이런 것 같군. 그것들에 대한 설명은 그것들이 그 자체로 본성상 좋다는 것과 관련되는 것이 아니라 다음과 같은 것이 될 것 같네. 만약 그것들을 무지(amathia)가 인도한다면, 나쁜 인도자에게 더 잘 봉사할 능력이 많으면 많을수록, 그것들은 반대되는 것들보다 더 큰 나쁨이 될 것이네. 반면, 슬기와 지혜가 인도한다면 더 큰 좋음이 되겠지만, 그것들 중 어느 쪽도 그 자체로는 아무 가치가 없다는 말일세." "제가 보기엔 당신이 말한 대로 그런 것 같습니다." 그가 말했네. "그렇다면 이상의 논의로부터 어떤 결론이 나오지? [지혜

125 여기에서 '지각'으로 옮긴 그리스어 'nous'는 '지성' 내지 '정신'으로 번역되기도 한다. 이 문맥에서 'noun echein'은 숙어적 표현으로 우리말에서 '지각 있음'에 가까운 것으로 보인다.

126 그리스어 'kakôs prattein'의 이중적 의미를 활용한 것으로 보인다. 여기에서는 '잘못하다'와 연결해서 '나쁘게 행하다'의 의미로 사용했지만, 바로 다음의 경우 '불행하다'와 연결해서 '나쁘게 지내다'의 의미로 사용한다.

와 무지와] 다른 것들 중 어떤 것도 좋지도 나쁘지도 않고, 이 둘 중에서 지혜는 좋고 무지는 나쁘다는 것 외에 다른 것인가?" 그가 동의했네. "그러니까 계속 나머지를 살펴보세. 우리 모두가 행복하기를 바라고, 사물들을 사용할 뿐만 아니라 올바르게 사용함으로써 그렇게 되며, 올바름과 행운을 제공하는 것은 앎이라는 사실이 분명하므로, 사람은 모든 방법으로 최대한 지혜로울 수 있도록 준비해야 할 것이네. 그렇지 않은가?" "네." 그가 말했네.(『에우튀데모스』, 281d-282a)

[13] 행복으로 인도하는 슬기

소크라테스 그러면 요컨대, 슬기가 인도할 때는 영혼의 모든 시도들과 인내들이 결국 행복에 이르지만, 어리석음이 인도할 때는 결국 그 반대에 이르는 것이 아니겠나?

메논 그렇게 보입니다.

소크라테스 그러므로 덕이 영혼 속에 있는 것들 가운데 하나이고 필연적으로 유익하다면, 그것은 슬기이어야 하네. 왜냐하면 영혼에 관련된 모든 것들은 그 자체가 그 자체에 있어서 유익하지도 유해하지도 않지만, 슬기가 더해지느냐 어리석음이 더해지느냐에 따라 유익하게도 유해하게도 되기 때문이지. 그러니까 이 논의에 따르면, 어쨌든 덕은 유익한 것이기 때문에 슬기의 일종이어야만 하는 것이네.(『메논』, 88c-d)

[14] 덕의 단일성

A. 지혜와 슬기와 용기와 정의와 경건, 이들은 하나의 것에 대한 다섯 개의 이름인지, 아니면 그 이름들 각각의 바탕에 어떤 고유

한 실체(ousia)와 대상(pragma)이 놓여 있어 각각이 자신의 특성(dynamis)[127]을 지니며, 그것들 가운데 어떤 것도 다른 것과 같은 종류의 것이 아닌가요? 당신은 이것들이 한 대상에 대한 이름들이 아니라 제각기 고유한 대상에 적용되며, 이 대상들 모두는 덕의 부분들인데, 금의 부분들처럼 서로 비슷하고 그것들을 부분으로 가지는 전체와도 비슷한 것이 아니라, 얼굴의 부분들처럼 그것들을 부분으로 가지는 전체와도 비슷하지 않고 서로 비슷하지도 않은 채 제각기 고유한 특성을 가진다고 주장했지요.(『프로타고라스』, 349 b-c)

B. 소크라테스, 나는 당신에게 다음을 말하겠어요. 이 모든 것들은 덕의 부분들이고, 그것들 중 넷은 서로 그럴 듯하게 비슷하지만, 용기는 그것들 모두와 아주 많이 다릅니다. 내가 진실을 말하고 있다는 것을 당신은 다음을 통해 알 수 있을 것입니다. 극히 부정의하고 불경하며 방종하고 무지하지만 비상하게도 아주 용기 있는 사람들을 많이 발견할 수 있으니 말입니다.(『프로타고라스』, 349d)

127 그리스어 'dynamis'는 힘, 능력, 영향력, 기능, 가능성, 속성 내지 성질 등 다양한 의미를 지닌다. 이러한 의미들이 한 개념 안에서 상호 연관되어 있다고 볼 수 있을 것이다. 위의 맥락에서는 뜨거움이 불의 dynamis로 불리는 용례와 한 사물의 본성과 특성을 가리키는 'physis kai dynamis'라는 숙어적 표현을 고려해서 dynamis를 '특성'(내지 '속성')을 의미하는 것으로 보았다.

[15] 부분에 대한 분석적 인식과 전체에 대한 통합적 전망

아테네인 각 분야의 최고 장인과 수호자는 단지 여럿(ta polla)을 바라볼 수 있어야 할 뿐만 아니라, 하나(to hen)를 알고 또 그것을 알고서 모든 것을 함께 보며 정돈하도록 재촉받아야 한다고 우리는 말하지 않았던가요?

클레이니아스 옳습니다.

아테네인 그러니 누구에게나 무엇에 관해서든 관조(thea)가 생기도록 하려면 다수의 상이한 것들로부터 단일한 형상을 향해(pros mian idean) 바라볼 수 있는 것보다 더 정확한(akribestera) 탐구(skepsis)[128]가 있는가요?

클레이니아스 아마도 없겠지요.

아테네인 신령한 자여, '아마도'가 아니라 진실로 어떤 인간에게든 그것보다 더 분명한(saphestera) 방법(methodos)은 없어요.

클레이니아스 손님이여, 당신을 믿고 동의하니, 그렇게 논의를 계속 진전시킵시다.

아테네인 내 소견으로는 우리의 신적인 정체의 수호자들도 우선 네 가지 모두에 관해서 같은 것, 즉 용기와 절제, 정의와 지혜에 있어서 하나라고 우리가 말한 것, 마땅히 '덕'이라는 하나의 이름으로 불리는 것이 도대체 무엇인지 정확하게(akribôs) 보아야만(idein) 할 것입니다.(『법률』, 965b-d)

---

128 그리스어 'skepsis'는 원래 '회의'나 '의심'이 아니라 '탐구'를 의미한다.

[16] 용기와 슬기의 차이

도대체 왜 우리가 양자를 하나로, 즉 덕으로 불렀다가 그것들을 다시 둘로, 즉 용기와 슬기로 부르는지를 물어보세요. 내가 당신에게 이유를 말할 테니까요. 하나, 즉 용기는 두려움에 관한 것으로, 야수들과 아주 어린아이들의 성격(êthê)도 그것에 참여하기 때문이지요. 사실, 영혼은 이성이 없어도 [타고난] 본성에 의해(physei) 용감해지지만, 다시금 이성이 없으면 슬기롭고 지각(nous) 있는 일이 결코 있었던 적도 없고, 있지도 않으며, 언젠가 나중에 일어나게 되지도 않을 것입니다.[129] 그것은 다른 것이니까요.(『법률』, 963e)

[17] 덕으로의 도피

그런데 테오도로스, 나쁨을 제거하는 것도 불가능하고—좋음에 반대되는 어떤 것이 항상 있는 게 필연적입니다—나쁨이 신들 사이에 자리 잡는 것도 불가능하니, 그것이 사멸하는 본성과 이 장소를 배회함이 필연적입니다. 그러니 여기에서 저기로 되도록 빨리 도피하려고 시도해야 합니다. 그런데 그러한 도피는 힘이 닿는 한 신을 닮아가는 것이며, 신을 닮아가는 것은 슬기와 함께 정의롭고 경건하게 되는 것입니다.(『테아이테토스』, 176a-b)

---

129 이 맥락에서 용기는 두려움에 관련된 성격의 덕으로 제시되면서 이성의 덕인 슬기와 구분된다. 이러한 용기는 본성상 타고날 수 있는 덕으로 이성이 없는 짐승이나 어린아이도 지닐 수 있다. 아리스토텔레스는 이러한 용기를 '자연적 덕'에 귀속시키고, 엄밀한 의미에서 '성격적 덕'으로부터 구분한다. 그에 따르면, 성격적 덕은 슬기가 없이는 성립할 수 없다. [18]에 제시된 것처럼, 플라톤 또한 슬기를 동반한 참된 덕과 그렇지 않은 그림자 덕을 구분한다.

[18] 슬기를 동반한 참된 덕과 슬기가 결여된 그림자 덕

[소크라테스가] 말했네. “만약 자네가 다른 이들이 말하는 용기와 절제를 생각하길 바란다면, 그것들이 자네에게 이상하게 여겨질 것이네.” “어떻게 말입니까? 소크라테스?” 그가 말했네. “자네는 다른 이들이 모두 죽음을 큰 나쁨이라고 여기는 걸 알지?” [심미아스가] 대답했네. “분명합니다.” “그들 가운데 용감한 자들이 죽음을 감수할 때, 더 큰 나쁨에 대한 두려움 때문에 감수하는 것이 아닌가?” “그렇습니다.” “그렇다면 철학자들을 제외하고 모든 사람들은 두려움과 공포에 의해 용감한 것이네. 하지만 누군가 공포에 의해 용감하다는 것은 말도 안 되네(alogon).” “물론 그렇습니다.” “그들 가운데 단정한 이들은(kosmioi) 어떤가? 그들도 같은 것을 경험하지 않나? 그들은 어떤 방종에 의해 절제 있는 거지? 하지만 이건 불가능하다고 우리는 주장하네. 그럼에도 그들에게는 이 ‘순진한’(euêthê)[130] 절제에 관해 그와 유사한 경험이 일어나네. 그들은 다른 쾌락들을 빼앗길까봐 두려워하고, 저것들을 욕구하면서, 그것들에 지배당했기 때문에 다른 것들을 멀리하네. 그렇지만 그들은 쾌락에 의해 다스려지는 것을 방종이라고 부르네. 그럼에도 그들에게는 쾌락들에 의해 지배받기 때문에 다른 쾌락들을 지배하는 일이 일어나네. 이것은 방금 우리가 말한 것, 즉 어떤 방식으로는 방종에 의해 절제 있게 된다는 것과 유사하네.” “그렇게 보입니다.” “유복한 심미아스, 이건 덕을 위한 올바른 교환이

---

130 그리스어 ‘euêthê’는 글자 그대로는 ‘좋은 성격’을 뜻하지만, 일반적으로 단순하고 순진함(naivety)을 의미한다. 이 맥락에서 플라톤은 단어의 이중적 의미를 모두 활용하는 것으로 보인다. 하지만 슬기와 지성이 동반하지 않는 ‘절제’가 ‘좋은 성격’이긴 하지만, 결국 단순무지한 상태라는 점에서 부정적인 평가를 내린다.

못 되네. 쾌락을 쾌락으로, 고통을 고통으로, 두려움을 두려움으로, 마치 동전처럼, 더 큰 것을 더 작은 것으로 교환하는 것 말일세. 오히려 이 모든 것이 교환되어야 할 올바른 동전은 오직 슬기뿐이며, 이것으로 모든 것이 사고팔릴 때, 그것이 진짜로 용기이고 절제이고 정의이고, 요컨대, 슬기를 동반하는 참된 덕이네. 쾌락과 공포와 그와 같은 다른 모든 것들이 더해지거나 빼질 때 말이네. 그것들이 슬기와 떨어져서 서로 교환된다면, 그러한 덕은 어떤 그림자 그림(skiagraphia) 일 것이고, 실로 노예에게나 걸맞으며, 아무런 건전한 것도 참된 것도 없는 것이네."(『파이돈』, 68d-b)

[19] 영혼의 정화

진실로 이 모든 것들[131]로부터의 어떤 정화가 절제와 정의와 용기이고, 슬기 자체는 어떤 정화의례가 아닐까 하네. 그리고 우리에게 입교식을 확립해준 이들도 하찮은 사람들이 아니라 실은 예로부터 수수께끼 같은 말로 다음을 암시한 것일지도 모르네. 비밀 제의에 입문하지 않고 입교하지 못한 채 저승에 이르게 된 사람은 진흙탕 속에 놓이게 되지만, 정화되고 입교한 상태로 거기에 이른 사람은 신과 함께 살게 될 것이라고 말일세. 입교식에 종사하는 사람들이 말하는 것처럼, 실로 지팡이를 들고 다니는 사람은 많지만, [진짜] 바코스 신도들은 적네. 이들은 내 생각에 올바르게 철학한 사람들 외에 다른 자들이 아니네. 진정 나도 바로 그들 중의 한 사람이 되고자, 가능한 한

131 쾌락과 공포와 그와 같은 다른 모든 것들.

에서 삶 속에서 아무것도 빼놓지 않고 모든 방식으로 노력했네. 내가 올바르게 노력했는지, 그리고 뭔가 이루었는지는, 신이 원하신다면 잠시 후에 저곳에 가서 분명히 알게 되겠지.(『파이돈』, 69c-d)

[20] 민중적 덕을 만드는 철학자

그러니 만약에 어떤 필연성에 의해 철학자가 오직 자기 자신을 형성하는(heauton plattein) 데 그치지 않고, 그가 거기에서 보는 것[실재]을 사적으로뿐만 아니라 공적으로 인간들의 성격(êthê) 안에 구현하려고 애쓰게 된다면, 자네는 그가 절제와 정의 그리고 일체 민중적 덕(dêmotikê aretê)의 나쁜 제작자가 될 것이라고 생각하는가?(『국가』, 500d)

[21] 4주덕 : 용기, 절제, 지혜, 정의

"또한 내 생각에 우리가 한 개인을 실로 용감한 자라고 부르는 것도 이 부분에 의해서이네. 즉 그의 기개(to thymoeides)가 이성적 사유에 의해 두려워할 것과 그러지 말 것으로 명령받은 것을 고통과 쾌락을 통해서도 끝까지 보전하게 될 때 말이네." "옳습니다." 그가 말했네. "하지만 [한 개인이] 지혜로운 자로 불리는 것은 저 작은 부분, 즉 그 안에서 다스리면서 그러한 명령을 내린 것에 의해서이네. 저것은 다시금 이들 세 부분 각각에게 이로운 것뿐만 아니라 [그 세 부분으로 이루어진] 공동체 전체에 이로운 것에 대한 앎을 자신 속에 지니고 있네." "분명히 그렇습니다." "다음은 어떤가? [한 개인이] 절제 있는 자로 불리게 되는 것은 이들 같은 세 부분 사이의 우정과 화합(symphonia)에 의해서, 즉 지배하는 하나와 지배받는 둘이 이성적인 부분(to logistikon)이 다스려야 한다는 데 동의하고 그것[132]과 갈등하지 않을 때가 아닌가?" 그가 말했네. "그러니까 적어도 절제는 나라뿐만 아니라 개인에게도 그것과 다른 무엇이 아닙니다." "정의로운 자로 불리는 것도 우리가 자주 말했던 그것에 의해서이며 또 그런 방식으로네." "매우 필연적입니다." 내가 말했네. "그렇다면 어떤가? 우리에게 정의가 어떤 식으로 불분명해 보여서, 나라에서 나타난 것과 다른 어떤 것으로 여겨질 정도인가?" "저에게는 그렇게 여겨지지 않습니다." 그가 말했네. 내가 말했네. "만약 여전히 우리의 영혼 안에 어떤 의심이 있다면, 평범한 시험들을 거쳐 확인해보세." "어떤 시험들 말입니까?" "가령, 우리가 본성과 양육에 있어 저 나라와 비슷한 사람에 대해, 그러한 자가 위탁받은 금이나 은을 훔친 것으로 여겨질 수 있는지 합의해야 한다면, 자네 생각에 그렇지 않은 자들이 아니라 오히려 그가 그렇게 했다고 누가 생각하겠나?" "아무도 그럴 수 없겠지요." "그는 신전 약탈이나 절도 그리고 배신, 사적으로 동료들에 대한 배신이든 공적으로 나라에 대한 배신이든, 그것들과 상관없겠지?" "없습니다." "또한 그가 맹세를 했든 다른 합의를 했든 결코 믿음을 저버릴 자는 아니지?" "어떻게 그럴 수 있겠어요?" "배우자를 속이거나 부모를 소홀히 하고 또 신들을 모시지 않는 것은 그러한 자와는 다른 (모든) 사람에게나 어울리네." "물론입니다." 그가 말했네. "이 모든 것의 원인은 그 안에 있는 것들 각각이 다스리고 다스림 받는 데 있어서 제 일을 하는 것이 아니겠나?" "그러니까 다른 게 아니라 바

132 이성적인 부분.

로 그것입니다.” “자네는 정의를 찾으면서 그러한 사람들뿐만 아니라 나라들이 제시하는 이러한 특성(dynamis)과 다른 어떤 것을 찾는가?” “신에 맹세코, 저는 그렇지 않습니다.” 그가 말했네. “마침내 우리에게 꿈이 이루었네. 그것은 우리가 나라를 건설하기 시작하면서 곧장 어떤 신의 도움으로 정의의 기원과 모형을 마주쳤을 때 의심이 간다고 말한 바이네.”[133] “전적으로 그렇습니다.” “그러니까 글라우콘, 본성적으로 신발 만드는 재주가 있는 사람이 신을 만들고 다른 것을 하지 않는 것이 올바르고, 집 짓는 재주가 있는 사람은 집을 짓는 것 등등이 올바르다는 것, 그것이 일종의 정의의 모상이고, 그런 이유로 도움이 되네.” “그렇게 보입니다.” “실제로 정의는 그와 같은 어떤 것으로 보이지만, 자기 일들의 외적인 실행(praxis)에 관한 것이 아니라 내적인 실행에 관한 것, 진정한 의미에서 자기 자신과 자기 일에 관한 것이네. 정의로운 자는 자신 안에 있는 각 부분이 남 일을 하거나 영혼의 부류들이 서로 간섭하는 것을 허용하지 않으며, 참으로 자신에게 고유한 것들을 잘 정리하고 스스로 자신을 다스리며, 자신에게 질서를 부여하고 자신에게 친하며, 세 부분을 마치 단순하게 화성의 세 음정, 즉 최저음과 최고음과 중간음인 것처럼 조율하네. 그리고 만약 이들 사이에 다른 것들이 있게 되면, 이 모든 것들을 함께 묶어서 여럿으로부터 완전히 하나가 되어, 즉 절제 있고 조화로운 사람이 되어서, 그때야 비로소 실행한다네. 재물의 획득이나 신체의 돌봄에 관해 뭔가를 행하든, 아니면 어떤 정치적인 일이나 사적인 계약에 관한 일

133 『국가』, 432d 2-433b 4.

을 행하든 말이네. 이 모든 경우에 이 성향(hexis)을 보존하고 보조하는 행위를 정의롭고 아름다운 행위(praxis)로 생각하며 그렇게 부르고, 그러한 실행을 감독하는 앎을 지혜(sophia)로, 항상 이 성향을 해체할 수 있는 행위를 불의한 행위라고, 다시금 이러한 행위를 지휘하는 의견(doxa)을 무지(amathia)로 생각하며 그렇게 부르네."(『국가』, 442b-444a)

[22] 슬기의 덕

그러므로 영혼의 덕이라 불리는 다른 것들은 신체의 덕들에 좀 가까운 것으로 보이네. 사실상, 이전에는 영혼 안에 있지 않았지만 나중에 습관과 연습에 의해 만들어진 것이니 말이네. 그러나 슬기롭게 사유하는(phronêsai) 덕은 무엇보다도 더 신적인 것에 속하는 것처럼 보이네. 그것은 힘(dynamis)을 결코 잃지 않지만, 전회(periagôgê)[134]에 의해서 쓸모 있을 뿐만 아니라 도움이 되고, 다시금 쓸모 없고 해가 되기도 하네. 혹시 자네는 사악하지만 지혜롭다고 불리는 사람들의 작은 영혼이 얼마나 투철하게 바라보며, 그것이 지향하는 것들을 얼마나 날카롭게 꿰뚫어보는지를 전혀 알아채지 못했나? 그것이 열등한 시력을 가져서가 아니라, 악덕에 종사하도록 강제되어서 더 날카롭게 볼수록 그 만큼 더 나쁜 일들을 하게 된다는 것을 말이네.(『국가』, 518d-519a)

134 방향, 다시 말해 지향하는 바를 바꾸는 것.

[23] 어린이 교육을 위한 덕 : 친화적인 환경의 조성

그렇다면 우리는 시인들만 감시하면서, 그들이 시들에 좋은 성격의 닮은 꼴(eikôn)을 만들어 넣든지 아니면 우리한테서는 시를 짓지 말라고 요구해야만 할까? 아니면 다른 장인들도 감시해야 하고, 회화나 조각, 건축이나 다른 작품에서 나쁜 성격과 무절제와 자유롭지 못함(aneleutheron)과 추함을 구현하는 것을 막아야 하며, 그럴 수 없는 자는 우리한테서 장인으로 활동하는 것을 허용해선 안 되는 것일까? 우리의 수호자들이 마치 나쁜 목장에서 사육되는 것처럼, 악덕의 닮은 꼴들 사이에서 양육되어, 매일 조금씩 여러 곳에서 여러 가지를 따먹고 뜯어 먹어 모르는 사이에 자신들의 영혼 안에 큰 해악이 쌓이게 되지 않도록 말일세. 우리는 저러한 장인들을, 즉 아름답고 우아한 본성의 자취를 뒤쫓을 수 있는 천부적 재능이 있는 자들을 찾아야만 하네. 그리하여 우리 청년들이, 마치 건강한 장소에 거주하는 것처럼, 아름다운 작품들로부터 그들의 시각과 청각에 어떤 영향을 줄 수 있는 모든 곳에서 도움을 얻을 수 있도록 말일세. 마치 좋은 곳에서 불어오는 미풍이 건강을 가져다주듯이 말이네. 어릴 때부터 바로 자신도 모르게 아름다운 말과 비슷해지고, 친해지고 또 조화를 이루도록 그들을 이끌면서 말이지.(『국가』, 401b-d)

[24] 이상적 정치가와 법의 비교

손님 어떤 방식으로는 입법술(nomothetikê)이 왕도술(basilikê)[135]에 속

135 왕의 통치술.

한다는 것이 분명하네. 하지만 최선은 법률이 아니라 슬기와 함께 왕도술을 지닌 사람이 힘이 있는 것이네. 자네는 어떤 점에서 그런지 아는가?

젊은 소크라테스 어떤 점에서 그렇다는 말씀이시죠?

손님 왜냐하면 법은 모든 이에게 가장 훌륭한 것과 가장 정의로운 것을 한꺼번에 정확히 파악해서 최선을 지시할 수 없기 때문이네. 인간들과 행위들의 비균일성(anhoiotêtes), 즉 인간사에서 결코 아무것도, 말하자면, 가만히 있지 않다는 것이 어느 분야의 어떤 기술이든 무엇이 모든 경우에 언제나 어떠하다고 단적으로 주장하도록 허용하지 않을 것이기 때문이네. 우리는 어쨌든 여기에 동의할 수 있겠지?

젊은 소크라테스 물론입니다.

손님 그런데 우리는 법이 대체로 바로 그런 것을 추구하는 것을 보네. 마치 거만하고 무식한 사람이 자신의 지시에 어긋나는 행동을 전혀 허용하지 않을뿐더러, 설령 자신이 지시한 것보다 더 나은 새로운 것이 누군가에게 떠오르더라도 어떤 질문도 허락지 않는 것처럼 말이네.(『정치가』, 294a-c)

[25] 덕을 위한 법

A. 아테네인 당신은 다음과 같이 말했어야 합니다. "손님, 크레타의 법이 그리스인들 사이에 특별히 명망이 있는 것은 공연한 일이 아닙니다. 그것이 올바르며 자신을 사용하는 사람들을 행복하게 만들어 주니까요. 그것이 온갖 좋은 것을 제공해주기 때문이지요. 그런데 좋은 것에는 두 종류가 있지요. 하나는 인간적인 것(ta anthrôpina)이고, 하나는 신적인 것(ta theia)입니다. 신적인 것에 다

른 것이 의존합니다. 그래서 만약 한 나라가 그들 중 더 큰 것을 얻으면, 더 작은 것도 얻지만, 그렇지 못하면 둘 다 결여됩니다. 더 작은 것 중에서는 건강이 우선이고, 아름다움(kallos)은 둘째이며, 셋째는 달리기 등 모든 육체적 운동에서의 강함이고, 넷째는 부(富)인데, 만약 [부가] 동시에 슬기를 따른다면, 눈이 먼 것이 아니라 날카롭게 바라보는 것입니다.[136] 실로 신적인 좋음들 가운데 첫째는 슬기이고, 둘째는 지성을 동반한 영혼의 절제 있는 성향입니다. 이 둘이 용기와 함께 섞여서 셋째인 정의가 생기고, 넷째는 용기입니다. 이 모든 것들이 저것들보다 본성상 앞에 배치되어 있으며, 특히 입법자는 그렇게 배치해야 합니다. 다음으로 그는 시민들에게 다른 법령들이 그러한 좋음들을 지향한다고 알려주어야 합니다. 그것들 중에서 인간적인 것들은 신적인 것들을, 신적인 것들 모두는 '지휘하는' 지성(nous)을 지향해야 합니다. 그리고 [시민들을] 서로 맺어주는 결혼에 관해서도, 그다음으로 아들이든 딸이든 아이들의 출산과 양육에 있어서도, 젊은 이들뿐만 아니라 더 나이가 들거나 노년에 이른 이들까지 [모두에게] 명예와 불명예를 올바르게 나누어주면서 돌봐야 합니다. 즉 그들이 맺는 모든 관계들에서 그들의 고통뿐만 아니라 쾌락 및 온갖 사랑의 강렬한 욕구도 살피고 곁에서 지켜보면서 법률 자체를 통해 올바르게 비난하거나 칭찬해야 합니다. 다시금 화와 두려움에 관해서, 불운으로

136 그리스 신화에서 부(富)의 신 플루토스는 눈이 먼 것으로 그려진다. 하지만 이와 반대로 플라톤은 부가 예리한 눈을 가지고 슬기 있는 자를 따라 찾아오는 경우를 묘사한다.

인해 영혼에 생기는 모든 혼란과 행운을 통한 그와 같은 혼란으로부터의 해방, 또 질병이나 전쟁, 가난 또는 이와 반대되는 것들 때문에 겪게 되는 인간적인 경험, 이러한 모든 것들에 관해서 각자가 지닌 상태(diathesis)의 아름다움과 그렇지 못함을 가르치고 규정해주어야 합니다. 다음으로 입법자는 반드시 시민들의 소득과 소비가 어떤 방식으로 이루어지는지 지켜보아야 하며, 이 모든 일에서 시민들이, 자발적이든 비자발적이든, 상호간의 공동결사와 해산을 각기 어떻게 실행하는지 살펴보아야 할 뿐만 아니라 어떤 경우에 정의가 있고 어떤 경우에 그것이 부족한지 살펴보아야 하고, 법에 잘 따르는 이들에게는 명예를 배분하되, 잘 따르지 않는 이들에게는 정해진 벌을 내려야 합니다. 정체를 완성하는 마지막 단계에 이르러 사망자들 각각에 대해 어떤 식으로 매장이 이루어져야 하며, 어떤 명예가 그들에게 분배되어야 하는지 알 때까지 말입니다. 이것을 안 다음 이 법들을 세운 자는 이 모든 법들에게 수호자들을 배정할 것인데 (그들 중 일부는 슬기를 통해, 일부는 참된 의견을 통해 인도됩니다), 지성이 이 모든 것들을 함께 묶었으며, 이것들이 절제와 정의를 따르는 것이지, 부나 명예욕을 따르는 것이 아님을 드러내기 위해서입니다."(『법률』, 631b-632c)

B. 클레이니아스 그러니까 손님, 우리가 오래 전에 주장한 것은 옳지요? 우리의 법에 속하는 모든 것은 언제나 한 가지를 지향해야 한다고 우리가 말했으니까요. 그것을 덕이라고 하는 것이 전적으로 옳다는 데 우리가 어쨌든 동의했던 것 같습니다.

아테네인 네.

클레이니아스 그런데 덕을 우리는 넷으로 보았던 것 같습니다.

아테네인 물론입니다.

클레이니아스 지성[137]은 그 모든 덕들 가운데 지휘자(hêgemon)이며, 바로 그를 향해 다른 모든 것들과 세 가지 덕들도 바라보아야 합니다.(『법률』, 963a)

[26] 덕의 경쟁

그리고 자신이 가진 좋은 점을 나눠주는 이를 최고로 존경해야 하고, 비록 그럴 능력이 없지만 그러길 원하는 이에겐 그다음의 영예를 허락해야 합니다. 그러나 아까워하면서 고의로 어느 누구에게도 친절하게 어떤 좋은 것들을 공유하도록 하지 않은 자는 직접 나무라야 합니다. 하지만 그가 얻은 좋은 것은 그 소유자가 나쁘다고 해서 무시할 것이 아니라 오히려 얻도록 힘껏 노력해야 합니다. 우리 모두 시기심 없이 덕에서 이기기를 좋아해야 합니다. 왜냐하면 그런 사람이 한편으로는 스스로 경쟁에 진력하고, 다른 한편으로는 다른 이들을 중상모략으로 방해하지 않으면서 국가들을 성장시킬 테니까요. 시기하는 자는 반대로 다른 이들을 헐뜯음으로써 앞서나가야 한다고 생각하기 때문에, 한편으로는 본인 스스로 참된 덕에 이르기 위해 애를 덜 쓰게 되고, 다른 한편으로는 경쟁자들을 부정의하게 비방함으로써 실의에 빠지게 합니다. 이를 통해 그는 국가 전체에서 덕의 경쟁

137 여기에서 '지성'(nous)은 지적인 인식의 주체를 가리키기보다는 그러한 인식 주체의 탁월한 상태, 즉 덕을 가리킨다. 용기, 절제, 정의와 함께 4주덕을 이루는 지성의 덕은 자주 '슬기'(phronêsis) 또는 '지혜'(sophia)라고 불린다.

을 위한 연습이 사라지게 하고, 그 자신에 해당하는 부분만큼 국가의 명성을 줄어들게 하고 맙니다.(『법률』, 730e4-731b3)

[27] 자연의 법

그러나 내 생각에 법을 제정하는 자들은 다수의 약자들입니다. 그래서 그들은 자신들과 자신들의 이익을 위해 법을 제정하며 칭찬도 하고 비난도 합니다. 그들은 사람들 가운데 더 강한 자들이나 더 많이 가질 능력이 있는 자들이 자신들보다 더 많이 갖지 못하도록 그들에게 겁을 주면서 더 많이 가지는 것(to pleonektein)은 부끄럽고 부정의하며, 다른 사람들보다 더 많이 가지길 추구하는 것, 이것이 불의를 저지르는 것(to adikein)이라고 말합니다. 내 생각에 그들은 더 열등한 자들이므로 동등한 몫을 가지는 것으로 만족할 수 있습니다. 이런 까닭에 대중보다 더 많이 가지려고 추구하는 것은 법적으로 부정의하고 부끄러운 것이라 일컬어지고, 이것을 불의를 저지르는 것이라 부릅니다. 하지만 내 생각에는 자연 자체는 이것, 즉 나은 자가 못한 자보다, 그리고 더 유능한 자가 더 무능한 자보다 더 많이 가지는 것이 정의로운 것임을 보여줍니다. 그리고 사정이 그러하다는 것은 여러 곳에서 분명합니다. 다른 동물들 사이에서도 그렇고, 인간들의 모든 국가들과 모든 종족들 사이에서도 정의는 더 강한 자가 더 약한 자를 다스리며 더 많이 가지는 것이라고 그렇게 판결이 나 있습니다. 크세르크세스가 그리스로 진군했을 때나 그의 아버지가 스퀴티아인들을 공격했을 때, 그들은 과연 어떤 정의를 사용했나요? 누군가는 그러한 것을 수천 가지 말할 수 있을 겁니다. 하지만 내 생각으로는 이들이 정의로운 것의 본성에 따라, 제우스께 맹세코, 바로 자연의 법에 따라 그렇게 했습니다. 분명 우리가 제정하는 법에 따라서는 아니겠지만. 우리는 우리 자신들 가운데서 가장 훌륭하고 가장 강한 자들을 형성하면서, 마치 사자들을 그렇게 하듯이, 그들을 어릴 때부터 붙잡아서는 동등한 몫을 가져야 하며 그것이 훌륭한 것이고 정의로운 것이라고 말하며 주문과 마법을 걸어 노예로 만듭니다. 하지만 적어도 내 생각에 충분히 강한 본성을 지닌 사내가 태어난다면, 그는 이 모든 것을 뒤흔들고 부수고 도망칠 것이며, 자연에 반하는 우리의 기록, 마술, 주문, 법들을 모두 짓밟고서 자신이 우리의 주인임을 드러낼 것입니다. 그리고 거기에서 자연의 정의가 빛날 것입니다.(『고르기아스』, 483b-484b)

[28] 기하학적 동등과 분배의 정의

칼리클레스, 현자들은 하늘과 땅, 신들과 인간들을 친교(koinônia)와 우정(philia), 단정함(kosmiotês)과 절제와 정의가 함께 묶어준다고 말하며, 그렇게 때문에 이 우주 전체(to holon)를 '코스모스'(질서)라고 부르며, 오 동료여, 무질서나 방종이라고 부르지 않네. 그런데 자네는 이러한 것들에 주의를 기울이지 않는 것으로 보이네. 자네는 이런 것들에 정통하지만, 기하학적 동등(isotês)이 신들 사이에서나 인간들 사이에서나 큰 힘을 쓴다는 점을 간과했네. 그러면서 자네는 더 많이 갖기 위해 연습해야 한다고 생각하네. 자네가 기하학을 소홀히 했기 때문이지.(『고르기아스』, 507e-508a)

[29] 비례적 동등

그러나 가장 참되고 가장 좋은 동등을 보는 것은 더 이상 모두에게 쉽지 않습니다. 사실, 그러한 동등은 제우스의 판단(krisis)에 놓여 있고 사람들에게는 항상 [제한된 범위에서] 작은 도움을 줍니다. 하지만 나라들과 개인들에게 도움을 주는 한, 온갖 좋음을 이루어줍니다. 그것들의 본성에 따라 제각기 적절하게 주면서, 더 큰 것에는 더 많이, 더 작은 것에는 더 적게 나누어 줌으로써 말입니다. 특히 큰 명예는 항상 덕에 있어 큰 사람들에게 나누어주고, 덕과 교육에 있어 정반대인 사람들에게는 매번 그에 비례해서(kata logon) 적절한 것(to prepon)을 나누어줍니다. 진정 정치술의 원칙(to politikon)은 우리에게 항상 바로 이것, 즉 정의입니다. 이것이 지금 우리가 열망하는 바이며, 그러한 동등을 바라보면서, 클레이니아스, 지금 탄생하는 이 나라도 세워야 합니다.(『법률』, 757b-c)

III.

아리스토텔레스

— 덕윤리의 고전적 체계화

1. 들어가는 말

아리스토텔레스(기원전 384-322년)는 소크라테스에서 시작해서 플라톤에 의해 전개된 덕의 윤리학을 비판적으로 분석하고 체계적으로 재구성했다. 그는 플라톤의 아카데미에서 배출된 철학자이다. 그는 그리스의 북동부 스타게이로스에서 태어났으며, 17세에 아테네로 유학을 떠나 20년간 아카데미에서 배우고 가르쳤다. 하지만 그는 스승이 정해놓은 교육 프로그램을 충실히 따르는 제자에 머물지 않았다. 오히려 자신의 아젠다를 좇는 독립된 정신의 소유자였다. 윤리학 분야에서도 아리스토텔레스는 다른 철학자들의 견해들을 폭넓게 수용했지만, 자신의 입지에서 냉철하게 비판하는 것을 서슴지 않았다.

서양 윤리학은 아리스토텔레스를 전후로 나뉜다. 아리스토텔레스 이후의 윤리학은 아리스토텔레스가 제기한 문제들과 해답들에 대한 논쟁의 역사라고 해도 과언이 아니다. 그의 입장에 찬성하든 반대하든, 후배 윤리학자들은 그가 정식화한 문제들과 그 문제들을 해결하기 위해 도입했던 개념들이나 이론들로부터 자유로울 수 없었다. 그는 윤리학적 논의의 기반이 되는 사고틀을 제공한 것이다. 현대 덕윤리의 부상으로 아리스토텔레스의 윤리학이 재조명되고 있다. 사실, 현대의 덕윤리학자들은 대체로 플라톤의 생생한 대화편들보다는 오히려 아리스토텔레스의 다소 건조한 논고들에서 지적인 자극과 영감을 받고 있다. 물론, 아리스토텔레스의 저술이 지닌 장점과 매력은 스타일보다는 내용에서 찾아야 할 것이다.

아리스토텔레스의 전집(Corpus Aristotelicum)에 포함된 윤리학적 저술에는 『니코마코스 윤리학』, 『에우데모스 윤리학』, 『대윤리학』,

『덕과 악덕에 관하여』가 있다. 이 가운데 『대윤리학』과 『덕과 악덕에 관하여』는 후대에 집필된 위작으로 간주된다. 아리스토텔레스는 『정치학』에서 『니코마코스 윤리학』과 『에우데모스 윤리학』 가운데 하나를 '윤리학'이라고 지시하지만,[1] 정작 두 작품 내에서는 자신이 탐구하고 있는 학문을 정치학이라고 밝힌다.[2] 나아가 소요학파의 교과서로 사용된 『대윤리학』의 저자는 책의 서두에서 윤리학을 정치학의 부분으로 소개하지만, 곧이어 '윤리학'을 차라리 '정치학'이라고 불러야 한다고 주장한다.[3] 이와 같이 아리스토텔레스의 윤리학은 정치학과 나란히 실천 철학의 한 분과로서 성립된 것이 아니라, 정치학의 일부로서, 아니 정치학으로서 구상된 것으로 보인다.

『니코마코스 윤리학』의 논의를 끝맺으면서, 아리스토텔레스는 입법과 정치체제에 대한 검토가 이루어져야 '인간적인 것에 관한 철학'이 완결될 수 있다고 언급하며, 『정치학』에서 수행하게 될 연구를 예고한다. 아리스토텔레스에게 정치학은 『정치학』에서 다루어진 좁은 의미의 정치학적 탐구를 넘어, 이른바 '윤리학'을 아우르는 '인간적인 것에 관한 철학'이다.

---

1 『정치학』(이하 Pol.으로 표기), 1261a 31; 1280a 18; 1282b 19; 1295a 36; 1332a 8; 1332a 22.

2 『니코마코스 윤리학』(*Ethica Nicomachea*: 이하 EN으로 표기), I 1, 1094a 26-27, b 11; 『에우데모스 윤리학』(*Ethica Eudemia*: 이하 EE로 표기), 1218a 34; 1218b 12-14. EE V=EN VI 8, 1141b 23-29. 『니코마코스 윤리학』은 총 10권, 『에우데모스 윤리학』은 총 8권으로 이루어져 있는데, 전자의 5-7권이 후자의 4-6권과 겹친다. 공유서가 원래 어느 작품에 속했는가를 두고 다양한 제안이 있는데, 아마도 먼저 집필된 것으로 추정되는 『에우데모스 윤리학』에 속했지만, 나중에 『니코마코스 윤리학』에 포함되었다는 것이 지배적인 견해이다.

3 『대윤리학』(*Magna Moralia*: 이하 MM으로 표기), 1181a 26-b 28.

2. 행복의 정치학

인간적인 좋음

아리스토텔레스는 『니코마코스 윤리학』의 도입부에서 자신이 수행한 탐구의 성격을 밝히는 데 많은 지면을 할애한다. 이 책은 다음과 같이 시작한다. "모든 기술과 탐구, 마찬가지로 모든 행위와 선택이 어떤 좋음을 추구하는 것으로 보인다. 따라서 사람들은 좋음을 모든 것이 추구하는 것이라고 옳게 규정해왔다." 그렇다면 이 책에서 시도된 정치학적 탐구는 어떤 좋음을 추구했는가? 아리스토텔레스는 우선 그것이 '인간적인 좋음'이라고 대답한다.[4] 그에 따르면, '인간적인 좋음'이란 인간의 행위를 통해 성취할 수 있는 좋음, 즉 실천적 좋음이다. 다시 말해 그것은 플라톤의 '좋음의 이데아'처럼 어떤 초월적이고 신적인 인식 대상이 아니라 인간 행위의 목적(telos)으로서의 좋음이다.

아리스토텔레스의 정치학은, 보다 정확히 말하자면, 인간적인 좋음 가운데 최고의 좋음, 다시 말해 인간이 행위를 통해 이룰 수 있는 최고의 좋음을 추구한다. 사실, 인간 행위가 많듯이, 그것이 추구하는 인간적인 좋음도 많다. 그런데 우리는 어떤 좋음은 다른 좋음을 위해 추구하지만, 어떤 좋음은 그 자체로 추구한다. 아리스토텔레스는 언제나 그 자체를 위해 추구될 뿐 결코 다른 것을 위해 추구되는 일이 없는 좋음이 '완전한' 좋음이며, 그것이 바로 행복이라고 주장한다[1].

---

4 EN I 1, 1094b 7.

아리스토텔레스에 따르면, 정치학은 한 정치공동체에서 구성원들이 어떤 기술이나 학문을 얼마나 배워야 하는지를 정해주고, 여타 실천적인 학문을 사용하여, 무엇을 해야 하고 무엇을 삼가야 하는지를 입법함으로써 공동체의 삶을 질서 있게 조직한다. 이를 위해서 정치학은 모든 기술과 학문, 모든 행위가 추구하는 목적들을 체계적으로 이해해야 하고, 다른 모든 목적들을 총괄하고 조정할 수 있는 최종 목적을 가지고 있어야 한다. 그러한 목적이 바로 행복이다. 그래서 정치학은 행복을 추구한다. 요컨대, 정치학은 행복이 무엇이고 어떻게 인간이 행복해질 수 있는지, 그리고 그러한 행복을 가능하게 하고 또 보장하기 위해 어떤 정치체제와 제도가 필요한지를 탐구하는 '인간적인 것에 관한 철학'이다.

인간은 정치적 동물

아리스토텔레스의 행복의 정치학이 '인간적인 것에 관한 철학'이고 '인간적인 좋음'을 추구하는 학문이라고 할 때, '인간적인'이라는 용어는 신과 달리 홀로 자족적일 수 없는 인간 조건을 암시한다. 아리스토텔레스에 따르면, 인간은 본성상 무리지어 사는 동물이다. 인간은 홀로 자족적이지 않지만, 모이면 서로 부족한 점을 채우면서 하나의 자족적인 공동체를 만들 수 있다. 그런데 아리스토텔레스는 인간이 단순히 살아남기 위해서가 아니라 잘 살기 위해서 공동체를 이룬다고 보았다. 인간은 본성상 잘 살기를 원하며, 잘 살기 위해서 가족 단위를 넘어 더 큰 공동체, 국가라는 정치공동체를 조직한다는 것이다. 이런 의미에서 그는 인간이 본성상 정치공동체—그리스어로 폴리스(polis)—를 이루고 사는 '정치적 동물(zôon politikon)'이라고 주장

했다.[5]

아리스토텔레스에 따르면, 인간은 홀로 잘 살 수 없는 존재이다. 이때 '잘 사는 것'은, 아래에서 자세히 보겠지만, 부자로 산다는 말이 아니라 행복하게 산다는 말이다. 그가 윤리학적 저술들에서 탐구한 최고선은 폴리스라는 사회적 울타리 안에서 가족과 친구, 동료 시민과 함께 사는 시민(politês)으로서 인간이 추구하는 행복이다. 아리스토텔레스적 행복의 주체는 정치·사회적 관계 속에서 자기정체성을 구성하는 인간이지, 모든 관계로부터 고립된 '원자적인' 개인이 아니다. 그러므로 나의 행복은 나와 관계를 맺는 사람들의 행복과 무관한 것이 아니다.[6]

아리스토텔레스가 생각한 이상적인 정치공동체는 저마다 자신의 이익을 도모하는 익명적 개인들의 거대한 집합체가 아니라, '행복'이라는 공동 프로젝트를 가지고 서로 협력하고 경쟁하는 소규모의 자치국가였다. '폴리스'는 일반적으로 정치공동체를 의미하며, '국가' 내지 '나라'로 번역될 수 있지만, 역사적으로는 고대 그리스의 소규모 자치국가를 가리켰던 용어이다. 아리스토텔레스가 그의 윤리학 내지

---

5 EE VII 10, 1242a 23; 『정치학』, 1253a 1-3.

6 이와 관련해서, 아리스토텔레스는 인간적 행복의 자족성이 지니는 한계를 언급한다. Cf. EN I 7, 1097b 7-16: "사실, 완전한 좋음은 자족적인(autarkes) 것으로 보인다. 그런데 인간은 본성상 정치적(politikon) 존재이기 때문에, 우리가 말하는 자족성은 자기 혼자만을 위한 자족성, 홀로 사는 자의 자족성이 아니라 부모, 자식, 아내와 일반적으로 친구들과 동료 시민들을 위한 자족성이다. 그런데 여기에는 어떤 한계가 부과되어야 한다. 왜냐하면 만일 우리가 부모의 부모로, 자식의 자식으로, 친구의 친구로 늘려간다면, 무한히 갈 것이기 때문이다. 하지만 이 문제는 다음에 검토하기로 하자. 어쨌거나 우리는 '자족성'을 그 자체만으로도 삶을 택할 만한 것으로 만들고 아무것도 부족하지 않도록 만드는 것으로 놓는다. 우리는 행복이 그와 같은 것이라고 생각한다."

정치학을 실현할 정치적 장으로 삼은 그리스의 폴리스는 대면적인 (face to face) 사회적 관계로 얽히고설킨 소규모 정치공동체라는 면에서 익명성이 지배하는 현대의 대규모 국가와는 크게 다르다.[7]

아리스토텔레스는 정치공동체의 화합과 결속을 중시했다. 그는 사회적 분열과 갈등이 공동체에 해악이 된다고 보았다. 그래서 시민들 간의 친애와 우정(philia)을 강조했다. 심지어 입법자들은 정의보다 오히려 우정에 마음을 써야 한다고 주장했다. 나아가 최상의 정의(正義)는 (엄한 정의라기보다는) '정이 있는'(philikon) 정의라고 보았다.[8] 이처럼 그가 이상적으로 생각한 공동체 모델은 공동선을 이루기 위한 구성원들이 서로 돕는 '협동 모델'이라고 할 수 있다. 그는 공동체가 상이한 목적과 이익을 추구하는 집단들의 상호 견제와 경쟁을 통해 발전하는 '경쟁 모델'을 고려하지 않는다. 플라톤과 마찬가지로 그는 시민들이 세속적 가치들을 얻기 위해 투쟁하는 것보다 경쟁을 한다면 덕을 두고 경쟁하는 하는 것이 상호 이익이라는 입장을 표명한다.

하지만 시민들이 각자 추구하는 행복의 내용이 무엇인지, 또 함께 추구해야 할 공동선이 무엇인지 합의하는 것은 쉬운 일이 아니다. 그러한 합의가 고대 그리스의 폴리스와 같은 소규모 공동체에서는 비교적 용이할 수 있지만, 현대의 국가와 같은 대규모 공동체에서

7 고대 그리스에서 폴리스의 인구는 수백 명에서 20-30만 명에 이르렀다. 기원전 4세기 지중해 지역에는 1,000여 개의 폴리스가 존재했고, 규모가 가장 큰 폴리스 가운데 하나인 아테네에는 최소 20만 명이 거주했으며, 그중 3만 명이 성인 남성 시민이었다. Cf. Hansen, M.-H.(2006), *Polis: An Introduction to the Ancient Greek City-State*, Oxford: Oxford University Press, p. 11.

8 EN VIII 1, 1155a 22-28.

는 어렵다. 더욱이 획일적 가치관이 지배하는 사회가 아니라 다양한 가치관들이 공존하는 다원주의 사회에서 필요한 것은 오히려 분열을 막으려는 친애라기보다는 오히려 현존하는 갈등을 해결하고 중재해 줄 정의의 원칙인 것으로 보인다.

아리스토텔레스는 시민들 사이에 무엇이 상호 이익이 되고, 무엇이 정의로운지를 판단하는 일이 중요한 국가적 임무라고 보았다.[9] 이런 시각에서 그는 국사를 심의하는 민회의 회원과 법정의 배심원을 공직자로 보았다. 나아가 그는 시민들을 심의와 재판에 참여할 권리가 있는 자들로 규정했다.[10] 그는 무엇이 공동체에 이익이고, 무엇이 정의로운지를 토론하고 판단하는 일 자체가 공적인 일이며, 시민들이 그러한 공무에 참여함으로써 공익에 기여한다고 본 것이다.

그런데 아리스토텔레스는 공동선이나 정의의 내용이 단순히 합의나 약정의 산물이라고 보지 않았다. 가령, 한 공동체에서 어떤 것이 정의롭다고 합의를 한다고 해서 그것이 정의로운 것은 아니라고 보았다. 그는 무엇이 정의로운지 아닌지를 판단할 보편적인 기준이 있다고 생각했다. 나아가 그러한 기준이 있기 때문에 무엇이 정의로운지에 대한 합의도 가능하다고 보았다.

물론, 보편적인 기준이 있다는 것과 그것을 우리가 인식한다는 것은 별개의 문제이다. 그는 보편적인 인간 본성에 대한 이해를 통해 그러한 기준에 다가가고자 했다. 다시 말해 그는 가치의 보편적 기준

9 『정치학』, VII 8, 1328b 13-15.

10 『정치학』, III 1, 1275a 30-33; 1275b 18-19. 아리스토텔레스는 '완전한 시민'을 공직에 참여할 수 있는 권리, 달리 말해 참정권을 가진 자로 규정했다.

을 개념적으로 확립하게 위해 특정 종교와 전통에 의존하는 대신 인간이 인간으로서 지니는 본성에 호소했으며, 인간 본성에 대한 이성적 탐구를 기초로 삼았다.

사실상, 고대 그리스의 소규모 자치국가를 모델로 하는 아리스토텔레스의 정치공동체 이론을 거대하고 복잡한 현대 국가의 제반 문제를 해결하고 개선하기 위해 그대로 적용할 수는 없다. 그러나 우리가 하나의 정치공동체를 이루고 사는 한, 그리고 우리의 정치공동체가 개인들의 사익을 실현하기 위한 수단에 불과하다고 믿지 않는 한, 함께 지키고 추구할 가치, 즉 공동선이 있어야 한다는 점은 부정할 수 없을 것이다.

나아가 공동선의 내용과 구체적 적용에 대해서는 비판적 검토와 논쟁을 통해 합의를 도출해가는 노력이 필요할 것이다. 어떤 정치공동체가 바람직한가라는 물음은 정치공동체가 무엇을 목적으로 하는가라는 물음과 분리할 수 없다. 우리가 이러한 물음들을 여전히 의미 있다고 생각한다면, 인간 본성을 근거로 해답을 찾고자 했던 아리스토텔레스의 말에 귀 기울여 볼 필요가 있다. 그는 그러한 물음들을 접근하는 하나의 고전적인 방식을 보여준다.

행복을 위한 덕

아리스토텔레스의 정치학이 추구하는 행복은 과연 무엇인가? '행복'으로 옮긴 그리스어 'eudaimonia'는 어원상 '좋은 신성(daimôn)의 가호 아래에 있음'을 뜻하며, 일상 어법에서 동사 '행복하다'(eudaimonein)는 '잘 산다'(eu zên) 또는 '잘 지낸다'('잘 한다': eu prattein)과 같은 말이다.[11] 따라서 그것은 공리주의적 전통에 따라 쾌락 내지 고통의 부재로 이해된 행복이 아니다. 왜냐하면 'eudaimonia'는 삶에 대한 주관적 만족감이 아니라 삶에 있어 객관적인 번영(繁榮)을 의미하기 때문이다. 이런 까닭에 'eudaimonia'는 통상적으로 건강과 부(富), 수려한 외모, 좋은 혈통 등과 연결되었다. 따라서 고대의 '행복주의'에서 추구하던 삶의 목적은 주관적 만족감이나 긍정적 감정을 의미하는 현대적 의미의 '행복'과는 거리가 멀다.

이런 연유로 일부 학자들은 '행복'(happiness) 대신 '번영'(flourishing)이라는 번역어를 택한다. 이 책에서는 학계의 관례에 따라 전통적인 번역어인 '행복'(happiness)을 사용할 것이다. 사실, 영어 'happiness'는 그리스어 'eudaimonia'처럼 의미의 변천을 겪은 용어이다.[12] 'happiness'는 처음부터 주관적인 만족감을 의미한 것은 아니었다. 그것은 '우연'(chance)이나 '운'(fortune)을 뜻하는 'hap'에서 파생된 단어이다. 따라서 주관적 상태보다는 운이나 우연(아마도 행운)에 관련된 객관적 사태를 가리킨다.

이와 유사하게 'eudaimonia'도 어원상 '호의적인(eu) 수호 정령(daimôn)을 지님', 다시 말해 '행운을 가짐'을 뜻한다. 아리스토텔레스는 그의 시대에도 여전히 사람들이 eudaimonia와 행운(eutychia)을 같은 것이라고 생각한다고 언급한다.[13] 통상적으로 사람들이 eudaimonia의 내용으로 생각하는 건강과 부(富), 수려한 외모, 좋은 혈통은 행운의 선물이라고 할 수 있다. 하지만 아리스토텔레스가 살

---

11 EN I 4, 1095a 14-20.

12 Russell, D. C.(2013), *Virtue ethics, happiness, and the good life*, Cambridge: Cambridge University Press, pp. 12-13.

13 EE I 3, 1214b 34-1215a 3.

았던 시대에 eudaimonia는 더 이상 '행운'을 함축하는 어원적 의미로 통용된 것이 아니라 '잘 삶' 또는 '잘 지냄'과 동의어로 사용되었다.

이러한 고대적 의미의 행복은 그것을 이루고 싶은 욕망만으로는 이룰 수 없다. 그것을 이룰 수 있는 능력이 있어야 한다. 행복을 달성할 수 있는 능력이 바로 덕(德)이다. 사실, 아리스토텔레스는 덕을 본성적으로 타고나는 '능력'(dynamis)과 구분한다. 그의 분류에 따르면, 덕은 후천적으로 습득되는 성향(hexis)이다[2]. 이러한 성향은 일시적인 상태가 아니라 지속적이며 안정적인 상태이다. 성향 가운데 훌륭하고 탁월한 성향이 덕이다. 덕은 하루아침에 생기지 않는다. 그 전에 수많은 수련과 연마가 필요하다. 덕은 행복을 이룰 수 있는, 즉 잘 살 수 있는 일종의 '내공'이라고 할 수 있다. 이러한 내공은 본능이 아니라 갈고 닦아 만든 역량이다.

그렇다면 잘 산다는 것은 무엇일까? 아리스토텔레스에게 한 인간이 잘 산다는 말은 그가 인간으로서 제구실을 하면서 산다는 말이다. 그래서 그는 행복이 무엇인지를 규명하기 위해서는 '인간 구실'을 한다는 것이 무엇인지, 다시 말해 인간에게 본성상 주어진 고유한 기능이 무엇인지를 묻는다. 만약 눈(目)의 고유 기능이 무엇인지 묻는다면 어렵지 않게 대답할 수 있다. 그것은 보는 것이다.

그런데 인간에게도 그런 유의 기능이 있을까? 인간에게는 다양한 삶의 기능이 있다. 우선, 식물을 비롯한 모든 생물에게 공통되는 생리적 기능이 인간 고유의 기능에서 제외될 것이다. 다음으로 다른 동물과 공유하는 기능도 제외될 것이다. 결국, 남는 것은 이성의 기능이 아닐까? 인간은 이성적 동물이니 말이다. 그렇다면 인간 구실을 한다는 것은 이성을 제대로 발휘한다는 뜻이고, 따라서 잘 산다는 것은 이성적으로 산다는 말일 것이다[3].

실제로 아리스토텔레스는 행복이 이성적인 삶에서 성립한다고 본다. 하지만 그에게 이성적인 삶은 단순히 사고 기능에 국한되어 있지 않다. 그는 인간의 욕망과 감정이 이성의 영향을 받는 것에 주목한다. 인간의 욕망과 감정은 이성에 순종할 수도 있고 반항할 수도 있다. 그것들이 이성에 순종하는 한, 이성에 참여한다고 말할 수 있다. 따라서 우리가 이성적으로 살기 위해서는 이성적으로 사고하는 것에 그치지 않고, 이성적으로 욕망하고 이성적으로 느껴야 한다. 아리스토텔레스는 이성적으로 사고하는 지성의 덕과 함께 이성적으로 욕망하고 느낄 수 있는 성격의 덕을 '인간적인' 덕으로 제시한다[4]. 인간적인 덕은 우리가 인간 구실을 제대로 할 수 있게 하는 '내공'이다. 행복을 성취하기 위해서는 이러한 내공을 키워야 한다.

하지만 유덕하다고 곧 행복한 것은 아니다. 아리스토텔레스는 행복이 덕의 소유가 아니라 덕의 활용, 다시 말해 덕에 따르는 활동에서 성립함을 강조한다. 행복하기 위해서는 덕을 가지는 것으로 족하지 않고, 가진 덕을 써야 한다. 덕을 실현하는 활동이 따라야 한다[5].

나아가 덕이 실현되고 실천되기 위해서는 외적인 좋음과 육체적 좋음이 '추가로' 필요함을 지적한다. 가령, 부와 권력, 훌륭한 가문, 준수한 용모 등은 유덕한 행위를 하는 데 유용한 도구이다. 유의할 사항은 이러한 영혼 외적인 좋음이 행복의 내용을 구성하는 요소가 아니라 그것의 실현에 필요한 조건일 뿐이라는 점이다[6]. 행복을 결정짓는 요소는 덕이다.

물론, 불운은 내적 덕의 외적 실현을 방해할 수 있다. 덕이 있는 사람이 트로이 전쟁에서 소중한 모든 것을 잃은 프리아모스 왕처럼 비운의 주인공이 된다면, 자신의 덕에 따라 활동할 수 없다는 점에서 행복하다고 말할 수는 없다.[14] 그러나 아리스토텔레스는 덕이 있는 사람은 어떤 상황에서도 마음의 중심을 잡아서 추하고 비열한 행위는 하지 않을 것이라고 믿는다. 왜냐하면 그는 변화무쌍한 인간 삶에 균형을 잡아주고 안정을 가져다주는 것이 바로 덕이라고 생각하기 때문이다. 그에 따르면, 어떤 불운 속에서도 스스로를 포기하고서 악덕한 사람이 되지 않는 이상 아무도 불행하다고 할 수 없다. 행운이 행복이 아니듯이, 불운은 불행이 아니다.

실천철학으로서의 정치학

아리스토텔레스는 정치학이 단지 대상의 인식에만 기여하는 이론철학이 아니라, 대상의 획득과 실천을 위한 실천철학임을 강조한다. 그에 따르면, 정치학의 목적은 행복을 아는 데 그치는 것이 아니라 행복을 제작하는, 행복을 실현하는 것이다. 정치학은 행복의 실현을 위해 덕의 교육과 실천을 중시한다. 중요한 것은 덕이 무엇인지를 아는 것이 아니라 덕이 있는 사람이 되는 것이다. 이런 입장에서 아리스토텔레스는 덕의 인식을 강조했던 소크라테스를 비판한다[7].

아리스토텔레스의 정치학은 덕을 기르는 일을 개인에게 맡기는 대신 국가적인 업무로 만든다. 그리하여 유덕한 시민들을 양성하는 것이 정치적인 과업이 된다. 이와 함께 시민들의 행복은 정치공동체의 공동 관심사가 된다. 아리스토텔레스는 시민들의 덕교육을 위해

14 EN I 10, 1101a 6-13.

제도적인 뒷받침이 필요함을 직시했다. 그는 무엇보다도 법을 덕을 위해 사용할 수 있다고 믿었다. 덕을 장려하고 악덕을 억제하는 법을 제정하는 것이 그의 방안이다. 이것은 말로 설득하는 것이 아니라 힘으로 강제하는 방법이다.

이와 관련해서, 아리스토텔레스는 말로 하는 교육의 한계를 지적한다. 그가 보기에 대중은 말보다는 힘에 따르고, 덕에 끌리기보다는 벌을 두려워한다. 그는 상벌제도를 마치 당근과 채찍처럼 사용할 수 있다고 생각한다. 상이 주는 쾌락과 벌이 주는 고통을 이용해서 처음에는 대중에게 유덕한 행위를 강제하고 악덕한 행위를 억제할 것이다. 물론, 대중은 법을 불편해할 것이다. 하지만 법에 익숙해지면 더 이상 불편과 고통을 느끼지 않을 것이고, 덕에도 마음을 열기가 쉬워질 것이다[8].

이런 시각에서 아리스토텔레스는 훌륭한 법이 시민을 훌륭한 사람으로 만든다고 보았다. 그는 악법이 전횡하는 나라에서 태어난 시민은 훌륭한 사람이 되는 데 불리하다고 여겼다. 이런 시각에서 그는 시민들이 어떤 사람들이냐는 시민들 자신에게만 달린 사적인 문제가 아니라 정치공동체의 공적인 관심사라고 판단했다. 그래서 진정한 정치가는 무엇보다도 입법에 마음을 써야 한다고 생각했다[9]. 왜냐하면 훌륭한 법에 의해 다스려지는 나라에서 태어난 사람은 어려서부터 법의 인도로 유덕한 행위에 익숙해질 것이고, 어른이 되어서도 지속적으로 유덕한 행위를 습관화함으로써 덕을 습득하기가 쉽기 때문이다.

덕은 하루아침에 생기지 않는다. 단기간의 집중훈련으로 유덕자의 자격증을 딸 수 없다. 대부분의 사람들에게 덕교육은 아마도 평생 교육이 될 것이다. 소크라테스는 개인적으로 동료 시민들의 덕을 돌보는 수고를 했지만, 아리스토텔레스는 그 수고를 국가가 함께 나누어야 한다고 여겼다. 다시 말해 정치공동체 차원의 돌봄을 요구한 것이다. 그는 이러한 공동의 돌봄에 정치제도가 이바지할 수 있다고 여겼다.[15] 이런 측면에서 아리스토텔레스의 행복의 정치학은 소크라테스 윤리학의 확장된 형태라고 할 수 있다.

아리스토텔레스의 정치학은 행복을 실천의 목표로 삼고 덕을 통해 그 목표를 달성하고자 했으며, 인간의 본질을 이성에서 찾는 이성적인 인간관과 한 사물이 제기능을 발휘하기 위해 최적화된 상태를 '덕'(德)으로 보는 기능주의적 덕 개념을 기반으로 고전적인 덕론을 구축했다. 이런 관점에서 아리스토텔레스의 정치학은 소크라테스와 플라톤이 개진한 고대 윤리학의 기본틀을 고스란히 계승했다.

그러나 아리스토텔레스는 몇 가지 중요한 지점에서 소크라테스와 플라톤과 의견을 달리하며 독자적인 노선을 걷는다. 먼저 그는 덕을 지식으로 간주하고 배움을 통해 덕을 획득해야 한다고 주장한 소크라테스에 맞서 덕을 지성의 덕과 성격의 덕으로 양분하고, 전자는 배움을 통해 획득될 수 있지만, 후자를 획득하기 위해서는 실천과 습관이 필요함을 강조한다. 물론, 그는 성격의 덕이 지성의 덕에 속하는 슬기 없이는 있을 수 없고, 슬기 또한 성격의 덕이 없으면 있을 수 없다고 생각했다. 하지만 성격의 덕과 슬기를 개념적으로 구분했다.

나아가 아리스토텔레스는 플라톤과 달리 실천적 지혜(phronêsis)

---

15 EN X 9, 1130a 34: "왜냐하면 공동의 돌봄은 법을 통해 이루어지고, 훌륭한 돌봄은 훌륭한 법을 통해 이루어진다는 것이 분명하기 때문이다."

를 이론적 지혜(sophia)로부터 구분함으로써 실천철학을 이론철학으로부터 독립시킨다. 그의 정치학은 이론 철학이 아니라 실천철학이다. 그가 정치학에서 추구하는 최고선은 플라톤이 『국가』에서 도입한 '좋음의 이데아'가 아니다. 그는 모든 좋은 것들에 의해 공유되지만 그것들로부터 독립적으로 존재하는 '좋음 자체'를 가리키는 '좋음의 이데아'는 실체가 없는 빈말에 지나지 않으며, 설령 그러한 초월적이고 절대적인 좋음이 있다 하더라도 실천의 맥락에서는 무용하다고 주장한다. 그가 추구하는 최고선은 인간 행위를 통해 성취할 수 있는 궁극적인 목적, 즉 행복이다.[16]

아리스토텔레스는 정치가가 실천적 지혜를 얻기 위해, 플라톤이 주장하듯이, 수학과 형이상학을 배워야 하는 것은 아니라고 생각했다. 이제 정치가는 더 이상 철학자일 필요가 없고, 철학자가 정치가일 필요도 없다. 이로써 플라톤의 철인왕의 이상은 거부된다. 이와 더불어 그는 가변성의 영역을 다루는 실천철학에서 불변성의 영역을 다루는 이론철학에서 요구하는 학적 엄밀성을 더 이상 추구해서는 안 된다고 주장한다. 그는 실천 철학에서 그 주제에 합당하게 '반드시 그러한 것'이 아니라 '대부분의 경우 그러한 것', 다시 말해 필연적인 것이 아니라 개연적인 것을 추구해야 한다고 주장한다[10].

---

16 EN I 6; EE I 8 참조.

3. 행복의 분석

행복과 쾌락

이제 아리스토텔레스의 행복의 정치학을 좀 더 가까이 들여다보자. 그러기 위해 그가 어떤 사람을 행복하다고 생각했는지 살펴보자. 우선, 그는 행복한 사람은 즐겁게 산다고 생각했다. 하지만 즐겁게 사는 사람이라고 해서 반드시 행복한 사람은 아니라고 여겼다. 왜냐하면 즐거움을 주지만 아름답지 못한 일도 있기 때문이다.[17] 추하거나 올바르지 못한 일 자체를 즐기는 자나 어떤 다른 즐거움을 얻기 위해 인간으로서 해서는 안 되는 불의를 저지르는 자를 행복하다고 할 수 있을까?

설령, 불의를 범하지 않는다 해도 오로지 먹고 마시는 즐거움이나 성적 쾌락에만 빠져 사는 사람을 행복하다고 할 수 있을까? 그런 삶을 선택하는 사람에겐 그가 인간이든 짐승이든 아무 차이가 없을 것이다. 아리스토텔레스가 지적하듯이, 이집트에서 아피스 신으로 모시는 소(牛)는 많은 군주들보다 더 많이 그러한 쾌락을 누린다. 또한 잠자는 즐거움에 사는 사람은 '천 년을 잠들어 있는' 식물과 별 차이가 없을 것이다.[18]

그런데 아리스토텔레스가 생각하는 행복은 인간적인 좋음, 다시

---

17 EN X 3, 1173b 25-28: "쾌락은 택할 만한 것이지만, 비난을 불러일으키는 것으로부터 나온 것까지 그런 것은 아니라고 말할 수 있다. 마치 부(富)가 택할 만한 것이지만 조국을 배반하면서까지 택해야 할 것은 아니며, 건강이 택할 만한 것이지만 아무 것이든 다 먹으면서까지 택할 것은 아니듯이 말이다."

18 EE I 5, 1215b 30-1216a 5.

말해 인간이 인간으로서 성취하길 바라는 최고의 좋음이다. 그것은 인간이 실현할 수 있는 가장 좋은 삶이다. 인간으로서 잘 사는 것, 그것이 행복이다. 따라서 쾌락은 행복의 척도가 될 수 없다. 그렇지만 아리스토텔레스는 행복한 사람이 즐겁게 산다는 사실을 부인하지 않았다. 그는 행복은 쾌락이 아니지만 늘 쾌락을 동반한다고 주장했다. 그의 쾌락론에 따르면, 쾌락은 어떤 활동이 방해 없이 잘 수행될 때 발생한다. 마치 한창 때의 젊은이들에게 아름다움이 깃들 듯이, 쾌락은 왕성한 활동을 수반하고 또 완성한다고 한다.[19]

산다는 것 또한 일종의 활동이다. 따라서 잘 사는 사람에겐 즐거움이 깃든다. 사람들은 제각기 자신이 좋아하고 잘 할 수 있는 일을 하면서 살길 바란다. 그래서 직업을 선택할 때 어떤 사람은 음악가가 되길 바라고, 어떤 사람은 학자가 되길 바라며, 또 어떤 사람은 건축가가 되길 바란다. 각각의 직업에 종사하는 사람들은 자신의 분야에서 왕성하게 활동할 때 즐거움을 느낀다. 말하자면 고수들은 자신이 하는 일을 즐긴다.

아리스토텔레스는 각각의 활동에는 고유한 쾌락이 있다고 생각했다. 그러한 쾌락은 활동을 더 정확하고 더 지속적이고 더 훌륭하게 만든다고 보았다. 그래서 즐겁게 일하는 사람은 점점 더 나은 분별력과 더 정확한 판단력을 키울 수 있다. 악기를 연주하는 데에 즐거움을 느끼는 사람은 더 잘 연주하게 될 것이고, 수학 문제를 푸는 데 즐거움을 느끼는 사람은 수학을 더 잘 이해하게 될 것이다. 하지만 어

19 EN X 4, 1174b 31-1175a 1.

떤 일에 그다지 즐거움을 느끼지 못한다면 그 일을 그만두고 다른 일을 하게 될 것이다. 요컨대, 특정한 쾌락은 그것에 고유한 활동을 보존하고 증진시킨다.[20]

이러한 논리에 따르면, 어느 직종에 종사하든 상관없이 인간은 인간으로서 제기능을 잘 발휘하면서 활동할 때 인간에게 고유한 쾌락을 누릴 수 있다. 바로 이러한 인간 고유의 쾌락이 행복의 기쁨, 행복의 즐거움이 된다. 그것은 가수의 쾌락이나 수학자의 쾌락이 아니라 인간의 쾌락이다. 가수도 수학자도 농부도 주부도 모두 가질 수 있는, 인간이라면 직업이나 신분, 성별에 상관없이 맛볼 수 있는 '인간적인' 쾌락이다. 우리는 이러한 '인간적인' 쾌락을 인간으로서 지니는 훌륭함, 즉 덕에 따른 활동에서 발견하게 된다.

그러나 아리스토텔레스는 덕을 획득하고 획득한 덕에 따라 활동할 여가(scholê)를 허용하지 않는 직종이 있다는 사실을 간과하지 않았다. 사실, 그는 그의 이상국가론에서 생계에 매여 정치활동에 참여할 수 없는 농부나 장인, 상인 계층에게 시민의 자격을 부여하지 않았다. 나아가 노예와 여성도 시민의 범위에서 제외했다. 그가 자유롭고 평등한 시민들이 번갈아가면서 다스리는 정체를 옹호했을 때, 여성과 노예를 비롯해 다수의 공동체 구성원들은 그러한 다스림에 참여할 자격이 주어지지 않았다. 비록 그는 여성과 노예도 이성을 가지

---

20 EN X 5, 1175a 30-1175b 6. 이러한 주장을 보강하기 위해 아리스토텔레스는 어떤 활동이 다른 활동에서 유래한 쾌락에 의해 방해받는다는 사실을 지적한다. 예를 들어, "피리 연주를 좋아하는 사람은 피리 소리를 듣게 되면 토론에 집중할 수 없어지는데, 이것은 그가 현재의 활동보다 피리 연주에서 더 큰 기쁨을 느끼기 때문이다. 그러니까 피리 연주에 따르는 쾌락은 토론 활동을 파괴한다."(EN X 5, 1175b 3-6)

고 있기 때문에 덕을 가질 수 있다고 보았고, 특히 여성의 경우 덕을 위한 교육을 받아야 한다고 명시적으로 주장했지만, 다스리는 자의 덕이 다스림을 받는 자의 덕과 같을 수 없다고 주장한다.[21]

이런 점에서 아리스토텔레스는 그가 살았던 시대의 한계를 넘어서지 못했다. 사실, 플라톤이 『메논』에서 덕에는 남녀차별이 없다고 주장하고, 『국가』에서 여성차별을 대머리차별에 비교하면서 여군을 넘어 철인여왕의 가능성까지 열어둔 것과 비교해볼 때, 아리스토텔레스의 입장은 한층 더 후진적으로 보인다. 하지만 노예제가 철폐되고 여성이 투표권을 행사하는 시민으로 인정받은 것이 근현대에 와서 이루어진 일이라는 점을 고려하면, 오히려 플라톤의 입장이 시대를 한참 앞서간 드문 경우라고 할 수 있다.

아리스토텔레스가 인간으로서 제구실을 하면서 살기 위해, 다시 말해 덕을 배우고 덕에 따라 활동하면서 인간답게 살기 위해 여가, 즉 시간적, 물질적 여유가 필요하다고 생각한 것은 여전히 타당한 것으로 보인다. 하지만 농부나 장인이 아리스토텔레스의 시대에 여가를 가지지 못했다고 해서 원칙적으로 여가를 가질 수 없는 것은 아니다. 지금은 많은 농부와 장인이 기술의 발전과 기계의 도입으로 인해 여가를 가진다. 아리스토텔레스가 현대에 다시 태어나 여가 있는 농부나 장인을 만난다면, 그들에게 '인간다운' 삶의 가능성을 부인하지 않을 것이다.

인간이 인간으로서 느끼는 '인간적인' 쾌락에 대한 논의로 다시

---

21 『정치학』, I 13, 1259b 21-1260a 24; VII 9, 1328b 33-1329a 2.

돌아오자. 아리스토텔레스는 이러한 쾌락을 인간 구실을 제대로 하는 사람, 즉 덕이 있는 사람만이 느낄 수 있다고 생각했다. 물론, 덕이 있는 사람에게 즐거운 일이 모두에게 즐거운 것은 아니고, 그에게 괴로운 일이 모두에게 괴로운 것도 아니다. 악덕자는 자주 유덕자가 즐기는 일에서 괴로움을, 괴로워하는 일에서 즐거움을 느낄 것이다. '인간적인' 쾌락은 모든 인간이 아니라 참으로 인간다운 인간에게 즐거운 것이다. 이때 유덕자에게 즐거운 것이 참으로 즐거운 것이고, 그에게 괴로운 것이 참으로 괴로운 것이라고 할 수 있다. 그러므로 인간적인 쾌락의 척도는 인간다운 인간, 즉 유덕자라고 할 수 있다[11].

이런 까닭에 쾌락은 어떤 사람이 덕이 있는지 없는지를 판가름할 수 있는 지표로 쓰일 수 있다. 어떤 사람이 덕에 따른 행위를 하면서 괴로워한다면, 그는 덕이 있는 사람이 아니다. 그런 사람은 유덕한 행위를 억지로 또는 마지못해 하는 사람이다. 유덕한 행위를 기꺼이 하는 사람이야말로 덕이 있는 사람이다. 덕이 있는 사람의 행위는 행위자의 내면에서 우러러 나오는 것으로 인품을 반영한다.

절제의 덕이 있는 사람과 자제력 있는 사람의 차이

사실, 겉으로 드러난 행위만 보고서는 행위자가 어떤 사람인지를 평가할 수 없다. 어떤 사람은 외적인 강제에 의해서, 다른 사람은 내적인 강제에 의해서 올바른 행위를 할 수 있으니까 말이다. 부정의한 사람도 처벌이 무서워서 빚을 갚을 수 있고, 인색한 사람도 체면을 지키기 위해 불우한 이웃을 위한 성금에 한몫 보탤 수 있다. 올바른 행위를 하기 싫어하거나 올바르지 않은 행위를 하고 싶어 하는 자신의 마음을 억제함으로써 올바르게 행동하는 사람은 자제력이 있는 사람이라 할 수 있다. 이처럼 자기 제어 능력이 있는 사람은 올바른 일을 하기 싫어도 억지로 할 것이고, 올바르지 않은 일을 하고 싶어도 억지로 하지 않을 것이다.

그런데 아리스토텔레스는 자제력(enkrateia)이 악덕보다는 낫지만 덕은 아니라고 주장한다. 그에 따르면, 자제력 있는 사람(enkratos)은 악덕한 사람보다 낫지만 유덕한 사람보다는 못하다. 자제력이 있는 사람은 내적으로 분열된 사람이다. 그는 무엇을 해야 할지 올바로 생각하지만, 그러한 생각에 반하는 것을 원한다. 그는 끝내 그러한 반항적인 욕망을 억누르고 올바른 사고에 따라 행동하지만, 원하는 대로 할 수 없기 때문에 괴로워한다. 이처럼 자제력 있는 사람의 경우 사고와 욕망은 괴리되어 있다. 반면, 덕이 있는 사람은 올바르다고 생각하는 것을 하길 원한다. 그에게 사고와 욕망은 일치한다. 이처럼 욕망(특히 육체적 욕구)을 이성적으로 다스리는 덕이 절제(sophrosynê)이다. 따라서 절제 있는 사람에게는 억눌러야 할 욕망이 없다[12].

그뿐 아니라 자제력이 있는 사람의 욕망은 그 자체로 분열되어 있다. 아리스토텔레스의 분석에 따르면, 인간의 이성은 단순히 생각만 하는 것이 아니라 무엇을 하라고 명령한다. 이성은 좋다고 여기는 것을 하라고 명령한다. 인간은 이성의 명령에 따라 좋음을 욕망할 수 있다. 자제력이 있는 사람에게는 그러한 이성적인 욕망이 있으며 동시에 그에 반하는 욕망도 있다. 이런 관점에서 자제력 있는 사람의 심적 갈등은 이성과 욕망의 전쟁을 넘어 이성적 욕망과 비이성적 욕망의 내전(內戰)으로 전개된다.

인간의 욕망(orexis)에는 여러 가지가 있다. 아리스토텔레스는 생리적 욕망, 감정적 욕망과 함께 이성적 욕망을 상정한다. 첫 번째 욕망은 '욕구'(epithymia), 두 번째는 '기개' 내지 '분노'(thymos), 마지막으로 세 번째는 '소망'(boulêsis)으로 불린다.[22] 소망은 이성의 명령에 따라 비이성적인 욕망에 저항할 수 있는 이성적 욕망이다[13].

자제력이 있는 사람은 좋다고 생각한 것을 소망하고, 그 소망을 이루기 위해 무엇을 해야 할지 올바로 생각할 수 있지만 욕구나 기개가 따라주지 않는다. 그래서 내적 갈등을 겪는다. 이성에 따르는 욕망, 즉 소망이 욕구나 기개를 제압하고 자신이 원하는 바를 관철할 때 영혼 내에 정의로운 질서를 수립하게 되고, 그 결과 올바른 행위를 산출하게 된다. 하지만 욕구와 기개가 자발적으로 이성의 명령에

---

22 EE II 7, 1223a 26-27. 『동물운동론』 6, 700b 22-23; 『영혼론』 II 3, 414b 2 이하; III 9, 432b 5-433a 26; 『수사학』 I 10, 1369a 1-7 참조. 플라톤은 『국가』에서 인간 영혼을 욕구할 수 있는 부분(to epithymêtikon), 분노 내지 기개와 관련된 부분(to thymoeides), 이성적으로 헤아릴 수 있는 부분 (to logistikon)으로 나누고 각 부분에 고유한 욕망을 귀속시킨다(439a1-441a4). 이때 그는 '소망'을 이성적 욕망을 가리키는 전문 용어로 사용하지 않았다. 하지만 플라톤 주변 인물에 의해 집필된 것으로 보이는 위(僞)-플라톤의 『정의들』(*Definitiones*)에서 '소망'은 '올바른 이성과 함께 하는 희구, 일리 있는 욕망, 본성적으로 이성과 함께 하는 욕망'으로 규정되었다. 아리스토텔레스는 아카데미 시절 집필한 『변증론』에서 소망을 영혼의 이성적인 부분에 귀속시킨다. 하지만 이후에 집필한 『니코마코스 윤리학』 1권 13장에서 욕망 일반을 영혼의 비이성적인 부분에 귀속시켰고, 『정치학』 7권 15장에서는 명시적으로 '소망'(boulêsis)을 다른 비이성적인 욕망들과 함께 영혼의 비이성적인 부분에 귀속시킨다. 이런 식으로 그는 플라톤의 영혼삼분설의 틀에서 벗어난 것으로 보인다. 따라서 '소망'은 이성의 욕망이 아니라 이성적인 욕망이라고 할 수 있을 것이다. 물론, 좋음에 대해 잘못 이해할 경우 잘못된 '소망'을 가지게 될 것이고, 이 경우 '이성적 욕망'의 오작동이 일어난 것이며, 이런 의미에서 소망은 '비이성적인' 욕망이라 불릴 수 있다. 그리스 철학이 로마로 전해지면서 그리스어 'boulêsis'는 라틴어 'voluntas'로 번역된다. 플라톤주의 전통에서 'boulêsis'는 이성의 욕망으로 간주되었으며, 아리스토텔레스의 선택(prohairesis) 개념과 스토아학파의 동의(synkatathesis) 개념과 함께 고대 후기 '의지' 개념의 성립에 중요한 역할을 한다.

순응하지 않는 한, 인간의 욕망은 내적인 부조화 상태에 머문다.

억압적인 이성의 독재는 아리스토텔레스가 덕 있는 인간에게 기대하는 바람직한 영혼의 통치체제가 아니다. 그가 그리는 이상적인 영혼의 정체는 생리적 욕구와 감정적 동기(motivation)가 이성적 욕망과 사고에 자연스럽게 부합하는 상태이다. 그가 원하는 것은 영혼 내 여러 파당 간의 잠정적인 휴전이 아니라 이성의 통치에 기초한 영구평화였다. 그리고 영혼의 평화를 얻은 사람은 더 이상 괴로워하지 않는다. 그는 여러 갈래 갈라진 마음이 아니라 한 마음으로 살 것이고, 그것도 기쁘고 즐겁게 살 것이다.

아리스토텔레스는 영혼의 불협화음을 없애기 위해서 욕구와 감정을 억압하거나 심지어 제거하라고 요구하지 않는다. 영혼의 평화를 위해 분쟁을 일으킬 소지가 있는 모든 요소를 멸절하는 것이 상책이라고 믿지 않았다. 또한 올바르지 못한 욕구나 감정을 자제할 힘 내지 의지를 키우라고 권유하지 않는다. 자제하는 것보다 자제할 필요가 없는 편이 낫다. 자제할 필요가 없는 바람직한 욕구와 감정을 가지면 된다. 그래서 그는 우리에게 욕구를 조절하고 감정을 조율하는 데 애쓰기를 바란다.

욕구와 감정이 이성과 조화를 이루는 사람이 유덕한 사람이다. 유덕한 사람은 주어진 상황에 따라 알맞은 욕구와 알맞은 감정을 가지고 알맞은 행위를 할 수 있는 사람이다. 그리고 실제로 그렇게 하는 사람이 행복한 사람이다. 행복은 그렇게 잘 하는 것 바깥에 있는 목적이나 결과가 아니다. 그렇게 잘 함(eu prattein) 자체가 행복을 구성한다.

앞서 이미 보았듯이, 인간의 욕구와 감정은 이성의 명령에 순종할 수도 있고 반항할 수도 있다. 사람마다 욕구와 감정을 가지는 방식은 다르다. 욕구와 감정을 가지는 특정한 방식이 그 사람의 성격을 특징짓는다. 욕구와 감정을 알맞은 방식으로 가지는 사람은 성격이 좋은 사람이고, 그렇지 못한 사람은 성격이 나쁜 사람이라고 할 수 있다. 따라서 욕구와 감정, 이성의 조화를 추구하는 사람은 성격을 돌봐야 한다.

아리스토텔레스는 유심한 관찰자로서 사람마다 좋거나 나쁜 성격을 어느 정도 타고난다는 사실을 간과하지 않았다. 어떤 사람은 천성이 유순하고 어질지만, 어떤 사람은 기질이 담대하고 거침없다. 어떤 사람은 작은 것에 쉽게 만족하지만, 다른 사람은 자꾸만 더 큰 욕심을 부리기도 한다. 어떤 사람은 불의를 보고 참지 못하고, 또 어떤 사람은 인정이 많고 마음이 넉넉하다. 그러나 그는 사람이 선천적으로 좋은 성격을 타고 날 수는 있지만, 덕을 타고날 수는 없다고 생각했다.

보다 정확히 말해, 아리스토텔레스는 선천적으로 타고난 성격의 훌륭함을 '자연적 덕'이라고 부르지만, 그것이 엄밀한 의미에서 덕은 아니라고 주장한다. 그 근거로 자연적 덕은 이성의 인도가 없으면 해를 끼칠 수 있다는 사실을 댄다[14]. 마치 사지가 건장한 사람이 눈이 멀어 앞을 보지 못해 넘어지면 더 크게 다칠 수 있듯이 말이다. 이와 비슷하게 기질상 불의를 참지 못하는 사람이 감언이설에 속아 사태를 잘못 판단한다면, 자신의 본래 의도와는 달리 실제로 불의를 범할 수도 있다. 올바른 이성에 따르는 자연적 덕만이 진정한 덕이 될 수 있다.

그런데 우리는 태어나면서부터 올바른 이성을 가질 수 없다. 우리의 이성은 성숙할 시간이 필요하다. 어릴 적부터 이성을 올바로 사용하는 법을 배우고 익혀야 올바른 이성을 소유한 분별력 있는 어른이 될 수 있다. 물론, 우리는 어려서도 남의 가르침에 따라 올바른 생각을 할 수 있다. 또는 우연히 올바른 생각에 도달할 수도 있다. 하지만 스스로 올바르게 생각할 수 있는 역량을 키워야만 지속적으로 올바르게 생각할 것이다.

이처럼 올바른 생각을 할 수 있는 안정적이고 지속적인 성향이 지성의 덕이다. 그중에서 실천적 사고에서 발휘되는 지성의 덕이 실천적 지혜, 달리 말해 슬기(phronêsis)이다. 그러므로 슬기는 타고나는 것이 아니다. 그런 이유로 성격의 덕도 타고 나는 것이 아니다. 왜냐하면 슬기를 동반하지 않는 성격은 엄밀한 의미에서 덕이 아니기 때문이다. 좋은 성품을 타고났고 올바른 이성을 가지고 있다고 해도 바로 덕을 얻을 수는 없다. 올바른 이성에 따라 욕구와 감정을 길들이면서 성격을 다듬기 위해서는 시간이 필요하기 때문이다.

행복한 사람은 "마땅히 그래야 할 때, 또 마땅히 그래야 할 일에 대해, 마땅히 그래야 할 사람들에게, 마땅히 그래야 할 목적을 위해서, 또 마땅히 그래야 할 방식으로"[23] 사는 사람이다. 행복은 상황에 따라 가장 적절한 욕구와 감정을 가지고 가장 적절한 행위를 하는 것이다. 이때 적절함이란 지나치지도 않고 모자라지도 않는 중간이다. 무엇이 최적의 중간인지는 이성이 살펴서 결정한다. 결국, 그것은 올바른 이성이 명령하는 것이다. 유덕한 사람은 행복을 추구한다. 그는

23 EN II 6, 1106b 21-23.

과녁을 적중하기 위해 그 중심을 겨냥하며 활시위를 죄고 푸는 사수와 비슷하다. 요컨대, 유덕한 사람은 행복의 명사수라고 할 수 있다.[24]

유덕자는 매사 '중간'을 겨냥한다. 이때 '중간'이란 지나치지도 모자라지도 않고 꼭 알맞은 적정치를 가리킨다. 그런데 아리스토텔레스에 따르면, 이러한 '중간'은 우리와 상관없이 절대로 존재하는 것이 아니라 '우리와의 관계에서'(pros hemas) 성립한다[15]. 그러한 중간은 사람에 따라, 그 사람이 처한 상황에 따라 다르다. 가령, 기부금을 얼마나 내는 것이 지나치지도 모자라지도 않고 중간인지는 기부금을 내는 사람의 주머니 사정에 따라 달라진다. 넉넉지 못한 사람이 부자만큼 기부금을 낸다면 지나칠 것이고, 반대로 부자가 넉넉지 못한 사람만큼 기부한다면 모자라는 것이다. 그러므로 후함은 주는 것의 양에 달려 있는 것이 아니라 주는 사람의 마음가짐에 달려 있다. 그래서 더 적은 양을 준 사람이라도, 만약 그가 더 재산이 적은데도 아낌없이 주었다면, 더 후하지 말라는 법이 없다.

유덕한 사람은 스스로 할 수 있는 최선을 선택하고 행하는 사람이다. 그리고 자신의 선택이 적중했을 때 그는 행복한 사람이라고 할 수 있다. 아리스토텔레스는 행복을 적중하기 위한 세 가지 유용한 실천 지침을 제시한다. 첫째, 중간에 더 대립적인 것부터 멀리하라. 양극단 가운데 덜 잘못된 것보다 더 잘못된 것을 피해야 한다. 둘째, 우리 자신이 쉽게 기우는 방향과 반대 방향으로 자신을 이끌어라. 마치 휘어진 나무를 곧게 펴기 위해 휘어진 방향과 반대 방향으로 나무를

24 EN VI 1, 1138b 18-25.

휘듯이 말이다. 셋째, 쾌락을 경계하라. 쾌락은 우리의 판단력을 저해하는 강력한 힘이 있기 때문이다.[25]

잘함과 잘못, 선택과 책임

아무리 명사수라고 해도 늘 과녁을 적중하지는 못한다. 거센 바람이 불어 화살을 날려버릴 수도 있고, 활이나 시위가 부러질 수도 있다. 물론, 진정한 명사수라면 악조건 속에서도 최선을 다할 것이다. 우리는 최선을 다한 사수를 칭찬하고 그의 기량을 높이 살 것이다. 하지만 그가 목표물을 적중하지 못한 경우 아쉬워할 것이다.

아리스토텔레스에게 덕은 칭찬의 대상이지만, 행복은 칭송과 축하의 대상이다. 덕이 있지만 덕을 구체적으로 실현하지 못한 사람은 실력은 있지만 올림픽 경기에서 우승하지 못한 선수와 비슷하다. 우리는 그런 선수를 칭찬하지만 축하하지는 않는다. 월계관을 쓰는 자는 승리자이지, 승리할 수 있는 능력을 가졌으나 승리하지 못한 자가 아니다.[26]

아리스토텔레스는 구체적인 상황에서 어떻게 해야 잘하는 것인지 판단하기가 매우 어렵다는 사실을 인정한다. 그래서 '잘함'은 드문 것이다. 사수가 과녁에 적중하면 잘한 것이고, 적중하지 못하면 잘 못한 것이다. 그런데 우리는 적중하지 못한 사수를 축하하지 않지만, 그렇다고 그의 잘못을 무조건 비난하지도 않는다. 오히려 화살이 중심에서 약간 빗겨난 경우, 아까워하며 사수를 격려할 것이다. 그러나 많

25 EN II 9, 1109b 7-12.

26 EN I 8, 1099a 3-5 참조.

이 벗어난 경우에는 그의 잘못을 나무랄 것이다. 하지만 아리스토텔레스가 지적하듯이, 한 개별적인 행위가 '잘함'에서 어느 쪽으로 얼마나 벗어나야 행위자가 비난의 대상이 되는지는 말로 규정하기 어렵다.[27]

행복한 사람은 '잘하는' 사람이다. 겉으로 드러난 행위만 보고서는 그가 참으로 잘했다고 평가할 수 없다. 누가 진정 잘했는지를 제대로 평가하기 위해서는 보이지 않는 속도 고려해야 한다. 겉은 그럴싸한데 속이 변변치 않거나 고약할 수 있기 때문이다. 그런 사람을 행복하다고 할 수 있겠는가? 예를 들어, 누군가 물에 빠진 사람을 보고 구하고 싶지 않지만 옆에서 보는 눈 때문에 마지못해 구한다면, 그는 훌륭한 사람도 아니고 진정으로 잘하는 것도 아닐 것이다. 물론, 사람의 속을 헤아리기는 어려고, 그렇기 때문에 사람을 평가하기도 어렵다. 하지만 행위자의 사람됨을 고려하지 않고서는 제대로 행위를 평가할 수 없다.

우리는 악덕자가 아니라도 누군가에게 해로운 짓을 저지를 수 있다. 해로운 짓은 분명 잘못된 행위(hamartêma)이다.[28] 아리스토텔레스는 잘못된 행위 가운데 잘못인지 알면서 저지른 것은 자발적인 것이지만, 모르고 저지른 것은 자발적이지 않다고 주장한다. 또한 자발적으로 저지른 잘못된 행위를 불의한 행위(adikêma)로 규정한다. 이것이

27 EN II 9, 1109b 18-23: "하지만 '잘함'에서 지나치는 쪽으로든 모자라는 쪽으로든 조금만 벗어나는 사람은 비난받지 않는다. 비난은 많이 벗어나는 사람이 받는 것이다. 이런 사람은 남의 이목에서 벗어날 수 없으니까. 그러나 어느 정도까지 벗어나고 얼마나 벗어나야 비난을 받는지 말로 정하기가 쉽지 않다. 왜냐하면 감각 대상들 가운데 다른 어떤 것도 말로 정하기 쉽지 않기 때문이다. 그러한 정도의 문제들은 개별 상황에 의존하며, 그 판단은 지각(aisthêsis)에 의존한다."

28 EN V 8, 1135b 11-25.

비난이나 처벌의 대상이라고 한다. 이에 반해 비자발적으로 행한 잘못은 용서와 연민의 대상이 된다.

아리스토텔레스에 따르면, 강제에 의해서나 무지 때문에 행한 행위는 자발적이지 않은 행위이므로 도덕적 책임이 행위자에게 있지 않다. 반면, 외부의 강제나 무지 때문이 아니라 자발적으로, 다시 말해 알면서도 스스로 불의를 저지른 자에게는 책임을 물을 수 있다.[29] 이런 관점에서 아리스토텔레스는 행위의 자발성(hekousion)과 비자발성(akousion)에 대한 탐구가 상벌제도에 관여하는 입법자들에게 유용하다고 생각했다. "왜냐하면 그들은 [입법자들은] 나쁜 행위를 한 사람들을, 자기 탓이 아니라 강제에 의해 또는 무지로 말미암아 행위를 한 것이 아닌 한 꾸짖고 벌을 주는 반면, 아름다운 행동을 한 사람들은 명예로서 기리기 때문이다. 후자를 권유하고 전자를 막기 위해서

---

29 EN V 8, 1135a 23-27: "내가 '자발적'이라고 말하는 것은 누군가가 자신의 행위가 자신에게 달려 있음을 알면서 또 누구를 상대로, 무엇을 가지고 무엇을 위해서 행하는지 모르지 않으면서, 가령, 누구를 때리는지, 무엇을 가지고 때리는지, 무엇을 위해서 때리는지 모르지 않으면서 행하는 것이다. 이것들 각각은 우연적인 것도, 강제에 의한 것도 아니어야 한다." Cf. EE II 9, 1225b 1-10. 이에 반해 소크라테스는 아무도 '자발적으로는' 잘못을 하지 않는다고 주장했다. 그에 따르면, 잘못을 범하는 사람은 자신에게 좋은 것이 무엇인지를 제대로 모르기 때문에 잘못을 범한다. 누구나 자신에게 좋은 것을 하기를 원하기 때문에 원하는 것을 행하는 것은 자발적인 것이지만, 그것이 무엇인지 몰라서 결국 자신이 원하지 않는 것을 하는 것은 비자발적이다. 그러나 아리스토텔레스는 행위의 자발성을 다르게 이해한다. 그에 따르면, 어떤 사람이 자신에게 좋은 것 또는 이로운 것을 모른다고 해서 그의 행위가 비자발적인 것은 아니다. 아리스토텔레스는 한 행위의 비자발성이 그 행위가 일어난 구체적인 상황의 개별 요소에 대한 무지와 관련된 것이라고 주장하면서, 자발적 행위를 "그것의 시작이 행위자 자신에 있으며, 행위자가 행위를 이루는 개별적인 것들을 알고 있는 것"(EN III 1, 1111a 22-24)으로 규정한다.

말이다."[30]

그러나 아리스토텔레스는 아무리 강요받아도 도저히 해서는 안 되는 일이 있다고 생각한다. 차라리 스스로 끔찍한 고통을 겪거나 죽는 게 나은 경우도 있다고 본다.[31] 또한 인간으로서 마땅히 알아야 할 기본적인 법과 도리를 모르는 것은 비난을 피할 수 없다고 여겼다. 나아가 개별적인 사항을 몰라서 잘못을 저질렀어도, 무지의 책임이 행위자 자신에게 있다면, 행위자는 모르고 한 행위에 대해서도 책임을 져야 한다. 가령, 술 취한 것이 무지의 원인이 되어 잘못을 저지른 경우, 행위자는 술에 취하지 않게 자신을 통제할 수 있었다는 점에서 자신의 무지에 책임이 있다. 알 수 있는 것을 행위자 자신의 소홀함(ameleia) 때문에 몰랐다면 그 무지에 대한 처벌이 정당화될 수 있다[16].

그런데 어떤 사람이 불의를 저질렀다고 해서 곧 악덕한 사람이라고 속단할 수 없다. 악덕이 없는 사람도 우발적으로 불의를 저지를 수 있기 때문이다. 가령, 평소에는 유순한 사람도 분노로 인해 자발적으로 남을 때릴 수 있다. 그는 분명 불의를 범했다. 그런데 아리스토텔레스는 불의한 행위(adikêma)와 불의한 성품 내지 성격을 구분한다. 후자가 불의(adikeia)의 악덕이다. 따라서 누군가 불의한 행위를 했다고 해서 그가 이미 불의한 자(adikos)라고, 다시 말해 불의한 성격의 소유자라고 단정해서는 안 된다. 불의는 잘못된 습관에 의해 굳어진 나쁜 성격이다. 아리스토텔레스에 따르면, 악덕한 사람은 사전에 미

---

30 EN III 5, 1113b 23-26.

31 아리스토텔레스는 에우리피데스의 비극 작품인 『알크마이온』에 나온 친모 살해가 정당화될 수 없다고 주장한다.(EN III 1, 1110a 28-29)

리 계획을 해서 고의(pronoia)[32]로 불의를 저지르는 사람이다. 다시 말해, 무슨 행동을 할지 미리 숙고하고 선택한 결과 불의를 저지른 사람이 악덕한 사람이다. 그러한 행위는 내면에 굳어진 나쁜 성격, 아리스토텔레스가 '못됨'(mochthêria)이라고 부른 것의 표현이다[17].

그런데 아리스토텔레스의 '못된' 사람은 사실 마땅히 행해야만 하는 것과 피해야 하는 것이 무엇인지 모르는 사람이다. 고의로 불의를 저지르면서도 그래서는 안 된다는 것을 알지 못한다. 오히려 자신이 저지르고 있는 불의가 좋다고 착각한다. 그는 좋고 나쁜 것을 명확히 분별하면서도 나쁜 행위를 나쁘기 때문에 원하고 행하는 자가 아니라, 자신이 행하는 나쁜 행위가 사실은 좋다고 믿고 있는 자이다. 아리스토텔레스는 좋은 것이 진정 무엇인지 모르는 것, 바로 이 무지가 못됨의 원인이라고 보았다.[33]

아리스토텔레스는 사람됨을 평가함에 있어서 '선택' 내지 '의도'(prohairesis)의 중요성을 강조한다. 그가 '선택으로부터'(ek prohaireseôs) 사람됨을 평가한다고 말할 때, 그가 주시하는 것은 행위자가 무엇을 하기로 선택했느냐가 아니라 무엇을 위해서 선택했느냐이다. 다시 말해 그는 행위자가 어떤 사람인지를 말해주는 것은 외적인 행위 자체가 아니라 내적인 의도라고 여긴다. 그에 따르면, 선택은 단순히 자의적인 결단이 아니라 행위자의 가치관과 욕망을 반영하는 의도적이고 계획적인 결정이다. 이런 의미에서 선택을 통해 남에게 해를 끼친

32 '고의'로 옮긴 그리스어 'pronoia'는 글자 그대로는 '미리 생각함'을 의미한다. 하지만 종교적 영역에서 '섭리' 내지 '돌봄'을 의미하기도 한다.

33 EN III I 2, 1110b 24-32.

사람은 불의를 행했을 뿐만 아니라 불의한 사람이다.

같은 논리로 오로지 선택에 의해 자발적으로 정의로운 행위를 하는 사람만이 정의로운 사람이다.[34] 정의로운 사람은 일시적으로 또는 임의로 정의로운 행위를 하는 사람이 아니라 정의로운 행위를 하는 일정한 성향(이것이 정의의 덕이다)을 지니고 있으며, 그 성향에 따라 숙고하고 그 결과 정의로운 행위를 선택하는 사람이다. 이런 사람이 진정으로 칭찬받을 만한 사람이다. 비단 정의로운 사람뿐만 아니라 일반적으로 유덕자는 덕에 따라 선택하는 사람이다[18].

4. 덕의 장인

덕과 기능

그리스 철학자들에게 덕은 운명이나 우연의 선물이 아닌 노력의 결실이다. 그래서 덕은 인간의 작품이다. 그렇다면 덕은 어떻게 만들어지는가? 이 문제에 대답하기 위해 덕이 무엇인가라는 물음으로 되돌아가자. 앞에서 살펴보았듯이, 우리말의 '덕'으로 옮긴 그리스어 '아레테'(aretê)는 인간뿐만 아니라 훨씬 광범위한 대상들에 적용되는 용어이다. 우리는 일상적으로 잘 달리는 말(馬)이나 잘 드는 칼을 보고 '말의 덕(德)'이나 '칼의 덕'을 논하지는 않지만, 고대 그리스인들은 '말의 아레테'와 '칼의 아레테'라는 표현을 자연스럽게 사용했다. 일

34 EN V 8, 1136a 1-5.

상어법에서 '아레테'는 일반적으로 '좋은 상태'를 가리키는 말이었다.

중요한 점은 아리스토텔레스가 '아레테'를 그 아레테를 지닌 사물의 기능과 연결시킨다는 점이다. '아레테'는 어떤 기능을 지닌 존재의 최상의 상태로 규정된다[19]. 이 규정에 따르면, 아레테를 지닌 존재는 제기능(ergon)을 잘 수행할 수 있는 상태에 있다. 가령, 눈의 기능은 보는 것이기 때문에 잘 보는 눈이 아레테를 지닌 눈이다. 따라서 인간에게 고유한 아레테가 있다면, 그것은 인간으로서 제기능을 할 수 있게 하여 인간을 좋은 인간으로 만드는 상태이다. 아래에서 우리가 다룰 아레테는 인간의 아레테이므로, 전통적인 번역에 따라 '덕'으로 옮겨도 자연스러울 것이다.

아리스토텔레스는 인간에게 고유한 기능이 무엇인지를 규명하기 위해 인간 영혼의 구조를 탐구한다. 그는 우선 인간의 영혼을 이성이 없는 부분(to alogon)과 이성적인 부분으로 양분한다. 이성이 없는 부분은 다시금 둘로 나눈다. 첫 번째 부분은 영양섭취와 생장에 관련된 식물혼(to phytikon)이다.[35] 이것은 모든 생물에게 공통되는 영혼이므로 '인간적인' 영혼의 목록에서 제외한다. 그는 '인간적인' 영혼을 이성적인 부분과 그 자체로는 이성적이지 않지만 이성에 순종할 수 있는 부분으로 나눈다.

아리스토텔레스는 인간적인 영혼의 이성적인 부분에 지적인(dianoetikê) 덕을 부여하고, 나머지 부분에 성격적(ethikê) 덕을 부여한다. 지적인 덕은 인간의 이성이 제기능을 발휘하는 것을 가능하게 하

35 EN I 13, 1102a 32-1102b 3; EE II 1, 1219b 36-39.

는 것으로 학문적 논증이나 직관적 통찰, 이해와 숙고 등에 관련된다. 성격의 덕은 욕구와 감정 및 행위에 관련된 비이성적 영혼의 성향, 즉 성격이 제기능을 할 수 있도록 해준다. 예를 들어, 절제는 쾌락에 대한 욕구에 관련되며, 용기는 두려움의 감정에 관련되며, 후함은 돈을 지출하는 행위에 관련된다.

그렇다면 이러한 덕은 어떻게 얻을 수 있는가? 아리스토텔레스는 지성의 덕은 주로 가르침을 받아서, 성격의 덕은 습관을 통해 얻게 된다고 답한다[20]. 특히 습관(ethos)이 성격(êthos)을 만든다는 점을 강조한다. 성격은 타고난 본성이 아니라 습관에 의해 형성된 성향, 즉 습성이다. 따라서 천성은 고칠 수 없지만, 성격은 원칙적으로 고칠 수 있다. 사실, 아리스토텔레스는 한번 굳어진 성격을 고치는 것은 거의 불가능에 가까울 정도로 어렵다고 여겼다.

아리스토텔레스는 근본적으로 변할 수 있는 성격의 특성에 주목하여 변화의 양극단을 악덕으로, 중간을 덕으로 규정했다. 성격의 덕은 지나치거나 모자라지 않는 최적의 중간이다. 예를 들어, 용기는 두려움에 관계하며, '마땅한 그래야할 방식으로'(hôs dei) 두려움과 관계를 맺는 성격적 태도이다. 그것은 두려움이 지나치거나 전혀 없는 것이 아니라 두려움을 적절히 가지는 성격을 가리킨다. 두려움이 지나친 자는 비겁한 사람이고 전혀 없는 자는 무모한 자이다.[36]

유사한 방식으로 온화는 전혀 화를 내지 않는 것이 아니라 상황에 따라 적적하게 화를 낼 줄 아는 성격을 가리킨다. 온화한 사람은

36 EN III 7, 1116a 4-7.

필요에 따라 화를 내되 결코 감정에 휘둘리지 않는다. 아무리 모욕을 당해도 화를 내지 않는 것은 '노예적인' 처사로 평가된다.[37] [21]

또한 아리스토텔레스는 자신을 지나치게 낮추는 것을 겸손의 미덕으로 보지 않았다. 오히려 자신이 지닌 긍정적인 가치를 제대로 평가할 줄 아는 '자부심' 또는 '긍지'(megalopsychia)를 덕으로 꼽았다. 자신을 지나치게 낮추는 소심함은 자신을 지나치게 높이는 허영심과 더불어 악덕으로 간주된다[22].

그런데 무엇이 지나치지도 않고 모자라지도 않는 최적의 중간인지 결정하는 것은 이성이고, 중간이란 바로 올바른 사고(orthos logos)가 명령하는 것이다. 성격의 덕은 이성의 명령에 따라 이성적으로 느끼고 행동할 수 있는 성향이다. 그러므로 성격의 덕을 갖추기 위해서는 이성이 올바로 작동해야 한다. 이처럼 성격을 올바로 인도하는 이성의 덕을 슬기(phronêsis)라고 부른다. 따라서 슬기 없이는 성격의 덕이 있을 수 없다. 슬기는 지적인 덕이지만, 성격의 덕과 더불어 성공적인 실천을 가능하게 하는 실천적인 덕이다.

덕과 기술의 유비

아리스토텔레스는 습관이 성격을 만든다고 한다.[38] 그렇다면 좋은 습관은 좋은 성격을 만들 것이다. 무엇인가에 습관을 들이기 위해서는 그것을 반복적으로 해야 한다. 즉 습관은 실습을 요구한다. 아리스토

---

37 이 점에서 아리스토텔레스의 중용론은 "오른 빰을 맞으면 왼 빰을 내주라"(마태복음 5: 39)는 예수의 가르침과는 거리가 멀다.

38 이와 관련해서 아리스토텔레스는 그리스어에서 성격을 뜻하는 'êthos'가 습관을 뜻하는 'ethos'에서 파생되었다는 어원설을 언급한다. Cf. EN II 1, 1103a 17-18.

텔레스는 성격의 덕을 획득하는 데 실습이 필요하다는 점에서 그것을 기술에 견준다. 마치 집을 잘 지음으로써 건축술을 습득하고, 악기를 잘 연주함으로써 명연주가가 될 수 있듯이, 정의로운 일을 행함으로써 정의를 획득하고, 용감한 일을 행함으로써 용기를 얻으며, 절제 있는 행위의 실행을 통해 절제 있는 사람이 된다. 이처럼 개별적인 행위들은 그에 상응하는 성향을 만들어낸다. 불의를 행하면서 불의한 사람이 되지 않기를 바라는 것이나, 무절제한 행위를 하면서 무절제한 사람이 되지 않기를 바라는 것은 말이 되지 않는다. 그러므로 유덕한 사람이 되기 위해서는 유덕한 행위를 실천해야 한다. 그것도 습관이 될 수 있도록 지속적으로 실천해야 하는 것이다[23].

그렇다면 유덕한 사람이 되기 전에 이미 유덕해야 된다는 말이 아닌가? 아직 유덕하지 못한 사람이 어떻게 유덕한 행위를 실천할 수 있을까? 만약 정의로운 일을 행하고 절제 있는 일을 행한다면 이미 정의로운 사람이고 절제 있는 사람이 아닌가? 아리스토텔레스에 따르면, 아직 유덕하지 못한 사람이 행하는 '유덕한' 행위는 행위자의 내면에 확고히 자리잡은 덕에서 우러나온 것이 아니므로, 완전한 의미에서 유덕한 행위는 아니다. 그것은 다만 같은 상황에서 유덕한 사람이 행할 법한 행위이다[24].

그렇다면 유덕한 사람이 행할 법한 행위가 무엇인지 어떻게 아는가? 이 물음에 대해 아리스토텔레스는 명확한 대답을 해주지 않는다. 하지만 그가 사용한 덕과 기술의 유비(analogy)를 연장하면 다음과 같은 설명이 가능할 것이다. 우선, 아리스토텔레스는 견습생이 훌륭한 기술자가 되기 위해서는 훌륭한 기술자, 즉 장인의 가르침을 받아야 하고, 스승을 모범으로 삼아 배운 것을 익혀야 한다고 여겼다.

이와 유사하게 유덕한 사람이 되기 위해서 우리는 유덕한 사람을 본받아야 한다고 생각할 수 있다. 가령, 정의로운 사람이 되기 위해서 이미 정의로운 사람이 행하는 바를 보고 배워야 하고, 절제 있는 사람이 되기 위해서는 절제 있는 사람이 행하는 바를 보고 배워야 한다. 그리고 보고 배운 것을 실행에 옮겨야 한다. 그리고 반복적인 실행에 의해 정의로운 행위와 절제 있는 행위가 몸에 배려면, 우리의 내면에 그러한 행위를 하는 성향이 자리잡는다. 그리하여 확고하게 자리잡은 안정된 성향이 바로 덕이다.

어떤 상황에서 장인이 할 법한 일이 무엇인지를 아는 것은 실제로 유사한 상황에서 어떤 장인이 무엇을 했는지 보고 배웠기 때문이다. 이와 마찬가지로 어떤 상황에서 유덕한 사람이 행할 법한 행위가 무엇인지를 알기 위해서는 그와 유사한 상황에서 유덕한 사람이 실제로 어떻게 행동하는지를 보고 배울 필요가 있다. 그러므로 유덕한 사람이 되기 위해서는 유덕한 사람을 직·간접적으로 경험할 필요가 있다. 장인이 장인을 길러내듯이, 유덕한 사람이 유덕한 사람을 길러내는 것이다.

유덕한 사람을 보고 배우는 학습의 시작은 모방이다. 마치 견습공이 처음에는 장인이 하는 대로 따라 하듯이 말이다. 우리는 유덕한 사람의 행위를 모방함으로써 유덕한 사람의 내면에 있는 덕에 접근할 수 있다. 물론, 우리의 유덕한 행위가 모방에 그친다면, 우리는 진정한 의미에서 유덕한 사람이 될 수 없다. 진정으로 유덕한 사람이 되기 위해서는 유덕한 사람이 하는 대로 따라 하는 것을 넘어서 그가 주어진 상황에서 왜 그렇게 하는지를 이해해야 한다. 나아가 다른 상황에서는 어떻게 할 것인지 유추할 수 있어야 한다. 그래야만 유덕한 타인에 의존하는 덕의 견습생에서 스스로 덕의 장인이 될 수 있다.

성격의 덕은 맹목적인 모방과 기계적인 반복학습으로 형성될 수 있는 것이 아니다. 왜냐하면 성격의 덕은 욕구와 감정 및 행위를 주어진 상황에 가장 적합하게 조절할 수 있는 유연성을 가지고 있기 때문이다. 그것은 변화하는 개별 상황에 감응할 수 있는 고감도(高感度) 성향이다. 앞서 언급했듯이, 무엇이 주어진 상황에서 최적이자 최선인지를 결정하는 것은 이성의 기능이다. 따라서 성격의 덕은 사태를 바라보는 영혼의 눈, 즉 이성이 올바로 기능할 때 비로소 생긴다. 그러므로 성격의 덕을 성취하기 위해서는 올바로 사고할 수 있는 슬기가 필요하다.

아리스토텔레스는 성격의 덕이 단순히 올바른 사고에 따르는 덕이 아니라 그것을 동반하는 덕임을 강조한다. 따라서 스스로 올바른 사고를 할 수 없는 사람은 엄밀한 의미에서 성격의 덕을 지닐 수 없다. 그러므로 모든 성격적 덕들은 슬기 없이는 있을 수 없다. 아리스토텔레스는 소크라테스가 이 점을 옳게 보았다고 평가한다. 하지만 소크라테스가 모든 덕들이 슬기(phronêsis)라고 생각한 점은 잘못이라고 비판한다[25].[39]

---

39 여기에서 아리스토텔레스는 소크라테스의 생각을 자신의 개념과 범주로 정리했다. 물론, 소크라테스는 아리스토텔레스의 슬기 개념이나 성격의 덕이라는 범주를 가지고 있지 않았다. 아리스토텔레스는 소크라테스로부터 '프로네시스'라는 용어를 물려받았지만, 다른 의미로 사용했다. 소크라테스에게 '프로네시스'는 좋음과 나쁨을 분별할 수 있는 지혜를 뜻하며, '소피아'와 혼용될 수 있었지만, 아리스토텔레스에게 '프로네시스'는 실천적 지혜를 가리키며, 이론적 지혜를 가리키는 '소피아'와 혼용될 수 없다. 소크라테스가 탐구했던 용기, 절제, 정의, 경건과 같은 덕들은 아리스토텔레스의 분류법에 따르면 성격의 덕에 해당하는데, 소크라테스는 분명 이 모든

슬기, 실천적 지혜

이제 슬기가 무엇인지 좀 더 자세히 살펴보자. 아리스토텔레스는 슬기가 무엇인지를 밝히기 위해 어떤 사람들이 슬기로운 사람(phronimos)으로 간주되는지에 주목한다. 그의 관찰에 따르면, 슬기로운 사람의 특징은 자신에게 좋고 유익한 것을 잘 숙고할 수 있다는 점이다. 그런데 슬기로운 사람은 특정 분야에 있어서 숙고를 잘 하는 사람이 아니라, 인생을 전체적으로 바라보면서 잘 살기 위해 무엇이 자신에게 좋고 유익한 것인지 잘 숙고할 수 있는 사람이다. 아리스토텔레스는 슬기로운 사람으로 페리클레스와 같은 정치가를 꼽는다[26].

그렇다면 잘 숙고한다는 것은 무엇을 의미하는가? 숙고(bouleusis)는 주어진 목적을 실현하기 위해 최선의 방법을 찾아가는 사고과정이다.[40] 우리는 달리 될 수 없는 필연적인 것에 대해서도 실현 불가능한 것을 위해서도 숙고하지 않는다. 숙고의 대상은 행하고 행하지 않고가 '우리에게 달린 것'(to eph'hêmin)이다. 또한 우리는 목적에 대해 숙고하는 것이 아니라 주어진 목적을 실현할 구체적 행위에 대해 숙고한다. 물론, 목적은 행위를 통해 성취할 수 있는 것이어야 한다. 슬기로운 사람은 건강이나 부와 같은 특정 목적을 위해 잘 숙고하는 사람이 아니라 궁극적이고 포괄적인 인생 목적, 즉 행복을 위해 무엇을 해야 할지 잘 숙고하는 사람이다.

것들이 지혜 없이는 진정한 덕이 아니라고 생각했다. 여러 개념의 변천에도 불구하고 아리스토텔레스는 이러한 소크라테스의 통찰을 자신의 이론 안에 보존하려고 한 것 같다.

40 EN 1227a 6-13. 숙고(bouleusis)와 소망(boulêsis)과 혼동하지 않도록 주의해야 한다. 소망은 목표를 설정하고, 숙고는 목표를 달성하기 위한 수단을 강구한다.

그런데 잘 숙고하기 위해서는 주어진 상황을 제대로 파악하는 것이 필요하다. 따라서 슬기로운 사람은 보편적인 지식과 함께 개별 사항을 파악할 수 있는 능력을 지녀야 한다. 예를 들어, 연한 고기가 소화가 잘 되고 건강에 좋다는 것은 알지만, 주어진 상황에서 어떤 것이 연한 고기인지 알지 못한다면 건강을 가져올 수 없을 것이다. 슈퍼마켓의 진열대에서 닭고기를 보고서 그것이 연한 고기인 줄 알아야 그것을 사서 먹게 될 것이다. 그렇지 않을 경우, 연한 고기가 건강에 좋다는 것을 아는 것보다 닭고기가 건강에 좋다는 것을 아는 것이 오히려 더 유익할 것이다[27].

숙고 과정은 어떤 목적이 주어지면 시작한다. 우리는 목적을 달성할 수단을 생각하고, 다시금 그 수단을 이루어줄 수단을 생각하며, 우리가 곧바로 실행할 수 있는 최종 수단을 발견할 때까지 계속해서 생각한다. 우리는 숙고의 결과 구체적 행위를 행하려는 욕망을 가지게 되는데, 이 욕망이 '선택'(prohairesis)이다. 이러한 '선택'은 숙고의 결과 생긴 욕망, 이른바 '숙고적 욕망'(orexis bouleutikê)이므로 숙고 과정을 전제하지 않는 자의적인 선택이나 결단과는 구분되어야 한다.[41]

아리스토텔레스는 슬기 없이 성격적 덕이 생길 수 없을 뿐만 아니라, 성격적 덕 없이는 슬기가 생길 수 없다고 주장한다. 슬기로운 사람은 기본적으로 잘 숙고하는 사람이고, 잘 숙고한다는 것은 주어진 목적을 달성할 수 있는 최선의 방법을 고안해낼 수 있다는 것이다. 그런데 숙고를 통해 이루고자 하는 목적이 올바르지 않다면, 숙고

41 EN VI 2, 1139a 23. 이어서 아리스토텔레스는 선택을 '욕망하는 지성'(orektikos nous) 또는 '사유하는 욕망'(dianoêtikê orexis)이라고 규정한다.(1139b 4-5)

의 결과 선택하게 될 행위도 올바르지 않을 것이다. 그러므로 훌륭한 행위의 선택이 있기 위해서는 올바른 목적이 세워져야 한다.

아리스토텔레스에 따르면, 행위의 목적을 올바르게 만들어주는 것이 바로 성격의 덕이다.[42] 행위의 최종 목적은 행복이지만, 행복을 위한 행위는 다층적이다. 우리는 여러 층위의 목적들을 추구한다. 그런데 탐욕이나 명예욕에 눈이 먼 사람은 좋은 것이 무엇인지 제대로 판단하지 못해서 잘못된 목적을 세우게 된다. 가령, 아가멤논처럼 탐욕과 쾌락 때문에 다른 사람의 몫을 가로채는 것을 목표로 삼을 수 있고, 아킬레우스처럼 명예욕과 분노 때문에 자신의 몫을 가로챈 자에게 복수하는 것을 목표로 삼을 수 있다.

그러나 성격의 덕은 상황마다 적합한 행동목표를 세울 수 있도록 올바른 방향을 제시해준다. 가령, 어려움에 처한 사람을 보았을 때 후함의 덕을 갖춘 사람은 마땅히 상대방을 도와야 한다고 생각하고, 상대방을 돕기 위한 최선의 방도를 찾을 것이다. 그러므로 주어진 상황에서 최선의 행위를 하기 위해서는 행위의 목표와 방향을 잡아줄 덕이 필요하다.

어떤 행위의 목표가 주어지면 그것을 달성하기 위해 무엇이 필요한지 숙고해야 한다. 영리함은 주어진 목표에 이르는 길을 잘 찾아내는 능력이라 할 수 있다. 따라서 슬기로운 사람은 영리해야 한다. 하지만 영리한(deinos) 사람이 곧 슬기로운 사람은 아니다. 영리하지만 잘못된 목표를 추구하는 사람은 교활한(panourgos) 사람이다. 슬기로

42 EN VI 12, 1144a 7-9.

운 사람은 올바른 목표를 영리하게 추구하는 사람이다. 그러므로 슬기로운 자는 성격의 덕을 지녀야 한다[28].

슬기는 분명 지적인 덕이지만 책상머리에 앉아 배울 수 있는 것이 아니다. 그것은 성공적 실천을 위해 필요한 지혜로서 성격의 덕과 마찬가지로 삶의 현장에서 실습을 통해 습득된다. 또한 실천에 관련된 구체적이고 개별적인 사항을 분별할 수 있는 지혜이므로 오랜 경험을 요구한다. 이런 이유로 아리스토텔레스는 아주 젊은 수학자는 있을 수 있지만, 아주 젊은 사람이 슬기로운 사람이 되기 어렵다고 주장한다.[43]

아리스토텔레스는 슬기와 성격의 덕처럼 실천에 관련된 덕이 기술과 유사하다고 여겼지만 동일하다고 생각한 것은 아니다. 실천적 활동은 앎이 아니라 함에 관련된다는 점에서 이론적 활동보다는 제작활동에 가깝다. 실천과 제작의 차이점은 활동의 목표가 활동 바깥에 있느냐 아니면 안에 있느냐에 있다. 제작활동은 무언가를 만드는 활동이므로 활동의 산물이 최종 목표라고 할 수 있다. 이에 비해 실천 활동은 잘 실천하는 것 외에 다른 목표가 없다.[44] 지적인 기술 가운데 실천에 관련된 것은 슬기이고 제작에 관련된 것은 기술이다. 이런 식으로 슬기는 기술과 구분된다.

나아가 실천적 지혜인 슬기는 이론적 지혜(sophia)로부터도 구분된다. 슬기는 기술과 마찬가지로 '달리 될 수 있는 것'을 대상으로 한다. 다만, 전자는 달리 행해질 수 있는 것을 다루고, 후자는 달리 만들

---

43 EN VI 8, 1142a 11-18.

44 EN VI 5, 1140b 6-7.

어질 수 있는 것을 다룬다. 이에 반해 이론적 지혜는 '달리 될 수 없는 것', 다시 말해 필연적인 진리의 영역을 탐구한다.

실천적 지혜와 이론적 지혜는 다루는 대상만 다른 것이 아니라 주체도 다르다. 아리스토텔레스는 인간의 이성을 기능에 따라 '학문적 인식을 하는 부분'(to epistêmonikon)과 '추론하는 부분'(to logistikon)으로 양분하는데, 전자의 기능은 영원하고 필연적인 대상에 대한 학문적 논증과 논증의 원리에 대한 직관적 통찰이고, 후자의 기능은 가변적인 대상에 대한 숙고와 추론이다. 이론적 지혜는 학문적 인식을 하는 이성의 덕이고, 실천적 지혜는 (기술과 더불어) 추론하는 이성의 덕이다.[45]

이와 같이 아리스토텔레스는 실천적 지혜를 이론적 지혜와 기술로부터 분리했고, 이를 통해 실천철학을 이론철학과 제작학으로부터 독립된 학문분야로 성립시킬 수 있었다. 특히 이론적 지혜와 실천적 지혜의 구분은 플라톤에 대한 비판이자 도전이라고 볼 수 있다. 플라톤은 그리스어 'sophia'와 'phronêsis'의 의미를 구분하지 않은 채 혼용했다. 『국가』에 등장하는 철인왕은 통합적인 지혜의 화신이라 할 수 있다. 플라톤의 이상국가를 다스리는 통치자는 산술, 기하, 천문, 화성 등 수학적 학문분야에서 이론적 훈련을 거친 후, 참된 존재의 인식을 위한 변증술까지 섭렵한 철학자이다. 그러나 아리스토텔레스에 따르면, 바른 정치에 필요한 지혜는 수학이나 변증술을 통해 배우는 것이 아니다. 따라서 훌륭한 정치가가 되기 위해서 수학이나 변증

45 EN VI 1, 1139a 5-14.

술을 배울 필요가 없다. 또한 영원하고 불변하는 존재의 영역을 탐구하는 철학자도 고단한 정치의 동굴로 내려올 필요가 없다.

덕을 위한 법

아리스토텔레스는 실천적 지혜 또는 슬기를 크게 개인 차원의 슬기, 가정경제 차원의 슬기와 국가 차원의 슬기로 세분한 후, 국가 차원의 슬기를 다시 입법적 슬기와 정치적 슬기로 구분하고, 다시 정치적 슬기를 심의적(bouleutikê) 슬기와 사법적(dikastikê) 슬기로 양분한다[29]. 앞서 보았듯이, 그는 무엇보다도 정치가의 입법 기능을 중시했다. 그에 따르면, 법의 기능은 덕을 장려하고 악덕을 억제하는 것이다. 이를 통해 법은 정치의 목적인 시민들의 행복에 기여할 수 있다.

물론, 소크라테스처럼 개인적 차원에서 시민들의 덕을 돌볼 수 있다. 하지만 아리스토텔레스는 법을 통한 국가적 차원의 돌봄이 소크라테스의 방법에 비해 다음과 같은 장점을 지닌다고 지적한다. “법은 특정한 슬기와 지성으로부터 나오는 말로서 강제력을 지닌다. 사람들은 자신들의 충동에 반대하는 사람들을, 설령 그들이 그렇게 반대하는 것이 옳다 하더라도 미워한다. 그러나 공정한 것을 명령하는 법은 미움을 받지 않는다.”[46] 이런 이유로 아리스토텔레스는 행복한 덕의 장인을 길러내는 일을 개인에게만 맡기지 않고 국가적 업무로, 다시 말해 정치공동체의 공적 프로젝트로 만든다.

아리스토텔레스는 법은 덕에 종사해야 한다고 믿었다. 제대로 된

46 EN X 9, 1180a 21-24.

법은 덕에 따라 살 것을 명하고 못됨을 금한다. 그래서 "법은 용감한 사람이 하는 일을 하라고 명한다. 가령, 전투 대열에서 이탈하지 말고, 도망치거나 무기를 버리지도 말라고 명한다. 또 절제 있는 사람이 하는 일을 하라고, 가령 간음하지 말고 오만하게 행동하지 말라고 명하며, 온화한 사람처럼 행하라고, 예를 들어 다른 사람을 때리거나 험담하지 말라고 명한다."[47]

그리스어 일상어법에서 법을 지키는 사람은 정의로운 사람이고, 어기는 사람은 불의한 사람이라고 불린다. 이러한 어법에 따라, 아리스토텔레스는 정의로운 사람이 법을 지킴으로써 각각의 덕을 활용하게 된다고 말한다. 이 맥락에서 정의(正義)는 모든 개별적인 덕들의 실현에서 성립하는 총체적인, 달리 말해 '완전한' 덕이다.[48] 여기에서 법에 따른다는 것은 정의롭다는 말과 상통한다. 단, 제대로 된 법일 경우에만 그렇다.

그러나 아리스토텔레스는 법 자체가 지닌 한계를 잘 인식하고 있었다. 법은 보편적 언명을 담고 있지만, 보편적 언명이 성립되지 않는 경우도 있기 때문이다. 이 경우에 입법자들은 항상 유효한 것이 아니라 대부분의 경우에 유효한 것을 법으로 제정한다. 이때 법이 적용되지 않는 개별 사례들이 생긴다. 이런 까닭에 아리스토텔레스는 무조

47 EN V 1, 1129b 19-23.

48 이러한 광의의 정의는 탐욕(pleonexia)에 반대되는 덕으로서의 협의의 정의와 구분된다. 협의의 정의는 탐욕의 대상이 되는 돈이나 명예와 같은 이익의 공평한 분배, 즉 공적(axia)에 따른 분배에서 성립하는 분배적 정의와 시민들 간의 상호 교섭, 가령 판매, 구매, 대부, 보증, 대여, 임대, 절도, 간통, 독살, 살인, 폭행, 위증, 명예훼손 등에서 발생하는 불의를 고치는 시정적 정의로 나뉜다.(EN V, 3-4)

건 법이 시키는 대로 해야만 한다고 주장하지 않는다. 오히려 법의 잘못을 바로잡아야 한다고 주장한다.

이처럼 법 규정에 집착하지 않고 원래 법이 실현하고자 한 정의의 정신에 입각해서 법을 바로잡을 수 있는 사람을 아리스토텔레스는 공정한(epieikês) 사람이라고 부른다. 아리스토텔레스는 정의의 핵심을 비례적 동등의 원칙에 따른 분배, 즉 각자에게 마땅히 돌아가야 할 몫을 나누어주는 것으로 파악했다. 공정한 사람은 각자 처한 상황의 특수성을 잘 파악하고 그에 맞게 대처할 수 있는 지적 유연성을 가진 자이다. 이런 점에서 공정성(epieikeia) 내지 형평성은 '법적인 정의'를 능가하는 정의라고 할 수 있다[30].

요컨대, 법은 유덕한 행위의 일반적인 지침밖에 제공하지 못한다. 오직 스스로 덕을 이해하고 소유한 사람만이 다른 사람들을 덕으로 끝까지 인도할 수 있다. 이것이 덕 교육에 있어 덕의 장인이 절실한 이유이다.

5. 지성의 아크로폴리스

지혜의 위계, 행복의 위계

아리스토텔레스는 슬기(phronesis) 개념을 실천적 지혜로 재정립함으로써 실천(praxis)을 자립적인 활동분야로, 실천철학을 독립적인 학문분야로 개척했다. 따라서 슬기가 아리스토텔레스 윤리학의 간판스타인 것은 놀랄 일이 아니다. 아리스토텔레스에 따르면, 잘 살고 싶다는 간절한 희망이나 잘 해보겠다는 착한 의지만으로는 행복할 수 없다.

행복하기 위해서는 어떻게 해야 잘 살고 잘 행할 수 있는지 알 수 있는 지혜가 필요하다. 이러한 실천적 지혜, 즉 슬기가 행복의 열쇠이다.

아리스토텔레스는 슬기가 행복을 위해 중요하다고 생각했지만, 가장 중요하다고 생각한 것은 아니다. 그는 『니코마코스 윤리학』에서 이론적 지혜(sophia)가 최고의 덕이고, 그것을 실현하는 관조(theôria)가 최고의 활동이며, 또 그 활동의 주체인 지성(nous)이 우리 안에 있는 능력 가운데 최고이며, 그것이 다루는 대상도 인식 대상 가운데 최고라고 주장한다. 이를 바탕으로 완전한 행복은 완전한 덕에 따르는 활동이라고 주장하면서, 그것이 이론적 지혜에 따르는 이론 활동, 즉 관조에서 성립한다고 주장한다. 이때 '완전한 덕'은 덕 전체가 아니라 오로지 최고의 덕만 지시한다[31].

이처럼 최고를 찾는 태도는 사물을 위계적으로 파악하는 사고방식과 깊이 연관되어 있다. 아리스토텔레스는 활동대상의 존엄성에 따라 활동의 존엄성이 달라지며 활동주체의 존엄성도 달라진다고 보았다. 그는 변하는 것보다 변치 않는 것을 더 나은 존재로 보았고, 전자를 다루는 실천적 활동보다 후자를 다루는 관조적 활동을 우월한 활동으로 간주했으며, 전자의 활동주체인 실천이성보다는 후자의 주체인 이론이성(to theôretikon), 즉 지성(nous)을 우위에 놓았다. 결국, 전자의 덕인 실천적 지혜보다 후자의 덕인 이론적 지혜를 우위에 놓게 된다.

아리스토텔레스에 따르면, 실천적 지혜는 명령하는 이성의 덕이지만, 이론적 지혜를 지배하거나 상위의 이성에게 명령을 내리지는 않는다. 실천적 지혜는 오히려 이론적 지혜를 위해 명령한다. 실천적 지혜가 이론적 지혜를 지배한다고 주장하는 것은 마치 "정치술이 나라 안에 있는 모든 것과 관련해서 명을 내리므로 신들까지 다스리고 있다"고 주장하는 것과 비슷하다[32].

나아가 아리스토텔레스는 이론적 지혜에 따라 활동하는 관조적 삶이 가장 행복한 삶이고, 실천적 덕에 따르는 삶은 두 번째로 행복한 삶이라고 주장한다. 이런 식으로 그는 행복한 삶의 방식을 관조적 삶(bios theôrêtikos: vita contemplativa)과 실천적 삶(bios praktikos: vita activa)으로 양분하고 위계화한다. 실천적 삶을 통해 성취되는 행복은 제2의 행복이자, 관조적 삶에서 실현되는 '신적인' 행복에 비해 '인간적인' 행복으로 평가된다[33].

이렇듯 아리스토텔레스는 존재의 위계, 영혼의 위계, 이성의 위계, 심지어 행복의 위계까지 세우려고 했다. 이러한 사고방식을 현대의 독자들은 받아들이기 어려울 것이다. 왜 아리스토텔레스는 차이를 말하는 데 그치지 않고 위계를 말했을까? 왜 다양한 삶의 형태를 동등하게 인정하지 않고 하나의 잣대로 평가하려고 했을까? 아마도 아리스토텔레스는 자신이 탐구하는 분야마다 하나의 통일적인 질서를 찾으려고 한 것 같다. 이러한 태도는 탐구대상을 체계적으로 이해하고자 하는 시도에서 나온 것으로 보인다. 이런 과정에서 아리스토텔레스의 행복론도 인간 삶을 체계적으로 이해하려는 하나의 시도로 받아들일 수 있다.

신을 닮은 인간

아리스토텔레스는 자신의 정치학이 인간적인 좋음을 추구하는 인간적인 학문이라고 밝혔다. 그러나 그가 발견한 완전한 행복, 최고의 행복은 인간적이라기보다는 오히려 신적인 좋음에 가까워 보인다.

그 역시 그러한 행복이 가능한 것은 인간 안에 신적인 요소, 즉 지성(nous)이 있기 때문이라고 말한다. 이러한 시각에서 그는 다음과 같이 웅변한다. "그러므로 만약 지성이 인간에 비해 신적인 것이라면, 지성을 따르는 삶 또한 인간적인 삶에 비해 신적이다. 그러나 '인간이니 인간적인 것을 생각하라' 혹은 '죽을 수밖에 없는 운명이니 죽을 수밖에 없는 것을 생각하라'고 권고하는 사람들을 따르지 말고, 오히려 우리의 힘이 닿는 한 불사의 존재가 되도록, 또 우리 안에 있는 가장 훌륭한 것에 따라 살기 위해 온갖 노력을 기울여야 한다."[49]

왜 그래야 하는가? 아리스토텔레스는 우리 안에 있는 가장 신적인 것, 즉 지성이야말로 우리 자신이기 때문이라고 본다. 신적인 지성이 인간의 진정한 자아라는 말이다. "사실, 각자에게 고유한 것이 본성적으로 각자에게 가장 좋고 가장 즐거운 것이다. 따라서 무엇보다도 지성이 '인간'인 한, 인간에게도 지성에 따르는 삶이 가장 좋고 가장 즐거운 것이다. 그러므로 이 삶이 가장 행복한 삶이기도 하다."[50] 이제 인간은 더 이상 신에 대비되는 존재가 아니다. 인간은 신처럼 행복할 수 있다. 인간은 신을 닮은 존재이다. 단, 가능적으로 그렇다. 현실적으로 신을 닮기 위해서는 우리가 지닌 가능성을 최대한 실현하도록 노력해야 한다.

영원불변의 존재를 인식하는 지성은 인간을 구성하는 요소 가운데 가장 신적인 요소로 간주된다. 아리스토텔레스에게 영원불변성은 신성의 특징이다. 따라서 지성은 신적인 존재를 관조한다는 점에서

---

49 EN X 7, 1177b 30-34.

50 EN X 7, 1178a 5-8.

신성에 참여한다고 볼 수 있다. 또한 아리스토텔레스에게 신은 자족적인 존재이다. 그런데 지성은 우리 안에 있는 능력 가운데 가장 자족적이다. 다시 말해 우리는 지성의 관조적 활동을 위해 타인이나 외부조건에 가장 덜 의존한다. 이론적 지혜를 지닌 사람은 혼자서도 지성만 가지고 관조할 수 있지만, 실천적 덕에 따라 활동하기 위해서는 활동 상대가 되는 사람이나 협력할 사람, 활동 경비와 수단이 필요하다[34].

결국, 아리스토텔레스가 생각하는 가장 행복한 사람은 그가 생각하는 신(神)을 가장 많이 닮은 사람으로 드러난다. 그의 신은 세상을 돌보느라 바쁜 신이 아니다. 우주의 맨 바깥에서 영원한 진리를 관조하는 신적인 지성이다. 이 신은 최상의 활동에 따르는 최상의 열락을 누리는 지복의 존재이다. 아리스토텔레스는 전장에서 용감하게 싸우는 군인이나 시정활동으로 부산한 정치가가 아니라, 마음의 평화와 시간적 여유를 가지고 영원한 진리를 추구하는 철학자에게 인간이 도달할 수 있는 최고의 행복이 주어질 수 있다고 생각했다.

그러나 인간은 홀로 관조만 하며 살 수 있는 신이 아니다. 인간은 인간인 한, 다른 사람들과 함께 사회를 이루고 사는 한, 그에 따른 '인간노릇'도 해야 한다. 그러므로 이미 신적인 관조에 도달한 사람도 실천적 덕에 따른 활동을 택할 것이다. 이를 위해 외적 자원도 필요할 것이다. 아리스토텔레스가 지적한 것처럼, 위대하고 고귀한 실천일수록 더 많은 외적 자원이 필요할 수 있다.[51] 하지만 그에 앞서 우

51 EN X 8, 1178b 1-7.

선 먹고 살아야 한다. 육체의 건강도 보살펴야 하고 그 밖에 여러 가지 보살핌이 필요하다. 인간은 신처럼 자족적이지 않다. 이런 관점에서 개인의 행복이 가정경제나 정치체제의 뒷받침 없이는 있을 수 없을 것이라는 아리스토텔레스의 판단은 타당하다.

아리스토텔레스는 정치학이 한 정치공동체의 삶을 설계하는 '건축학적인'(architektonikê) 학문이라고 여겼다. 정치학은 시민들이 어떤 기술이나 학문을 얼마나 배워야 하는지 정해주는 역할도 맡고 있으므로, 이를 위해서는 모든 기술과 학문이 추구하는 목적들의 연관관계와 종속관계를 체계적으로 파악해야 한다. 정치학의 목적은 여타 목적들을 포괄하고 지배하는 최종 목적이어야 한다. 아리스토텔레스는 그것을 행복이라고 주장했고, 그의 정치학은 행복을 목적으로 정치공동체를 설계했다.

아리스토텔레스가 설계한 국가(polis)의 행복은 실천적 덕에 따르는 활동뿐만 아니라, 그것보다 더 나은 이론적 지혜에 따른 활동도 포함된다. 아마도 아리스토텔레스는 관조적 활동의 존재가 정치공동체의 높은 문명 수준을 보여준다고 생각했을 것이다. 만약 그가 설계한 국가에 인간사를 초월한 신적인 행복의 경지를 누리는 국민이 생긴다면, 그는 인간 최고의 가능성을 실현하는 사람을 배출할 수 있는 국가의 역량에 대해 자부심을 느꼈을 것이다.

정신적 귀족

아리스토텔레스는 『에우데모스 윤리학』에서 약간 다른 행복관을 제시한다. 그는 '완전한' 행복은 총체적인 덕의 실현에 있다고 주장하면서, 덕의 일부의 실현이 아니라 이론적 지혜를 포함한 덕 전체의 실현을 옹호한다[35]. 따라서 행복한 사람은 지성의 덕과 성격의 덕을 겸비한 사람이다. 하지만 여기에서도 덕의 위계는 발견된다. 실천적 지혜와 함께 성격의 덕은 이론적 지혜 아래에 있다. 행복한 삶의 방향을 결정하는 것은 관조적 활동이다. 실천적 활동은 관조적 활동에 종속된다. 이러한 삶은 종국적으로 『니코마코스 윤리학』에서 말하는 관조적 삶에 가까워 보인다. 왜냐하면 관조적인 삶을 사는 사람도 사람인 한 실천적인 덕에 따라 활동하기 때문이다.

지성의 덕과 성격의 덕을 모두 요구하는 '완전한' 행복은 정치공동체 구성원이 널리 향유할 수 있는 것이 아니라, 소수의 유덕자들만이 누릴 수 있는 특권적인 삶일 것이다. 그렇다면 아리스토텔레스가 제시하는 행복의 길은 많은 사람들이 갈 수 있는 넓은 길이 아니라 좁은 길인 셈이다. 그 길은 좁을 뿐만 아니라 험하고 길다. 따라서 길은 누구에게나 열려 있지만, 누구나 끝까지 통과할 수 있는 것은 아니다. 행복에는 지름길이 없다. 덕은 땀을 요구한다. 그래서 모든 고귀한 것은 힘든 것일 뿐만 아니라 드물다.

아리스토텔레스는 지성의 덕과 성격의 덕 전체를 포괄한 총체적인 덕을 '아름답고도 좋음'(kalokagathia)이라고 칭했다.[52] 이 용어는 원래 귀족적 특성을 가리켰다. 이제 '아름답고도 좋음'은 더 이상 신분상의 귀족이 아니라 정신의 귀족에게 속하게 된 것이다. 아리스토텔레스는 이러한 '정신적 귀족들'의 자리를 폴리스 안에 마련하고자 한 것으로 보인다. 그리고 그들에게 정치적 삶의 '동굴'로 내려오길 요구

52 EE VIII 1, 1248b 9-13.

하기보다는 시민들에게 그들의 신적인 관조활동을 지지해주길 기대한 것으로 보인다.

사실, 이미 이론적 지혜를 지닌 사람의 관조적 활동은 가장 자족적인 활동일 수 있지만, 그러한 지혜의 획득을 위해서는 우수한 교육여건이 마련되어야 하고 시간적·물질적 여유가 뒷받침되어야 한다. 인간의 활동 가운데 관조적 활동은 도시 내에 건립된 신전에 비유될 수 있다. 아리스토텔레스의 철학자는 복자(福者)의 섬으로 떠나는 대신 도시의 맨 꼭대기, 아크로폴리스로 올라갔다고 할 수 있다. 아크로폴리스에 자리잡은 신전은 신성한 곳이지만, 인간이 만든 인간의 작품이다.

자기애에 기초한 친애의 공동체

아리스토텔레스가 설계한 정치공동체는 행복이라는 공동의 프로젝트를 추진하는 시민들로 이루어져 있다. 정치공동체의 행복은 공동체 구성원들 각자의 행복으로 이루어진다. 따라서 그것은 특정 계층의 전유물일 수 없다. 아리스토텔레스는 모든 구성원들이 완전하고 신적인 행복을 달성할 수 있다고 믿지는 않았지만, 인간인 이상 '인간적인' 행복에 도전해볼 만하다고 여겼다.

행복이 각자에게 맡겨진 개인사에 그치지 않고, 구성원들의 공동 관심사인 곳에서는 행복의 내용과 실현방법에 대한 합의가 필요할 것이다. 그렇기 때문에 아리스토텔레스의 '행복의 나라'는 구성원들 간의 투쟁보다 화합을 중시한다. 그곳에서는 개인들 간의 이해관계를 조정하는 정의(正義)보다 공동체 구성원들의 친애와 연대가 강조된다. 이러한 친애의 공동체는 자기 이익만을 도모하는 타산적인 개인들의 집합체가 아니다. 그렇다고 해서 아리스토텔레스가 이타적인 공동체를 구상한 것도 아니다. 오히려 그는 개인들이 진정한 자기애에 기초한 친애를 형성하길 원했다.

아리스토텔레스에 따르면, 소위 '이기적인'(philautos) 사람은 사실상 자기를 사랑할 줄 모르는 사람이다. 사람들은 대체로 돈이나 명예 또는 육체적 쾌락에서 더 많은 몫을 차지하려는 사람을 이기적이라고 비난한다. 많은 이들은 그러한 것들을 가장 좋은 것이라고 여기며 추구한다. 문제는 그러한 것들은 누군가 가지면 가진 만큼 다른 누군가는 가질 수 없기 때문에 쟁탈의 대상이 된다는 사실이다[36].

그러한 쟁탈전에서 승리하는 것이 과연 우리 자신을 위한 것일까? 아리스토텔레스는 아니라고 생각한다. 그는 진정으로 자신을 사랑하고 위하는 사람은 자신에게 고귀한 것, 그의 표현에 따르면 '아름다운 것'(to kalon)을 더 많이 나누어주는 사람이라고 주장한다. 그리하여 진정한 자기애를 가진 사람은 아름다운 사람, 다시 말해 유덕한 사람이 된다. 유덕자는 자신에게 고귀한 것을 부여하기 위해 돈도 명예도 쾌락도, 한마디로 쟁탈의 대상이 되는 것들을 내놓을 것이다[37].

아리스토텔레스는 모든 사람들이 고귀한 것을 놓고 서로 경쟁하는 공동체를 떠올려본다. 그곳에서는 덕을 성취하기 위한 선의의 경쟁이 펼쳐질 것이다[38]. 덕은 한 사람이 가지면 그만큼 다른 사람이 가질 수 없는 것이 아니다. 덕은 사람들이 얼마든지 함께 나누어가질 수 있는 것이다. 서로 경쟁적으로 덕을 추구하면서 자신을 위함과 동시에 남을 위하는 것, 이러한 삶의 양식이 아리스토텔레스의 정치학이 구상한 행복공동체의 근본 윤리(倫理)이다.

6. 나가는 말

다시 라파엘로가 그린 '아테네 학당'으로 되돌아가자. 학당의 중앙에는 플라톤과 아리스토텔레스가 나란히 서 있다. 이 그림은 르네상스 시대의 지식인들이 두 그리스 철학자들을 어떻게 바라보았는지를 보여준다. 그들의 플라톤은 하늘을 보라고 말하고, 그들의 아리스토텔레스는 땅을 가리킨다. 자세히 보면, 플라톤은 우주론을 다룬 『티마이오스』를, 아리스토텔레스는 '윤리학'이라고 적힌 책을 들고 있다. 플라톤이 사람 사는 일에는 아무런 관심 없이 하늘만 쳐다본 것이 아니듯이, 아리스토텔레스도 천체의 운행을 비롯한 대자연의 이법은 외면하고 오로지 이 땅위의 인간사에만 매여 있었던 것은 아니다. 실제로 중세 스콜라주의는 아리스토텔레스 철학에서 자연학과 형이상학과 같은 이론 철학에 지대한 관심을 보였다. 하지만 르네상스 시대에는 플라톤의 형이상학적 우주론이 재조명되면서 아리스토텔레스의 이론 철학에 대한 관심은 저하되었고, 그 대신 그의 실천 철학이 주목받는다. 라파엘로는 이러한 르네상스 시대의 관점에서 아리스토텔레스에게 이 땅의 윤리적 실천에 관심을 기울인 '현실주의적' 철학자라는 이미지를 부여한 것으로 보인다.

사실상, 플라톤과 아리스토텔레스는 모두 윤리적 문제에 관심을 가졌다. 플라톤은 윤리적 상대주의에 대항하기 위해 덕을 객관적이고 보편적인 가치로 내세웠고 좋음의 이데아를 모든 가치의 절대적인 척도로 상정했다. 이런 의미에서 플라톤은 윤리학은 이 땅이 아니라, 저 하늘 너머에 뿌리를 두고 있다고 할 수 있다. 이에 비해 아리스토텔레스의 윤리학은 이 땅에 사는 인간 속에 뿌리를 내리고 있다.

아리스토텔레스는 윤리학이 '인간적인 것에 관한 철학'임을 강조한다. 그에게 '인간적인 것'은 변화와 우연이 개입하는 영역으로 영원불변하는 필연이 지배하는 '신적인 것'과 대조를 이룬다. 그는 윤리학이 탐구하는 '좋음' 또한 인간적인 좋음이며, 그것이 곧 행복이라고 주장한다. 행복은 인간이 본성적으로 추구하는 목적이라는 점에서 인간적인 좋음이라는 말이다. 플라톤은 인간의 윤리를 자연의 총체적 질서 속에서 파악하고자 했지만, 아리스토텔레스는 그것을 인간의 고유한 본성에 의거해서 해명하고자 했다. 이런 식으로 아리스토텔레스의 철학에서 윤리학은 고유한 학문 대상과 방법을 지닌 독립적인 분과로 자리 잡는다.

아리스토텔레스는 행복하기 위해서는 인간의 고유한 본성, 즉 이성을 제대로 발휘하면서 살아야 한다고 주장했다. 그는 덕을 한 사물이 제기능을 수행하기에 최적인 상태로 규정하고, 인간의 본질을 이성으로 간주한 점에서 소크라테스와 플라톤이 수립한 고대 덕윤리의 기본틀을 고스란히 계승했다. 하지만 그는 덕윤리를 체계화하면서 선배들과는 다른 입장을 취하기도 한다. 그는 모든 덕을 일종의 앎, 다시 말해 지성의 탁월성으로 간주한 소크라테스의 지성주의를 비판하면서, 덕을 지성의 덕과 성격의 덕으로 양분했다. 그에 따르면, 성격의 덕은 감정과 행위에 있어 지나치지도 모자라지도 않는 중용에서 성립하고, 이러한 중용에 이르기 위해서는 실천과 연습이 필요하다. 물론, 성격의 덕은 올바른 사고가 없으면 완성될 수 없다. 이 점에서 성격의 덕은 지성의 덕, 보다 정확히 말해 실천적 지혜를 요구한다. 아리스토텔레스는 플라톤과 달리 실천적 지혜와 이론적 지혜를 구분했다. 그에 따르면, 정치가는 실천적 지혜를 얻기 위해 이론 철학을 배울 필요가 없고, 형이상학이나 자연학을 연구하는 철학자는 더 이상 '정치의 동굴'로 내려올 필요가 없다. 이런 식으로 철인왕의 이상은 포기된 것이 아니라 파기된다.

그러나 아리스토텔레스는 정치의 목적이 시민들의 행복이며, 이 목적의 달성을 위해 정치가는 무엇보다도 시민들의 덕을 돌보아야 한다고 생각한 점에서 플라톤의 정치학적 입장을 계승했다. 아리스토텔레스는 처음부터 윤리학을 정치학의 일부로서, 아니 정치학으로서 구상했다. 그에게 인간이란 본성적으로 정치적 존재, 다시 말해 정치공동체(polis)를 이루고 사는 존재이다. 이처럼 그는 인간으로서의 정체성을 정치공동체의 구성원, 즉 시민(politês)으로서의 정체성과 분리하여 생각하지 않았다. 그의 정치학이 추구하는 최고선은 정치공동체의 울타리 안에서 시민으로서 살아가는 인간이 추구하는 행복이다.

아리스토텔레스는 정치학이 인간적인 것에 관한 철학이고, 그러한 철학이 추구하는 좋음은 인간적인 좋음, 곧 행복이라고 말했지만, 인간이 누릴 수 있는 최고의 행복은 어떤 신적인 것이라고 인정했다. 그에 따르면, 인간은 신은 아니지만, 어떤 신적인 요소를 가진 존재이다. 인간의 본질은 이성이지만, 인간 이성은 '너무나 인간적인 일'만 생각하는 것이 아니라 정녕 신적인 것, 영원불변의 영역을 인식할 수 있다. 그러한 신적인 것을 인식할 수 있는 이성 또는 지성이 인간의 신적인 요소이다. 아리스토텔레스는 그러한 지성의 이론적 활동에 인간이 도달할 수 있는 최상의 행복이 놓여 있다고 보았다. 그는 고립된 개인의 행복이 아니라 함께 사는 시민의 행복을 찾았다. 그런데 그가 찾은 가장 행복한 시민은 철학자이고, 행복한 철학자는 가장 자족적이다. 하지만 그는 홀로 연구하는 고독한 철학자가 아니라 함께 연구하는 철학자가 더 행복하다고 보았다.

실제로 아리스토텔레스는 그가 생각한 최상의 행복을 추구하며 살았던 것 같다. 그는 철학의 중심지 아테네에서, 그것도 당대 최고의 학문공동체들에서 (플라톤이 세운 아카데미와 자신이 세운 뤼케이온에서) 다른 철학자들과 함께 연구하는 행복을 누렸다. 그러나 그는 어려서 유학길에 오른 후 평생 외국인으로 살았기 때문에 시민으로서 누리는 행복은 맛보지 못했다. 기원전 323년 알렉산드로스 대왕이 죽고, 아테네에 반(反)마케도니아 정서가 강해지자 마케도니아 왕실과 인연이 있었던 아리스토텔레스는 에우보이아의 칼키스로 떠났고 이듬해 그곳에서 죽는다. 그의 죽음과 함께 고대 그리스의 고전기는 종말을 고하고, 이어서 헬레니즘 시대가 펼쳐진다. 아리스토텔레스는 그리스의 소규모 자치 국가들이 거대한 마케도니아 왕국에 복속되어 가는 것을 목도해야만 했지만, '폴리스'라는 형태의 작은 정치공동체가 그 구성원들에게 행복의 장이 될 수 있다는 희망은 끝내 버리지 않았다.

7. 원전 읽기

여기에 제시된 인용문들은 다음과 같은 그리스어 원문의 편집본에서 발췌·번역한 것이다. 『니코마코스 윤리학』(이하 EN으로 표기): *Aristotelis Ethica Nicoma-chea*, ed. I. Bywater, Oxford, 1984; 『에우데모스 윤리학』(이하 EE로 표기): *Aristotelis Ethica Evdemia*, ed. R. R. Walzer, J. M. Mingay, Oxford, 1991; 『영혼론』(이하 DA로 표기): *Aristotle: De Anima*, ed. D. Ross, Oxford, 1961; 『동물운동론』(이하 MA로 표기): *Aristotle's De Motu Ani-malium*, ed. M. C. Nussbaum, Princeton, 1978.

『니코마코스 윤리학』의 경우 이창우·김재홍·강상진의 번역(길, 2014)을 참조했고, 『에우데모스 윤리학』의 경우 송유레의 번역(한길사, 2012)을 인용했다.

[1] 정치학과 인간적인 좋음

실로 만약 행할 것들 가운데 우리가 그 자체 때문에 [행하길] 바라는 어떤 목적이 있고, 다른 것들은 그것 때문에 [행하길] 바라는 것이며, 모든 것을 다른 것 때문에 택하는 것이 아니라면 (그렇지 않다면 무한 퇴행이 일어날 것이며 [우리의] 욕망(orexis)은 공허해질 것이다), 그것이 좋음이자 가장 좋음이라는 사실이 분명하다. 그러니 그것에 대한 인식이 우리의 삶에 큰 영향을 끼치지 않겠는가? 마치 목표를 지닌 궁수처럼 마땅히 행해야 할 바를 더 잘 적중하지 않겠는가? 그렇다면 우리는 적어도 개략적으로나마 과연 그것이 무엇인지, 또 어떤 학문이나 능력에 관련된 것인지 파악하도록 노력해야 한다. 그런데 그것은 으뜸 학문이자 '가장 건축학적인'[53] 학문에 속하는 것으로 보인다. 정치학(politikê)이 그러한 학문인 것으로 드러난다. 사실, 나라에 어떤 학문들이 필요하고 각자가 어떤 학문을 어디까지 배워야 하는지를 정치학이 규정하니 말이다. 한편, 우리는 전술, 가정경제학, 수사학과 같이 가장 영예로운 능력들도 정치학 아래에 놓여 있음을 본다. 다른 한편, 정치학은 나머지 [실천적인] 학문들을 이용하고, 나아가 무엇을 행해야 하고 무엇을 삼가야 하는지를 입법하기 때문에, 그것의 목적은 다른 학문들의 목적을 포함할 것이며, 그리하여 정치학의 목적은 '인간적인 좋음'이 될 것이다.(EN I 2, 1094a 18-b 7)

[2] 덕은 타고난 능력이 아니다

나아가 우리에게 본성적으로 생기는 것들은 먼저 그것들의 능력(dynamis)을 제공받고 나중에 활동(energeia)을 부여받는다. 이것은 감각의 경우에 분명하다. 사실상, 우리는 자주 보거나 자주 들음으로써

53 아리스토텔레스는 건축물의 구조와 용도—형상인과 목적인—를 알고, 그 앎에 기반해 건축물을 설계하고 건축 과정을 감독, 지휘하는 건축가(architektôn)와 집을 직접 짓는 목수 내지 일꾼을 구분하였으며, 이에 상응하여 '건축학적(architektonikê) 학문들'과 하위의 학문들을 구분한다.(『자연학』, II 2, 194a 36; 『형이상학』, A 1, 981a 30f.; Δ 1, 1013a 14; 『정치학』, VII 3, 1325b 23 참조; 플라톤, 『정치가』, 259e; 305e)

감각능력을 획득하는 것이 아니다. 반대로 감각능력을 가지고 있기 때문에 사용했지, 그것을 사용했기 때문에 가지게 된 것이 아니다. 그러나 덕들은 여러 기술들의 경우와 마찬가지로 먼저 활동함으로써 얻게 된다. 만들기 위해 필요한 것들을 배우는 자는 그것들을 만들면서 배우기 때문이다. 마치 집을 지으면서 건축가가 되고, 기타라[54]를 연주하면서 기타라 연주자가 되듯이 말이다.(EN II 1, 1103a 26-34)

[3] 인간의 고유 기능

A. 피리 연주자와 조각가, 그리고 모든 기술자(technitês)[55]에게, 그리고 일반적으로 어떤 기능(ergon) 내지 실천(praxis)을 가진 존재에게 그것의 '좋음'(t'agathon)과 '잘'(to eu)은 기능에 놓여 있는 것으로 보인다. 인간에게도 그러한 것으로 보인다. 그에게 어떤 기능이 있는 한 말이다. 그러니까 목수와 제화공에게는 어떤 기능과 실천이 있지만, 인간은 아무 기능도 없이 한가한(argos) 존재로 태어났을까? 아니면 누군가는 눈과 손, 발 그리고 일반적으로 신체의 각 부분에 어떤 기능이 있듯이 그렇게 인간에게도 이 모든 기능들 외에 어떤 기능이 있다고 상정할 수 있을까? 그렇다면 그것은 진정 도대체 무엇일까? 사실, 산다는 것은 식물에게도 공통되는 것으로 보이지만, 우리가 찾는 것은 인간에게 고유한 것이다. 그러므로 영양섭취와 생장을 할 수 있는 삶은 제외해야 한다. 다음으로 일종의 감각능력이 있는 삶이 따라오지만, 이것 또한 말과

54 고대 그리스의 현악기 일종.

55 여기에서 그리스어 'technitês'는 예술가를 포함한 광의의 기술자를 의미한다.

소, 모든 동물들에 공통된 삶으로 보인다.(EN I 7, 1097b 25-1098a 3)

B. 그러므로 모든 덕은 그 무엇의 덕이든 그것을 좋은 상태에 있도록 만들고, 그것의 기능을 잘 수행하도록 한다고 말해야 한다. 가령, 눈의 덕은 눈과 눈의 기능을 훌륭하게(spoudaion) 만든다. 왜냐하면 우리는 눈의 덕에 의해 잘 보기 때문이다. 마찬가지로 말(馬)의 덕은 말을 훌륭하게 만들어서 달리기와 운송하기, 적에 맞서기에 좋게(agathon) 만든다.[56] 실로 모든 경우가 이와 같다면, 인간의 덕 또한 인간을 좋게 만들며 제기능을 잘 수행할 수 있게 만드는 성향(hexis)일 것이다.(EN II 6, 1106a 15-23)

[4] 두 가지 인간적인 덕

우리가 인간적인 덕을 탐구하고 있으므로, 영혼의 두 부분이 이성에 참여한다고 가정해보자. 하지만 둘 다 동일한 방식으로 이성에 참여하는 것이 아니라, 본성상 하나는 명령을 내리고 다른 하나는 순종하고 말을 듣는다고 하자. … 설령 영혼에 어떤 다른 부분, 예컨대 식물혼이 있다 하더라도 그것은 논의에서 제외된다. 우리가 [위에서] 언급한 부분들은 인간적인 영혼에 고유하니 말이다. 그런 이유로 영양섭취능력과 생장능력의 덕들 역시 인간에게 고유하지 않다. 사실, 인간이 인간인 한, 그에게는 사고(思考)가 (다스리는) 원리로서 내재하며, (수단이 아니라 자격) 실천도 존재해야 한다. 그런데 사고는 사고를 다

56 달리기와 운송하기, 적에 맞서기 등 말의 기능을 향상시킨다는 뜻이다.

스리는 것이 아니라 욕망과 감정을 다스린다. 그러므로 반드시 그러한 부분들을 가져야만 한다.(EE II 1, 1219b 27-1220a 2)

[5] 행복은 덕의 소유가 아니라 활용이다

물론, 우리는 행복이 성향(hexis)이 아니라고 말했다. 그 경우 평생토록 잠만 자면서 식물 같은 삶을 사는 사람도, 큰 비운을 겪고 있는 사람도 행복할 수 있을 테니까 말이다.[57] 만약 이것들로 만족하지 않고, 앞에서 말했던 것과 같이 행복을 어떤 활동으로 놓아야 한다면, 또 활동 가운데 일부는 필수적인 것이고, 즉 다른 것 때문에 선택되고, 일부는 그 자체로 선택된다면, 행복은 분명 다른 것 때문이 아니라 그 자체로서 선택되는 것들 가운데 하나로 상정되어야 한다. 왜냐하면 행복은 아무것도 부족하지 않고 자족적인 것이기 때문이다. 활동은 그것으로부터 활동 외에 다른 어떤 것도 추구되지 않을 때 그 자체로 선택된다. 그런데 덕에 따르는 실천이 바로 그러한 것으로 보인다.(EN X 6, 1176a 33-1176b 7)

[6] 행복의 내용과 조건

A. 그렇지만 우리가 앞서 말한 바와 같이, 행복은 분명 외적인 좋음도 추가로 필요로 한다. 아무런 자원 없이 아름다운 일을 행한다는 것은 불가능하거나 쉽지 않으니 말이다. 사실, 많은 일은, 마치

---

57 식물같이 잠만 자거나 비운을 겪는 사람도 특정 '성향'은 가질 수 있다는 생각이 전제되어 있다. 아리스토텔레스는 덕을 영혼이 지니는 일종의 성향이라고 보았다. 하지만 그는 덕을 가지고 있지만 활용하지 않는 사람은 행복하다고 여기지 않았다.

도구를 통해 행하듯이, 친구들과 부와 정치권력을 통해 행한다. 어떤 것들은 부족하면 지복(至福)을 더럽히는데, 좋은 집안과 훌륭한 자손 그리고 준수한 외모를 예로 들 수 있다. 왜냐하면 아주 추한 꼴이나 천한 출신이거나 홀로 살거나 무자식인 자는 전혀 행복할 수 없기 때문이다. 하지만 아마도 아주 나쁜 자식들이나 친구들만 있는 사람이나 좋은 자식들과 친구들이 죽었다면, 더욱 더 그럴 것이다.(EN I 8, 1099a 32-b 6)

B. 왜냐하면 건강하기 위해 없어서는 안 되는 것과 건강함은 동일하지 않기 때문이다. 그리고 많은 경우에도 이와 마찬가지다. 그래서 아름답게 사는 것과 아름답게 살기 위해 없어서는 안 되는 것은 다르다. 그런데 후자에 속하는 것들 가운데 일부는 건강과 아름다운 삶에 고유하지 않고, 말하자면 모든 것들, 즉 모든 성향과 행위에 공통된다. 예컨대, 숨을 쉬거나 깨어 있거나 또는 운동에 참여하지 않고서는 우리에게 어떤 좋은 것도 나쁜 것도 속할 수는 없을 것이다. 반면에 [후자에 속하는 것들 가운데] 다른 일부는 오히려 개별 대상에 고유하다. 이 점을 간과해서는 안 된다. 육식과 식후의 산책은 앞서 언급된 것들과는 동일하지 않은 방식으로 몸이 좋은 상태를 가지는 데 고유하니까 말이다. 사실, 이러한 점들이 행복이 무엇이고 무엇을 통해 행복이 생기는지에 대한 논쟁의 원인이 된다. 왜냐하면 몇몇 이들은 행복하기 위해 없어서는 안 될 것들을 행복의 부분으로 간주하기 때문이다.(EE I 2, 1214b 14-27)

[7] 덕을 만드는 학문

노(老)소크라테스는 [인생의] 목적이 덕을 인식하는 것이라고 여겼고, 정의가 무엇인지, 용기가 무엇인지, 즉 덕의 부분들 각각이 무엇인지를 탐구하곤 했다. 그렇게 한 것도 일리가 있긴 하다. 왜냐하면 그는 모든 덕이 앎이며, 따라서 정의를 앎과 정의로움이 동시에 성립한다고 여겼기 때문이다. 우리는 기하학이나 건축학을 배워서 알게 되는 동시에 기하학자와 건축학자가 되니까 말이다. 바로 그런 까닭에 그는 덕이 무엇인지 물었지만, 그것이 어떻게 생기고 무엇으로부터 나오는지는 묻지 않았다. 하지만 이런 접근방식은 이론적 학문들에 적합한 것이다. 왜냐하면 학문의 대상들의 본성을 인식하고 관조하는 것 외에 다른 어떤 것도 천문학, 자연학이나 기하학에 속하지 않기 때문이다. 물론, 생계에 필요한 많은 것들과 관련해서 [이론적 학문들이] 우리에게 이로움을 주는 것이 불가능하지는 않다. 그러나 제작적 학문들[58]의 경우 그 목적이 앎이나 인식과 다르다. 예를 들어, 의학의 목적은 건강이고 정치학의 목적은 좋은 법질서 또는 그와 같은 종류의 어떤 다른 것이다. 물론, 아름다운 것들 각각을 인식하는 것도 아름답다. 그렇지만 적어도 덕에 관한 한 가장 가치 있는 것은 그것이 무엇인지를 아는 게 아니라 그것이 무엇으로부터 나오는지를 인식하는 것이다. 왜냐하면 우리가 바라는 것은 용기가 무엇인지를 아는 게

58 아리스토텔레스는 『에우데모스 윤리학』에서 윤리학 내지 정치학을 덕을 만드는 '제작적 학문'으로 제시한다. 이 책에서는 실천적 학문이 제작적 학문으로부터 차별화되지 않았다. 이에 비해 『형이상학』, E I, 25b 18-28에서 학문은 세 분야로, 즉 이론적 학문, 실천적 학문, 그리고 제작적 학문으로 구분되며, 이 구분에 상응하여 『니코마코스 윤리학』에서는 정치학(윤리학)이 실천적 학문으로 제시된다.

아니라 용감한 사람이 되는 것이며, 정의가 무엇인지를 아는 게 아니라 정의로운 사람이 되는 것이기 때문이다. 마치 건강함이 무엇인지를 인식하기보다는 오히려 건강하기를 바라고, 좋은 체력이 무엇인지를 인식하기보다는 오히려 좋은 체력을 가지기를 바라는 것처럼 말이다.(EE I 5, 1216b 3-25)

[8] 법을 통한 덕 교육

그런데 어린 시절부터 덕을 향해 올바른 지도를 받는 것은 그에 상응하는 법들에 의거해서 양육되지 않고서는 어렵다. 왜냐하면 절제 있고 참을성 있게 사는 것은 대중에게, 특히 어린이들에게 즐거운 일이 아니기 때문이다. 그런 까닭에 그들의 양육과 행실들은 법에 의해 규정되어야만 한다. 익숙해진 것은 고통스럽지 않을 테니까 말이다. 그런데 어려서 올바른 양육과 돌봄(epimeleia)을 받는 것만으로는 아마도 불충분할 것이며, 어른이 된 후에도 같은 것들을 실행하고 습관을 들여야만 하므로, 그것들에 관한 법들, 일반적으로 말해, 실로 삶 전체에 관한 법들이 필요하다. 왜냐하면 대중은 말보다는 강제에 따르고, 아름다운 것보다는 처벌(zêmia)에 의해 설득되기 때문이다. 이런 연유로 어떤 사람들은 입법자들이 한편으로는 [대중에게] 덕을 촉구하고 아름다운 것을 위해 행하도록 권고해야 하고 (습관에 의해 공정하게 행하도록 인도된 사람들은 귀 기울일 것이므로), 다른 한편으로는 따르지 않거나 자질이 부족한 이들에게 교정(kolasis)과 징계(timôria)[59]를

59 법적 제재 가운데 'kolasis'는 교정을 위한 것인 데 비해, 'timôria'는 응징을 위한 것이다.

부과해야 하고, 고칠 수 없는 사람은 완전히 제외해야 한다고 생각한다.(EN X 9, 1179b 31-1180a 10)

[9] 참된 정치가와 입법자

참된 정치가는 무엇보다도 덕에 관해 열심히 공부한 것으로 보인다. 왜냐하면 그는 시민들을 훌륭하게 만들고 법에 따르도록 만들기를 원하기 때문이다. 우리는 그러한 정치가의 모범을 크레타와 스파르타의 입법자들에게서, 또 그들과 같은 다른 어떤 입법자들이 태어났다면, 그들에게서 찾을 수 있다.(EN I 13, 1102a 7-12)

[10] 실천 철학의 엄밀성

사실, 엄밀성(to akribes)은 모든 논의들에서 동일한 정도로 추구되어서는 안 된다. 제작물들에서도 그래선 안 되듯이 말이다. 정치학이 고찰하는 아름다운 것과 정의로운 것은 많은 차이(diaphora)와 가변성(planê)을 지니고 있어서, 오직 관습(nomos)에 따라 그러할 뿐 본성(physis)에 있어서는 그렇지 않은 것으로 보일 정도이다.[60] 좋음들 역시 그와 같이 어떤 가변성을 가지는데, 그것들로부터 많은 이들에게 오히려 해가 생기니 말이다. 사실, 어떤 사람들은 그들의 부로 인해, 다른 사람들은 그들의 용기로 인해 망한 적이 있다. 따라서 이런 것들에 관해 논의하고 이와 같은 전제들로부터 출발하는 우리들은 대

60 도덕적 아름다움이나 정의에 관해 사람마다, 공동체마다 의견 차이가 나고, 아름답거나 정의롭다고 한 것이 추하거나 불의한 것이 되는 일을 보면, 도덕적 아름다움이나 정의가 어떤 객관적 근거를 가진 보편적 가치가 아니라 임의로 규정된 상대적인 가치로 여겨질 수 있지만, 사실은 그렇지 않다는 것이 아리스토텔레스의 입장이다.

강[61] 그리고 개략적으로 참을 밝히는 것으로 족해야 할 것이다. '대부분의 경우에 있어서(to epi to poly) 그런 것들'에 대해 논의하고, 그와 같은 것들로부터 출발하는 것이기에 그러한 것들을 추론하는 것으로 족해야 한다. 실로, 동일한 방식으로 우리의 개별 논의를 받아들여야 한다. 각 연구분야에서 대상(pragma)의 본성이 허용하는 만큼의 엄밀성을 추구하는 것이 교양 있는 사람이 하는 일이니 말이다. 개연적 논변을 펼치는 수학자를 받아들이는 것이나 수사학자에게 학문적 논증(apodeixis)을 요구하는 것이나 비슷해 보인다."[62](EN I 3, 1094b 12-27)

[11] 쾌락의 척도는 덕과 훌륭한 사람

그런데 이 모든 경우에 훌륭한 사람에게 어떤 것으로 나타나는 것은 [실제로] 그런 것이라고 여겨진다. 만약 이 말이, 옳다고 여겨지듯이, 실제로 옳다면, 그리고 덕과 좋은 사람이, 그가 좋은 한에서, 매사의 척도(metron)라면, 그에게 쾌락으로 나타나는 것이 쾌락이며 그가 반기는 것이 즐거운 것이다. 만약 그에게 달갑지 않은 것이 누군가에게 즐거운 것으로 여겨진다면 놀랄 일이 아니다. 왜냐하면 인간은 여러 방식으로 망가지고 때묻기 때문이다. 그러한 것은 즐거운 것이 아니며, 그런 사람들과 그런 상태에 있는 사람에게만 즐거운 것이다. 그러므로 수치스러운 쾌락으로 합의되는 것들은 쾌락이 아니라고, 단

---

61 '대강'으로 옮긴 그리스어 'pachylôs'는 원래 '두껍게', '굵직하게'를 뜻하며, 이 맥락에서는 엄밀성 내지 정확성(akribes) 개념에 대비되어 사용된다.

62 학문적 논증을 해야 할 수학자가 개연적 논변을 펼치는 것을 받아들이는 것과 개연적 논변을 펼쳐야 할 수사학자에게 학문적 논증을 요구하는 것 둘 다 부적절하다는 점에서 피장파장이라 할 수 있다.

지 타락한 사람들에게만 쾌락으로 여겨진다고 말해야 함이 분명하다.(EN X 5, 1176a 15-22)

[12] 자제력이 있는 사람은 덕이 있는 사람이 아니다

A. 게다가 만약 자제력이 있는 사람(enkratês)이 강하고도 열등한 욕구를 가진 사람이라면, 절제 있는 사람(sôphrôn)은 자제력 있는 사람이 아니며, 자제력 있는 사람 또한 절제 있는 사람이 아닐 것이다. 왜냐하면 절제 있는 사람은 지나친 욕구도 열등한 욕구도 가지지 않기 때문이다. 그러나 자제력이 있는 사람은 이 둘을 모두 가져야만 한다.(EN VII 2, 1146a 9-13)

B. 사실, 자제력 있는 사람은 결코 육체적인 쾌락 때문에 이성에 어긋난 행위를 하지 않는 사람이고 절제 있는 사람도 그런 사람이지만, 전자는 열등한 욕구를 가지고 있는 데 반해 후자는 그것을 가지고 있지 않다. 또한 후자는 이성에 어긋나게 즐거워하지 않지만, 전자는 그렇게 즐거워하되 끌려가지 않는 사람이다.(EN VII 9, 1151b 34-1152a 2)

C. 나아가 두 사람 [자제력 있는 사람과 자제력이 없는 사람] 모두에게 쾌락과 고통이 있다. 왜냐하면 자제력이 있는 사람은 이미 욕구에 반하여 행함으로써 괴로울 뿐만 아니라, 나중에 이로움을 얻게 되리라는 기대에서 비롯하는 즐거움이나 이미 건강하기 때문에 이로움을 얻고 있다는 생각에서 오는 즐거움을 느끼기 때문이다. 그리고 자제력이 없는 사람은 자제력 없음으로 인해 욕구하는 것을

얻게 되어 기뻐하지만, 장차 불행해질 것이라고 생각하기 때문에 그 예상으로 인해 괴로워한다.(EE II 8, 1224b 15-21)

D. 우리는 '자제력 있는 사람'(enkratês)과 '자제력 없는 사람'(akratês)의 이성, 즉 그들의 영혼에서 이성을 가진 부분을 칭찬한다. 그것이 그들을 최선의 것으로 나아가도록 격려하기 때문이다. 그러나 그들 속에는 이성과는 별개인 어떤 다른 것도 본성적으로 있는 것처럼 보이는데, 이것이 이성과 싸우고 맞선다. … 자제력 없는 사람들의 충동들은[63] 반대 방향으로 나아가니까.(EN I 13, 1102b 14-21)

[13] 인간의 욕망들: 소망, 분노(기개), 욕구

A. 그래서 이 둘, 즉 욕망과 실천적 사고가 [인간을] 움직이게 하는 것으로 보이는 것이 합당하다. 사실, 욕망의 대상(to orekton)이 움직이게 하고, 이를 통해 사고(dianoia)가 움직임을 일으킨다. 왜냐하면 욕망의 대상이 사고의 출발점이기 때문이다. 상상(phantasia)도 움직이게 할 때 욕망 없이는 움직이게 하지 않는다. 그렇다면 움직이게 하는 것(to kinoun)은 어떤 하나, 욕망 능력이다. 왜냐하

63 '충동'으로 옮긴 그리스어 'hormê'는 아리스토텔레스 철학에서 사물의 '자연적' 운동을 가능하게 하는 내적 추동력을 의미한다. 아리스토텔레스에 따르면, 생물들뿐만 아니라 불이나 돌과 같은 자연적인 무생물도 자연적인 운동을 하며, 이를 위한 충동을 지닌다. 이러한 충동에 반하는 운동은 강제적인 운동으로 간주된다. 예를 들어, 돌을 위로 던지면 강제적인 운동이 발생한다.(EE II 8, 1224a 13-20) 아리스토텔레스는 인간의 충동을 크게 이성적 충동과 비이성적 충동으로 구분한다. 그는 전자는 추론(logismos)에서 비롯하지만, 후자는 비이성적인 욕망에서 비롯한다고 본다.(EE VIII 2, 1247b 18-19)

면 만약 둘, 즉 지성과 욕망이 움직였다면, 어떤 공통의 특징에 따라 움직였을 것이기 때문이다. 그런데 이제 지성(nous)은 욕망 없이는 움직이게 하지 않는 것이 분명하다. 왜냐하면 소망은 욕망이기 때문이다. 만약 누군가 추론에 따라 움직여진다면 소망에 따라서도 움직여진다. 하지만 욕망은 추론에 반해서도 움직이게 한다. 욕구는 일종의 욕망이니 말이다.(DA III 10, 433a 17-26)

B. 우리는 동물을 움직이는 것들이 사고, 상상, 선택, 소망과 욕구임을 본다. 이 모든 것들은 지성과 욕망으로 환원된다. 사실, 상상 내지 감각은 지성과 동일한 영역을 가진다. 왜냐하면 모두가 판단 능력(kritika)이기 때문이다. 비록 다른 곳에서 언급한 차이점들에 따라 구분되지만 말이다. 이에 반해, 소망과 분노(기개)와 욕구는 모두 욕망이고, 선택은 사고와 욕망에 공통된다. 그래서 욕망된 것과 사고된 것이 최초로 움직이게 한다. 그런데 사고되는 것 모두가 움직이게 하는 것이 아니라 행해질 것들의 목적이 움직이게 한다.(MA, 700b 17-29)

[14] 자연적 덕은 엄밀한 의미의 덕이 아니다

덕에 대해 다시 살펴보아야 한다. 왜냐하면 덕도 [슬기의 경우와] 비슷한 관계에 놓여 있기 때문이다. 슬기가 영리함에 대해 지니는 관계는 (서로 같지는 않지만 비슷하다) 자연적인 덕이 주된 의미의 덕에 대해 지니는 관계와 비슷하다.[64] 사실, 성격들 각각은 어떤 식으로든 모든 이에게 본성적으로 속하는 것으로 보인다. 우리는 태어나면서 곧바로 정의로운 성격, 절제 있는 성격, 용감한 성격 등을 가지고 있으니 말이다. 그러나 우리는 주된 의미의 좋음으로 어떤 다른 것을 찾으며 그러한 것들을 다른 방식으로 가지길 바란다. 아이들이나 동물들에게도 자연적 성향은 있지만, 그것이 지성 없이는 해로운 것임이 분명하다. 우리는 이것만큼은 관찰할 수 있는 것 같다. 건장한 신체가 시력 없이 움직일 경우, 시력이 없음으로 인해 세게 넘어지는 일이 일어나는 것처럼 여기에서도 그렇다. 하지만 [자연적 덕이] 지성을 가진다면 실천에 차이가 생길 것이다. 성향은 [그 이전과] 유사하지만 그때 주된 의미의 덕이 된다. 그래서 의견을 형성하는 능력(doxastikon)[65]에는 두 종류, 즉 영리함과 슬기가 있듯이, 성격의 경우에도 두 가지, 즉 자연적 덕과 주된 의미의 덕이 있다. 이들 중 주된 의미의 덕은 슬기 없이는 생겨나지 않는다.(EN VI 13, 1144b 1-17)

[15] 우리와의 관계에서 성립하는 중간

나는 '사물(pragma)의 중간'[66]으로 '양쪽 끝에서 똑같이 떨어진 것'을 뜻하는데, 이것은 모든 이에게 동일하다. 하지만 우리와의 관계에서(pros hêmas) 중간은 넘치지도 모자라지도 않는 것을 의미하는데, 이것은 모든 이에게 동일하지 않다. 가령, 10은 많고 2는 적다면, 사람들은 사물에 따른 중간으로 6을 취한다. 왜냐하면 그것이 같은 양만큼

---

64 정확하게 표현하자면, 슬기가 영리함에 대해 지니는 관계는 주된 의미의 덕이 자연적 덕에 대해 지니는 관계와 같다. 즉 슬기 : 영리함=주된 의미의 덕 : 자연적 덕.

65 의견을 형성하는 능력은 학문적 인식 능력과 함께 이성적 영혼에 속한다. 학문적 인식(epistêmê)은 달리 될 수 없는 것에 대한 것이지만, 의견은 달리 될 수 있는 것을 대상으로 삼는다. 슬기는 의견 형성 능력의 덕이다.(Cf. EN VI 5, 1140b 25-28)

66 인용문 직전에 '사물 자체에 따른' 중간이라는 표현이 나온다.(EN II 6, 1106a 28) 이 맥락에서는 사물의 절대적인 중간과 행위자에 따라 상대적인 중간이 구분된다.

능가하고 능가당하기 때문이다.[67] 이것은 산술적 비례에 따른 중간이다. 그러나 우리와의 관계에서 중간은 그렇게 취해서는 안 된다. 만약 한 선수에게 10므나[68]의 음식이 많고 2므나는 적다면, 트레이너는 6므나를 먹으라고 지시하지 않을 테니 말이다. 아마도 6므나가 그것을 섭취할 사람에게 많거나 적을 수 있다. 밀론[69]에게는 적겠지만, 운동을 시작한 사람에게는 많을 것이다. 달리기나 레슬링의 경우도 마찬가지이다. 그래서 아는 자(epistêmôn)는 모두 이런 방식으로 지나침과 모자람을 피하면서 중간을 추구하고 택하는데, 이때 중간은 사물의 중간이 아니라 우리와의 관계에서 중간이다. 실로 모든 앎이 이런 방식으로, 즉 중간을 향해 바라보고 그것을 위해 작업을 이끌어나가면서 기능을 잘 완수하는 것이라면 (이로부터 사람들은 잘 만들어진 작품에 대해 더 이상 빼거나 보탤 수 없다고 말하곤 한다. 지나침과 모자람이 작품의 잘됨(to eu)을 손상시키지만, 중간 상태(mesotês)는 그것을 보전하는 것으로 여기면서 말이다. 좋은 기술자들은, 우리가 말한 대로, 그것을 바라보면서[70] 작업한다), 그런데 덕이 자연처럼 모든 기술보다 더 정확하고 더 좋은 것이라면, 덕은 중간을 겨냥할 수 있을 것이다. 내가 말하는 덕은 성격의 덕이다. 왜냐하면 이것이 감정과 행위에 관여하며, 이것들 안에 지나침과 모자람, 그리고 중간이 있기 때문이다.(EN II 6, 1106a 29-b 18)

67 6은 2보다 4만큼 많고, 10보다 4만큼 적다.

68 고대 그리스의 무게 단위로 약 431g에 해당한다.

69 기원전 6세기 후반의 유명한 레슬링 선수. 대식가로 알려져 있다.

70 중간 상태를 지향하면서.

[16] 무지에 대한 책임

A. 사실, 무지 자체에 있어서도, 만일 행위자가 그 원인으로 보이면 처벌받는다. 가령, 취한 자들에게는 두 배의 형벌이 가해진다. 왜냐하면 [행위의] 원천이 자신 안에 있기 때문이다. 그는 술에 취하지 않을 힘을 가지고 있었으니 말이다.[71] 그런데 술에 취한 것이 무지의 원인이다. 그리고 마땅히 알아야만 하고 알기 어렵지도 않은 법들 가운데 어떤 것을 모르는 사람들도 처벌받는다.[72] 마찬가지로 소홀함(ameleia)으로 인해 [그런 것을] 모르는 것으로 보이는 다른 경우에도, 모르지 않는 것이 그들 자신에게 달려 있었다고 여겨지기 때문에[73] 처벌받는다. 왜냐하면 그들은 [그러한 것을 모르지 않도록] 마음 쓸 수 있는 힘을 가지고 있었기 때문이다. 그러나 어쩌면 그러한 자는 마음 쓸 수 없는 종류의 사람일 수 있다. 하지만 부주의하게 살아서 그런 종류의 사람이 되었다면, 그 원인은 자기 자신이며, 또 나쁜 짓을 해서 불의한 사람이 되거나 술이나 그와 같은 것에 빠져 살아서 무절제한 사람이 되는 것의 원인도 자기자신이이다. 왜냐하면 각각에 관련된 활동이 그에 상응하는 사람을 만들어내기 때문이다.(EN III 5, 1113b 30-1114a 7)

71 여기에서 '-할 힘을 가지다'라고 옮긴 그리스어 표현은 'kyrios + 동사원형'이다. 직역하자면 '-하는 것의 주인이다'로 어떤 행위를 통제할 수 있는 능력이 있음을 의미한다.

72 교정을 위한 벌을 받는다.

73 아는 것이 그들에게 달려 있었기 때문에, 달리 말해 그들에게 알 수 있는 능력이 있었기 때문에.

B. 그런데 '인식하다'(epistasthai) 내지 '알다'(eidenai)는 두 가지 의미를 지니므로 — 하나는 앎을 소유함을, 다른 하나는 그것을 사용함을 의미한다 — 앎을 가지고는 있으나 사용하지 않은 사람은 모르고 행동했다고 말하는 것이 어떤 경우에는 옳을 수도 있지만, 다른 경우에는 옳지 않을 수도 있다. 가령, 자신의 소홀함으로 인해 사용하지 않았다면 말이다. 이와 유사하게 누군가 앎을 가지고 있지 않은 경우에도 비난을 받을 수 있는데, 만약 그가 가지고 있지 않은 앎이 쉽게 얻을 수 있거나 또는 반드시 가져야만 하는데 소홀함이나 쾌락 또는 고통 때문에 가지고 있지 않은 경우가 그렇다.(EE II 9, 1225b 11-16)

[17] 불의한 행동과 불의한 사람

미리 숙고한 뒤 행한 것은 아니지만 알고서(eidôs) [잘못을] 행하면 불의한 행동(adikêma)이다. 분노로 말미암아 일어나는 모든 일, 인간에게 어쩔 수 없이 혹은 자연적으로 발생하는 감정 때문에 생기는 모든 일을 예로 들 수 있다. 왜냐하면 이런 경우 해를 끼치고 잘못을 저지르는 사람들은 불의를 행하는 것이고 그들의 행위는 불의한 행위이지만, 그렇다고 해서 그들이 그런 것들 때문에 불의하거나 사악한 것은 아직 아니기 때문이다. 그 해(blabê)가 못됨이라는 악덕(kakia)에서 비롯한 것은 아니니까 말이다. 반면에 그 해가 선택(prohairesis)에서 나온 것이라면, 행위자는 불의한 사람(adikos)이자 못된 사람(mochthêrios)이다.(EN V 8, 1135b 19-26)

[18] 선택과 자발성

A. 그래서 만약 누군가 스스로 행하거나 행하지 않는데 그것이 무지 때문이 아니라면, 그는 행하고 행하지 않음이 자신에게 달려 있는 것을 자발적으로 행하거나 행하지 않는 것이다. 또한 우리가 그와 같은 것들 가운데 많은 것들을 숙고하지도 선택하지도 않았지만 행하기도 하므로 선택된 것은 모두 자발적이지만 자발적인 것은 모두 선택된 것이 아니며, 선택에 따르는 것은 모두 자발적이나 자발적인 것들이 모두 선택에 따르는 것이 아님이 필연적이다. 이상으로부터 입법자들이 행위들을 자발적인 것과 비자발적인 것, 그리고 고의적인 것으로 나누는 것이 타당하다는 사실도 동시에 분명하다.(EE II 10, 1226b 30-1227a 1)

B. 모든 선택은 무언가에 대하여, 무언가를 위하여 내려진다. 그런데 '무엇을 위하여'에서 '무엇'은 중간(to meson)이고, 그것의 원인은 덕이며, 그것을 위해 선택하는 것이다. 물론, 선택은 목적을 대상으로 하지 않고 그것을 위한 것들을 대상으로 한다. 따라서 목적을 달성하기 위해 해야만 하는 모든 행동을 선택하는 것은 다른 능력의 일이다. 하지만 선택의 목적이 올바를 때 그 원인은 덕이다. 또한 이런 이유로 한 사람의 선택으로부터, 즉 그가 무엇을 행하는가에 의해서가 아니라 무엇을 위해서 행하는가에 의해서 그가 어떤 종류의 사람인지를 평가한다.(EE II 11, 1227b 36-1228a 3)

[19] 덕의 일반적 규정

덕에 대해서 그것이 어떤 사용과 기능을 가진 것 모두의 최상의 상태나 성향 또는 능력이라고 가정하자. 이는 귀납으로부터 분명하다. 모든 경우에 그런 식으로 상정하니 말이다. 이를테면 외투에도 덕이 있다. 어떤 기능과 사용이 있으니까 말이다. 그리고 옷의 가장 좋은 성향이 그것의 덕이다. 배, 집과 여타의 경우들도 마찬가지고 영혼의 경우도 그렇다. 그것에 어떤 기능이 있으니까 말이다.(EE II 1, 1218b 37-1219a 5)

[20] 덕의 두 종류

실로 덕에는 두 종류가 있다. 하나는 지성의 덕이고, 다른 하나는 성격의 덕이다. 지성의 덕의 기원과 성장은 주로 가르침에 의존하며, 바로 그런 이유로 지성의 덕은 경험과 시간을 요구한다. 성격의 덕은 습관으로부터 생기며, 그런 연유로 '에토스'(ethos)로부터 약간 변형된 이름도 얻었다.[74] 이로부터 성격의 덕들 가운데 아무것도 본성적으로 우리에게 생기지 않음이 분명하다. 왜냐하면 본성적으로 생기는 것은 무엇이든 본성과 다르게 습관을 들일 수 없기 때문이다. 가령, 돌은 본성적으로 아래로 움직이므로 위로 움직이도록 습관을 들일 수 없다. 누군가 만 번을 위로 던져 습관을 들이려 해도 안 된다. 불도 아래로 움직이게 습관을 들일 수도 없으며, 어떤 것도 본성과 다르게 습관을 들일 수 없다. 그러니 [성격의] 덕들은 본성적으로 생겨나는 것도 아니고, 본성에 반하여 생겨나는 것도 아니다. 우리는 그것들을 본

74 아리스토텔레스는 성격을 의미하는 단어 '에토스'(êthos)가 습관을 의미하는 단어 '에토스'(ethos)에서 나왔다고 주장한다. 일종의 '철학적' 어원설이라고 할 수 있다. 두 용어 사이에는 첫 모음의 장단의 차이밖에 없다.

성적으로 받아들일 수 있지만 습관을 통해 완성시킨다.(EN II 1, 1103a 14-26)

[21] 중용의 덕 : 온화

A. 그러므로 마땅히 화를 낼 만한 일에 대해 마땅히 화를 낼 만한 사람에게 화를 내는 사람은, 나아가 마땅한 방식으로, 마땅한 때, 마땅한 시간 동안 화를 내는 사람은 칭찬받는다. 온화가 칭찬받는 것인 한, 그런 사람이 온화한 사람일 것이다. 왜냐하면 온화한 사람은 동요가 없는(atarachos) 사람이고 감정에 의해 이끌리지 않고 이성이 명할 법하게 그렇게 특정인들에게 특정 시간 동안 노여워하는 사람이기 때문이다. 그런데 그는 오히려 모자란 쪽으로 잘못을 범하는 것처럼 보인다. 온화한 자는 복수하는 자가 아니라 오히려 용서하는 자이기 때문이다. 그러나 모자람은, 그것이 어떤 '화내지 않음'이든 무엇이든 비난의 대상이다. 왜냐하면 마땅히 화를 내야 할 일에 대해 화를 내지 않는 사람들은 어리석은 사람으로 여겨지고, 마땅한 방식으로 화를 낼 줄도, 마땅한 때에 마땅한 사람에 대해서 화를 낼 줄도 모르는 사람 또한 어리석은 사람으로 생각되기 때문이다. 사실, 이런 사람들은 느끼지도 고통 받지도 않는 것으로 여겨지고, 화를 내지 않기 때문에 자신을 방어할 수 없는 사람으로 여겨지는 데, 모욕을 당하고도 참고 자신의 가족이 당한 모욕을 도외시하는 것은 노예적으로 보인다. 지나침은 [위에서 언급한] 모든 관점에서 일어나지만 (마땅하지 않은 사람에게, 마땅하지 않은 일에서, 마땅한 정도 이상으로, 빨리, 그리고 더 오랫동안 화를 내는 것), 이 모두가 동일한 사람에게 속하지는 않는다. 그

럴 수 없을 것이다. 왜냐하면 나쁨은 완전해지면 자신도 파괴해서 지속할 수 없기 때문이다.(EN IV 5, 1125b 31-1126a 13)

B. 우리는 [양극단 중에서] 우리와 대중으로 하여금 더 많은 잘못을 범하게 만드는 성향이 중간(성향)에 반대된다고 간주한다. 이해 반해, 다른 성향은 마치 없는 것인 양 간과한다. 왜냐하면 그것이 드물게 나타나서 감지되지 않기 때문이다. 예를 들어, 성마름은 온화함에 반대되고 성마른 사람은 온화한 사람에 반대되는 것으로 간주된다. 그렇지만 자비로움과 평화로움에도 지나침이 있으니, 맞고도 화를 내지 않는 것이 그에 해당된다. 그러나 그런 사람은 드물고, 모든 이는 다른 쪽으로 더 기운다.(EE II 5, 1222a 39-b4)

C. 특히 분노를 일으켜야 하는 경우조차 그러지 못하고, 쉽사리 모욕을 감수하며 경멸에 몸을 낮추는 사람들이 대개 그렇게 [노예적이고 화낼 줄 모르는 사람이라고] 불린다.(EE III 3 1231b 10-13)

[22] 자부심

사실, 덕을 결여한 채 그러한 [외적인] 좋음들을 가진 사람들은 스스로 큰일을 할 가치가 있다고 주장하는 것은 정당하지 않고, 그들이 자부심 있는 자들로 불리는 것도 올바르지 않다. 덕이 없으면 그러한 것들은 완전하지 않기 때문이다. 그러한 좋음들을 가진 자들은 거만하거나 방자해진다. 덕이 없으면 행운의 선물들을 우아하게 간수할 수 없기 때문이다. 그것들을 간수하지도 못하면서 다른 이들을 능가한다고 생각하고서 저들을 무시하지만, 스스로는 닥치는 대로 행동한다. 그들은 자부심 있는 사람과 비슷하지 않지만, 그를 흉내내고, 할 수 있는 한에서 그렇게 한다. 그래서 그들은 덕에 따라 행동하지 않지만, 다른 이들은 무시한다.(EN IV 3, 1124a 26-b 5)

[23] 덕과 기술의 유비

같은 것들로부터 같은 것들에 의해서 모든 것은 생겨나고 파괴된다. 기술도 마찬가지다. 사실, 기타라 연주로부터 좋은 기타라 연주자와 나쁜 기타라 연주자가 나온다. 건축가나 나머지 모든 기술자들도 마찬가지이다. 집을 잘 짓는 것으로부터 좋은 건축가가 생기고, 나쁘게 짓는 것으로부터 나쁜 건축가가 생길 테니까 말이다. 그렇지 않다면 가르칠 사람은 필요 없을 것이며, 모든 기술자는 좋은 기술자나 나쁜 기술자로 태어날 것이다. 실로 덕의 경우도 마찬가지이다. 사람들을 상대로 거래를 하면서 어떤 이들은 정의로운 사람이 되고, 또 어떤 이들은 불의한 사람이 되니 말이다. 또 무서운 상황에 처해 행동하면서 두려워하거나 대담해지는 습관을 형성함으로써 용감한 사람이 되거나 비겁한 사람이 된다. 욕구와 화에 관해서도 사정은 비슷하다. 어떤 사람은 절제 있고 온화한 사람이 되지만, 어떤 사람은 방종하고 성마른 사람이 되니 말이다. 전자는 자신이 처한 상황 속에서 이렇게, 후자는 저렇게 처신함으로부터 이러저러한 사람이 되는 것이다. 한마디로 말해 비슷한 활동들로부터 비슷한 성향이 생긴다. 그런 까닭에 우리는 우리의 활동들이 일정한 성질을 지니도록 해야 한다. 이 활동들의 차이에 따라 성향들이 차이나기 때문이다. 따라서 어려서부터 곧바로 이렇게 혹은 저렇게 습관을 들였는지는 결코 사소한 차이가 아니라 중대한 차이를 만들며, 아니 모든 차이를 만든다.(EN II

1, 1103b 6-25)

[24] 유덕한 행위를 통해 덕으로

그러므로 행한 일(pragma)이 정의롭거나 절제 있다고 이야기되는 것은 그것이 정의로운 사람이나 절제 있는 사람이 행했을 법한 종류일 때이다. 정의로운 사람이나 절제 있는 사람은 [단지] 그런 일을 행하는 사람이 아니고, 마치 정의로운 사람들이나 절제 있는 사람들이 행하는 바로 그런 방식으로 행하는 사람이다. 그러므로 정의로운 일을 행하는 것으로부터 정의로운 사람이 되고, 절제 있는 일을 행하는 것으로부터 절제 있는 사람이 된다는 말은 일리가 있다. 이런 일들을 행하지 않고서는 아무도 장차 좋은 사람이 되지 못할 것이다. 그러나 많은 이들은 이런 일들을 행하지 않고 말로 도피하면서 자신들이 철학을 하고 있다고 여기고,[75] 그런 식으로 훌륭한(spoudaios) 사람이 될 것이라고 여긴다. 이들의 태도는 의사의 말을 주의해서 듣긴 하지만, 처방된 것들 중에서 아무것도 하지 않는 환자들과 비슷하다. 이런 식으로 치료를 받는 환자들의 신체가 좋은 상태일 수 없는 것처럼, 이런 식으로 철학하는 사람들의 영혼 또한 좋은 상태일 수 없을 것이다.(EN II 4, 1105b 5-18)

[25] 성격적 덕과 슬기의 관계

그래서 의견을 형성하는 능력(doxastikon)에는 두 종류, 즉 영리함과

75 철학을 한다고 하면서 말로만 할 뿐 실천하지 않는 사람을 비판한 대목이다.

슬기가 있듯이, 성격의 경우에도 두 가지, 즉 자연적 덕과 주된 의미의 덕이 있다. 이들 중 주된 의미의 덕은 슬기 없이는 생겨나지 않는다. 바로 이런 연유로 어떤 이들은 모든 덕이 슬기라고 주장했으며, 소크라테스도 한편으로는 올바로 탐구했지만, 다른 한편으로는 잘못을 범했다. 그는 모든 덕들이 슬기라고 생각한 점에서 잘못했지만, 그것들이 슬기 없이 있을 수 없다고 생각한 점에서는 올바로 주장했으니 말이다. 그 증거는 다음과 같다. 지금도 모든 이들은 덕을 정의할 때 그것이 어떤 성향인지, 어떤 대상들에 관련되는지를 말한 다음, 그것이 올바른 사고에 따른 성향이라는 점을 덧붙인다. 그런데 슬기에 따른 사고가 올바르다. 그들은 모두 어떤 식으로 슬기에 따르는 종류의 성향이 덕이라는 것을 예견한 듯하다. 하지만 이러한 생각은 약간 바뀌어야 한다. 왜냐하면 단순히 올바른 사고에 따르는(kata) 성향이 아니라 올바른 사고를 동반하는(meta) 성향이 덕이기 때문이다. 이러한 것들에 관련된 올바른 사고가 슬기이다. 그래서 소크라테스는 덕이 사고(logos)라고 생각했지만 (그에게 모든 덕은 앎(epistêmê)이었으니까), 우리는 덕이 사고를 동반하는(meta logou) 것이라고 생각한다.(EN VI 13, 1144b 14-29)

[26] 슬기

A. 슬기에 대해서는 우리가 어떤 사람들을 슬기로운 사람이라고 부르는지 살펴보면서 파악해보자. 실로 자신에게 좋고 유익한 것들에 대해 잘 숙고할 수 있다는 것이 슬기로운 사람의 특징으로 보인다. 건강이나 힘에 관련된 특수 분야에서 어떤 것이 좋고 유익한지를 생각하는 것이 아니라, 잘 사는 것 전반에 대해 어떤 것이

좋고 유익한지를 잘 숙고함을 뜻한다.(EN VI 5, 1140a 25-30)

B. 우리가 페리클레스나 그와 비슷한 사람들을 슬기로운 사람이라고 생각하는 이유는 그들이 자신과 사람들을 위해서 좋은 것을 볼 줄 알았다는 것이다. 또 우리는 가정을 경영하는 사람과 정치가들도 그러하다고 생각한다.(EN VI 5, 1140b 7-11)

[27] 슬기는 실천적인 앎이다

슬기는 보편적인 것에만 관계하는 것이 아니라 개별적인 것까지도 알아야 한다. 왜냐하면 그것은 실천적인데(praktikê), 실천은 개별적인 것에 관련되기 때문이다. 이런 이유로 [보편적인 것을] 알지 못하는 사람들이 다른 아는 사람들보다 더 실천적이며, 다른 분야에서 경험을 많이 쌓은 이들이 그렇다. 만약 누군가 연한 고기가 소화도 잘 되고 건강에도 유익하다는 것은 알지만 어떤 고기가 연한지 알지 못한다면, 건강을 산출할 수 없다. 그러나 오히려 조류(鳥類)가 건강에 도움이 된다는 것을 아는 사람은 건강을 산출할 것이다.[76] 슬기는 실천적

---

76 (닭고기와 같은) 조류 고기가 소화가 잘 되고 건강에 도움이 되는 것은 그것이 연한 고기이기 때문이다. 연한 고기가 소화가 잘 되고 건강에 도움이 된다는 보편적 사실을 지적함으로써 왜 닭고기가 건강에 도움이 되는지 학적 설명이 가능하다. 그런데 닭고기와 같은 조류 고기가 건강에 좋은 고기라는 사실은 경험에 의해 주어지는 사실이다. 아리스토텔레스는 연한 고기가 건강에 도움이 된다는 보편적인 앎보다 조류가 건강에 좋다는 개별적인 앎을 아는 것이 (양자를 모두 알 수 없다면) 차라리 낫다고 한다. 이 맥락에서 조류가 건강에 좋다는 앎이 '개별적인 것'에 대한 앎으로 제시된 점에 유의할 필요가 있다. 이때 '개별적인 것'은 내 눈 앞의 '이것'이 아니라, 닭고기 또는 조류로 인식된다는 점에서 '종적인 것'(specific)을 의미하거나 적어도 포함한다고 볼 수 있다.

이다. 그래서 양자를 모두 알아야만 하거나 [한쪽만 알 수 있다면] 차라리 개별적인 것을 알아야 한다.(EN VI 7, 1141b 14-24)

[28] 영리함과 슬기의 차이

사람들이 영리함(deinotês)이라고 부르는 능력(dynamis)이 있다. 이것은 제시된 목표(skopos)에 이바지하는 것들을 행해서 목표를 달성할 수 있는 능력이다. 그러므로 만약 그 목표가 고귀하다면(kalos) 영리함은 칭찬받을 능력이지만, 목표가 저열하다면 그것은 교활함(panourgia)이다. 이런 연유로 슬기로운 자와 교활한 자를 모두 영리한 자라고 부른다. 슬기는 이 능력은 아니지만, 이 능력 없이는 있을 수 없다. 그 성향은 덕이 없다면 영혼의 눈에 생기지 않는다.[77] 이것은 이미 말한 대로이며 또 명백하다. 왜냐하면 실천적인 것들에 관련된 추론은 "목적이자 최고선은 이러저러한 것이므로"라는 형태의 대전제를 가지고 있기 때문이다. (그것이 무엇이든 간에 말이다. 여기서는 논의를 위해 임의의 것이라 해두자). 그런데 그것은 좋지 못한 자에게는 [좋은 것으로] 나타나지 않는다.[78] 못됨이 [영혼의 눈을] 다른 쪽으로 돌려서 실천적인 원리들에 관해서 속게 만든다. 따라서 좋은 사람이 아니

---

77 즉 슬기는 성격적 덕 없이는 생기지 않는다.

78 실천적 추론에서 대전제는 실천의 목적에 관한 것이다. 우리 모두는 우리에게 좋아 보이는 것을 추구한다. 그런데 좋은 사람, 즉 성격적 덕을 갖춘 사람에게 좋아 보이는 것이 실제로 좋은 것이다. 나쁜 사람의 경우, '영혼의 시선'이 왜곡되어 나쁜 것을 좋은 것으로 보면서 속는다. 따라서 나쁜 사람은 실천적 추론을 잘 할 수 없고, 그런 의미에서 슬기롭지 못하다. 여기에서 영혼의 눈으로 하여금 실천의 목표를 제대로 볼 수 있도록 하는 것은 성격적 덕이지만, 제대로 보는 것은 지성의 덕인 슬기의 기능이다.

면 슬기로운 자가 될 수 없음이 명백하다.(EN VI 12, 1144a 23-37)

[29] 슬기의 유형

국가에 관련된 슬기 가운데 하나는 총기획적인(architektonikê)[79] 것으로서 '입법적' 슬기이고, 다른 하나는 개별적인 것들에 관련된 것으로서 양쪽 (하위) 부분에 공통되는 이름으로 불리는 '정치적' 슬기이다. 이 부분은 실천적이고 심의적인 것이다. 왜냐하면 실천될 결의를 최종 산물로 가지기 때문이다. 이런 연유로 사람들은 이 부분에 관련된 사람들만이 '정치를 한다'고 말한다. 사실, 이들만이 수공업자들이 일하는 방식처럼 정치술을 행하는 사람들이다.[80] 그런데 슬기는 무엇보다 한 개인에 관련된 것으로 보인다. 그리고 이것이 [모든 분야에] 공통되는 이름인 '슬기'를 갖는다. 슬기의 다른 분야들 가운데 하나는 가정경제이고, 다른 하나는 입법이며, 또 다른 하나는 정치인데, 정치적인 슬기에는 다시 심의적인 것과 사법적인 것이 속한다.(EN VI 8, 1141b 24-33)

[30] 정의와 공정성

A. 그러므로 바로 이 정의(正義)가 완전한 덕이다. 하지만 단적으로 그런 것이 아니라 타인과의 관계에서 그렇다. 그리고 이로 인해

---

79 그리스어 'architektonikê'는 직역하면 '건축학적'이다.

80 그리스어 'cheirotechnês'는 손으로 구체적인 작업을 하는 기술자를 가리키며, 본문의 맥락에서는 건축물을 설계하고 건축작업을 총기획하는 건축가(architektôn)에 대비된다. 입법자는 건축가에, 심의와 사법에 종사하는 좁은 의미의 정치가는 수공업자에 비교된다.

정의는 자주 덕 가운데에서 최고로 여겨지며, '저녁별이나 샛별도 그렇게 경탄할 만하지 않다.' 그리고 '정의 안에는 덕 전체가 요약되어 있다'라는 속담도 있다. 그리고 정의는 가장 완전한 덕이다. 왜냐하면 그것이 완전한 덕의 사용이기 때문이다. 그것이 완전한 것은 그것을 가진 자는 혼자서만 사용하는 것이 아니라 타인을 상대로 사용할 수 있기 때문이다. 사실, 많은 이들은 자신의 고유 영역에서 덕을 사용할 수 있지만, 타인과의 관계 속에서 사용할 수 없다.(EN V 1, 1129b 25-1130a1)

B. 그런데 문제는 공정한 것(to epieikes)이 정의로운 것이긴 하지만, 법에 따른다는 의미에서가 아니라 법적 정의를 바로잡는다는 의미에서 그렇다는 점이다. 그 이유는 모든 법은 보편적인데, 어떤 것들에 관해서는 보편적으로 규정하는 것이 올바를 수 없다는 데 있다. 따라서 보편적으로 규정해야 하지만, 그것이 올바를 수 없을 경우 법은 다수에 유효한 언명을 취한다. 비록 [그러한 언명에서] 잘못된 점을 모르지 않지만, 그렇다고 법이 덜 올바른 것은 아니다. 잘못은 법 안에 놓여 있는 것도, 입법자 안에 놓여 있는 것도 아니라 일(pragma)의 본성 안에 놓여 있기 때문이다. 애초에 행위에 관련된 소재(hylê)는 그러하다. 그러므로 법이 보편적으로 규정하는데 보편적 법칙에 어긋나는 예외가 발생하면, 그때에는 입법자가 지나쳐버리거나 단적으로 규정지으면서 잘못을 범한 한에서 결함을 바로잡는 것, 즉 입법자 자신이 거기에 자리했다면 말했을 것과 그가 알았다면 법으로 제정했을 것을 말하는 것이 옳다.(EN V 10, 1137b 11-24)

[31] 완전한 덕은 최고의 덕이다

만약 행복이 덕에 따르는 활동이라면, 최고의 덕을 따르는 것이 합당하다. 그런데 이 최고의 덕은 최상의 존재에 속한다. 그것이 지성(nous)이건 혹은 다른 어떤 것이건, 그것은 본성상 다스리고 이끌며 아름답고 신적인 것들에 대한 생각을 가지고 있는 것으로 여겨진다. 그것 자체가 신적인 것이든 우리 안에 있는 것 중에서 가장 신적인 것이든, 자신의 고유한 덕에 따르는 그것의 활동이 완전한 행복일 것이다. 이 활동이 관조적(theôretikê)이라는 점은 이미 말했다. 이는 이전의 논의와 일치하고 진리와도 일치하는 것으로 보인다. 왜냐하면 그것이 최고의 활동이기 때문이다. 우리 안에 있는 것 중에서 지성이 최고이며, 지성이 대상으로 하는 것 또한 인식되는 것들 중에서 최고이니 말이다.(EN X 7, 1177a 12-21)

[32] 이론적 지혜를 위해 명령하는 슬기

A. 그렇다고 [슬기가] 지혜의 주인이거나 영혼에서 더 우월한 부분의 주인인 것은 아니다. 마치 의술이 건강을 지배하는 주인이 아니듯이 말이다. 의술은 건강을 사용하는 것이 아니라 그것이 생기도록 돌보는 것이기 때문이다. 그러니까 [의술은] 건강을 위해 지시를 내리지, 건강에게 명령하는 것은 아니다. 나아가 그것은 누군가 정치술이 국가 안에 있는 모든 것에 관해 지시하기 때문에 신들을 다스린다고 주장하는 것과 유사한 것이다.(EN VI 13, 1145a 6-11)

B. 인간도 본성상 다스리는 부분과 다스림을 받는 부분으로 이루어

져 있으므로, 각자는 자신의 다스리는 요소를 위해 살아야만 한다. 그런데 이 다스리는 요소는 이중적이다. 사실상, 의술과 건강은 다른 방식으로 다스리는 요소이다. 그런데 후자를 위해 전자가 있다. 이론적 관조능력의 경우도 이와 같다. 왜냐하면 신은 명령을 내리면서 다스리지 않고 그를 위해서 슬기가 명령을 내리기 때문이다.(EE VIII 3, 1249b 9-15)

[33] 제2의 행복

다른 [실천적] 덕에 따른 삶은 이차적인 의미에서 행복한 삶이다. 왜냐하면 그러한 덕에 따르는 활동은 인간적인 것이기 때문이다. 사실, 우리는 계약과 봉사, 또 온갖 행위와 감정에 있어서 각자에게 적절한 것을 유지함으로써 서로에게 정의로운 일, 용감한 일, 그 밖에 다른 덕들에 따른 일을 행한다. 그런데 이 모든 것은 인간적인 것으로 보인다. 어떤 감정들은 육체로부터 발생하는 것으로 보이고, 성격의 덕은 감정과 많이 연관되어 있는 것으로 보인다. 슬기도 성격의 덕에 결합되어 있고 성격의 덕 또한 슬기에 결합되어 있다. 슬기의 출발점은 성격적 덕에 따라 주어지며, 성격적 덕의 옳음은 슬기에 따라 주어지기 때문이다. 성격의 덕은 감정들과 연결되어 있으므로 [영혼과 육체의] 복합체(to syntheton)에 관여한다. 그런데 복합체의 덕은 인간적인 것이다. 따라서 이러한 덕에 따른 삶도, 행복도 인간적인 것이다. 그러나 지성의 덕은 분리되어 있다.[81] (EN X 8, 1178a 9-22)

---

81 지성은 영육 복합체의 일부가 아니라 육체로부터 분리되어 있으므로, 지성의 덕 또한 '인간적인' 덕이 아니라 그것을 넘어서는 '신적인' 덕으로 간주된다.

[34] 자족성

또한 이미 언급된 자족성도 관조적 활동에 가장 많이 있다. 지혜로운 자와 정의로운 자, 그리고 나머지 사람들은 생필품들을 필요로 하지만, 그것들이 충분히 제공되면 정의로운 자는 정의를 실천할 상대방이나 동반자를 필요로 하며, 절제 있는 자나 용감한 자, 또 다른 [덕있는] 이들 각각도 마찬가지이다. 하지만 지혜로운 자(賢者, sophos)는 혼자 있으면서도 관조할 수 있으며 지혜로울수록 더욱 그러할 것이다. 아마도 협력자들이 있다면 더 잘 관조할 수도 있지만, 그래도 그가 가장 자족적이다.(EN X7, 1177a 27-b 1)

[35] 완전한 덕은 총체적 덕이다

한편 행복은 어떤 완전한 것이라 했고, 삶에는 완전한 것도 있고 불완전한 것도 있으며 덕 역시 그러한데—어떤 것은 전체이지만 어떤 것은 부분이니까—불완전한 것의 활동은 불완전하므로, 행복은 완전한 덕에 따른 완전한 삶의 실현이라고 할 수 있다.(EE II 1, 1219a 35-39)

[36] 자기애와 이기주의

그러므로 자기애(to philauton)를 비난받을 일로 몰고가는 사람들은 돈이나 명예, 그리고 육체적인 쾌락에 있어서 자신에게 더 많은 몫을 배분하려는 사람을 '자기를 사랑하는 [이기적인] 사람'(philautous)이라고 부른다. 사실, 대중은 그것들을 열망하고, 또 가장 좋은 것으로 여기며 추구한다. 그래서 그것들은 쟁탈의 대상이다. 그것들에서 더 많은 몫을 차지한 사람들은 욕구와 일반적으로 감정과 영혼의 비이성적인 부분을 만족시킨다. 대중은 그러하다. 그래서 다수의 자기애가 저열하기 때문에 '자기애'라는 용어의 부정적인 용법이 생겨났다. 실로 그런 식으로 자기를 사랑하는 사람들을 비난하는 것은 정당하다.(EN IX 8, 1168b 15-23)

[37] 진정한 자기애

A. 그런데 만약 누군가 항상 스스로 무엇보다 열심히 정의로운 일이나 절제 있는 일을 행하거나, 또는 그 밖에 다른 어떤 덕에 따라 행한다면, 일반적으로 말해, 항상 자기 자신에게 아름다운 것을 만들어준다면, 아무도 그를 '이기적'이라고 부르지 않을 것이며 비난하지도 않을 것이다. 그러나 바로 그러한 사람이 오히려 자기를 사랑하는 사람처럼 보일 수 있다. 실제로 그는 자신에게 가장 아름다운 것과 가장 좋은 것을 나누어주며, 자신의 가장 주된 부분을 기쁘게 하고 전적으로 그것에 순종한다.(EN IX 8, 1168b 25-31)

B. 훌륭한 사람이 친구와 조국을 위해 많은 일을 한다는 것, 필요하다면 친구와 조국을 위해 죽기까지 한다는 것은 사실이다. 그는 자신에게 아름다운 것을 만들어내기 위해서 돈도 명예도 내놓을 사람, 한마디로 쟁탈의 대상이 되는 좋은 것들을 내놓을 사람이니 말이다.(EN IX 8, 1169a 18-22)

[38] 덕의 경쟁

만일 모든 이가 아름다운 것을 위해 서로 경쟁하고 가장 아름다운 것을 행하려고 노력한다면, 공적으로는 모든 것이 마땅히 있어야 할 바대로 있을 것이며, 사적으로는 각자에게 좋은 것들 중 가장 큰 것들이 있을 것이다. 덕이 바로 그런 것 [가장 큰 좋음]인 한에서 말이다.(EN IX 8, 1169a 8-11)

IV.

마키아벨리

— 덕 개념의 현실주의적 전환

1. 들어가는 말

니콜로 마키아벨리(Niccolo Machiavelli)라는 이름만큼 많은 오해의 대상이 된 철학자도 많지 않을 것이다. 그의 주저인 『군주론』은 출간되자마자 전통적인 도덕론자들에게 가혹한 공격의 대상이 되었다. 그의 책은 악마의 책으로 간주되었으며 그는 무신론자로 비난받았다. 그가 자신의 책에서 제안하고 있는 것은 유덕한 군주가 아니라 사악한 군주에게나 어울릴 법한 격률로 받아들여졌다. 한마디로 그는 비도덕주의를 설파하는 사람으로 비추어졌던 것이다. 『군주론』에 가해졌던 이러한 신랄한 비판은 매우 광범위하게 그리고 지속적으로 일어났고, 그래서 17-18세기에 '마키아벨리'는 유럽에서 매우 친숙한 이름이 되었다. '마키아벨리주의' 혹은 '마키아벨리적'이라는 말은 보통명사화되어 '비도덕적인 사람', '권모술수에 능한 사람', '목적을 위해서는 수단을 가리지 않는 사람'을 지칭하거나 그러한 삶의 태도를 의미하게 되었다.

마키아벨리주의가 통속적으로 이해된 데는 물론 전혀 근거가 없는 것은 아니다. 그러한 해석을 가능케 하는 요소가 그의 텍스트에는 존재하기 때문이다. 요컨대, 그것은 날조되거나 완전한 오해에 기반해 있는 것은 아니었다. 그러나 마키아벨리에 대해 사람들이 가지고 있는 일반적 이미지는 분명히 오해, 단순화에 기초해 있다. 결론부터 말하자면 마키아벨리의 현실주의(realism)에 대한 일면적이고 단순화된 이해가 그에게 그러한 악명을 가져다준 것이다. 따라서 그러한 오해를 불식시키기 위해서 필요한 것은 그의 현실주의가 갖는 의미를 정확히 파악하는 것이다. 바로 이 현실주의 속에서 우리는 마키아벨리의 덕 개념, 그리고 이 새로운 덕 개념이 도입하고 있는 변화들이 무엇인지를 올바르게 인식할 수 있게 될 것이다.

마키아벨리의 현실주의는 전통적인 도덕론이 갖는 한계에 대한 인식으로부터 형성되었다. 물론, 여기에서 그가 극복의 대상으로 삼고 있는 도덕론은 고대 그리스 도덕론과 그리스도교 도덕론이다. 마키아벨리에 따르면 이제까지 철학자들은 현실에 있는 인간을 보기보다는 이상 속에 있는 인간, 따라서 어디에서도 존재하지 않은 인간을 그리고 있다. 따라서 사람들에게 그러한 인간이 될 것을 가르치는 도덕은 현실에서 어떠한 실제적 효력도 가질 수 없다. 이러한 관점에서 보면 도덕은 무용한 것이다. 그러나 그것은 단순히 무용한 것으로 그치는 것이 아니다. 그것은 해롭기까지 하다. 이상주의적인 도덕은 지금 여기의 현실을 부정하고 외면하기 때문이다. 마키아벨리가 보기에 현실의 부정은 삶의 활력을 약화시킨다. 도덕의 죄악은 바로 여기에 있다. 도덕은 활력을 약화시킴으로써 니체의 표현을 따라 말하자면, 삶을 퇴화시킴으로써 자신이 목표로 설정하고 있는 '잘 사는 것'을 배반하는 자기부정에 빠진다.

따라서 진정으로 잘 살기(vivere bene) 위해서도 우리는 현실적이어야 한다. 다시 말하면 윤리는 어디에도 없는 허구적 인간상을 꾸며내는 것이 아니라 현실 속에 있는 그대로의 인간을 정확히 직시하는 용기로부터 출발하지 않으면 안 된다. 이성은 인간의 본성을 구성하지 않는다는 것, 오히려 인간은 욕망하고 자신의 이익을 추구하며 때로는 시기하고 때로는 사악할 수 있는 동물이라는 점을 인정해야 한다. 자신의 존재를 보존하고자 하는 가장 근원적인 충동에 의해 이끌려 살아가는 한에서, 그것은 인간에게 피할 수 없는 현실이라는 점을 인정할 때 우리는 진정으로 실질적 효과를 갖는 도덕, 진정으로 우리를 잘 사는 길로 인도해 줄 수 있는 도덕을 구성할 수 있다. 이것이 바로 마키아벨리의 현실주의이며, 그리고 바로 이것이 이후에 스피노자와 니체가 이어받아 발전시키게 될 철학적 전통이다.

마키아벨리의 현실주의가 '비도덕주의'로 이해될 수 있다면, 이 비도덕주의는 전통적인 도덕론에 대한 비판과 대립을 의미할 뿐이다. 우리가 뒤에서 살펴보겠지만, 마키아벨리는 우리가 일반적으로 비도덕한 행위라고 불리는 것들을 권장하지 않는다. 그도 다른 도덕론자들과 마찬가지로 가능한 한 그러한 행위는 하지 말 것을 요구한다. 그가 그들과 구별되는 것이 있다면, 그러한 요구를 결코 절대적인 것으로, 어떤 상황에서도 절대적으로 지켜야만 하는 규칙으로 생각하지 않는다는 것에 있다. 절대적으로 선이거나 절대적으로 악인 것은 없다. 많은 경우 선과 악은 뒤섞여서 함께 오는 경우가 많다. 여기에서 그는 고전적인 도덕론자들이 가지고 있는 믿음, 선은 선한 것으로부터 나온다는 전제를 부정한다. 후에 스피노자나 니체에서도 확인할 수 있는 것처럼, 선한 것은 때로는 선하지 않은 의지나 목적으로부터 생겨날 수도 있다.

이러한 관점에서 볼 때 마키아벨리의 '비도덕주의'는 실제로는 또 다른 도덕 혹은 윤리에 다름 아니다. 다시 말하면 마키아벨리는 우리에게 전통적으로 받아들여져 왔던 도덕적 혹은 비도덕적 가치들에 새로운 가치를 부여하는 새로운 윤리·정치론을 제시하고 있는 것이다.

이 새로운 윤리·정치론에서 고전적인 덕 개념은 근본적인 변형을 겪게 된다. 잘 알려져 있듯이 고대 철학자들은 덕을 합리적 인식과 지혜에 의해, 보다 정확히 말하면 그러한 인식을 통해 자연(본성)에 합치하여 살아가는 삶의 유형과 연결시켰다. 여기에서 덕은 실천적으로는 비이성적인 것으로 간주되었던 감정들을 억제하는 능력으로 나타나게 된다. 그러나 마키아벨리의 현실주의는 인간을 욕망의 존재로 규정함으로써 이러한 고전적 덕 개념을 전복한다. 오히려 그에게 덕은 욕망으로부터 오는 활력을 자신의 토대와 자양분으로 삼는다. 고전적 덕윤리에서처럼 그에게서도 덕은 역량으로 규정되지만, 이 역량은 더 이상 순수하게 이성에 의해 규정되지 않는다. 오히려 그것은 존재의 욕망을 실현시킬 수 있는 가능성으로서의 역량을 의미하게 된다.

2. 문제의 전위 : '좋은 삶'에서 '삶'으로

마키아벨리의 현실주의

마키아벨리는 1498년부터 1512년 메디치가에 의해 18년 만에 다시 왕정이 복구될 때까지 피렌체 공화정에서 공직을 수행했다. 그가 맡았던 일은 주로 외교 업무를 담당하였던 제2서기관이었다. 그는 메디치 정부에 다시 참여하기를 원했다. 그의 『군주론』은 이러한 바람을 실현하기 위한 기획의 일환으로 작성되었다. 이 책은 메디치가의 군주에게 어떻게 하면 국가를 잘 유지하고 보존할 수 있는지를 조언하는 형식으로 씌어져 있다. 요컨대, 마키아벨리가 이 책에서 설명하고자 하는 것은 국가의 유지와 보존, 그리고 그것에 필요한 강력하고 안정적인 국가의 구성에 대한 설명이다.

마키아벨리가 국가를 자신의 성찰대상으로 삼는 한에서, 그의 철학은 정치철학으로 분류될 수 있다. 그런데 이렇게 어떻게 국가를 존속시킬 수 있는가의 문제를 중심으로 구성되는 정치철학은 전통적인 정치철학과 명확히 구별된다. 왜냐하면 후자는 어떻게 국가는 존속될 수 있는가가 아니라 어떻게 국가는 '좋은 국가'가 될 수 있는가의 문제를 제기하고 있기 때문이다. 플라톤의 『국가』는 그 전형적인 예를 제시한다. 좋은 국가가 무엇인가를 묻는 정치철학은 국가의 경우에 '좋음'이란 무엇인가, 즉 '정의로움'이란 무엇인가를 탐구하는 데로 나아가게 된다. 이 문제는 국가의 존속과 구별되는 독립적 문제이다. 어떤 국가가 오래 존속하든 아니면 단기에 멸망하든 그것은 중요한 것이 아니다. 중요한 것은 국가의 수명에 관계없이 그것이 실현해야 할 목적이다. 플라톤이 『국가』에서 강자의 이익이 정의로운 것이라고 주장하는 트라시마코스의 관점에 반대하면서 주장하는 것이 목적에 대한 고려였다.[1] 이렇게 좋은 국가 혹은 좋은 통치란 무엇인가라는 질문은 단순히 통치의 기술에 대한 고려를 넘어서 그것의 목적을 고려해야 한다. 이러한 점에서 플라톤에게 정치는 윤리에 종속된다. 정치는 자신이 실현해야 할 어떤 목적, 어떤 좋음의 상태를 전제하는 한에서만 정립될 수 있기 때문이다.

그런데 고대의 철학적 전통 전체를 이끌고 있는 윤리적 사유는 다음과 같은 고유한 특징들을 가지고 있다. 첫째, 정치가 목적으로 삼는 '전체의 좋음'은 자신의 모델을 자연에서 갖는다. 왜냐하면 자연은

1 플라톤, 『국가』, 341d-342d 참조.

그 자체로 '조화로운 전체'(cosmos)로서 간주되기 때문이다. 이 형이상학적 가정에 따르면, 조화로운 전체로서의 자연에 상응하는 우리 인간의 자연(본성)이 곧 이성이며, 따라서 우리는 우리가 이미 가지고 있는 능력에 따라 인식하고 행위할 때 자연과 합치하게 되며, 그리고 그러한 한에서 유덕한 인간이 된다. 그런데 여기에서 우리는 윤리학을 구성하고 있는 형이상학적 전제, 자연은 조화로운 전체라는 전제에 대해 다음과 같은 질문을 던져볼 필요가 있다. 왜 그리스인들은 자연을 그렇게 이해하였는가? 그것은 그들 자신의 욕망, 그들 자신이 좋은 것이라고 생각하는 것을 자연에 투영한 결과가 아닌가? 그렇게 함으로써 그들은 자연과 인간의 본성(nature)에 특정한 목적을 부여하면서 다른 가능성들을 이탈과 병리로 규정하는 목적론적 형이상학을 정립하기에 이른 것이 아닌가? 그렇다면 이것은 자연에 대해 어떤 가치판단 혹은 윤리적 판단을 내리고 있는 것은 아닌가? 이러한 질문이 정당화될 수 있다면, 고대의 형이상학과 윤리학은 암묵적으로 '특정한' 가치체계의 전제 위에서 성립한다고 볼 수 있다. 그리고 그것은 이미 사회에서 용인되고 정립된 가치체계를 정당화하고 다른 가치와 생각을 배제하는 기능을 하게 될 것이다.

둘째, 그리스 철학의 윤리적 정향에서 나타나는 또 다른 특징은 좋은 것은 좋은 것으로부터만 나올 수 있다는 생각에서 발견된다. 플라톤이 목적에 절대적 가치를 부여하는 이유는, 좋은 통치는 좋은 목적으로부터만 가능하다고 믿기 때문이다. 예를 들면, 모두에게 이로운 일을 행하는 정치는 도덕적으로 훌륭한 왕에 의해서만 가능하다는 믿음이 거기에는 있다. 어떤 선한 결과가 선하지 않은 원인으로부터 나오는 것은 불가능하다는 것이다. 어떤 이기적인 동기에서 유발된 것은, 비록 그것이 타인들에게 이로운 결과를 낳더라도 결코 도덕적으로 좋은 것으로 평가될 수 없다. 이러한 생각은 그리스인들이 가지고 있었던 보다 근원적인 원리, '동일한 것은 동일한 것으로부터 나온다'는 생각에서 연원한다.

요컨대, 플라톤을 비롯한 고대 철학자들이 '좋은 국가' 혹은 '좋은 삶'은 어떤 것인가라는 물음을 철학의 중심 문제로 제기할 때, 그 물음은 위에서 설명한 것과 같이 목적론이라는 특정 유형의 형이상학과 그것에 토대를 두게 되는 특정 유형의 덕윤리를 구성할 수밖에 없다. 따라서 마키아벨리가 이 고전적인 덕윤리 전통과 단절하고 있다면, 그것은 그리스 철학자들이 던졌던 물음을 새로운 질문으로 대체하고 있기 때문이다. 그의 질문은 더 이상 '좋은 삶'이란 무엇인가가 아니라 '삶이란 무엇인가'가 된다. 이 피렌체 인문주의자에 따르면, 국가에 대한 고려에서 일차적으로 제기되어야만 하는 문제는 국가의 존속이다. 여기에서 일부 사람들은, 마키아벨리가 국가의 존재이유를 사상한 채 국가를 최고의 가치로 주장하고 있으며, 이로 인해 국가의 존속을 위해서는 그 수단이 무엇이든, 그것이 시민들을 희생시키는 것일지라도 정당화된다는 것을 인정하고 있다고 판단한다.

그러나 마키아벨리의 핵심적인 논지는 거기에 있지 않다. 그에 따르면, 이제까지 철학자들은 이상적인 국가를 고려해왔다. 그러나 그러한 국가는 어디에도 존재하지 않았으며, 존재할 수도 없는 허구에 지나지 않는다. 마키아벨리는 현실 속에 있는 국가를 이해할 것을 요구한다. 그의 말대로 "어떻게 살아야만 하는가"라는 질문과 "어떻게 살고 있는가"라는 질문은 완전히 다른 종류의 질문이기 때문이다. 그가 본 현실 속의 국가는 자신의 존속을 끊임없이 위협하는 대내외적 요소들, 한편으로는 국가 질서를 흔드는 내부의 저항들, 그리고 다른 한편으로는 다른 국가들의 침입과 약탈에 마주하여 자신을 보다 강하고 안정된 체제로 만듦으로써 자신을 유지하고자 하는 존재에 다름 아니다. 마키아벨리에게는 이것이 국가에서 고려되어야 할 일차적인 현실이었다. 그가 국가의 존속을 일차적인 성찰의 대상을 삼았을 때, 그것은 국가가 존속해야 시민들이 존재하고 행복하게 살 수 있다는 전체주의적 관점에 입각해서 그러한 것은 아니다. 요컨대, 그는 개인주의에 대립하는 국가주의 혹은 전체주의의 입장을 선택하고 있지 않다. 이 대립은 그에게 낯선 것이다. 오히려 그가 스스로 제기하고 있는 문제설정은 이상주의에 대립하는 현실주의이다. 국가에 대한 이러한 현실주의적 고려는 인간에 대한 현실주의적 관점을 동시에 함축하고 있다. 이 점에 대해서는 뒤에서 보다 자세히 살펴볼 것이다[1].

마키아벨리의 현실주의적 관점은 동시에 그리스도교에 대한 비판을 함축한다. 그에 따르면 그리스도교의 본질은 현세계의 부정에서 찾을 수 있다. 그리스도교는, 인간의 진정한 행복은 이 세계에서 우리가 갖는 욕망을 억제하고 절대적 좋음인 신을 사랑하고 의지하는 것에서 찾을 수 있다고 가르치기 때문이다. 따라서 여기에서 강조되는 것은 저 세계로 향하고자 하는 정신의 힘, 즉 의지이다. 반대로 그것은 이 세계에서의 삶을 유지하고 존속하게 하는 현실적인 것들을 외면하거나, 아니면 그것을 최소한으로 축소하는 것에서 덕을 발견한다. 그런데 현세계에 대한 그리스도교의 이러한 부정은 궁극적으로 삶의 부정으로 이어진다. 그것은 삶의 활력, 현재의 삶을 살아가고자 하는 의지를 축소시킨다. 마키아벨리가 보았을 때 이렇게 삶의 활력이 축소되고 삶이 부정되는 한에서, 인간은 잘 살 가능성이 없다. 잘 살기 위해서는 먼저 살아야 한다. 삶을 먼저 긍정할 때 우리는 잘 살 수 있는 길을 모색할 수 있기 때문이다. 후에 스피노자와 니체가 다시 확인하고 있듯이,[2] 잘 살고자 하는 노력은 살고자 하는 노력과 욕망에 기초해 있는 것이다. 그리고 바로 이때 도덕은 공허한 메아리가 아니라 실질적인 힘을 가질 수 있다[2].

바로 이 점에서 마키아벨리의 덕 개념은 현실적 욕망과 감정에 대한 억제를 핵심으로 삼고 있는 전통적인 이해로부터 벗어난다. 반대로 그에게 덕은 현실의 삶을 보존하고 긍정하려는 의지와 활력으로 이해된다. 각자가 자신의 이해를 추구하거나 욕망과 열정을 갖는 것은 죄악이 아니라 부정할 수 없는 우리 존재의 모습일 뿐만 아니라 유덕한 삶의 토대이기 때문이다.

그리스 – 그리스도교(greek-christian) 전통에서 로마 전통으로

마키아벨리가 가졌던 필생의 과제는 자신의 조국 피렌체가 오랫동안 지속될 수 있는 강력하고 안정된 국가를 정초하는 것이었다. 이를 위해서 그는 이상적인 것을 사유했던 철학자들이나 신학자들에게서 배우고자 하지 않았다. 앞에서 살펴본 바와 같이 그들이 가르치고 보여주었던 것은 허구적 가상에 불과했다. 이러한 이유로 그들의 도덕은 현실에서 어떠한 실제적 힘도 가질 수가 없었다. 마키아벨리가 자신

2 예를 들면 스피노자는 다음과 같이 말하고 있다. "그 누구도 동시에 존재하고, 행위하고, 살기를 욕망하지 않고서는, 다시 말해서 실제로 존재하기를 욕망하지 않고서는 행복하고, 잘 행위하고, 잘 살기를 욕망할 수 없다."(『윤리학』, 4부, 정리 21)

에게 부여했던 사유의 과제는 실천적인 것이었으며, 따라서 그 답은 오직 현실 속에서 찾을 수 있는 것이었다. 다시 말하면 실제로 오랫동안 번영을 누렸던 국가의 예에서 마키아벨리는 자신의 문제에 대한 실천적 답변을 얻을 수 있었다. 그 성공적인 사례가 바로 로마 공화정이었다.

잘 알려져 있듯이 로마는 공화정 시기에 성장과 번영을 누렸다. 로마의 군대는 충분히 강하고 잘 조직되어서 많은 국가들이 로마의 식민지가 되었다. 로마의 이러한 강함과 번영은 어디에서 오는 것일까? 이것이 마키아벨리가 '로마의 역사'에서 배우고자 했던 것이다. 우리는 앞에서 로마의 철학이 아니라 역사라고 말했다. 오히려 로마를 대표했던 철학자들은 마키아벨리의 비판이 대상이 된다. 예를 들면, 키케로는 『의무론』에서 싸움을 하는 데에는 두 가지 방식이 있는데, 하나는 토론에 의해서이고 다른 하나는 힘에 의해서라고 말했다.[3] 그에 따르면, 전자는 인간의 방법이고 후자는 짐승의 방법이다. 그런데 마키아벨리가 보기에 로마 공화정의 성공은, 로마 정치가들이 키케로의 가르침을 따랐던 데에서 연유하지 않았다. 오히려 그것은 키케로의 가르침과는 반대로 때로는 짐승의 방법을 사용하는 것을 주저하지 않았기 때문이었다[3].

마키아벨리는 로마인들에게서 배울 것이 있다면 이러한 현실주의라는 점을 분명히 한다. 이 현실주의는 단순히 물질적인 것, 세속적인 것을 추구하는 실용적이고 속물적인 태도를 의미하지 않는다. 그

3 *De officiis*, I, 34.

것은 현실을 있는 그대로 보고 인정하는 태도이다. 그것은 현실을 가상으로 은폐하지 않으려는 정직함이다. 또한 그것은 어떤 삶의 규칙도 일의적으로 적용될 수 없을 만큼 현실은 다양성을 가지고 있다는 것을 볼 줄 아는 현명함이다. 마키아벨리가 때로는 사자나 여우와 같이 힘 또는 기만책을 사용해야 한다고 주장할 때, 그것은 목적을 위해서는 수단의 정당함 여부는 중요하지 않다는 비도덕주의를 설파하고 있는 것이 아니다. 앞에서 말했듯이, 오히려 그것은 부정할 수 없고 피할 수 없는 현실의 논리를 말하는 것이며, 힘이나 폭력 혹은 기만이 모든 상황에서 배제되어야 하는 것이 아니라 경우에 따라서는 필요한 것일 수도 있다는 점을 말하는 것이다. 현실의 복합성과 다양성을 고려하고, 그에 부합하게 행위할 때 인간은 덕을 갖추게 된다는 점을 말하고자 하는 것이다[4].

3. 마키아벨리의 존재론 : 동일한 것의 반복

방법으로서의 히스토리아(historia)

우리는 앞에서 마키아벨리의 현실주의가 함의하고 있는 바를 설명하였다. 그 현실주의는, 비록 오랫동안 사람들이 믿어왔던 도덕적 규칙들과 어긋나는 경우가 있기는 하지만, 근본적으로 비도덕주의를 의미하지 않는다는 것을 분명히 한 바 있다. 그의 현실주의는 도덕과 대립한다기보다는 특정한 도덕론 그리고 그 도덕론이 기초하고 있는 현실에 대한 이해와 대립한다. 그것은 다양하고 풍부한 현실을 특정한 원리를 통해 규정하고자 하는 시도에 대한 비판을 겨냥한다. 자연의 참모습은 자신이 바라는 대로 존재한다고 믿고자 하는 철학자들의 태도에 대한 비판이 그의 현실주의가 의미하는 것이다.

마키아벨리의 현실주의가 갖는 궁극적 의미가 여기에 있다면, 현실에 대한 탐구와 그것으로부터 우리가 이끌어내야 하는 올바른 삶의 방식에 대한 성찰은 고대 철학자들과는 다른 방식으로 이루어져야 한다. 요컨대, 그의 현실주의는 어떤 이론적 혹은 사변적 원리로부터가 아니라 구체적인 경험으로부터 출발해야 한다. 현실을 특정한 원리를 통해 일의적으로 규정하려는 시도는 현실의 풍부함과 다양성을 놓치기 때문이다.

따라서 마키아벨리의 현실주의가 요구하는 지혜는 역사적 방법을 요청한다. 앞에서 언급했듯이 마키아벨리가 로마의 공화정에서 배우고자 했을 때, 그는 로마의 철학자들이 아니라 로마가 실제로 겪었던 경험들, 보다 구체적으로는 그 경험들을 기록해놓은 역사서에 의지하였다. 그래서 그가 자신의 저작들에서 어떤 주장을 펼칠 때, 그는 항상 역사적 경험에 준거해서 그것을 이끌어낸다. 마키아벨리의 고유성 가운데 하나는 바로 여기에 있다.

그에게 역사(historia)란 근대적 의미의 역사, 시간의 흐름 속에 전개되는 사건들의 연쇄로서의 역사를 의미하지 않는다. 오히려 그것은 고대 그리스적 의미의 역사, 사실들의 수집과 탐구를 지시하는 역사이다. 후에 프란시스 베이컨이 '자연사'(historia naturae)라는 개념을 통해서 받아들이고 있고, 스피노자가 『성서』 해석의 방법론으로 제시하고 있는 것이 바로 이 히스토리아이다. 이 방법으로서의 히스토리아는 경험적 사실들로부터 일반적 원리를 이끌어내는 것에 핵심이 있다. 여기에서 히스토리아는 구성적(constitutive) 기능을 갖는다. 우리가 알지 못했던 것을 알려주거나, 이미 알고 있었던 것을 교정해서 보다 풍부하고 정확하게 인식하도록 해주기 때문이다. 또한 히스토리아는 확증적(constative) 기능을 갖는다. 우리의 추론이나 생각은 경험적 사실들에 의해 확인되고 확증될 수 있기 때문이다. 마키아벨리의 저작들은 바로 히스토리아의 이러한 기능들을 통해 성립한다. 그는 히스토리아를 이제까지 사람들이 개척하지 못했던 새로운 길을 여는 방법으로 제시한다. 실제로 그가 고전적인 덕 개념을 폐기하고 새로운 덕 개념, 즉 비르투(virtù)를 제시할 때, 그는 역사적 사실들에 대한 탐구로부터 그것을 이끌어내며, 또한 바로 그것들을 통해 논증하고 있다[5].

역사는 순환한다

그렇다면 역사와 경험적 사실들은 왜 우리에게 교훈을 주는가? 그것은 과거에 일어났던 일이 현재에도 일어날 수 있으며, 다른 곳에서 있었던 일이 여기에서도 생길 수 있기 때문이다[6]. 다시 말하면 이 세상에서 일어난 사건들은 반복적으로 일어난다. 사람들은 여기에서 철학자들이 설정했던 보편적 원리를 떠올릴 수도 있다. 실제로 철학은 시공간적 제약을 벗어나 있는 영원 진리의 탐구로 정의되고 있지 않은가? 그러나 마키아벨리는 철학자들이 전제하는 이러한 보편적이고 절대적인 진리를 부정한다. 이 점은 우리가, 사변적 원리나 이론으로부터 현실을 파악하고자 하는 시도 자체를 마키아벨리가 거부하고 있다고 말하면서 이미 확인한 점이다.

마키아벨리에게 역사의 법칙은 존재하지 않는다. 사물들의 진행은 어떤 규정된 법칙에 따라 이루어지지 않는다. 이 점에서 그는 후에 헤겔이 정립하게 될 역사철학, 역사의 진행법칙을 긍정했던 관점을 거부하고 있는 셈이다. 마키아벨리는 자연에 어떤 필연적 법칙이 있다고 생각하지 않았다. 불변하는 고정된 어떤 것도 이 세상에는 존재하지 않는다. 오직 변화와 생성만이 있을 뿐이다. 이 점에서 그는 생성의 세계를 가상의 것으로, 그리고 불변하는 존재의 세계를 참된 것으로 간주하였던 파르메니데스의 형이상학 전통을 거부한다. 생성과 변화의 배후에 존재하면서 그것을 규율하고 있는 원리는 존재하지 않는다.

그러나 이 생성과 변화는 반복과 순환의 논리 속에서 일어난다. 우리가 과거에서 교훈을 얻을 수 있는 것은 이 때문이다. 과거에 특정한 경우에 일어났던 일은 다른 장소와 시간 속에서 다시 발생한다. 우리가 과거의 것을 세심하게 관찰하고 탐구해야 하는 이유가 여기에 있다. 사람들이 과거의 것에 관심을 갖지 않는 것은, 그것은 이제 지나간 것이고 현재는 그것과는 완전히 다르다고 생각하기 때문이다. 그러나 마키아벨리는 세상사는 항상 반복된다고 주장한다. 그에 따르면, 전체로서의 세계는 언제나 동일한 것으로 남아 있다. 이 인식은 물론 역사와 경험으로부터 나온 것이다. 그것은 우리에게, 자연은 항상 동일한 모습이며, 세상 어디를 가도 인간의 사는 모습은 크게 다르지 않다는 것을 가르쳐주고 있기 때문이다. 후에 스피노자가 정식화하고 있듯이, 마키아벨리는 역사는 이미 인간이 만들어낼 수 있는 모든 유형의 삶을 보여주었다고 생각한다. 정치에 관련하여 말하자면, 군주정, 귀족정, 민주정의 세 가지 통치형태는 하나가 다른 하나를 낳거나 파괴하면서 생성 소멸을 겪고 있지만, 그것들은 계속해서 반복해서 등장한다[7].

4. 욕망의 인간학

마키아벨리의 부정적 인간학

마키아벨리의 철학적 성찰의 대상은 국가이다. 국가는 시민들의 삶을 규율하는 제도이자 질서이다. 따라서 국가에 대한 성찰은 필연적으로 그것을 구성하는 인간에 대한 성찰을 요청한다. 인간을 이해하는 한에서 우리는 어떻게 안정적이고 견고한 정치질서를 형성할 수 있는지를 이해할 수 있기 때문이다. 국가가 형식이라면 민중은 질료와 같다. 여기에서 질료는 아무런 성질도 가지고 있지 않은, 수동적으로 형식을 수용하는 어떤 것이 아니다. 즉 플라톤이 『티마이오스』에서 말하는 '방황하는 원인'으로서의 질료와 같다. 따라서 이 질료는 제작자가 부여하는 형식을 수동적으로 받아들이기만 하지 않는다. 플라톤이 데미우르고스에 의한 사물의 생산을 물질을 '설득한다'고 표현했던 이유가 여기에 있다. 질료를 설득하기 위해서는 질료가 무엇인지를 잘 알아야 한다[8].

이 점에 관한 한 고대 철학자들의 관점은 다시 한 번 마키아벨리의 그것과 대비된다. 앞에서 논의한 것처럼, 고대의 정치철학자들은 이상적인 국가의 모습은 어떤 것인지를 제시하였다. 물론, 그것은 부분들이 하나를 형성하는 조화로운 전체로서의 공동체이다. 이러한 공동체는 어떻게 가능한가? 아리스토텔레스에 따르면, 인간은 '본성적으로' 정치적 동물이다. 요컨대, 인간은 본성상 공동체 속에서 함께 어울려 사는 존재인 것이다. 우리는 이것을 인간의 본성적 사회성(sociability)이라고 부를 수 있을 것이다. 인간은 본성적으로 사회성을 갖기 때문에 조화롭고 평화로운 공동체를 형성할 수 있다는 것이다.

만약에 인간이 서로 갈등하고 싸운다면, 그것은 인간이 자신의 본성에 따라 행위하거나 살지 않기 때문이라고 추정할 수밖에 없다. 그런데 여기에서 철학자들이 말하는 인간 본성은 이성이다. 따라서 조화로운 공동체는 인간들이 이성적일 때 가능해진다.

마키아벨리가 보기에 이러한 공동체는 존재할 수 없다. 그것은 모든 인간들이 이성적인 한에서만 가능해질 수 있는 공동체이기 때문이다. 그러나 역사는 우리에게 인간은 대개의 경우 이성보다는 욕망과 감정에 따라 살아간다는 것을 충분히 보여주고 있다. 이 점에서 마키아벨리가 보기에 철학자들은 인간 본성을 잘못 이해하고 있다. 철학자들은 인간의 현실적 모습을 인간의 본성이 아니라 인간 본성의 타락으로 여기기 때문이다. 그들은 자신들이 만든 철학적 개념들로 이렇게 현실을 부정한다. 그럼으로써 그들은 자신들이 제시한 이상과 현실 사이의 간격에 고통을 겪게 되며, 그 고통을 현실에 대한 한탄과 저주로 표현한다.

그러나 마키아벨리는 현실의 인간의 모습을 바로 그들의 본성으로 긍정한다. 여기에서 그의 유일한 근거는 역사적 경험이다. 역사적 경험은 충분하고도 넘치게 인간은 남을 돕기보다는 자신의 이익을 먼저 챙기며, 필요하고 기회가 주어지면 사악한 행동을 서슴지 않는다는 것을 보여주었다. 이렇게 그들의 삶을 지배하는 것은 욕망, 시기, 질투, 명예욕. 공포와 희망 등이다. 마키아벨리는 인간의 삶을 보고하는 역사서에서 인간의 현실이 무엇인지를 확인한다. 거기에서 드러난 인간의 모습은 매우 부정적인 것이다. 실제로 그의 저작들에서 마키아벨리는 인간은 본성적으로 사악하다고 주장하기도 한다. 인간이 이렇게 갈등과 싸움을 만들어내는 부정적 욕망이나 감정에 의해서 지배받고 있는 이유는, 마키아벨리에 따르면 인간의 욕망은 무한한데 그것을 충족시킬 수 있는 가능성에는 한계가 있기 때문이라는 것이다. 이러한 이유에서 인간은 필연적으로 다른 인간과 경쟁할 수밖에 없고, 때로는 시기, 질투, 증오, 공포 등의 감정을 가질 수밖에 없다[9].

불화의 정치

마키아벨리가 말하고 있듯이 인간의 이러한 모습과 본성은 시간과 장소를 불문하고 항상 동일하게 나타난다.[4] 삶의 무대가 바뀌고 인물이 달라져도 인간이 만들어내는 드라마는 항상 동일하다는 것이다. 강건하고 안정된 국가를 형성하고자 하는 군주는 무엇보다도 인간의 이러한 본성을 잘 알고 있어야 한다. 인간이 이성적이라고 믿는 군주는 국가를 잘 통치할 수 없다. 그는 곧 배반당할 것이며 실망하게 될 것이다. 반면에 인간이 만족할 줄 모르는 욕망을 가지고 있으며, 필요한 경우에 언제라도 자신의 사악한 본성을 드러내게 될 것이라는 것을 아는 군주는 그러한 욕망이 어떻게 제어되어야 하는지를 연구하고 대비하게 될 것이다. 그는 대중에게 공포를 주지 않으면 그들이 공포의 대상이 된다는 것을 이해한다. 인간은 합리적인 논리나 설득을 통해서 제어될 수 없다는 것을 알고 있는 그는 법이 법만으로는 무력하며 거기에는 힘이 함께 있어야 한다는 것을 잘 파악하고 있고 그에 따라 실천한다. 군주가 이렇게 현실적인 인간을 정확히 이해할

4 『로마사 논고』, 1권, 11장, 120쪽 참조.

때 그는 국가를 존속 유지시킬 수 있는 기예를 찾을 수 있다[10].

인간의 본성을 이해하고 있다는 것은 그것으로부터 필연적으로 귀결되는 또 다른 사실 또한 인정하는 것과 같다. 인간이 이기적이라는 사실에서 마키아벨리는 인간 사회에서 갈등과 불화가 필연적으로 존재할 수밖에 없다는 점을 확인한다. 어떻게 보면 고대의 정치철학자들은 좋은 공동체의 조건으로 갈등, 불화, 경쟁, 싸움 등이 없는 공동체, 그 누구도 부당함이나 손해를 겪지 않고 모두가 서로 이익을 갖게 되는 상호관계를 제시하고 있다고 볼 수 있다. 이것은 다른 방식이기는 하지만 근대의 정치철학자들, 소위 계약론 모델에 의거해 국가를 설명하고자 했던 시도에서도 여전히 발견되는 이념이기도 하다. 여기에서 계약은 폭력과 갈등을 제거할 수 있는 결정적인 방책으로 제시되고 있기 때문이다. 그러나 마키아벨리에 따르면, 이러한 불화와 갈등은 인간 사회에서 결코 제거될 수 없다. 따라서 폭력을 절멸시키고자 하는 시도는 불가능한 것을 시도하는 것과 같다. 그리고 그러한 시도는 또 다른 폭력, 어쩌면 가장 극악한 폭력을 낳게 되는 원인이 될 뿐이다. 마키아벨리가 보기에 인간이 할 수 있는 최선의 시도는 폭력을 최소화하는 것이다. 그가 말하고 있듯이, 인간의 비극적인 삶의 파노라마를 종식시킬 수 있는 궁극적이고 결정적인 치료제는 존재하지 않기 때문이다. 최소한의 폭력을 위해서 군주는 국가를 잘 유지하고 보존해야 한다. 그리고 그렇게 하기 위해서는 인간의 본성을 잘 이해하고 있어야 하며, 불화와 갈등은 영원히 제거될 수 없다는 점을 긍정해야 한다[11].

그런데 마키아벨리는 단지 갈등과 불화의 필연성을 긍정하는 것에 머무르지 않는다. 가능한 한 최소화해야 하는 부정적인 것인 것은 맞지만, 그것은 긍정적인 측면도 가지고 있다는 것을 마키아벨리는 간과하지 않는다. 앞에서 설명했듯이 인간은 욕망의 존재이다. 그런데 이 욕망은 사회계급의 차이에 따라 상이하게 나타난다. 마키아벨리에 따르면, 귀족은 지배하고자 하는 욕망을 가지고 있으며, 민중은 지배받지 않으려는 욕망을 가지고 있다. 따라서 한 사회에서는 서로 대립되는 두 욕망이 충돌하고 있는 셈이다. 그런데 마키아벨리에 따르면, 역사가 충분히 보여주고 있듯이, 이 충돌이 특정한 방향에서 해소되면 바로 그 순간부터 국가는 변화 및 성장의 동력과 활력을 상실하게 된다는 것이다. 예를 들면, 귀족의 지배하고자 하는 욕망이 민중의 지배받지 않으려는 욕망을 제압해서 후자의 욕망이 약화되거나 사라진다면, 귀족은 대항세력을 갖지 않을 것이고, 이러한 평화는 나태함을, 그리고 나태함은 국가의 쇠퇴를 초래하게 된다. 반대로, 민중의 지배받지 않고자 하는 욕망이 충분히 강해져서 지배층의 욕망을 완전히 제압한다면 국가의 법과 질서는 파괴되고 말 것이다. 따라서 훌륭한 군주가 해야 할 정치는 두 욕망 사이의 갈등이나 대립을 해소하고 평화의 상태를 정착시키는 것이 아니라, 그러한 갈등이 부정적인 방식으로 폭발하지 않도록 하면서 그것을 적절하게 유지하는 것이다. 요컨대, 정치는 사회에서 불화를 제거하는 것이 아니라 그것에 토대를 두어야 한다[12].

5. 군주의 덕

마키아벨리의 비도덕주의?

군주가 해야 할 일은 국가를 구성하는 질서와 법을 형성하고 그것을 잘 유지하는 데 있다. 한마디로 군주의 일은 제작자 혹은 건설자의 그것이다. 그렇다면 어떻게, 그리고 무엇을 모델로 해서 제작할 때 만들어진 작품은 훌륭한 것이 될 수 있는가? 앞에서의 논의를 통해서 우리가 확인할 수 있는 것은, 건설자인 군주에게는 어떤 따라야 할 모델도 존재하지 않는다는 사실이다. 여기에서 마키아벨리는 플라톤과 명확히 갈라선다. 잘 알려져 있듯이, 플라톤은 철인왕 통치를 주장한 바 있다. 통치자는 왜 철학자이어야만 하는가? 그것은 올바른 국가의 모델이 자연이기 때문이다. 고대 그리스인들은 자연이 조화로운 질서, 즉 코스모스라고 믿었다. 따라서 그들에게 자연은 모방해서 실현해야 할 모델이었다. 이것이 통치자가 철학자이어야만 하는 이유이다. 왜냐하면 철학자는 자연을 탐구하고 이해하는 것을 자신의 일로 삼고 있는 사람이기 때문이다. 이러한 이유로 플라톤에게서 통치자의 덕은 전적으로 앎에 기초하고 있다.

앞에서 설명했듯이, 마키아벨리에게 자연은 조화로운 질서가 아니다. 그것은 끊임없는 변화와 생성의 세계이다. 따라서 질서는 자연 안에 이미 있는 것이 아니라 인간이 자신의 고유한 능력을 통해서 만들어야 하는 것이다. 따라서 건설자 군주의 제작은 모델을 갖지 않는 창조이다. 달리 말하면 군주는 절대적으로 따라야만 하는 어떤 주어진 질서나 규범 혹은 가치체계도 갖지 않는다. 그는 그러한 질서나 가치체계의 새로운 창조자이기 때문이다.

마키아벨리에게 통속적으로 부여되고 있는 비도덕주의자라는 비난 혹은 오해는 재검토되어야 한다. 그는 확실히 전통적으로 덕으로 간주되었던 것들, 지혜, 용기, 절제, 너그러움, 정직함 등을 좋은 것으로 인정한다. 그가 부정하는 것은 이러한 도덕적 가치들의 절대성이다. 그는 반복해서, 군주가 사람들이 이야기하는 이러한 덕들을 실천에 옮긴다면, 그는 필연적으로 파멸에 이르게 될 것이라고 경고한다. 국가를 형성하고 유지하는 제작자 군주의 입장에서 볼 때, 악덕은 그 국가를 파멸로 이끄는 것들이다. 이러한 이유에서 항상 도덕적으로 행위하는 군주는, 마키아벨리의 관점에서 보면, 비도덕적이다. 반대로 비도덕적으로 행위하는 것이 군주에게는 덕이 되는 경우가 있는 것이다[13].

마키아벨리의 덕윤리는 결과주의인가

마키아벨리의 위와 같은 주장을 살펴보면, 그는 주어진 상황에서 어떤 행위가 올바른 것인가라는 질문에 그것은 그것이 산출하는 결과에 의해서 판단되어야 한다고 주장하고 있는 것처럼 보인다. 그렇다면 이것은 근대에 출현하게 될 공리주의적 도덕론의 선취로서 이해될 수 있다. 실제로 일부 마키아벨리 해석자들은 이러한 입장을 제출하기도 한다. 물론, 마키아벨리에게서 기준이 되는 결과란 국가의 존속과 유지일 것이다.

이러한 주장은 일견 매우 설득력 있는 것처럼 보인다. 예를 들면, 우리는 그의 텍스트에서 이후에 공리주의라고 불릴 수 있는 원리에 가까운 내용을 발견할 수 있다. 『로마사 논고』에서 그는 로마인들이 왜 자유를 지키기 위해서 싸웠는지를 설명하면서 그는 다음과 같은 논거를 제시한다. 그것은 자유로운 상태가 부와 영토의 증대를 가져다주기 때문이다. 요컨대, 민중의 자유를 보장하는 것이 통치자의 입장에서 중요한 덕목이 되는 이유는 그것이 공동선을 증대시키기 때문이라는 것이다. 이러한 관점에서 보면, 마키아벨리는 근대의 공리주의를 선취하고 있는 것처럼 보인다[14].

그러나 좀 더 자세히 마키아벨리의 텍스트를 들여다보면 다른 결론에 이르게 된다. 덕윤리는 바람직한 인간 유형 혹은 품성이 무엇이고 그것은 어떻게 형성될 수 있는가를 묻고 있는 윤리이론이다. 반면에 근대 공리주의는 인간 유형이 아니라 '행위'의 규칙을 묻는다. 이러한 관점에서 볼 때, 마키아벨리의 덕 개념은 결과주의로 해석될 수 없다. 마키아벨리가 문제삼고 있는 것은 군주의 품성, 이러저러한 행위들을 할 줄 아는 능력이기 때문이다. 이러한 의미에서 마키아벨리는 덕윤리의 근본적인 문제설정을 공유하고 있다고 볼 수 있다.

그러나 마키아벨리의 덕윤리를 공리주의로 볼 수 없는 보다 근원적인 이유는 다른 데에 있다. 우리는 앞에서 마키아벨리가 던지고 있는 질문이 갖는 근본적인 혁신성에 대해서 말한 바 있다. 그는 잘 사는 것이 아니라 먼저 사는 것, 즉 생존이 일차적인 고려 대상이 되어야 함을 주장한다. 이것은 존재하는 모든 것은 존재하고자 하는 욕망에 의해서 일차적으로 규정된다는 통찰에 근거해 있다. 요컨대, 인간은 살기를 욕망하는 한에서만 잘 사는 것을 욕망한다. 따라서 인간의 덕은 일차적으로 자신의 존재를 보존할 수 있는 역량에 있게 된다.

이러한 관점에서 보면 국가 자체와 동일시되는 군주의 일차적인 덕은 국가의 보존을 가능케 하는 역량인 것이다. 여기에서 국가의 보존은 국가가 설정하는 독립된 목적이 아니라 국가의 활동을 규정하는 내적 원리이다. 덕이 일반적으로 한 존재가 자신에게 부여된 본성 아니라 탁월하게 수행하는 것을 가리킨다면, 군주의 덕은 결과에 의해서가 아니라 그의 역량 자체에 의해서 규정되어야만 한다. 이 점은 체사레 보르자(Cesare Borgia)에 대한 마키아벨리의 평가에서 분명하게 나타난다. 『군주론』에서 보르자는 강력한 통치자가 되고자 했지만 갑작스럽게 닥친 불운 때문에 꿈을 실현하시 못하고 죽게 되는 인물로 제시된다.[5] 보르자는 자신의 아버지인 교황 알렉산데르 6세의 호의라는 운을 통해서 통치자에 올랐기 때문에 권력의 토대가 취약했고, 또 실제로 아버지의 죽음과 동시에 자신 또한 병에 걸리게 되는 불운이 겹치면서 결국 실권하게 되지만, 마키아벨리는 보르자를 "불굴의 정신과 탁월한 역량"을 갖춘 사람으로 평가한다. 이러한 이유에서 그는 보르자를 신생군주가 모범으로 삼아야 할 예로서 간주한다. 보르자는 훌륭한 군주가 취해야 할 다양한 종류의 행위들을 보여주고 있기 때문이다. 비록 그의 노력의 결과는 실패로 끝났지만, 그것과 관계없이 그의 덕 혹은 역량은 그 누구보다도 뛰어남을 마키아벨리는 긍정하고 있다. 이 예는, 군주의 덕은 단순히 그 결과에 의해서만 이해되는 것이 아니라, 그러한 결과를 낳을 수 있는 역량에 의해 평가되어야 함을 알려준다.

결국, 마키아벨리에서 덕은 목적과 수단이라는 관점에서 고려되지 않는다. 덕은 결과에 독립적으로 존재 자체의 역량 혹은 훌륭함이라는 관점에서 고려된다. 그렇다면 한 존재의 역량 혹은 훌륭함은 무

5 『군주론』, 7장 참조.

엇에 의해 규정되는가?

상황 적응력으로서의 덕 : 운(fortuna)과 덕

마키아벨리가 덕 개념과 관련하여 설명하고 있는 텍스트를 자세히 살펴보면, 국가를 보존 및 유지할 수 있기 위해서 군주에게 요구되는 자질은 다양한 상황에 따라 다양한 방식으로 행위할 수 있는 역량이다. 군주가 항상 신의를 지키고 사람들이 마땅히 해야만 한다고 말하는 것들을 실천한다면 그 군주는 머지않아 파멸에 이를 것이라고 말할 때, 반대로 군주는 때로는 사자가 그리고 때로는 여우가 되어야 한다고 주장할 때, 마키아벨리는 군주가 하나의 방식으로만 행위하는 것보다 다양한 방식으로 행위할 수 있을 때 국가를 보다 잘 보존하고 유지할 수 있음을 긍정하는 것이다[15].

다양한 행위방식을 갖는 것이 덕이 되는 이유는 주어지는 상황이 다양하기 때문이다. 그리고 그러한 상황은 인간의 힘으로 통제할 수 있는 것이 아니다. 마키아벨리는 인간들이 통제할 수 없는 사물들의 흐름을 '운'이라고 부른다. 이 운은 인간이 예측할 수 없는 것이며, 또한 원인이나 목적을 알 수도 없는 것이다. 따라서 그것은 우리에게 항상 우호적이지도 적대적이지도 않다. 그래서 마키아벨리는 운을 여성에 비유한다. 운은 변덕스럽고 가변적이기 때문이다.

그러나 마키아벨리의 운은 운명론이나 결정론을 함축하지 않는다. 인간은 운을 수동적으로 겪기만 하는 것은 아니다. 가변적인 운에 마주하여 우리는 그것에 대응하는 역량을 갖출 수가 있다. 우리가 어떻게 운에 대응하는가에 따라 우리의 운명은 달라질 수 있다. 따라서 역사는 운에 의해서 일방적으로 결정되지 않는다. 역사는 운과 그에 대항하는 인간의 덕이 만들어내는 것이다. 이러한 의미에서 마키아벨리는 역사의 반은 운에, 그리고 나머지 반은 덕에 맡겨져 있다고 말하고 있다[16].

그러나 마키아벨리의 이러한 주장은 덕과 운의 관계에 대한 다른 언급에 의해서 교정된다. 앞에서 역사는 운과 덕에 의해서 이루어진다고 말했을 때, 그것은 덕에 의해서 운을 바꿀 수 있다는 것을 의미하지 않는다. 운이 인간이 통제할 수 없는 것이라는 점은 여전히 유효하다. 따라서 인간의 덕이 할 수 있는 것은 운을 기회(occasio)로 삼는 것, 혹은 운에 적응하는 것이다. 덕이 운과 합치할 때, 우리는 행복하고 행운이 있다고 말할 수 있지만, 우리의 노력과 덕에도 불구하고 그것이 운과 합치하지 않으면 우리는 성공하지 못하며 따라서 불운하다고 말한다. 마키아벨리는 운 개념을 통해 인간이 뛰어넘을 수 없고 통제하에 둘 수 없는 어떤 것이 있다는 점을 분명히 한다. 이러한 점에서 운은 인간의 한계와 유한성에 대한 긍정을 담고 있다. 그러나 다른 한편으로 그는 덕 개념을 통해서 자신의 한계에 머무르지 않고 운에 맞서 자신을 긍정하면서 싸우고자 하는 인간의 영웅적 노력을 보여준다. 그의 덕 개념은 이렇게 운 개념과 함께 어울리면서 고유한 의미를 형성하고 있다[17].

6. 나가는 말

앞에서 살펴본 바와 같이 마키아벨리의 문제의식, 성찰의 주요 대상은 매우 제한적이었다. 그의 관심은 전적으로 정치론으로 분류되는 영역에만 국한되어 있었다. 그리고 그의 질문은 아주 단순한 다음의 질문에 집중되어 있었다. '어떻게 오랫동안 국가를 존속시킬 수 있는가?' 그러나 그의 사유영역이 갖는 협소함, 질문의 단순성은 그가 철학사에 각인시켰던 혁신과 파장을 만들어내는 데 전혀 부족함이 없었다.

앞에서 강조했듯이 그는 어떻게 잘 살 수 있고 어떻게 살아야만 하는가를 묻지 않고 어떻게 살고 있는가를 물었다. 질문을 제기하는 관점의 이러한 변화를 우리는 마키아벨리의 현실주의를 이해하는 핵심 열쇠로 제시하였다. 실제로 이러한 질문의 변화는, 우리가 뒤에서 살펴볼 스피노자와 니체에서는 물론이고 많은 근대 철학자들에게서도 발견된다.

마키아벨리의 정치적 현실주의는 그에 상응하는 존재론 및 인간학을 전제하게 된다. 마키아벨리의 정치론이 철학적 문제들 전반에 대한 새로운 관점을 제시하면서 새로운 철학적 전통을 구성하고 있는 것은 그 때문이다. 사물은 끊임없이 변화하고 생성하지만, 동시에 반복된다는 그의 주장은 니체의 영원회귀를 선취하고 있는 것처럼 보이며, 인간은 욕망하는 존재라는 그의 인식은 비록 다른 토대로부터 설명되고 보다 체계적으로 제시되고 있지만, 이후 스피노자나 니체와 같은 사상가들에게서 반향을 얻고 있다.

무엇보다도 이 글에서 우리가 주제로 다루었던 마키아벨리의 덕 개념은 그의 현실주의적 관점 속에서 재구성되어 고대 덕윤리 전통과는 전적으로 다른 새로운 모습으로 등장하고 있다. 덕이 형상과 질서를 부여하는 제작 능력이라는 것을 인정하고 있는 점에서 그는 전통적인 덕 개념의 핵심적 의미를 수용한다. 그러나 그는 자연과 역사에 대한 전적으로 새로운 이해에 기초해서 덕 개념에 근본적인 수정을 가한다. 고대 덕윤리 전통의 철학자들과는 다르게 그는 자연을 모방의 대상으로 삼지 않는다. 예기치 못한 변화와 다양한 상황을 우리에게 강제하는 자연은 오히려 그에게 덕이 대면하고 겨루어야 할 대상이다. 이렇듯 마키아벨리의 덕 개념은 새로운 자연 형이상학 속에서 새로운 의미를 갖게 된다. 마키아벨리는 이 점에서 근대의 철학적 변환을 예비하였다고 볼 수 있다.

7. 원전 읽기

여기에 인용된 원전은 기존 국내번역을 따르되, 필요한 경우 약간 수정을 했다. 이탈리아어 판본은 Machiavelli(1971), *Tutte le opere*, a cura di M. Martelli, Sansoni editore, 영어 번역본은 Machiavelli(1989), *The Chief Works and Others*, volume 1, trans. by A. Gilbert, Duke University Press를 참조하였다. 인용한 한국어 번역본은 『군주론』, 강정인·김경희 옮김, 제3판 개역본(까치, 2008)과 『로마사 논고』, 강정인·안선재 옮김(한길사, 2003)을 참조하였다.

[1] 사물의 실제적 진실에 대한 탐구

이제 저는 군주가 자신의 신민들 및 동맹들에게 어떤 식으로 행동해야 마땅한가를 고찰하도록 하겠습니다. 저는 많은 논자들이 이 주제를 논해왔다는 것을 잘 알고 있는데, 제가 말하려고 하는 바가 다른 사람들이 제안한 원칙들과 특히 이 문제에 관해서 크게 다르기 때문에 제가 건방지다고 생각되지나 않을까 하는 두려운 마음이 앞서기도 합니다. 그러나 저는 이 문제를 이해할 수 있는 사람이라면 누구에게나 유용한 것을 쓰려고 하기 때문에, 이론이나 사변보다는 사물의 실제적인 진실(verità effettuale)에 관심을 기울이는 것이 더 낫다고 생각합니다. 왜냐하면 많은 사람들이 현실 속에서 결코 존재한 것으로 알려지거나 목격된 적이 없는 공화국이나 군주국을 상상해왔기 때문입니다. 그러나 "인간이 어떻게 살고 있는가"는 "인간이 어떻게 살아야 하는가"와는 너무나 다르기 때문에, 일반적으로 행해지는 것을 행하지 않고 마땅히 해야 할 것을 행해야 한다고 고집하는 군주는 권력을 유지하기보다는 잃기가 십상입니다. 어떤 상황에서나 선하게 행동할 것을 고집하는 사람이 선하지 않은 많은 사람들에게 둘러싸여 있다면, 그의 몰락은 불가피합니다. 따라서 권력을 유지하고자 하는 군주는 상황의 필요성에 따라서 선하지 않을 수 있는 법을 배워야만 합니다.(『군주론』, 15장, 105-106쪽)

[2] 그리스도교 도덕 비판

우리의 종교는 우리에게 진리와 참된 길을 제시해주기 때문에 우리가 세속적 영예를 덜 추구하게끔 만든다. 반면에 이교도들은 현세적 영예를 더욱 숭상하고 그것을 최고선이라고 믿기 때문에 매우 사납게 행동한다. 우리는 이 점을 고대인들의 많은 관행들로부터 추론할 수 있는데, 우선적으로 우리 의식(儀式)의 온건함과 대조되는 고대의 희생제의의 웅장함을 들 수 있다. 우리의 종교도 어느 정도 화려함은 있으나 웅장하기보다는 정교한 편이고, 거기에서는 격렬하거나 활력이 넘치는 행위는 찾아볼 수 없다. 고대인들의 종교의식은 화려함과 웅장함이 결여되지 않은데다가 동물들의 잔혹한 도살로 피냄새로 가득 찬 희생제의도 있었다. 이 밖에도 고대의 종교는 군대의 장군이나 국가의 군주와 같이 현세적 영예를 많이 가진 사람들에게만 축복을 내렸다. 그러나 우리의 종교는 활동적이고 적극적인 인물보다는 겸손하고 명상적인 인물을 더 찬양해왔다. 따라서 우리의 종교가 겸손과 비천함 및 인간사에 대한 경멸을 최고선으로 내세우는 데 반해, 고대 종교는 정신의 위대함, 육체의 강인함 등 인간을 엄청나게 활동적으로 만드는 모든 다른 요소들을 최고선으로 간주한다. 비록 우리 종교도 우리 안에 강인함이 있을 것을 요구하지만, 그것은 어떤 활발한 일을 하기보다는 고통을 견디는 데 주로 활용된다.

결과적으로 이러한 삶의 방식은 세상을 나약하게 만들었을 뿐만 아니라 세상을 사악한 자들에게 먹이로 넘겨주었고, 사악한 자들은 안심하고 세상을 마음대로 요리할 수 있게 되었다. 대부분의 인간들이 천국에 가기 위해 자신이 입은 피해를 복수하기보다는 오히려 참는 것을 더 중시하기 때문이다. 세상이 나약해지고 하늘이 수수방관하는 것처럼 보일지라도, 의심할 여지없이 그것은 주로 인간의 보잘것없음에서 비롯되는 것일 뿐이다. 이는 사람들이 우리 종교를 활력이 아니라 나태함의 관점에서 해석해왔기 때문이다. 만약 사람들이 종교가 우리나라의 발전과 방어에 기여할 수 있다는 점을 고려했다면, 종교가 우리에게 조국을 사랑하고 존경하며 조국을 충분히 방어하기 위해 만반의 대비를 갖출 것을 목표로 한다는 점도 이해했을 것이다.(『로마사 논고』, 2권, 2장, 276-277쪽)

[3] 로마인들의 현실주의

이러한 사례에서 알 수 있듯이, 로마인들은 현명한 군주라면 누구나 해야만 하는 조치를 취했던 것입니다. 이러한 조치들은 현재의 분규뿐만 아니라 미래에 일어날지도 모르는 분규에 대한 배려를 필요로

하며, 특히 미래의 분규를 방지하기 위해서 모든 노력을 다해야 합니다. 왜냐하면 분규를 그 최초의 징후부터 감지하면, 처방을 구하기 쉽기 때문입니다. 만약 분규를 방치하여 대책이 너무 늦어지면, 병폐를 치유할 수 없기 때문입니다. …

로마인들은 재난을 미리부터 예견했기 때문에 항상 대처할 수 있었습니다. 그들은 전쟁을 피하기 위해서 화근이 자라는 것을 용납하지 않았습니다. 왜냐하면 그들은 전쟁이란 피할 수 있는 것이 아니라 단지 적에게 유리하도록 지연되는 것에 불과하다는 점을 익히 알고 있었기 때문입니다. … 더욱이 로마인들은 우리 시대의 현인들이 항상 말하는 "시간을 끌면서 이익을 취하라"는 격언을 결코 받아들이지 않았습니다. 오히려 그들은 자신들의 덕(virtù)과 현명함(prudenzia)에서 비롯되는 이익을 취하는 것을 선호했습니다. 왜냐하면 시간은 모든 것을 몰고오며, 해악은 물론 이익을, 이익은 물론 해악을 가져오기 때문입니다.(『군주론』, 3장, 24-26쪽)

[4] 키케로 비판

그렇다면 싸움에는 두 가지 방법이 있다는 점을 알 필요가 있습니다. 하나는 법에 의지하는 것이고, 다른 하나는 힘에 의지하는 것입니다. 첫째 방법은 인간에게 합당한 것이고, 둘째 방법은 짐승에게 합당한 것입니다. 그러나 전자로는 많은 경우에 불충분하기 때문에 후자에 의지해야 합니다. 따라서 군주는 모름지기 짐승의 방법과 인간의 방법을 모두 이용할 줄 알아야 합니다. 이 정책을 고대의 저술가들은 군주들에게 비유로 가르쳤습니다. 그들은 아킬레스나 고대의 유명한 군주들이 반인반수의 케이론에게 맡겨져 양육되었고, 그의 훈련하에서 교육받았다는 점을 지적하고 있습니다. 반인반수를 스승으로 섬겼다는 것은 군주가 이러한 양면적인 본성의 사용법을 알 필요가 있다는 점을, 그중 어느 한쪽을 결여하면 자신의 지위를 오래 보존할 수 없다는 점을 의미합니다.

그렇다면 군주는 짐승의 방법을 잘 이용할 줄 알아야 하는데, 그중에서도 여우와 사자를 모방해야 합니다. 왜냐하면 사자는 함정에 빠지기 쉽고 여우는 늑대를 물리칠 수 없기 때문입니다. 따라서 함정을 알아차리기 위해서는 여우가 되어야 하고, 늑대를 혼내주려면 사자가 되어야 합니다. 단순히 사자의 방식에만 의지하는 자는 이 사태를 제대로 이해하지 못합니다.(『군주론』, 18장, 118-119쪽)

[5] 역사적 탐구 방법

A. 사람은 본성상 시기심이 많기 때문에, 곧 타인의 업적을 칭찬하기보다는 비난하는 성향이 강하기 때문에, 새로운 방법이나 방식을 발견하는 일 역시 미지의 바다나 대륙을 탐험하는 것 못지않게 늘 위험하게 마련이다. 그렇지만 모든 사람들에게 공통된 이득을 가져온다고 믿는 일을 하고 싶다는 간절한 소망에 이끌려 나는 아무런 주저 없이 전인미답의 길을 개척하기로 결심했다. 비록 이 일이 내게 고난과 역경을 초래할 수도 있지만, 나의 이러한 노고에 담긴 목적을 우호적으로 받아들이는 자들에 의해 보답을 받을 수 있을 것이다. 그리고 나의 빈약한 재능, 현재의 일들에 대한 일천한 경험 및 고대사에 대한 빈약한 지식 때문에 이러한 시도가 결함이 있고 용도가 없을지도 모른다. 그래도 그러한 작업은 더 많은 활력, 신중함 및 판단력을 갖춘 자들에게 나의 이러한 의도를

더욱 잘 실천할 수 있는 길을 보여줄 것이다. 그렇다면 그러한 의도로 인해 내가 칭찬은 받지 못할지언정 비난을 받아서는 안 될 것이다. …

다른 한편으로는 고대의 왕국이나 공화국에서 일어난 가장 귀중한 활동들이 역사책에 잘 기록되어 있는데도 왕, 장군, 시민, 입법가들 등 자신의 조국을 위해 노력한 사람들의 활동은 말로만 찬양할 뿐 본으로 삼지 않는다는 사실에 주목하게 된다.(오히려 그러한 업적을 모든 사람들이 거의 전적으로 외면하기 때문에 그러한 고대 문물의 가치는 우리에게 흔적조차 남아 있지 않다.) 나는 이러한 세태에 대해 놀라움을 느끼는 동시에 한탄하지 않을 수 없다.

게다가 시민들 사이에 일어나는 민법상의 분쟁이나 질병에 관해 으레 고대인들이 내린 판단 또는 처방한 치유책에 의존하는 것을 볼 때 나는 더더욱 놀라지 않을 수 없다. 민법은 고대의 법조인들이 피력한 의견을 정리한 것에 불과한데, 오늘날 잘 정리되어 법조인들이 판결하는 데 많은 도움을 주고 있다. 그리고 의학도 고대의 의사들이 거듭한 실험결과에 불과한데, 오늘날의 의사들이 거기에 입각하여 진단을 내리는 것이다. 그런데도 국가의 수립, 정부의 유지, 왕국의 통치, 군대의 조직, 전쟁의 수행, 신민들 간의 법률 집행, 제국의 확장 등에 관해서는 어떤 군주나 공화국도 이제 더 이상 고대의 선례를 참고하지 않는다.

이러한 현상은 현재의 종교가 이 세상에 초래한 무기력함 또는 많은 그리스도교 지역이나 도시에서 교만한 게으름이 초래한 해악에서도 비롯되지만, 그에 못지않게 역사책을 제대로 이해하지 못한 결과 우리가 그 책을 읽더라도 거기에 담긴 참된 의미나 묘미를 제대로 터득하지 못한 데서도 비롯된다고 믿는다. 이로 인해 다수의 독자들은 단지 그 책들이 담고 있는 다양한 사건에 귀를 기울이는 데에만 즐거움을 느끼고, 그것들을 본받으려는 생각은 추호도 하지 않는다. 그들은 하늘, 태양, 원소 및 인간들이 그 운동, 배치 및 능력에서 과거와 달리 커다란 변화를 겪기라도 한 것처럼 과거를 본받는 것은 어려운 일일 뿐만 아니라 불가능한 일이라고 단정한다.

그러므로 사람들이 이러한 오류로부터 벗어나길 바라는 마음에서, 나는 세월이 흘러도 훼손되지 않은 채 보존되어 있는 티투스 리비우스(Titus Livius)의 모든 저작으로부터 고대와 현대의 사실들에 대한 나의 지식에 근거하여 그 사실들을 잘 이해하는 데 필요하다고 판단되는 것을 추려내어 집필할 필요가 있다고 결심했다.(『로마사 논고』, 1권, 「서문」, 67-69쪽)

B. 저 또한 전하에 대한 복종의 표시로 무언가를 드리고 싶었지만, 제가 가진 것 중에서는 최근 일어난 사건들에 대한 지속적인 경험과 고대사에 대한 꾸준한 공부를 통해서 배운 위대한 인물들의 행위에 대한 지식만큼 소중하고 가치가 있는 것은 없다는 점을 깨닫게 되었습니다. 이제 저는 그러한 것들을 오랫동안 성심껏 관찰한 결과를 한 권의 작은 책자로 만들어 전하께 바치려고 합니다.(『군주론』, '헌정사', 11쪽)

[6] 역사를 연구하는 이유

현재사나 과거사를 즐겨 고찰하는 자는 모든 도시와 민중들이 동일한 욕망이나 동일한 기질을 가지고 있고, 항상 간직해왔음을 이해하게 될 것이다. 과거의 사건들을 부지런히 검토하는 자는 모든 나라에서 일어나는 미래의 사건들을 쉽게 예견하게 된다. 그리하여 그는 고대인들이 사용한 치유책을 미래의 일들에 적용할 수 있고, 만약 그런 것을 발견할 수 없으면 사건의 유사성에 착안하여 새로운 치유책을 고안해낼 수도 있다. 그러나 이러한 통찰이 식자들에 의해 무시되거나 이해되지 않기 때문에, 아니면 이해된 경우에도 통치자들에게는 알려지지 않기 때문에 어느 시대건 동일한 분쟁이 반복해서 일어나게 마련이다.(『로마사 논고』, 1권, 39장, 198쪽)

[7] 동일한 것의 반복

A. 왜냐하면 인간사라는 것이 언제나 유동적이어서 부침을 거듭하기 때문이다.

… 이처럼 세상만사가 어떻게 움직이는지를 상고해볼 때, 세계는 항상 동일한 방식으로 진행되어왔고 나쁜 것만큼이나 좋은 것도 많았다고 판단된다. 하지만 이러저러한 좋고 나쁨은 나라마다 다양했다. 습속상의 차이로 서로 구별되는 고대 왕국에 관해 알고 있는 사람들이 이 점을 이해하고 있듯이 말이다. 하지만 전체로서의 세계는 본래 동일하게 남아 있었다. 단지 차이가 있었다면, 처음에는 아시리아에서 세계 최초의 번영이 성취되었지만, 뒤이어 메디아에서, 그러고 나서는 페르시아에서, 마지막으로는 이탈리아와 로마에서 번영이 이루어졌다는 점이다.(『로마사 논고』, 2권, '서문', 262-263쪽)

B. 자연은 세상의 어떤 것들도 고정시키지 않았기 때문에, 그것들은 자신의 정점과 완전함에 이르자마자 더 이상 오를 수 없기 때문에 필연적으로 하강하게 된다. 그리고 다른 한편으로는 그것들이 무질서의 가장 밑바닥으로 떨어졌을 경우 더 이상 내려갈 수 없기 때문에 그것들은 다시 이전의 자신의 완전함으로 반등하게 된다. … 덕은 평화를 낳고, 평화는 무료함을 낳으며, 무료함은 폭동을, 폭동은 파괴를 낳는다. 그리고 반대로 파멸은 법을 낳고, 법은 덕을 낳으며, 덕은 명예와 좋은 성공을 낳는다.(『피렌체의 역사』, 5권, 1절)

[8] 국가의 형성은 민중이라는 질료에 형상을 부여하는 것

그러므로 다음과 같은 결론을 내릴 수 있다. 질료가 부패하지 않은 상태에서 봉기나 기타 소요는 해를 끼치지 않는다. 그러나 질료가 부패한 상태에서는 잘 계획된 법도, 실로 한 인물이 그 법을 제정하고 능력을 최대한 동원하여 강제로 준수하게 함으로써 민중을 선량하게 만들지 않는다면 아무런 소용이 없다.(『로마사 논고』, 1권, 17장, 140쪽)

[9] 이성이 아니라 욕망과 감정에 의해 규정되는 인간

A. 인간이란 통상 어려운 조건하에서는 고민을 하지만 좋은 조건하에서는 권태를 느끼는데, 이 두 가지 상태는 어느 것이나 모두 동일한 결과를 가져온다고 옛날의 작가는 말한다. 인간은 부득이한 이유로 싸움을 중지하자마자 그다음에는 야망을 위해 싸운다. 야망이란 인간의 가슴속에 있는 매우 강력한 충동이기 때문에 아무리 높은 지위에 오른 사람이라도 야망이 충족되는 경우란 없는 법

이다. 그 원인은 자연이 인간에게 모든 것을 갈구하도록 해놓고 모든 것을 얻지는 못하도록 만들었기 때문이다. 그리하여 인간의 갈망은 그들이 얻을 수 있는 능력보다 항상 크기 때문에, 그들은 자신들이 얻는 것에 불만을 느끼고 그로부터 아주 작은 만족을 얻는 데 그친다.

그리하여 인간의 운명은 부침을 겪게 되는데, 이는 어떤 사람은 더 많이 얻기 위해, 다른 사람은 이미 얻은 것을 잃을까 두려워하면서, 서로 불화나 전쟁에 빠지게 되기 때문이다. 그 결과 어떤 지역은 멸망하고 다른 지역은 번영하게 된다.(『로마사 논고』, 1권, 37장, 189-190쪽)

B. 더욱이 인간은 대자연으로부터는 모든 것을 갈망하는 능력을 부여받은 데 반해, 운명의 여신으로부터는 단지 조금만 얻을 수 있는 능력을 부여받은 데 불과하기 때문에 인간의 욕망은 만족할 줄 모른다. 그 결과 인간의 마음속에는 불만이 끊이지 않고 이미 얻은 것에 대해서도 싫증을 느끼게 된다. 그래서 사람들은 으레 현재를 비난하고 과거를 찬양하며 미래를 동경한다. 어떤 합당한 이유에 의해 이러한 방식으로 행동할 동기가 전혀 없음에도 말이다.(『로마사 논고』, 2권, '서문', 264-265쪽)

C. 이것은 인간 일반에 대해서 말해줍니다. 즉 인간이란 은혜를 모르고 변덕스러우며 위선적인 데다 기만에 능하며 위험을 피하려고 하고 이익에 눈이 어둡습니다.(『군주론』, 17장, 114쪽)

[10] 입법가는 모든 인간이 사악하다고 가정해야 한다

잘 정비된 국가의 삶을 논의하는 모든 자들에 의해 충분히 입증되었듯이 (그리고 역사는 그러한 사례들로 가득 차 있다) 국가를 창설하고 법률을 제정하는 자는 다음과 같은 점을 상정할 필요가 있다. 즉 모든 인간은 사악하고, 따라서 자유로운 기회가 주어지면 언제나 자신들의 사악한 정신에 따라 행동하려 한다는 점이다. 어떤 사악함이 당분간 숨겨져 있다면, 그 이유는 무엇인가 알려진 경험이 없어 아직 발견되지 않은 원인이 숨겨져 있기 때문이며, 사람들이 모든 진리의 아버지라고 일컫는 시간에 의해 그 원인은 조만간 밝혀지기 마련이다.(『로마사 논고』, 1권, 3장, 84쪽)

[11] 인간의 질병에 대한 궁극적 치료는 존재하지 않는다

공화국에서 발생하는 분란에 대해서는 어떤 확실한 구제책도 마련할 수 없기 때문에, 영원히 지속되는 공화국은 수립될 수 없다는 결론이 나온다. 예기치 않은 수많은 방법으로 공화국의 파멸이 초래되기 때문이다.(『로마사 논고』, 3권, 17장, 494쪽)

[12] 불화와 갈등은 정치의 동력이다

A. 귀족(nobili)과 평민(plebe) 간의 내분을 비난하는 자들은 로마를 자유롭게 만든 일차적 원인을 비난하고, 그러한 내분이 초래한 좋은 결과보다는 그것들로부터 유래하는 분란과 소동만을 고려하는 것처럼 내게 보인다. 그들은 모든 공화국에는 두 개의 기질(umori), 곧 민중(popolo)의 기질과 부자(grandi)의 기질이 있다는 점, 그리고 로마가 자유를 향유할 수 있도록 제정된 모든 법률은

그들의 불화(disunione)에서 비롯된 것이라는 점을 깨닫지 못하고 있다.(『로마사 논고』, 1권, 3장, 86쪽)

B. 그러나 먼저 로마의 편을 들어 이유를 검토해본다면, 어떤 사물이든 그것을 차지하려는 마음이 가장 적은 자에게 맡겨야 한다고 말하고 싶기도 하다. 그리고 의심의 여지없이 귀족과 귀족이 아닌 자들의 목적을 검토해보면, 전자에게는 지배하려는 강한 욕망이 있고, 후자에게는 단지 지배당하지 않으려는 욕망, 다시 말해서 귀족들보다 지배권을 장악할 전망이 적기 때문에 자유 속에서 살고자 하는 강한 욕망이 있다는 점을 발견하게 된다. 따라서 민중이 자유를 보호하는 직책을 담당하게 되면, 그들은 스스로 그것을 독점할 수 없기 때문에 타인들이 그것을 독점하지 않도록 훨씬 잘 지킬 것이다.(『로마사 논고』, 1권, 5장, 89쪽)

C. 모든 도시 공동체는 민중에게 그들의 야심을 표출할 수 있는 방법을 제공해야 한다. 중대한 일에 민중을 활용하고자 하는 도시 공동체라면 특히 그럴 필요가 있다. … 자유를 희구하는 민중의 열망이 자유에 해로운 경우란 거의 없다. 왜냐하면 그 열망은 억압으로부터 또는 억압이 발생할 것이라는 두려움에서 비롯되기 때문이다.(『로마사 논고』, 1권, 3장, 87쪽)

[13] 외양상의 덕이 항상 진정한 덕은 아니다

군주가 앞에서 말한 것들 중에서 좋다고 생각되는 성품들을 모두 갖추고 있다면 그야말로 가장 칭송받을 만하며, 모든 사람들이 이를 기께이 인정할 것이라는 점을 저는 알고 있습니다. 그러나 이 모든 것을 갖추는 것이 가능하지 않고, 게다가 인간의 상황이란 그러한 성품을 전적으로 발휘하는 미덕의 삶을 영위하는 것을 용납하지 않기 때문에, 신중한 사람이라면 자신의 권력기반을 파괴할 정도의 악덕으로 인해서 악명을 떨치는 것을 피하고, 또한 정치적으로 위험을 초래하지 않는 악덕일지라도 가급적 피하도록 노력해야 할 것입니다. 그러나 만약 그렇게 할 수 없다면, 후자의 악덕은 별다른 불안을 느끼지 않고 즐겨도 좋을 것입니다. 그러나 악덕 없이 권력을 보존하기가 어려울 때에는 악덕으로 인해서 악명을 떨치는 것도 개의치 말아야 할 것입니다. 왜냐하면 모든 것을 신중하게 고려할 때, 일견 미덕으로 보이는 일을 하는 것이 자신의 파멸을 초래하는 반면, 일견 악덕으로 보이는 다른 일을 하는 것이 결과적으로 자신의 안전을 확보하고 번영을 가져오는 경우가 있기 때문입니다.(『군주론』, 15장, 106-107쪽)

[14] 마키아벨리는 공리주의자인가

왜 민중 사이에 자유로운 정부에 대한 애착심이 생기는지를 알아내기란 아주 쉬운 일이다. 경험이 말해주듯이 도시공동체들은 오직 자유로운 상태에서만 영토나 부의 증대를 이룩하기 때문이다. 사실상, 아테네가 페이시스트라토스(Peisistratos)의 참주정으로부터 해방된 이후 100년 동안 거대한 번영에 도달하는 과정을 고찰해보면 참으로 놀라움을 금할 수 없다. 그러나 무엇보다도 놀라운 것은 로마가 왕의 속박으로부터 해방된 후 커다란 번영에 이르는 과정이다.

이러한 번영의 이유는 이해하기 쉬운데, 도시공동체를 위대하게 만든 것은 개별적인 선이 아니라 공동선이기 때문이다. 하지만 오늘날 이러한 공동선은 의심할 여지없이 공화국에서만 중요한 것으로 간주된다. 왜냐하면 공화국에서는 공동선을 증진하는 일이라면 무엇이든지 실행하기 때문이다. 게다가 일부 사사로운 시민에게 비록 커다란 피해를 끼친다고 할지라도, 이른바 공동선으로 인해 이익을 향유하는 사람들이 워낙 많기 때문에 공화국은 그 정책수행으로 인해 손해를 입는 소수 사람들의 의견을 무릅쓰고 그것을 밀어붙일 수 있다.(『로마사 논고』, 2권, 2장, 272-73쪽)

[15] 다양한 방식으로 행위할 수 있는 역량으로서의 덕

그렇기 때문에 군주는 앞에서 언급한 모든 성품을 실제로 갖출 필요는 없지만, 갖춘 것처럼 보이는 것은 반드시 필요합니다. 심지어 저는 군주가 그러한 성품을 갖추고 늘 실천에 옮기는 것은 해로운 반면에, 갖춘 것처럼 보이는 것은 유용하다고까지 감히 장담하겠습니다. 예컨대, 자비롭고 신의가 있고 인간적이고 정직하고 경건한 것처럼 보이는 것이 좋을 뿐만 아니라 실제로 그런 것이 좋습니다. 그러나 달리 행동하는 것이 필요하다면, 당신은 정반대로 행동할 태세가 되어 있어야 하며 그렇게 행동할 수 있어야 합니다. 그리고 군주는, 특히 신생 군주는 좋다고 생각되는 방식으로 처신할 수 없다는 점을 분명히 명심해야 합니다. 왜냐하면 자신의 권력을 유지하기 위해서, 그는 종종 신의 없이, 무자비하게, 비인도적으로 행동하고 종교의 계율을 무시하도록 강요당하기 때문입니다. 따라서 그는 운명의 풍향과 변모하는 상황이 그를 제약함에 따라서 자신의 행동을 그에 맞추어 자유자재로 바꿀 태세가 되어 있어야 하며, 제가 앞에서 말한 것처럼 가급적이면 올바른 행동으로부터 벗어나지 말아야 하겠지만, 필요하

다면 악행을 저지를 수도 있어야 합니다.(『군주론』, 18장, 120-121쪽)

[16] 역사 = 운 + 덕

저는 본래 세상일이란 운과 신에 의해서 다스려지기 때문에 많은 사람들이 인간의 신중함으로는 이를 통제할 수 없다고 생각해왔고, 여전히 그렇게 생각한다는 점을 잘 알고 있습니다. 게다가 사람들은 그런 사태에 대해서 인간이 어떠한 해결책도 강구할 수 없다고 생각합니다. 그렇기 때문에 매사에 땀을 흘리며 애써 노력해보았자 소용이 없으며, 운이 지배하도록 내버려두는 것이 더 낫다고 결론지을 수 있습니다. 이러한 견해는 지금까지 일어났던 그리고 매일 일어나는 인간의 예측을 넘어선 대격변 때문에 우리 시대에 더욱더 설득력을 얻어가고 있습니다. 이 문제에 관해서 생각할 때, 저 자신도 간혹 어느 정도까지는 이 의견에 공감합니다. 그렇지만 인간의 자유의지를 박탈하기 않기 위해서 저는 운이란 우리의 행동에 대해서 반만 주재할 뿐이며 대략 나머지 반은 우리의 통제에 맡겨져 있다는 생각이 진실이라고 판단합니다.(『군주론』, 25장, 162-163쪽)

[17] 남성으로서의 덕, 여성으로서의 운

따라서 저는 운은 가변적인데 인간은 유연성을 결여하고 자신의 방식을 고집하기 때문에, 인간의 처신방법이 운과 조화를 이루면 성공해서 행복하게 되고, 그렇지 못하면 실패해서 불행하게 된다고 결론짓겠습니다. 하지만 저는 신중한 것보다는 과감한 것이 더 좋다고 분명히 생각합니다. 왜냐하면 운은 여성이고 만약 당신이 그 여성을 손아귀에 넣고 싶어 한다면, 그녀를 거칠게 다룰 필요가 있기 때문입니다. 그리고 그녀가 냉정하고 계산적인 사람보다는 과단성 있게 행동하는 사람들에게 더욱 매력을 느낀다는 것은 명백합니다. 운은 여성이므로 그녀는 항상 청년들에게 이끌립니다. 왜냐하면 청년들은 덜 신중하고, 보다 공격적이며, 그녀를 더욱 대담하게 다루고 제어하기 때문입니다.(『군주론』, 25장, 167쪽)

V.

스피노자

— 덕윤리의 근대적 옹호자

1. 들어가는 말

잘 알려진 바와 같이, 스피노자는 자신의 철학체계를 담고 있는 책에 '윤리학'(Ethica)라는 이름을 붙였다. 이러한 사실은 그의 주요한 철학적 문제의식이 어디에 있었는지를 잘 보여주고 있다. 전통적으로 윤리학이 진정한 좋음(verum bonum)과 그것의 향유에 이르는 길에 대한 탐구, 그리고 이 탐구를 통한 자신의 재구성을 목표로 하고 있는 것으로 이해될 수 있는 한에서, 스피노자는 이 전통적인 윤리학적 문제설정을 자신의 철학적 탐구의 근본 동기로 삼고 있는 셈이다. 그리고 그가 우리 인간이 추구할만한 이 삶의 모델을 전통적인 덕(virtus) 개념을 중심으로 설명하고 있다는 점에서, 스피노자는 고전적 덕윤리 전통의 계승자라고 할 수 있다.

스피노자가 이렇게 전통적인 윤리학적 질문과 개념들을 유산으로서 이어받고 있지만, 그것들이 어떤 변형도 없이 그대로 수용되고 있는 것은 아니다. 그것들은 '스피노자주의적' 변형과 재구성을 겪게 된다. 따라서 스피노자의 철학, 혹은 보다 좁게는 그의 윤리학이 갖는 고유성에 대한 이해는 자신에 앞선 철학적 전통에 대한 비판과 재구성이라는 그의 철학적 작업의 고유성을 해명하는 것을 통해 이루어질 수 있다.

플라톤, 아리스토텔레스, 스토아 학파 등에서 발견되는 덕윤리의 고전적 형태는 중세의 그리스도교 문화 속에서 중대한 변화를 겪게 된다. 스피노자의 직접적인 지적 환경을 구성하고 있었던 것은 이 신학적 전통, 그 가운데에서도 특별히 주의주의적(voluntarist) 전통이다. 이 전통은 멀리 아우구스티누스까지 거슬러올라간다. 아우구스티누스는 성서에 기초해서 그리스도교 도덕을 정립한다. 그에 따르면, 인간은 그 본성의 근본적 유한성에 의해서 규정된다. 그리스도교는 이것을 최초의 인간들인 아담과 이브에 의한 원죄와 그것에 의한 인간 본성의 타락이라는 서사적 담론을 통해 설명한다. 인간 본성의 타락과 부패는 선악 개념의 발생을 의미한다. 원죄를 범하기 이전의 아담과 이브는 악의 관념을 가지고 있지 않았다. 그들이 자신들의 본성에 따라 행위하는 모든 것은 그대로 선(bonum)이었다. 그러나 신이 금지한 선악과 나무의 열매를 따먹은 후에, 그들의 본성은 타락하게 되고 그 결과 그들은 악을 행할 수 있는 가능성 즉 악의 의지를 갖게 된다. 인간이 육욕(concupiscentia)으로부터 자유롭지 못한 것은 이 때문이다. 이로부터 타락한 인간 본성의 복원 즉 구원(salus)이 도덕적 및 종교적 문제설정으로 등장한다. 그런데 이 구원은 인간 스스로의 힘만으로는 다다를 수 없다. 그것은 타자를 요청한다. 이 타자가 곧 신이며, 보다 구체적으로는 신의 대리자인 목자(pastor)이다. 요컨대, 구원은 절대적 타자인 신에 대한 믿음, 그 신의 가르침을 따르려고 하는 의지를 통해서만 가능하다. 여기에서 신은 인식의 대상으로서가 아니라 의지의 대상으로서 나타나며, 신과의 합일은 인식이 아니라 의지의 문제가 된다. 그리고 이러한 한에서, 도덕적 및 종교적 전향(conversio)은 인식과 수련의 오랜 과정을 통해서가 아니라 갑작스럽게 일어나나는 것 즉 사건으로 이해된다.

둔스 스코투스(Duns Scotus), 오캄(Willam of Ockham) 등을 거쳐 스피노자의 동시대인들인 홉스와 데카르트까지 이어져 내려오는 이 주의주의적 신학 전통에서 덕은 이미 명령으로 주어져 있는 도덕적 규칙들을 따르고자 하는 자유의지의 사용으로 이해된다. 이것은 덕을 기본적으로 참된 앎에서 찾았던 고대 덕윤리 전통과 구별되는 것이었다. 스피노자의 덕윤리는 일차적으로 자유의지 개념에 기초해 있는 이 신학적 전통에 대한 비판으로 등장한다.

그런데 이 비판은 직접적으로는 자신의 주요 대화 상대자였던 데카르트를 겨냥하고 있다. 데카르트는 비록 신앙과 구원의 문제를 자신의 학문적 탐구에서 제외시키고 있지만, 의지의 힘에 의한 감정의 절대적 지배라는 논제를 통해서 주의주의적 신학 전통에 합류한다. 데카르트에 따르면, 절대적 자유의지를 가진 신이 자신이 설립한 자연법칙들에 예외를 만들어낼 수 있듯이, 인간은 영혼의 탁월한 능력인 의지를 통해 자연적 과정에 변화를 만들어낼 수 있다.[1] 데카르트에게서 정념의 지배는, 스토아적 현자의 경우처럼 자연의 필연성에 대한 동의와 수용에서가 아니라 영혼의 자유의지에서 기원하는 인과적 작용을 통해 자연의 질서를 변화시키는 것에 있게 된다[1].

이렇게 덕을 자유의지의 실행으로 이해하는 철학적 전통에 반대하여 스피노자는 덕을 이해함(intelligere)에서 찾고자 한다. 이 점에서 우리는 스피노자의 기획을 고대적 전통으로의 복귀로서 평가할 수도 있을 것이다. 그러나 이 복귀는 단순한 반복이 아니라는 점에 주목할 필요가 있다. 그는 고대 철학적 전통을 특징지었던 목적론을 비판함으로써, 전통적인 형이상학적 및 윤리학적 개념들에 새로운 위상과 의미를 부여하기 때문이다. 스피노자에 따르면, 고대 철학자들은

---

1 Descartes(1996), *Passions de l'âme*, I, art. 41, AT XI, pp. 359-363: "…의지는 그 본성상 자유로워서 결코 강제될 수 없다…. 영혼의 모든 능동[의지]은, 영혼이 어떤 것을 원한다는 것만으로, 자신과 긴밀하게 결합되어 있는 송과선이 이 의지에 관련된 결과를 생산하는 데 요구되는 방식으로 움직이게끔 만든다는 것에 있다".

그들이 바라는 인간의 모습을 인간본성으로 규정하고 그로부터 도덕 규칙들을 도출해냄으로써 결코 실현될 수 없는 일종의 유토피아를 구성했다. 따라서 그의 목표는 자유의지론뿐만 아니라 목적론으로부터 자유로운 새로운 형이상학과 인간학의 토대 위에서 새로운 '보편 윤리학'(Ethica universalis)[2]을 정립하는 것이 된다. 스피노자의 덕윤리가 갖는 고유성, 덕윤리의 '근대적 옹호'로서의 스피노자 윤리학의 독특성은 바로 여기에서 찾을 수 있을 것이다.

스피노자에게 덕 개념의 고유성은 그가 유덕자로 제시하고 있는 자유인(homo liber)에 대한 설명에서 구체적으로 드러난다. 그에게 자유인은 이성의 인도에 따라 살아가는 사람이다. 따라서 그의 덕 개념은 합리성과 자유에 대한 해명 속에서 주어진다. 그런데 이 개념들은 스피노자에게 고유한 것이 아니고, 이미 많은 철학자들이 주요한 가치로서 제시한 것이다. 따라서 중요한 것은 스피노자가 그것들을 자신의 철학체계 내에서 어떻게 재구성하고 있는가 하는 점이다. 우리가 보기에 이 재구성의 작업은 '계보학적'이라는 성격을 갖는다. 스피노자의 덕 개념을 다루는 이 글은 따라서 이 계보학적 성격을 밝히는 데 초점을 맞추게 될 것이다.

---

2 Cf. Spinoza, *Tractatus theologico-politicus*, cap. IV, [4].

2. 욕망의 인간학과 고전적 인간 본성 모델에 대한 계보학적 비판

인간에 대한 보편적 정의는 어떻게 형성되었는가

스피노자는 인간을 '이성적 동물'로 정의하는 전통적인 관점을 거부한다. 그에 따르면, 이 정의는 인간을 '깃털이 없는 두 발 가진 동물', 혹은 '웃는 동물'로 규정하는 정의와 하등 다를 바가 없다. 이 규정들은 모두 사물들에 대한 한갓 사유방식, 그것도 상상적인 사유방식일 뿐이다[2]. 외부 사물들이 보여주는 상이한 특징들의 차이를 구별할 수 없을 때, 사람들은 자신들에게 가장 특징적인 것으로 나타나는 것, 혹은 자주 받게 되는 인상을 중심으로 하나의 보편적 이미지를 구성하고, 그것들에 보편적 이름을 붙인다. 이렇게 형성된 보편적 관념은 그 사물들의 보편적 본성으로 간주되고, 그것들의 모델(exemplar)이 된다. 그리고 이 모델 혹은 기준에 따라 개개의 사물들은 완전하거나 혹은 불완전하다고 판단된다.[3] 사람들이 사물들을 설명할 때 사용하는 좋음과 나쁨, 질서와 혼란, 아름다움과 추함 등의 개념 쌍들 또한 같은 방식으로 형성된 것들이다.[4]

스피노자가 보기에 이러한 사유방식은 윤리학적 관점에서 매우 부정적인 결과를 산출하였다. 그에 따르면 사물에 대한 보편적 정의는 그것의 완전성을 표현하고 있으며, 따라서 사물들이 실현하고 도

---

3 Cf. E, II, pr. 40, sc. 1; IV, praef.. 『윤리학』을 인용할 경우 약호 E를 쓰고, 뒤에 로마 숫자로 권수를 표기한 후, 다음과 같은 약호로 출처를 표기한다. 정의(def.), 정리(pr.), 증명(dem.), 주석(sc.), 서론(praef.), 부록(app.).

4 Cf. E, I, app..

달해야 할 목적이 된다. 이러한 사고방식이 인간에 대한 정의에 적용될 경우, 그것은 특정한 유형의 윤리학, 목적론적 사고에 근거한 윤리학을 구성하게 된다. 그런데 철학자들이 그리고 있는 이상적인 인간상 예를 들면, 이성적 동물로서의 인간은 현실에 존재하지 않는 몽상에 불과한 것이다. 이렇게 그들은 가상의 이상적인 인간상을 설정해 놓고 사람들에게 그것을 실현할 것을 요구하였다. 물론, 이러한 요구는 실현 불가능한 것이었다. 그것은 애초에 존재할 수 없는 허구에 지나지 않았기 때문이다[3].

스피노자는 철학자들은 현실 속에 존재하는 있는 그대로의 인간이 아니라 그들이 바라는 인간의 모습을 인간의 본질로 정의하고 있다고 말한다. 그들이 인간을 '이성적 동물'로 정의했다면, 그것은 이성적인 삶이 그들에게서 가장 바람직한 인간의 모습이었기 때문이라는 것이다. 그리고 그것이 이렇게 욕망할만한 것인 이유는, 이성의 가르침에 따라 살아가는 것이 우리 인간에게 가장 유용한 것이기 때문이다. 요컨대, 스피노자에 따르면, 철학자들이 인간의 본질로 설정하고 있는 '합리성(rationality)'은 철학자들 혹은 우리 인간의 욕망을 표현하고 있을 뿐이다.

그러나 철학자들은 자신들이 인간에 대해서 형성한 이 관념의 진정한 원인을 알지 못하고 있다. 그래서 그들은 자신들의 욕망을 인간의 객관적 본질로 간주하게 된다. 이렇게 그들은 목적인과 형상인을 동일화하고, 그와 더불어 형상적 본질은 완전함, 좋음, 질서로, 즉 그들이 바람직하다고 간주하는 특징들에 의해서 규정하게 된다. 철학자들이 이렇게 존재론적 범주를 가치를 표현하는 윤리적 및 미적 범주와 동일시하는 것은, 사물들에 대한 자신들의 사유방식이 자신들의 욕망을 그 원인으로 하고 있다는 점을 알지 못하기 때문이다. 스피노자에 따르면, 이 무지는 진정한 윤리학과 정치론 대신에 '몽상'과 '풍자'를 산출할 뿐이다. 사람들이 자신들의 이성적 본질에 이르지 못하거나 혹은 이탈할 때, 그것은 불완전함 혹은 병리로 간주되며, 한탄, 조소, 경멸, 비난의 대상이 되기 때문이다.

뒤에서 보겠지만, 스피노자는 바람직한 삶의 모델이 이성적인 삶이라는 고전적 통찰을 부정하지 않는다. 그가 비판하고 있는 것은, 그들이 이 인간 본성 모델의 형성의 진정한 원인을 이해하지 못하고 있으며, 그로 인해 그 모델을 인간의 객관적 본질로 전화시키고 있다는 점이다. 요컨대, 여기에서 스피노자의 비판적 분석이 겨냥하고 있는 것은, 고대 철학자들이 보여주었던 성찰의 결과가 아니라 그것의 원인이다. 그에게서 자신에 앞선 철학적 전통을 이해하는 일은, 그것의 발생적 원인을 올바르게 파악하는 것이며, 그것을 통해 그것의 위상을 재정립하고 전통적 유산의 전화 가능성을 모색하는 것이다. 우리는 이러한 철학적 작업에, 이후에 니체가 자신의 철학적 작업에 붙인 이름을 따라, '계보학적'(genealogical)이라는 이름을 붙일 수 있을 것이다. 잘 알려져 있듯이 니체는 전통적인 도덕을 힘의 의지(혹은 욕망), 보다 정확히 말하면 패배하고 정복당한 힘의 의지에 기초해서 설명함으로써 그것의 발생적 기원을 해명하고 있다. 우리가 보기에, 스피노자는 이러한 계보학적 작업의 선구자로서 평가될 수 있다. 니체와 마찬가지로 스피노자 또한 전통적 윤리학의 토대인 '이성적 동물'로서의 인간 정의를 욕망 개념에 기초해서 해명함으로써 윤리학의 재구성을 위한 지평을 만들어내고 있다는 점에서 그러하다.

인간에 대한 현실주의적 이해 : 코나투스, 욕망

스피노자는 참된 윤리학과 정치론의 구성을 위해서 무엇보다 필요한 것은 우리가 희망하는 대로의 인간을 그것의 본성으로 파악하는 것이 아니라 현실 속에 있는 그대로의 인간을 이해하는 것이라고 생각한다. 이러한 조건 한에서만, 우리는 현실과 동떨어진 유토피아가 아니라 실천에 부합하는 윤리학을 구성할 수 있기 때문이다. 실제로 스피노자는 "확실하고 논의의 여지가 없는 근거들을 통해 실천과 가장 잘 부합하는 것을 정립하고, 그것을 인간 본성 자체의 조건으로부터 연역하는 것"(TP, 1, §4)을 자신의 윤리학 및 정치론의 과제로 삼고 있다.

여기에서 스피노자가 밝히고 있듯이, 실천에 부합하는 윤리학은 '인간 본성 자체의 조건'으로부터 연역되어야 한다. 스피노자는 이 인간 본성에 대한 논의를 자신의 주저인 『윤리학』에서 체계적으로 제시한다. 인간에 대한 스피노자의 설명은 2부에서 인간 정신의 본성과 기원을 다룬 이후에, 3부에서 감정들에 관한 논의에서 본격적으로 제시된다. 스피노자가 보기에 현실 속에 있는 인간은 이성보다는 상상과 감정에 따라 살아가는 인간이다. 스피노자는 이것을 경험이 확증해주는 하나의 사실로서 받아들인다.[5] 인간은 감정에 의해 규정되는 존재인 한에서, 감정론은 스피노자에게 인간학이 된다. 스피노자와 같은 근대인들에게 인간을 설명하는 것은 곧 감정의 본성과 발생을

---

5 이 점에서 스피노자는 마키아벨리의 계승자이다. 단, 마키아벨리가 현실적 인간의 모습을 역사적 경험으로부터 긍정하는 데 머무르고 있다면, 스피노자는 동시에 그것을 자신의 형이상학으로부터 연역하고자 한다. 이 점에서 근대의 철학자 스피노자는 르네상스의 인문주의자였던 마키아벨리와 구별된다.

설명하는 것에 다름 아니다.

이 감정론의 출발점은 유명한 스피노자의 코나투스 개념이다. 이 개념은 인간학의 출발점이면서 동시에 그것에 기초해서 구성되고 있는 윤리학과 정치론의 출발점이기도 하다. 스피노자에 따르면, "각 사물은, 자신이 할 수 있는 한에서[자신의 역량에 의해], 자신의 존재 안에 머무르려고 노력한다."(E, III, pr. 6) 이 정리는 『윤리학』 1부에서 제시된 존재론의 귀결이다. 자연의 모든 사물들은 신의 본질인 역량(potentia)을 특정하게 규정된 방식으로 표현하며[4], 그러한 한에서 존재할 수 있는 역량(potentia existendi)을 지니고 있고, 그 역량에 의해 자신의 존재를 보존하려는 노력을 필연적으로 하게 된다. 이 점에서, 존재 보존의 노력으로서의 '코나투스'(conatus) 개념을 설명하고 있는 이 정리는 스피노자 존재론의 귀결이라고 할 수 있다. 그리고 동시에 이 정리는 『윤리학』 3부와 4, 5부에서 각각 다루어지게 될 인간학과 윤리-정치론의 토대가 된다.

인간은 다른 모든 사물들과 마찬가지로 이 코나투스에 의해서 정의된다. 이 점에서 스피노자에게 인간은 결코 예외를 구성하지 않는다. 인간의 경우, 스피노자는 이 코나투스를 욕구(appetitus) 혹은 욕망(cupiditas)이라는 이름으로 부른다[5]. 이로부터 스피노자는 인간을 다음과 같이 정의한다. "욕망은, 인간 본질의 어떤 주어진 변용에 의해 그것이 어떤 것을 행위하도록 규정된 것으로 사유되는 한에서, 인간의 본질 그 자체이다."(E, III, def. aff. 1)

다른 모든 사물들과 마찬가지로 인간은 자신의 존재를 보존하기 위해 노력하며, 이 노력은 다른 사물들과의 상호 작용 속에서 특정한 방식들로 나타난다. 자신의 존재를 보존하려는 노력 속에서 사물들은 많은 경우 단순한 인식의 대상을 넘어 기쁨이나 슬픔을 동반하는 정서적 판단의 대상이 된다. 즉 그것들은 우리에게 좋은 것과 나쁜 것, 혹은 유용한 것 혹은 해로운 것 등의 가치와 결합되어 인식된다. 요컨대, 인간이 욕망의 존재인 한에서 우리는 사물들에 대해서 인식할 때, 그 인식은 우리의 욕망 혹은 정서적 태도에 의해서 규정된다. 후에 니체가 주장하게 되는 것처럼, 여기에서 스피노자는 우리의 인식은 중립적 태도로부터 발생하는 것이 아니라 우리의 욕망에서 발생한다는 점을 분명히 한다. 인간은 욕망의 존재이기 때문이다. 그래서 그는 우리가 어떤 것을 좋다고 판단한다면 그것은 우리가 그것을 욕망하기 때문이라고 말한다. 우리가 일반적으로 믿고 있듯이 우리가 어떤 것을 좋다고 판단하기 때문에 그것을 욕망하는 것이 아니다[6].

스피노자의 이 논제는 정확히 고전적 철학자들의 관점에 대립된다. 이들에 따르면, 우리가 무엇을 욕망하고 있다면 그것은 그것이 그 자체로 좋은 것이기 때문이다. 스피노자와 마찬가지로, 자기 보존을 동물들의 근원적 충동으로 파악했던 스토아 학파에게 자기 보존은 자연과의 합치를 의미한다. 그런데 이때 신, 운명, 섭리(Providentia), 조화로운 질서(Cosmos), 이성 등의 이름으로 불리는 자연은 좋음 그 자체로 이해된다. 따라서 그들에게서 자기 보존의 충동이 자연과의 합치의 노력이라면, 그것은 전체로서의 자연이 그 자체로 좋은 것이기 때문이다. 이러한 관점은 스피노자가 위의 논제에서 직접적으로 겨냥하고 있는 아리스토텔레스에게서 이미 표현되고 있다. 그는 이렇게 말하고 있다. "우리가 어떤 것을 욕망하기 때문에 그것이 좋은 것처럼 보이는 것이 아니라, 그것이 좋은 것처럼 보이기 때문에 우리는 그것을 욕망한다."[6]

인간 본성의 모델에 대한 욕망

아리스토텔레스의 이 명제에 정확히 대립하는 논제를 제시함으로써, 즉 윤리적 가치를 존재론화하는 대신에 그것을 욕망의 인간학에 기초해서 설명함으로써, 스피노자는 윤리학의 범주들에 새로운 개념적 위상을 부여하고 그로부터 새로운 윤리학의 구성의 가능성을 탐색한다.

인간은 욕망하는 한에서, 좋음과 나쁨은 이 욕망에 기초해서 설명되어야 한다. 그런데 욕망은 기본적으로 자신의 존재보존의 욕망, 자신의 역량을 긍정하고 증가시키려는 욕망에 다름 아니다. 바로 이러한 이유에서 인간은 현재와는 다른 삶, 현재보다 더 강한 인간 본성을 욕망하게 된다. 인간은 추구해야 할 만한 삶의 모습으로서 인간 본성의 모델을 형성한다. 이 모델의 형성은 바로 인간의 욕망, 자기보존의 코나투스로부터 나온다[7].

그런데 이 욕망에 의해 형성되는 모델은 하나의 가능성으로 설정된다. 그리고 이 가능성에 대한 사유는 스피노자에서는 인간 인식의 한계를 동시에 표현하고 있다. 스피노자의 형이상학에 따르면, 모든 것은 필연적이다. 즉 모든 것은 신의 본성의 필연성으로부터 필연적으로 생산된다. 따라서 가능성이나 우연은 존재하지 않는다. 그러나 우리 인간은 자연의 질서를 완전히 인식할 수 없기 때문에, 가능성과 우연은 인간이 피해갈 수 없는 사유의 지평이 된다. 그런데 스피노자

---

6 아리스토텔레스, 『형이상학』, Λ, 7, 1072 a 28-29.

에게 가능성에 대한 사유는 불가피할 뿐만 아니라 바람직한 것이기도 하다.

어떤 것을 가능적인 것으로 사유하는 것은, 스피노자에 따르면 '삶의 유용성'의 측면에서 필요하고 바람직한 것이다. 왜 그러한가? 우리의 삶에 관계되는 것은 항상 구체적인 사물들이다. 그러나 우리는 그것들의 필연적인 인과적 연쇄를 온전히 인식하지 못하고 있다. 이러한 무지 때문에 우리는 많은 것들을 가능한 것으로 표상한다. 이것은 우리 인간의 유한성에서 연원하는 불가피한 것이다. 그렇다면 그것은 왜 또한 바람직한 것이기도 한 것인가? 우리는 우리의 존재를 보존하고자 하는 노력과 욕망에 의해 현재보다 나은 상태, 보다 강한 존재의 모습을 형성한다. 그리고 우리는 이렇게 형성한 바람직한 삶의 모델에 다가가기 위해 노력한다. 이러한 의미에서 이 모델의 형성은 '삶의 유용성'의 측면에서 우리에게 바람직한 것이다. 삶의 모델의 형성은 우리의 무지에 기원하고 있는 것이지만, 매우 역설적으로 그것은 동시에 우리의 자기 보존의 노력에 유용하고 바람직한 것이 된다[8].

결국, 스피노자에게서 인간 본성의 모델의 형성은, 한편으로 자기보존의 코나투스의 표현으로서 보다 나은 삶을 욕망하는 인간 본성과, 다른 한편으로 인간의 유한성에 의해 부여되는 무지의 한계 속에서 특정한 방식의 삶의 유형을 추구해야만 하는 인간의 조건에 기초하고 있다.

3. 인간 본성 모델(자유와 합리성)의 계보학적 재구성

제작 모델에 기초한 윤리학적 문제설정

앞에서 언급한 것처럼, 욕망하는 인간 본성의 모델은 가능성에 대한 사유이다. 이것은 일차적으로 존재하지 않는 것에 대한 사유이다. 따라서 그것은 일종의 픽션이라고 할 수 있다. 그렇다면 이 픽션은 상상적 관념으로서 부적합한 관념으로 간주되어야 하지 않은가? 반드시 그러한 것은 아니다. 스피노자에게 상상은 현존하지 않는 사물을 마치 존재하는 것처럼 간주하는 관념이다. 그러나 우리가 존재하지 않는 것을 떠올리면서 동시에 그것의 부재를 긍정한다면, 우리의 상상은 오류라고 할 수 없다. 스피노자가 말하고 있듯이, 그것은 우리 정신의 결함(vitium)이 아니라 탁월함(virtus)이라고 해야 할 것이다.[7] 예를 들면, 존재하지 않는 건물에 대한 관념적 구성은 픽션이지만, 우리는 그것을 부적합한 관념으로 규정할 수는 없다.[8]

위의 예가 보여주고 있듯이, 이 정신의 탁월함은 스피노자에게서는 특별히 '제작'(poiesis)의 모델에 기초해서 사유된다. 스피노자는 『윤리학』, 4부의 서문에서 좋음과 나쁨, 완전함과 불완전함과 같은 개념들에 대한 계보학적 분석을 시도하면서, 그 개념들의 생성의 뿌리를 우리의 욕망 즉 우리가 어떤 것을 제작하고자 하는 욕망에서 찾는다. 예를 들면, 우리가 어떤 집을 지으려고 할 때, 우리가 지으려고 했던 집과 관련하여 그 결과물에 대해서 우리는 '완전하다' 혹은 '불

---

7 Cf. E, II, pr. 17, sc..

8 Cf. Ep, 9.

완전하다'라고 말한다. 그리고 그것을 실현하는 데 도움이 되거나 해가 되는 것을 각각 좋음과 나쁨으로 이해한다. 따라서 완전함과 불완전함, 좋음과 나쁨을 이러한 의미로만 사용하는 한에서, 우리는 오류를 범하지 않는다. 오류는 우리의 욕망이 추구해야 하는 보편적 관념 혹은 본질을 설정하고, 그것을 모델로서 설정하는 것으로부터 나온다. 즉 집에 대한 보편적 관념을 형성하고, 그로부터 우리가 지으려고 했던 집에 관계없이 우리가 형성한 집의 보편적 관념을 기준으로 우리가 지은 집을 완전하다거나 불완전하다고 판단하는 것에서 오류가 발생하는 것이다. 이러한 사유방식은 자연 사물들에 대한 우리의 일반적인 사유방식, 즉 사물들에 대해서 특정한 보편적 본질을 설정하는 사유방식과 다르지 않다. 여기에서 제작물과 자연 사물 사이의 차이는 무화된다.[9]

그러나 모델의 형성이 고유한 의미에서의 제작의 관점에서 고려되는 한, 즉 따라야 할 어떤 보편적 기준에 독립적으로 오직 우리의

9 우리는 이것을 아리스토텔레스에서 발견할 수 있다. 그에 따르면, "기예(techne)는, 자연이 할 수 없는 것을 하지만, 자연의 모방이다."(『자연학』, II, 8, 199a) 그러나 다른 한편으로 자연을 모방하는 기예는 아리스토텔레스에게서 자연을 설명하는 사유 모델을 제공해주고 있다. 실제로 아리스토텔레스는 자연 사물들과 관련하여 4원인론을 설명할 때, 기예를 범례로 삼고 있으며, 그가 『자연학』에서 제시하고 있는 설명의 예들은 대부분 제작물과 관련된 것들이다(이에 대해서는 J.-P. Séris, *La technique*, PUF, Paris, 1994, p. 26을 참조할 것). 스피노자가 완전함과 불완전함의 관념이 표현하는 상상적 사유방식의 오류를 분석할 때, 그는 그것이 정확히 제작의 모델을 자연 사물들에 적용하는 것에서 발생하는 것임을 지적하고 있다. 결론적으로, 아리스토텔레스에서 기예는 자연을, 그리고 자연은 기예를 모델로 삼아 이해되고 사유되고 있다. 이러한 의미에서 둘은 서로 조건짓고 있다고 할 수 있다.

욕망에 근거해서 설명되는 한,[10] 그것은 그 자체로는 오류가 아니다. 스피노자가 우리 인간은 인간 본성 모델의 형성을 욕망한다고 말할 때, 그것은 정확히 이 제작의 문제설정 하에서 이해되어야 한다. 그리고 바로 이러한 제작의 문제설정 하에서 스피노자의 윤리적 탐구는 전개되고 있는 것이다.[11]

예속적 삶과 과잉 개념

따라서 오히려 문제가 되는 것은 어떤 픽션을 구성하는가이다. 하나의 픽션으로서 바람직한 인간 본성 모델의 형성을 욕망할 때, 그것은 사람들에 따라 다르게 나타날 수 있다. 그 모델은 쾌락적 삶일 수도, 부유하거나 명예로운 삶일 수도 있으며, 아니면 이성적인 삶일 수도 있다. 각자가 바람직하다고 판단하는 모델에 따라, 각자는 그 모델에 다가가게 하는 것을 좋은 것 혹은 유용한 것으로 인식하고, 반대로 그것에 다가가는 것을 방해하는 것은 나쁜 것 혹은 유해한 것으로 인식하게 될 것이다. 따라서 우리가 어떤 픽션을 구성하는가에 따라 우리는 사물들에 상이한 가치들을 부여하게 될 것이며, 그리고 그러한

---

10 제작물의 고유성을 자연 사물과 비교하면서 규정하고 있는 것도 아리스토텔레스이다. 그는 그것을 다음과 같이 설명하고 있다. "이러한 사물들[기예의 생산물]의 원리는 그것들을 제작한 사람 안에 있는 반면에, 필연성 혹은 자연에 의해 존재하는 사물들의 원리는 그 사물들 자체 안에 있다."(『자연학』, II, 8, 199a) 스피노자는 여기에서 아리스토텔레스가 밝히고 있는 기예의 고유성을 인간의 자기 (재)구성이라는 윤리학적 문제설정에 도입하고 있는 셈이다.

11 이러한 윤리적 문제설정은, 니체의 영향 하에서 푸코가 헬레니즘 철학에서 발견하고 있는 '실존의 미학'(l'esthétique de l'existence) 혹은 '자기의 기술'(technique de soi)과의 유사성 속에서 이해될 수 있다.

상이한 가치판단은 우리를 상이한 삶의 형태로 이끌게 될 것이다.

따라서 중요한 것은 이 상이한 모델들 가운데 어떤 것이 '진정으로' 바람직한 것인지를 구별해내는 것이다. 그렇다면 이 상이한 모델들 사이의 차이는 어떠한 관점에서 평가되어야 하는가? 여기에서도 우리는 사유 가능한 모델들의 발생적 기원을 밝힘으로써 그 차이를 설명할 수 있다.

우리는 앞에서 스피노자의 윤리학적 성찰은 모든 사물의 본질인 자기보존의 욕망에 기초해 있다는 것을 밝힌 바 있다. 윤리적 삶의 모델의 형성이 바로 이 욕망에 토대하고 있다는 점을 상기할 필요가 있다. 요컨대, 사람들이 형성하는 상이한 인간 본성의 모델들은 모두 하나의 동일한 욕망, 자신들의 존재 보존을 가능케 하는 보다 역량이 크고 보다 큰 완전성을 가진 존재로 자신을 구성하고자 하는 욕망으로부터 나온 것이다. 따라서 사람들의 윤리적 목표는 동일하다. 그것은 보다 큰 역량을 지닌 존재로의 자신의 재구성이라고 할 수 있다.

우리는 다른 사물들과의 인과적 상호작용 속에서 변용하고 변용된다. 대부분의 경우, 이 변용은 우리의 행위 역량을 증가시키거나 감소시킨다. 이 역량의 변이를 스피노자는 감정이라는 이름으로 부른다[9]. 따라서 자신의 존재를 보존하고자 노력하는 우리 인간은 우리에게 기쁨을 주는 것은 좋음으로, 그리고 슬픔을 주는 것은 나쁨으로 판단한다. "좋음과 나쁨에 대한 인식은, 우리가 기쁨과 슬픔을 의식하는 한에서, 그 기쁨과 슬픔 이외에 다른 것이 아니다."(E, IV, pr. 8)

예를 들면, 우리가 자주 혹은 매우 강하게 어떤 부유함의 상태로부터 기쁨을 얻었다면, 우리는 다른 어떤 것보다 부유함을 가장 좋은 것으로 간주하게 될 것이다. 그리고 이로부터 우리는 자연스럽게 그러한 부유한 삶을 추구할 만한 삶의 모델로서 설정하게 될 것이다. 그런데, 부, 명예, 쾌락 등 사람들이 일반적으로 좋음으로 판단하는 것들에 기초해서 삶의 모델을 형성하고, 그것에 따라 삶을 영위하는 사람들은 진정한 행복에 이르지 못한다. 그 이유는 무엇보다도 그러한 삶을 좋은 것으로 간주하도록 우리를 이끌었던 감정들(예를 들면 기쁨과 슬픔의 감정들)이 부적합한 인식에 기초해 있는 수동적 감정들이기 때문이다. 요컨대, 자기 보존의 노력이 사물들에 대한 부적합한 인식에 기초해 있는 한에서, 존재 보존의 노력은 성공적일 수가 없다.

왜 그러한가? 우리가 부적합한 인식을 갖는다는 것은, 외부 사물들이 우리와의 작용 속에서 산출하는 일면적인 결과를 통해 그 사물들의 본성을 인식하는 것을 의미한다[10]. 그리고 이러한 인식은 그 사물들에 대한 일면적인 정서적 판단과 가치판단을 산출하게 된다. 이것이 곧 수동적 감정들이다. 따라서 우리가 이렇게 부적합한 인식과 수동적 감정에 따라 살아가는 것은 외부 사물들이 우리에게 미치는 우연한 효과들에 종속되어 살아가는 것과 같다. 그리고 이러한 종속적 삶은, 외부 사물들이 우리와 맺는 관계가 매우 우연적이고 가변적인 한에서, 우리를 동요와 비일관성 속에 놓이게 한다. 또한 부적합한 인식은 사물들이 우리와의 관계 속에서 산출한 특정한 결과를 그것들의 본성 자체로 파악함으로써 그 사물들이 가지고 있는 다양한 성질들을 사유할 수 있는 가능성을 막는다. 이러한 의미에서 스피노자는 부적합한 인식과 정념에 따르는 삶을 '과잉'(excessum) 개념을 통해 규정한다. 그에 따르면 감정은 대부분 과잉적이다. 그 이유는 우리가 감정에 사로잡혀 있을 때, 우리는 그 감정과 관련된 대상에, 보다 정확히 말하면 그 대상의 특정한 성질에 우리의 정신을 고착시키기 때문이다. 이러한 고착화는 그 사물이 가지고 있는 다양한 성질을 보지 못하게 한다. 요컨대, 감정에 사로잡혀 있을 때, 우리의 정신은 균형적이지 않아 여럿을 동시에 고려할 수 없는 상태에 빠지게 된다. 이것이 바로 과잉이다. 이 과잉이 우리 혹은 우리의 삶을 광기와 유사한 것으로 만든다. 광기는 사물의 여러 측면을 보는 균형적 사유 능력의 상실에 다름 아니기 때문이다[11].

바로 이러한 이유들 때문에, 사물들에 대한 부적합한 인식 혹은 일면적 인식에 따라 살아가는 것은, 참으로 유용한 것을 추구하는 것과는 거리가 멀뿐만 아니라 오히려 그것을 방해하는 것이다. 그리고 이러한 한에서, 수동적 감정에 의해 형성되는 인간 본성의 모델은 우리의 존재를 보존하고 역량을 강화하는 삶의 모델이 될 수 없다.

다양성과 균형 개념을 통한 합리성의 계보학적 재구성

그렇다면 우리가 진정으로 추구할 만한 인간 본성의 모델은 어떤 것이 되야 하는가? 스피노자는 그것의 구성을 존재 보존의 코나투스에 기초해서 설명한다. 그 모델이 덕 개념으로 정의될 수 있다면, 그 덕의 유일한 토대는 자신의 존재를 보존하기 위한 노력 이외에 다른 것이 될 수 없기 때문이다[12].

이러한 관점에서 스피노자에게 유덕자는 무엇보다도 자신의 존재를 보존하려고 노력하는 사람을 지시한다. 자신에게 유용한 것을 추구할수록, 자신의 존재를 보존하기 위해 노력할수록 그는 유덕한 존재가 된다. 또한 그러는 한에서 그는 보다 역량이 큰 존재이다. 여기에서 스피노자는 도덕론자들이 가르쳐왔던 것, 즉 유덕한 행위는 내가 아니라 타인 그리고 공동체의 이익을 먼저 고려하는 것에 있다는 주장을 뒤집고 있다[13].

그런데 스피노자의 주장에 따르면, 사실 모든 사물은 자신의 존재를 보존하려고 노력한다. 그런데 앞에서 살펴 본 바와 같이, 대부분의 경우 이러한 노력은 부적합한 인식과 수동적 감정에 인도되어 스스로를 연약한 존재로 만드는 결과를 낳는다. 따라서 유덕자는 이러한 경우들과 구별되어야 한다. 즉 유덕자는 적합한 인식에 기초해서 자신의 존재를 보존하고자 노력하는 사람으로 이해되어야 한다[14].

우리에게 진정으로 유용한 것과 그렇지 않은 것을 파악하는 것은 이성적 인식에 의해 가능하다. 이렇게 이성의 인도에 따라 자기 보존의 노력을 경주할 때, 우리는 유덕자가 된다. 그런데 이렇게 말하는 것만으로는 불충분하다. 왜냐하면, 덕은 어떤 주어진 기능을 훌륭히 수행하는 것에 있으며, 그것에 필요한 참된 앎에 기초해 있는 것으로 이해하였던 고전적 덕 개념과의 차별성을 보여주지 못하기 때문이다. 스피노자에게서는 이성적 인식이 우리에게 '그 자체로 좋은 것'이 무엇인지를 알려주기 때문에, 이성의 인도에 따라 사는 것이 삶의 모델로서 설정되고 있는 것이 아니다. 이성적 인식이 우리의 존재 보존에 왜 참으로 유용한지가 설명될 때, 이성적 인간이 인간 본성의 모델로 이해되는 이유가 밝혀질 수 있다.

스피노자에 따르면, 적합한 인식은 우리 정신이 여러 사물들을 '동시에'(simul) 사유함으로써, 어떤 점에서 그것들이 서로 합치하거나 서로 다르며 또는 대립하는지 이해하는 것에 있다. 앞에서 살펴보았던 부적합한 인식이 외부 사물들이 우리에게 준 특정한 인상이나 이미지에 의해 그것의 본성을 고정화하는 사유를 지시한다면, 이성적 인식은 여러 가지 것을 동시에 사유할 수 있는 '균형성'과 '다양성'을 의미한다. 스피노자는 정확히 이 개념들을 통해 신체의 역량과 사유의 역량을 규정한다.

그는 정신과 신체의 역량이 무엇에 의해서 규정될 수 있는지를 설명하는 곳에서, 한 신체의 역량은 동시에 보다 많은 사물들로부터 작용받거나 작용할 수 있는 능력으로 규정하며, 그것에 상응하는 정신의 역량은 여러 사물들을 동시에 사유할 수 있는 능력으로 정의한다[15].

스피노자의 이러한 주장은 다음과 같이 이해할 수 있다. 첫째, 물체의 역량은 보다 많은 방식으로 작용하거나 작용 받을 수 있는 능력으로 결정된다. 그런데 한 물체가 다양한 방식으로 작용하거나 작용받기 위해서는, 그 물체는 다양한 본성을 갖는 다양한 부분들로 구성되어 있어야만 한다. 이러한 관점에서 한 물체의 역량은 그 구성의 '다양성' 혹은 '복합성'에 의해 결정된다.

둘째, 물체가 이렇게 다양한 방식으로 작용하고 작용 받을 수 있게 되는 한에서, 그것에 결합되어 있는 정신은 보다 많은 사물들을 '동시에' 지각할 수 있게 된다. 이렇게 동시에 보다 많은 것을 지각할 수 있을 때, 정신은 그것들 사이의 동일성, 차이 등을 사유할 수 있고, 사물들에 대한 적합한 관념을 가질 수 있게 된다. 즉 우리의 신체가 보다 다양하게 변용하고 변용될 수 있는 역량을 가질 때, 우리의 정신은 보다 이성적인 것이 될 수 있다.

셋째, 스피노자가 한 물체의 작용이 오직 그 자신에만 의존할 경우 그 물체에 상응하는 정신이 합리적 인식에 이를 수 있다고 말할 때, 그것은 한 유한한 물체가 다른 물체들과 협력하지 않고 홀로 작용할 수 있다는 것을 주장하는 것은 아니다. 물체는 그것이 유한한 사물인 한에서 다른 유한한 사물들과의 인과적 상호관계에 놓이게 된다. 이것은 그것이 유한한 사물인 한에서 필연적이다. 한 물체가 다른 물체들과의 협력을 통해 작용하는 것은 필연적이지만, 다른 물체들과의 공통적 본성에 따른 협력일 때, 달리 말하면, 다른 물체들의 작용 법칙들을 이해하고 그것들과 합치하여 작용할 때, 그 작용은 오직 그 물체의 본성만으로 이해될 수 있다.[12] 즉 그 물체는 이 작용의 부분적 원인이 아니라 온전한 원인 혹은 적합한 원인이 되며, 그러한 한에서 그 물체의 정신은 이 작용을 적합하게 인식할 수 있게 된다. 스피노자는 이렇게 한 물체가 자신의 작용의 온전한 혹은 적합한 원인이 될 때, 그 물체를 능동적이라고 말한다[16]. 그런데 한 물체의 작용이 외부 물체들에 대한 적합한 인식에 따라 이루어지기 위해서는, 앞에서 설명했듯이, 그 물체는 다양한 부분들로 구성되어야 하고 그에 상응하여 정신은 여러 사물들을 동시에 사유할 수 있어야 한다.

이러한 고찰을 통해서 볼 때, 이성적 인식은 사물들의 다양한 모습들을 동시에 고려함으로써 그것들 사이의 복합적 관계를, 그리고 그에 따르는 사물들의 다양한 성질들을 이해하는 것에 있다. 우리가 이러한 인식을 통해 우리의 본성을 구성할수록, 우리의 신체와 정신은 외부 사물들의 다양한 변이들에 적응할 수 있고 따라서 우리의 존재를 보존할 수 있는 더 큰 역량을 가지게 된다. 이러한 이유에서 이성의 인도에 따라 살아가는 것은, 우리의 존재 보존에 진정으로 유용한 것이며, 이성적 인식이 이러한 의미에서 진정으로 좋은 것인 한에

---

12 Cf. E, II, pr. 38-39.

서 합리성은 자기 보존의 욕망이 형성하는 인간 본성의 모델에 부합하는 것이다.

이렇게 스피노자에게서 윤리적 모델로서의 합리성은, 존재 보존의 노력이라는 근원적인 토대로부터 재구성된다. 이 재구성된 합리성은 균형과 다양성을 그 주요 특징으로 갖는다. 앞에서 설명한 것처럼, 역량이 균형과 다양성에 의해 규정될 수 있다면, 합리성은 바로 존재 보존의 역량 그 자체를 의미한다. 따라서 모델로서 설정되는 이성적 인간은, 그 신체와 정신이 다양한 부분들로 구성되어 있고, 그 부분들 사이에 어떤 과잉이나 교란도 없는 균형 상태를 유지하고 있는 존재로서 규정된다. 스피노자가 이렇게 합리성을 균형과 다양성의 이념에 의해 재구성하고 있다는 점은, 구성된 인간 본성의 모델에 기초해서 좋음과 나쁨을 규정하고 있는 곳에서 보다 명확하게 드러난다.

> 인간 신체를 보다 많은 방식으로 변용될 수 있도록 이끌거나 보다 많은 방식으로 외부 사물들을 변용할 수 있도록 이끄는 것은 인간에게 유용하다.(E, IV, pr. 38)
>
> 인간 신체의 부분들이 서로 맺고 있는 운동과 정지의 관계가 보존되도록 만드는 모든 것은 좋은 것이다.(E, IV, pr. 39)

스피노자는 이 정리들에 앞서 인간 본성의 모델을 코나투스에 기초해서 계보학적으로 재구성한 후에 비로소, 『윤리학』 4부의 '서문'에서 언급한 대로 여기에서 그 모델의 관점에 입각하여 좋음과 나쁨을 일반적으로 규정하고 있다. 이 정리들에 따르면, 좋음과 나쁨, 유용함과 해로움의 기준이 되는 것은 각각 다양성과 균형이다. 이것은 재구성된 인간 본성의 모델 즉 합리성이 바로 이 다양성과 균형에 의해 규정되고 있음을 역으로 증명해 준다.

우리가 보기에, 스피노자에게서 존재보존의 역량 혹은 '파괴 불가능성'은 다양성과 균형의 이념에 의해서 사유되고 있다. 이것은 절대적 파괴 불가능성으로 이해되는 신에 대한 개념화에서 분명하게 나타난다. 신의 역량과 본성은 무한히 많은 다양한 사물들을 생산할 수 있는 절대적 다양성으로 규정된다. 따라서 자연에는 존재할 수 있는 모든 것들이 존재한다. 스피노자의 신 개념은 이 절대적 다양성과 개방성을 존재세계에서 긍정한다. 여기에서 신은 금지가 아니라 허용과 긍정의 원리로 등장하게 된다. 다른 한편으로 스피노자에게서 신은 존재들 사이의 질적 위계, 본성적으로 중요한 것과 중요하지 않은 것, 의미 있는 것과 그렇지 않는 것, 혹은 큰 것과 작은 것을 구별하지 않는다. 모든 것은 신의 본성으로부터 나오는 필연적 법칙들에 따라 존재하고 작용할 뿐이다. 우리가 주목하지 못하는 아주 작은 것도 이 필연적 인과관계의 연쇄를 통해 어떤 크고 중요한 것을 만들어 낼 수 있다. 크고 작고, 중요하고 그렇지 않고 등의 규정은 우리가 만들어낸 구별들이다. 요컨대, 우리가 우리의 관점에서 부여하는 모든 존재론적, 미학적 구별은 자연 자체에는 존재하지 않는 것이다. 이러한 의미에서 신 즉 자연은 어떤 것으로도 혹은 어떤 방향으로도 치우쳐 있지 않은 절대적 균형성을 가지고 있다. 부분들 사이의 이 절대적 균형성은 신을 결코 파괴될 수 없는 존재로 만든다.[13]

물론, 이렇다고 해서 스피노자가 『윤리학』 4부의 정리 19-37에서 인간 본성 모델의 구성과정을 제시할 때, 그가 직접적으로 그것을 신에 대한 인식으로부터 이끌어내고 있는 것은 아니다. 뒤에서 보겠지만, 모델로서의 이성적 인간이 궁극적으로 신에 대한 인식에서 자신의 최고의 덕을 발견하게 되지만, 그것은 그 구성과정의 도달점이지 출발점은 아니다. 그것의 구성과정은 존재 보존의 노력으로서의 코나투스, 그리고 그것으로부터 나오는 좋음과 나쁨에 대한 인식을 통해서 이루어진다. 그리고 그 이후, 즉 앞에서 인용한 정리 38에서부터는 이렇게 형성된 모델에 기초해서 무엇이 좋음 혹은 나쁨으로 간주되어야 하는지가 설명된다.

이러한 설명은 스피노자에게서 좋음과 나쁨에 대한 가치판단이 두 가지 다른 방식으로 제시되고 있는 이유를 설명해준다. 일부 연구자들은, 스피노자에게서 좋음과 나쁨의 가치판단이 서로 다른 두 가지 토대, 즉 기쁨 및 슬픔의 감정들과 인간 본성의 모델을 통해서 규정되고 있다고 주장한다. 그리고 이러한 사실은 스피노자 철학의 내적 정합성의 문제를 제기한다고 생각하면서, 둘 가운데 하나, 특히 후자를 이미 폐기된 관점의 잔여물로 간주함으로써 문제를 해결하고자 한다.[14] 그러나 우리가 보기에 이러한 입장은, 인간 본성 모델의 형성이 좋음과 나쁨의 가치판단과 맺고 있는 이중적 관계를 이해하지 못하는 데서 연유한 잘못된 해석이다. 인간 본성 모델은 한편으로는 (이성적 혹은 비이성적) 감정에 토대를 두고 있는 가치판단으로부터 형성

13 스피노자가 신 외에 유일하게 '절대적'이라는 용어를 통해 규정하고 있는 민주주의 정치체제 또한 바로 이 다양성과 균형의 이념을 통해 사유되고 있다. 이 점에서 민주주의는 신과의 유비 관계 하에서 이해할 수 있다.

14 예를 들면 베넷에게서 우리는 이러한 논변을 찾아볼 수 있다. Bennett, J.(1984), *A Study of Spinoza's Ethics*, Cambridge University Press, pp. 295-296.

된다. 이것은 감정이 가치판단의 발생적 기원이라는 스피노자의 기본적 인식에 부합하는 것이다. 다른 한편으로, 이렇게 인간 본성의 모델이 구성되면 그것은 이제 좋음과 나쁨의 가치판단에 기준이 된다. 감정이 가치판단의 발생적 토대와 기원을 설명해준다면, 인간 본성 모델은 구성된 가치체계로서 우리의 윤리적 삶을 이끄는 준거가 된다. 이러한 관점에서 보면, 가치판단의 두 토대로 간주되고 있는 것은 상충하지 않는다. 다만, 그 설명적 기능이 다를 뿐이다.

합리성과 자유의 동일화

스피노자는 특히 『윤리학』 4부의 정리 67-73에서, 앞에서 그 구성을 설명한 바 있는 '이성의 인도에 따라 살아가는 사람'을 '자유인'으로 부른다. 그렇다면 이 동일화는 어떻게 이해될 수 있을까? 혹은 그것의 비판적 함의는 무엇인가?

스피노자에게서 자유(libertas)는 무엇보다도 의지의 자유, 혹은 원인의 부재를 의미하지 않는다. 앞의 서론에서 밝혔듯이, 스피노자 철학은 그리스도 신학 전통에서 유래하는 의지의 자유라는 논제에 대한 비판을 자신의 주요한 철학적 과제로 삼고 있다. 이 의지의 자유는, 특별히 도덕이론에서 정신에 의한 신체의 지배, 보다 정확히 말하면 신체로부터 연원하는 정념들의 지배를 주제화한다. 요컨대, 이 논제는 도덕의 문제를 정신과 신체 사이의 지배와 종속 관계 하에서 설정하고 있다.

스피노자에 따르면, 의지의 자유는 우리가 구성한 환영에 불과하다. 인간을 이성적 동물로 규정하는 고전적 정의에 대한 계보학적 비판을 수행하고 있는 스피노자는 이 의지의 자유를 동일한 방식으로 비판하고 있다. 즉 그에 따르면, 우리가 스스로를 자유롭다고 생각하는 것은 다음과 같은 인간학적 조건으로부터 형성된 것이다. 첫째, 우리는 무엇을 욕망하며 또한 그 욕망을 의식하고 있다. 둘째, 그런데 우리는 무지하게 태어나서 그것의 원인을 알지 못한다. 따라서 우리는 스스로를 자유롭다고 생각한다. 결국, 자유의지는 존재 보존을 위한 노력을 자신의 본성으로 갖고 있는 인간이 무지라는 조건 속에서 형성하는 상상적 관념이다[17].

이러한 비판을 통해 자유를 의지의 자유와 동일화하는 관점을 거부하고, 스피노자는 자유를 새로운 토대 위에서 재개념화한다. 그것은 자유와 합리성의 동일화를 통해서 등장하게 된다. 앞에서 설명한 바와 같이, 이성의 인도에 따라 행위한다는 것은, 우리가 우리 행위의 적합한 원인이 된다는 것을 의미한다. 그리고 우리가 이렇게 적합한 원인이 될 때, 우리는 능동적이라고 말해진다. 이와 같이 능동성과 동일한 의미로 이해되는 자유는, 외부 사물들과의 우연적 만남에 의해 우리의 행위가 규정되는 것과는 정반대로, 우리의 행위가 오직 우리의 본성으로부터 나오는 것을 의미한다. 그런데 이것은 당연히 우리가 외부 사물들에 대한 참된 인식에 기초해서 그것에 합치하여 행위할 때 가능해진다.

이러한 관점에서 자유는 필연성과 대립하지 않는다. 오히려 자유는 필연성에 대한 인식으로부터 나오는 것이다. 스피노자는 정확히 이러한 의미에서 신을 자유로운 원인으로 규정한다. 즉 신은 자신의 본성의 필연성에 따라 행위하기 때문에 절대적으로 자유롭다. 그러나 인간은 다른 사물들과의 인과관계 속에서 존재하고 행위하기 때문에 절대적으로 자유로울 수 없다. 그럼에도 불구하고, 인간이 사물들의 필연적 인과관계를 적합하게 인식하게 될 때, 적어도 그러한 한에서 우리는 자유로워진다. 이렇게 우리가 사물들을 적합하게 인식하면 할수록 우리는 그만큼 스피노자적 의미에서 자유롭다고 할 수 있다. 그리고 그만큼 우리는 외부 사물들의 우연성과 가변성에의 종속을 의미하는 정념들로부터 자유로워진다. '-로부터의 자유'는 이성적 인식으로부터 나오는 능동성의 자연스러운 귀결로서 이해될 수 있으며, 그 역은 아니다.

따라서 우리가 자유인의 모델에 다가갈 수 있는 길은 오직 사물들에 대한 적합한 인식에 있다. 이성적 인식이 우리에게 진정으로 좋은 것인 한에서, 그것으로 인도하는 모든 것은 좋은 것이라고 할 수 있다. 이로부터 우리가 추구할 만한 것으로 설정해야 하는 인간 본성의 모델이 무엇인지 밝혀진다. 그것은 이해하는 자, 곧 현자(sapiens)이다[18].

그런데 우리 인간이 이해할 수 있는 최고의 대상은 신이다. 모든 사물들은 그것 없이는 존재할 수도 이해될 수도 없기 때문이다. 우리가 자연 사물들을 이해하면 할수록 우리는 보다 더 신을 이해할 수 있게 된다. 따라서 우리에게 최고의 좋음은 신을 인식하는 것에 있다. 따라서 최고의 덕 또한 그것에 다름 아니다[19].

전통적으로 최고의 좋음이 신과의 합일로 규정되었다면, 스피노자에게서 그것은 신에 대한 믿음과 그를 향한 의지를 통해서가 아니라 오직 이해함을 통해서 가능하다. 다른 한편으로 그것이 이해의 대상으로 간주된다면, 그것은 그가 좋음 자체이기 때문이 아니라 우리의 존재 보존의 노력이 이해함에 있고, 신은 최고의 이해 대상이기 때문이다. 신은 그 이상도 그 이하도 아니다. 신을 인식한다는 것, 그것은 사물들이 가지고 있는 무한한 다양성과 풍부함을 인식하는 것이다. 우리에게 그것은 완결될 수 없는 과정이다. 이러한 이유로 스피노자도 '-할수록'이라는 표현을 사용하고 있다. 우리가 사물들의 다양성을 이해하면 할수록, 우리는 보다 균형적인 사유와 행위를 할 수 있게 되며, 그러한 한에서 우리는 우리 자신을 보다 강한 존재, 역량이 큰 존재로 만들 수 있다.

4. 자유인과 정치

공통성과 유용성

존재 보존을 위해 노력하는 우리는 우리에게 유용한 것을 추구한다. 우리가 다른 인간들과 특정한 관계를 맺고 살아가는 것은 유용한 것을 추구하는 우리의 코나투스에 의해서이다. 따라서 코나투스는 인간들이 함께 공동체를 형성하여 살아가는 것을 설명해주는 유일한 토대이다. 코나투스가 윤리학뿐만 아니라 정치론의 토대가 되는 것은 이러한 이유에서이다.

따라서 코나투스의 관점에서 첫 번째로 제기해야 할 물음은 어떤 이유에서 다른 인간들은 우리에게 유용한가 하는 점이다. 이에 답하기 위해 스피노자는 일반적인 원리부터 제시한다. 그에 따르면, 우리의 본성과 완전히 다른 것은 유용하지도 해롭지도 않다. 즉 그것은 우리의 역량을 증가시키지도 감소시키지도 않으며 따라서 좋은 것도 나쁜 것도 아니다. 유용성은 어떤 사물이 우리 본성과 공통의 것을 가지고 있는 한에서 주어질 수 있다. 반대로 해로움이나 나쁨은 우리

의 본성에 상반된 것에 의해 생긴다.[20]

이로부터 원리적으로 우리의 본성에 가장 합치하는 것은 우리의 본성에 가장 유사한 것, 즉 다른 인간들이라는 점이 따라 나온다. 그러나 이렇게 말하는 것은 이미 다른 인간들이 우리와 본성에서 유사하다는 것을 전제하는 것이다. 따라서 보다 엄밀하게 우리는, 어떤 것이 우리와 공통적인 것을 가지고 있다는 것 즉 우리와 유사하다는 것을 어떻게 알 수 있는가를 물어야 한다. 이 물음에 스피노자는, 어떤 사물이 우리에게 유용할수록 그것은 우리와 공통성을 많이 가지고 있으며, 그만큼 우리와 유사하다고 답한다. 물론, 반대의 경우도 성립한다. 그러나 스피노자의 혁신은 전자에 있다. 유사성이나 공통성을 어떤 생물학적 형상을 통해서 전제하지 않고 오직 서로 유용할 수 있는 정도에 의해서 규정하고 있기 때문이다[21].

요컨대, 본성의 공통성 혹은 유사성과 유용성 사이에는 상호적 관계가 존재한다. 그러나 여기에 반론이 있을 수 있다. 예를 들면, 서로 본성이 다른 두 사물은, 음식물의 섭취에서 볼 수 있는 것처럼, 서로에게 유용할 수 있다. 또한 반대로 동일한 본성을 가진 두 사람은 같은 것을 욕망함으로써 서로 경쟁하고 따라서 서로에게 해로울 수 있다. 그런데 첫 번째의 경우, 우리 본성과 다른 사물이 우리에게 유용하다면, 스피노자의 주장대로 그것은 차이가 아니라 어떤 공통 본성에 의한 것으로 이해할 수 있다. 우리가 섭취하는 음식물을 우리가 욕구하는 것은, 우리의 본성으로부터 나온 것이며 그러한 한에서 그 음식물은 우리의 본성과 합치하는 것으로 간주될 수 있기 때문이다. 두 번째 반례의 경우, 두 사람이 경쟁관계에 들어간다면, 그것은 그 본성의 공통성에 의해서가 아니라, 오히려 그 차이에 의해서 설명되어야 한다. 동일한 것을 욕망한다는 것으로부터 필연적으로 경쟁관계가 도출되는 것은 아니기 때문이다. 예를 들면, 공통의 욕망을 갖는 두 사람은 동일한 목적을 위해 서로 협력할 수도 있기 때문이다. 그들이 경쟁관계에 들어선다면 그것은 협력을 가로막는 상반성 또는 차이에 의해서라고 보아야 한다.

감정과 인간관계

따라서 유용성과 공통성의 상호적 관계에 대한 스피노자의 주장은 유효할 수 있다. 다시 말하면, 어떤 것은 우리에게 유용한 것인 한에서, 바로 그 점에서 우리의 본성과 공통성을 갖는다. 따라서 일반적으로 '인간'이라고 불리는 어떤 것이 우리에게 유용하지 않다면, 그것은 바로 그 점에서는 우리와 어떤 본성의 유사성도 공유하고 있지 않은 것이다. 그렇다면 인간은 다른 인간과 어떻게 서로 유용하지 않게 되는가? 달리 말하면 다른 인간은 어떤 조건 속에서 우리의 행위 역량을 감소시키고 방해하는가? 스피노자에 따르면 우리가 감정에 얽매여 있을 때 인간들은 서로 합치한다고 말할 수 없다.

우리가 수동적 감정인 정념에 종속되어 있다는 것은, 우리의 본성이 부정적인 방식으로 즉 외부 원인들에 의한 규정 속에 놓여 있다는 것을 의미한다. 이것은 우리의 역량을 긍정하거나 실현하고 있는 것이 아니라 우리의 무능력을 드러내고 있는 것이다. 그런데 두 본성이 합치한다고 할 때, 그것은 그 본성을 규정하는 역량에서의 합치를 의미한다. 따라서 인간들이 정념에 묶여 있을 때, 그들은 결코 본성상 합치하고 있지 않은 것이다.

실제로 인간들은 정념에 사로잡혀 있을 때 서로 갈등하는 경우가 많다. 나는 X에 대해서 기쁨을 느끼고 따라서 그것을 사랑하지만, 다른 사람들은 동일한 그것에 슬픔을 가질 수 있고 그것 때문에 그것을 증오한다. 이러한 갈등은 스피노자가 『윤리학』 3부에서 제시하고 있는 '감정들의 모방'(imitatio affectuum)이라는 원리에 의해 일반화되고 강화된다[22]. 요컨대, 우리가 감정들의 지배하에서 살아갈 때, 우리는 이렇게 피할 수 없는 외적 갈등과 내적 동요의 상태에 빠지게 된다. 이렇게 인간들이 정념들에 묶여 있는 한 그들은 서로 합치될 수 없다[23].

따라서 인간들이 서로 합치할 수 있는, 혹은 서로에게 유용할 수 있는 조건은 다른 곳에서 찾아져야 한다. 인간들은 이성의 인도에 따라 살아갈 때 서로 유용하며 공통성을 갖는다. 앞에서 설명한 것처럼, 이성의 인도에 따라 살아가는 사람은 자신의 이성적 부분에 의해 규정되는 인간 본성을 실현하고자 노력한다. 그의 노력은 참된 인식에 기초하고 있으며 따라서 진정으로 좋은 것을 욕구한다. 이 좋음은 유사한 본성을 갖는 다른 사람들에게도 필연적으로 좋은 것일 수밖에 없다. 이러한 이유에서 인간에게 가장 유용한 것 그것은 바로 인간, 보다 정확히 말해 이성의 인도에 따라 살아가는 사람이다. 이로부터 다음과 같은 유명한 정식이 따라 나온다. "인간은 인간에게 신이다."(hominem homini Deum est; E, IV, pr. 35, sc.)

이렇게 하나의 사물이 공통의 본성을 소유하고 있는 다른 사물들과 결합할 때, 두 사물은 보다 큰 역량을 가진 개체를 구성한다. 보다 강한 존재자로 스스로를 구성하고자 하는 인간의 윤리적 전략은 여기에서 그 실천적 답을 찾게 된다. 즉 어떤 존재도 혼자서는 결코 역량이 큰 존재가 될 수 없다. 그 가능성은 오직 다른 사물들과의 소통과 결합에서 이루어질 수 있다. 이러한 이유에서 스피노자에게서 윤리적 문제설정은 내재적으로 정치를 함유할 수밖에 없다. 윤리와 정치는 서로 구별될 수 없다[24].

각자의 존재를 보존하려는 노력에서 유사한 본성을 갖는 것들이 서로 힘을 합치는 것보다 유용한 것은 없다. 이러한 역량들의 결합 없이 우리는 우리의 존재 보존을 희망할 수 없기 때문이다. 스피노자에 따르면, 국가(imperium)는 개인들의 역량의 결합 즉 다중의 역량(potentia multitudinis)에 의해서 정의된다[25]. 개인들이 고립된 상태에서 살아가는 자연 상태보다 국가는 우리에게 보다 안정적인 환경을 제공해 준다. 그 안정적 환경 속에서 각 개인들은 학문과 기예를 발전시킬 수 있는 더 좋은 기회를 가질 수 있다. 그것은 이성적 인식의 발생과 확장에 유리한 조건을 우리에게 제공해 준다. 따라서 이성의 인도에 따라 살아가는 사람은 무엇보다도 인간 사회의 형성과 발전을 욕구한다[26].

스피노자가 이성의 인도에 따라 살아가는 사람은 공통의 법에 따라 살아가기를 욕구한다고 말할 때, 그것은 존재하는 실정법에 복종한다는 것을 의미하지는 않는다. 구성된 공동체의 법이나 제도가 인간의 역량을 제한하거나 방해할 때, 그 공동체는 이성적 인간들의 결합에 의해서 구성된 것으로 볼 수 없다. 합리주의자는 국가의 보존을 위해서 노력하지만, 동시에 그 국가의 결합을 방해하는 비합리적 요소에 대해서도 투쟁한다.

법은, 그것이 인간들을 결합시키고 인간들이 그것을 통해서 각자의 역량을 발전시킬 때, 공통의 법이 된다. 현실에 존재하는 법이 인간들을 화합시키기보다는 갈등을 만들어낸다면, 그것은 인간들의 공동체를 해체하고 파괴하는 것이다. 따라서 공동체를 유지하고 발전시키기를 욕구하는 이성적 인간은 법을 개조하고 그럼으로써 자신이 살고 있는 사회적 환경을 보다 유익한 것으로 만들기 위해 노력할 수밖에 없다[27].

이러한 노력은 존재하는 질서나 법에 대한 비판이나 저항을 함축할 수 있고, 그러한 한에서 불화를 공동체 내에 만들어낼 수 있다. 그런데 이러한 불화는 공동체에서 해로운 것이 아니다. 공동체는 각 개인에게 자신이 생각하고 말할 수 있는 자유를 보장해야 한다고 스피노자는 주장한다. 그는 그것이 국가를 위험에 빠트리기보다는 오히려 국가를 강건하게 만들 것이라는 점을 의심치 않았다. 그가 『신학정치론』을 쓴 것은 정확히 이점을 분명히 함으로써 당시 위협 속에 놓여 있었던 네덜란드 공화정을 지켜내기 위한 것이었다.

스피노자에게 덕의 유일한 토대는 존재보존의 노력인 코나투스이다. 따라서 스피노자의 유덕자는 자신의 존재를 보존하고, 자신의 이익을 추구하는 자이다. 그러나 유덕자의 이 자기보존의 노력은 궁극적으로 인간 공동체 전체의 존재 보존을 위한 노력으로 향할 수밖에 없다. 스피노자의 유덕자는 자기 자신뿐만 아니라 다른 모든 인간들, 인간 공동체 전체에게 유용한 것을 욕구한다. 바로 이 점에서, 스피노자에게 앎을 추구하는 유덕자는 동시에 자신이 속한 공동체를 유익한 것으로 만들기 위해 노력하는 정치적 인간일 수밖에 없다[28].

5. 나가는 말

스피노자는 고전적 덕윤리 전통을 따라 덕 개념을 중심으로 하는 윤리학을 제시하고 있다. 다시 말하면 그의 윤리학에서 문제가 되고 있는 것은 행위나 의지가 아니라 인간 자체, 특정한 인간 유형이다.

스피노자는 자신의 이러한 윤리학적 문제설정을 '인간 본성 모델'의 구성이라는 문제를 통해서 제기하고 있다. 그리고 그는 그 모델을, 자신에 앞선 철학적 전통에 따라 '합리성'과 '자유'를 통해 규정한다. 그러나 스피노자는 그것을 새로운 형이상학과 인간학의 토대 위에서 재구성한다. 물론, 이 재구성은 전통적 사유 방식에 대한 비판을 동반하고 있다. 우리는 앞에서 그 비판과 재구성을 니체의 용어법에 따라 '계보학적인' 것으로 규정하였다. 요컨대, 스피노자는 '의지의 자유, 목적, 도덕적 세계질서, 비이기주의, 악'을 부정하고 있다는 점에서만 니체의 선구자가 아니라, 보다 근원적으로 그러한 결과를 산출하고 있는 방법적 관점에서 그의 선구자라고 할 수 있다.

우리는 이러한 관점에 입각하여, 스피노자가 어떻게 '유덕자'를 재구성하고 있는지를 보여주고자 하였다. 이 과정을 통해 우리는 합리성과 자유에 의해 규정되는 스피노자의 유덕자는 '균형', '다양성' 등의 개념을 통하여 이해될 수 있으며, 반대로 수동적이고 예속적인 존재방식은 '과잉'의 개념에 의해 규정될 수 있다는 점을 강조하였다.

우리가 보기에 스피노자는 이 점에서 니체와 갈라서고 있다. 균형의 이념에 인도되고 있는 스피노자의 철학과 디오니소스적 '과잉'에서 창조성의 모델을 발견하고 있는 니체는 의심의 여지없이 덕에 대한 상이한 이해를 보여주고 있기 때문이다. 이러한 비교적 관점에서 니체에게서 등장하는 덕 개념의 현대적 전화를 해명하는 일은 또 다른 과제가 될 것이다.

6. 원전 읽기

여기에 제시된 원전은 저자가 번역하였다. 현재까지 스피노자 연구자들에 의해 가장 광범위하게 사용되었던 판본은 Spinoza(1925), *Opera*, hrsg. von C. Gebhardt, Heidelberg: Carl Winters Universitaetsbuchhandlung이다. 최근의 연구성과에 기초해서 프랑스에서 새로운 판본과 번역본이 출간되고 있다. 현재까지 출간된 책은 다음과 같다. Spinoza, *Oeuvres*, sous la direction de P.-F. Moreau, PUF, t. I: *Premiers écrits*(2009); t. III: *Traité théologico-politique*(1999); t. V: *Traité politique*(2005). 출처 표기는 판본에서 Spinoza Opera의 경우는 G, 프랑스에서 새로 출간되고 있는 판본은 M으로, 그리고 로마 숫자로 권수를 표기한다. 각 저작의 경우 일반 용례에 따라 TIE(『지성개선론』), CM(『형이상학적 사유』), KV(『신, 인간, 행복에 관한 소론』), E(『윤리학』), TTP(『신학-정치론』), TP(『정치론』), Ep(『편지들』)로 표기한다. 책 제목 뒤에는 필요에 따라 장, 절, 문단이 표기된다.

[1] 스토아 학파와 데카르트의 자유의지론에 대한 스피노자의 비판

그러나 스토아주의자들은 감정이 우리의 의지에 절대적으로 의존해 있고, 우리는 그것에 대해서 절대적 지배력을 가질 수 있다고 믿었다. 그러나 그들은 자신들의 원리가 함축하고 있는 결과가 아니라 경험이 보여주고 있기 때문에, 감정을 제어하고 통제하기 위해서는 적지 않은 훈련과 집중이 필요하다는 것을 인정할 수밖에 없었다. 누군가는 이러한 점을 두 종류의 개(내 기억이 옳다면), 집에서 키우는 개와 사냥개의 예를 통해 보여주려고 노력한 바 있다. 훈련은 결국 집에서 키우는 개를 사냥하도록 만들 수 있고, 반대로 사냥개가 토끼를 추적하지 않도록 만들 수도 있다는 점을 들면서 말이다. 데카르트는 이러한 의견에 매우 공감하고 있다. 왜냐하면 그는 영혼 혹은 정신이 특별히 송과선이라고 불리는 뇌의 어떤 부분에 결합되어 있으며, 정신은 이것을 매개로 신체에서 생겨나는 모든 운동들과 외부 대상들을 지각할 수 있고, 오직 자신이 원하기만 하면 다양하게 운동을 일으킬 수가 있다고 생각하기 때문이다. 그는 이 송과선이 뇌의 한가운데 달려 있어서 정기의 미세한 운동만으로도 그 송과선은 쉽게 움직일 수 있다고 생각한다. 그리고 그는 정기가 송과선을 자극하는 방식들이 다양한 만큼 송과선은 다양한 방식으로 뇌의 한가운데 달려 있고, 정기를 송과선 쪽으로 밀어제치는 외부 대상들이 다양한 만큼 송과선에는 다양한 흔적들이 존재한다고 생각하며, 바로 이로부터 송과선이 그것을 다양한 방식으로 움직이게 하는 영혼의 의지를 통해서 자신이 예전에 이러저러한 방식으로 촉발된 정기에 의해 규정된 방식으로 규정되게 되면, 송과선은 예전과 동일한 방식으로 정기를 밀어제치고 규정하게 될 것이라고 생각한다. 더욱이 그는 정신의 각 의지는 본성상 송과선의 특정한 운동에 결합되어 있다고 생각한다. … 그런데 우리는 송과선의 특정한 운동, 따라서 정기의 특정한 운동을 특정한 의지에 결합시킬 수 있고, 의지의 결정은 오직 우리의 권한에 의존하고 있기 때문에, 그리고 우리가 우리 삶의 행위들을 이끌어가게 될 확고한 판단에 따라 우리의 의지를 결정한다면, 그리고 우리가 이 판단에 우리가 갖기를 원하는 정념의 운동을 결합시킨다면, 우리는 우리 정념에 대해 절대적 지배력을 얻게 될 것이다. 이것이 (내가 그의 주장을 통해 추측하건대) 그 총명한 사람의 의견이다. 나는 이것이 그와 같은 위대한 사람에 의해서 주장된 것이라는 점을 믿기가 어렵다.(E, V, praef, G II, 277-278)

[2] 인간에 대한 고전적 정의들에 대한 비판

플라톤이 인간은 깃털이 없는 두 발 가진 동물이라고 말했을 때, 그는 인간은 이성적 동물이라고 말했던 사람들보다 더 큰 오류를 범하지 않았다. 왜냐하면 플라톤은 다른 사람들과 마찬가지로 인간이 이성적 동물이라는 것을 알고 있었기 때문이다. 그러나 그는 인간을 특정한 부류에 포함시켰는데 그 이유는 이후에 그가 인간을 생각할 때 그가 쉽게 떠올릴 수 있는 이 부류에 의지함으로써 인간에 대한 생각을 곧바로 가질 수 있기 위해서였다.

더욱이 아리스토텔레스가 자신의 정의[인간은 이성적 동물이다]를 통해 인간의 본질을 적합하게 설명했다고 생각했다면, 그는 아주 큰 오류를 범한 것이다. 우리는 그와는 별도로 그렇다면 플라톤은 잘했는가 물을 수 있다. 그러나 그것은 여기서 다룰 문제는 아니다.(CM, I, 1, §9, G I, 235)

[3] 철학자들의 윤리 및 정치

실제로 철학자들은 있는 그대로가 아니라 그들이 그랬으면 바라는 인간을 사유한다. 그래서 그들은 아주 종종 윤리학이라는 이름으로 풍자(satira)를 썼고, 쓸모가 있는 정치론이 아니라 몽상(chimaera)으로 여겨지는 정치론, 어떤 것도 필요치 않는 황금시대의 시인들의 섬, 즉 유토피아에서나 성립 가능한 정치론을 사유하였다.(TP, I, §1, M V, 88)

[4] 코나투스의 존재론적 기초

A. 개별 사물들은 신의 속성들의 변용들, 달리 말하면 신의 속성들이 특정한 방식으로 표현되는 방식들에 다름 아니다.(E, I, pr. 25, cor.)

B. 그 본성으로부터 어떤 결과가 따라 나오지 않는 그러한 사물은 존재하지 않는다.(E, I, pr. 36)

C. 존재하는 모든 것은 (정리 25의 따름정리에 의해) 신의 본성 혹은 본질을 특정한 방식으로 표현한다. 달리 말하면 (정리 34에 의해) 존재하는 모든 것은 모든 사물들의 원인인 신의 역량을 특정한 방식으로 표현한다. 따라서 (정리 16에 의해) 그 사물로부터는 어떤 결과가 반드시 따라 나와야 한다.(E, I, pr. 36, dem.)

[5] 의지, 욕구, 욕망

이 코나투스는, 오직 정신에만 관련될 때에는 의지(voluntas)라고 불리지만, 정신과 신체에 동시에 관련될 때에는 욕구라고 불린다. 따라서 이 욕구는 인간의 본질 그 자체에 다름 아니며, 이 인간 본성으로부터 인간의 보존에 유용한 행위들이 필연적으로 따라 나온다. 그리고 인간은 그것들을 행하도록 규정되어 있다. 다음으로, 욕망은 인간이 자신의 욕구를 의식하고 있는 한에서 일반적으로 인간에게 관련되어 있다는 점을 제외하면, 욕구와 욕망 사이에는 차이가 없다. 이러한 이유로 욕망은 다음과 같이 정의될 수 있다. 즉 욕망은 자신에 대한 의식을 가지고 있는 욕구이다.(E, III, pr. 9, sc.)

[6] 욕망이 인식과 판단을 산출한다

우리는 어떤 것이 좋다고 판단하기 때문에 그것을 노력하고, 바라고, 욕구하고, 욕망하지 않는다. 반대로 우리가 그것을 노력하고, 바라고, 욕구하고, 욕망하기 때문에 우리는 그것을 좋은 것이라고 판단한다.(E, III, pr. 9, sc.)

[7] 인간 본성의 모델에 대한 욕망

A. … 우리는 우리가 가시화할 수 있는 인간 본성의 모델(naturae humanae exemplar)로서 인간에 대한 어떤 관념을 형성하기를 욕망하기 때문에….(E, IV, praef.)

B. 그러나 인간은 그 약함으로 인해 자신의 사유를 통해서는 이 질서[자연의 질서]에 다가가지 못하기 때문에, 그러한 상황에서 인간은 자신의 본성보다 훨씬 강한 어떤 인간 본성을 사유하게 된다. 동시에 그는 그러한 본성을 얻는 것을 방해하는 것은 존재하지 않는다고 생각하기 때문에 그러한 완전함에 이르게 할 수 있는 수단들을 탐구하게 된다. 그것에 이르게 하는 수단이 될 수 있는 모

든 것은 참된 좋음이라고 불리운다. 그리고 최고의 좋음은 가능하다면 다른 개체들과 함께 그러한 본성을 향유하는 것에 이르는 것이다. 우리는 이 본성이 무엇인지를 적절한 장소에서 보여줄 것이다.(TIE, §13, G II, 8)

[8] 가능성 : 인간의 한계의 귀결이자 윤리학의 가능성의 조건

첨언하자면, 우리는 사물들의 연합과 연쇄 자체, 즉 사물들이 실제로 어떻게 연합되고 연쇄되어 있는지를 완전히 알지 못한다. 따라서 사물들을 가능한 것들로서 간주하는 것은 삶의 유용성(usus vitae)을 위해 바람직하다. 심지어 그것은 불가피한 것이기도 하다.(TTP, IV, [1], M III, 182)

[9] 역량의 변이로서의 감정

A. 나는 감정을, 신체의 행위 역량을 증가시키거나 감소시키고, 돕거나 억제하는 신체의 변용들, 그리고 동시에 이 변용들에 대한 관념들로 이해한다.

설명

따라서 우리가 이러한 변용들 가운데 어떤 하나의 적합한 원인이 될 수 있다면, 나는 그 감정을 능동으로 이해하며, 다른 경우에는 수동으로 이해한다.(E, III, def. 3; expl.)

B. 감정들의 일반적 정의

정념이라고 일컬어지는 감정은 혼동된 관념이며, 그것을 통해 정신은 자신의 신체 혹은 그것의 어떤 부분이 갖는, 이전보다 더 크거나 적은 실존의 힘을 긍정한다. 그리고 그것이 주어질 때 정신 자체는 저것보다는 이것을 사유하도록 결정된다.

설명

나는 먼저 감정 혹은 정념을 혼동된 관념이라고 말하였다. 왜냐하면 부적합한 혹은 혼동된 관념들을 가지고 있는 한에서만, 정신은 수동적이라는 것을 우리는 보여준 바 있기 때문이다(3부, 정리 3을 보라). 그 다음에 나는 그것을 통해 정신은 자신의 신체 혹은 그것의 어떤 부분이 갖는, 이전보다 더 크거나 적은 실존의 힘을 긍정한다고 말하였다. 왜냐하면, (2부, 정리 16의 따름정리에 의해) 우리가 가지고 있는 신체들에 대한 모든 관념들은, 외부 신체들의 본성보다는 우리 신체의 현재적 구성 상태를 지시하기 때문이다. 그런데, 어떤 감정의 형상을 구성하는 관념은 신체 혹은 그것의 어떤 부분이 갖는 구성 상태, 즉 신체의 행위 역량이 증가하거나 감소하고, 도움을 받거나 억제되는 한에서, 신체 자체 혹은 그것의 어떤 부분이 갖는 구성 상태를 지시하고 표현해야만 한다. 그러나 내가 이전보다 더 크거나 작은 실존의 힘을 말할 때, 나는 그것을 정신이 신체의 현재 구성 상태를 이전의 구성 상태와 비교한다는 것으로 이해하지 않는다. 오히려 나는 그것을, 어떤 감정의 형상을 구성하는 관념은 이전보다 크거나 작은 실재성을 실제로 포함하고 있는 어떤 것을 신체에 대해서 긍정한다는 것으로 이해한다. 그리고 정신의 본질은 (2부, 정리 11과 13에 의해) 자신의 신체의 현재 실존을 긍정하는 것에 있고, 우리는 완전성을 사물의 본질 자체로 이해하기 때문에, 따라서 이로부터 정신이 이전보다 크거나 작은 실재성을 포함하고 있는 어떤 것을 자신의 신체 혹은 그것의 어떤 부분에 대해 긍정하게 될 때, 그 정신은 보다 크거나 작은 완전성으로 이행한다는 사실이 따라 나온다. 따라서 내가 위에서 정신의 사유 역량이 증가하거나 감소한다고 말했을 때, 정신이 자신의 신체에 대해서 긍정했던 것보다 크거나 작은 실재성을 포함하는, 자신의 신체 혹은 그것의 어떤 부분에 대한 관념을 형성했다는 점 외에 다른 것을 말하려고 하지 않았다. 왜냐하면 관념들의 우월성과 현재의 사유 역량은 대상의 우월성에 따라 평가되기 때문이다. 마지막으로 나는, 그리고 그것이 주어질 때 정신 자체는 저것보다는 이것을 사유하도록 결정된다고 덧붙였는데, 그것은 정의의 첫 번째 부분이 설명하는 기쁨과 슬픔의 본성 외에 욕망의 본성을 또한 표현하기 위함이었다.(E, III, affectuum generalis definitio, et explicatio)

C. 따라서 우리는, 정신이 많은 변화들을 겪을 수 있으며 보다 크거나 작은 완전성으로 이행할 수 있다는 것을 보게 된다. 이러한 변화들이 우리에게 기쁨과 슬픔을 설명해주는 정념들이다. 따라서 이후에 나는 기쁨을 정신이 보다 큰 완전성으로 이행하게 되는 정념으로, 그리고 슬픔을 정신이 보다 작은 완전성으로 이행하게 되는 정념으로 이해할 것이다.(E, III, pr. 11, sc.)

[10] 부적합한 인식과 적합한 인식

나는 분명하게, 정신이 내부로부터, 즉 정신이 여러 사물들을 사유함으로써 그 사물들이 어떤 점에서 일치하고 다르며 대립되는지를 이해하는 것이 아니라 사물들을 자연의 공통 질서에 따라 지각할 때마다, 달리 말하면 정신이 외부 즉 사물들의 우연한 만남에 의해 이것 혹은 저것을 사유할 때마다, 정신은 자기 자신, 자신의 신체, 그리고 외부 물체들에 대해 적합한 인식이 아니라 단지 부적합한 인식만을 가지고 있다고 말하고자 한다. 실제로 정신이 내부에 의해서 이러저러한 방식으로 사유할 때마다, 정신은 사물들을 명료하고 또렷하게 보게 된다. 이 점은 아래에서 내가 보여주게 될 것이다.(E, II, pr. 29. sc.)

[11] 감정의 과잉적 성격

우리가 일상적으로 사로잡혀 있는 감정들은 대개의 경우 다른 부분들보다 더 강하게 변용된 어떤 부분과 관련맺고 있다. 따라서 감정들은 대부분 과잉적이며, 정신이 다른 사물들을 사유할 수 없을 정도로 오직 한 대상의 고찰에만 정신을 묶어 놓는다.(E, IV, pr. 44, sc.)

[12] 코나투스는 덕의 유일한 토대이다

A. 이렇게 해서 나는 간략하게 인간의 무능력과 동요(inconstantia)의 원인들, 그리고 인간들이 이성의 가르침을 지키지 않는 이유들을 설명하였다. 이제 이성이 우리에게 지시하는 것이 무엇인지, 그리고 어떤 감정들이 인간 이성의 규칙들에 합치하는지, 반대로 어떤 감정들이 그것에 대립되는지를 보여주어야 하는 일이 남아 있다. 그러나 이것들을 우리의 장황한 기하학적 질서에 따라 증명하고자 하기에 앞서, 내가 생각하는 바를 각자가 보다 쉽게 꿰뚫어 볼 수 있도록, 이성이 명령하는 바를 여기에서 먼저 간략하게 보여주는 것이

좋을 것 같다. 이성은 자연에 대립되는 어떤 것도 요구하지 않기 때문에, 이성은 따라서 각자가 자신을 사랑하고, 자신에게 유용한 것, 진정으로 유용한 것을 추구하며, 인간을 보다 큰 완전성으로 진정으로 인도하는 모든 것을 욕구하고, 그리고 절대적으로 말해 자신이 할 수 있는 한에서 각자가 자신의 존재를 보존하려고 노력할 것을 요구한다. 이것은 적어도 전체가 자신의 부분보다 더 크다는 것만큼이나 필연적으로 진실이다(3부, 정리 4를 보라). 그리고, 덕은 (4부, 정의 8에 의해) 자신의 고유한 본성의 법칙들에 따라 행위하는 것에 다름 아니고, (3부, 정리 7에 의해) 자신의 고유한 본성의 법칙들에 의거하지 않고는 그 누구도 자신의 존재를 보존하려고 노력하지 않기 때문에, 이로부터 첫째로 덕의 토대는 자신의 고유한 존재를 보존하려는 노력 그 자체이며, 행복은 인간이 자신의 존재를 보존할 수 있다는 데 놓여 있다는 점이 따라 나온다. 그로부터 둘째로, 덕은 그 자체를 위해 욕구되어야 하며, 우리가 목적으로서 욕구해야만 하는 보다 값지고 우리에게 보다 유용한 어떤 것도 존재하지 않다는 것이 따라 나온다. 마지막으로 셋째로, 자살하는 사람들은 영혼이 무능력하고, 자신들의 본성에 전혀 맞지 않는 외부 원인들에 의해 정복당한 사람들이라는 것이 따라 나온다. 더욱이, 2부의 공준 4로부터 우리는 우리의 존재를 보존하는 데 어떤 외부의 것도 필요로 하지 않게, 그리고 우리의 외부에 있는 사물들과의 어떤 소통도 없이 살아갈 수 있게 할 수는 없다는 것이 따라 나온다. 게다가 우리의 정신을 살펴보면, 정신이 홀로이고 자기 자신 외에 어떤 것도 이해하지 않게 된다면, 우리의 정신은 확실히 보다 불완전한 것이 될 것이다. 따라서 우리의 외부에는 우리에게 유용하고, 따라서 우리가 욕구해야 하는 여러 사물들이 주어져 있다. 이것들 가운데 우리의 본성과 완전히 합치하는 것들보다 더 탁월한 것을 생각해낼 수는 없다. 실제로, 예를 들면 완전히 동일한 본성을 갖는 두 개체가 서로 결합되면, 그것들은 따로 떼어져서 있는 것 보다 두 배 더 역량이 큰 개체를 구성한다. 따라서 인간에게 인간보다 더 유용한 것은 없다. 말하자면, 모든 것이 모든 것에서 합치하여 모두의 정신들과 신체들이 거의 하나의 정신과 하나의 신체를 구성하고, 할 수 있는 한에서 모두 함께 자신의 존재를 보존하려고 노력하고, 모두 함께 모두에게 공통적으로 유용한 것을 각자를 위해 추구하는 것보다 인간이 자신의 존재를 보존하는 데 더 탁월한 어떤 것을 기대할 수 없다. 이로부터, 이성에 의해 통솔되는 인간들, 즉 이성의 인도에 따라 자신에게 유용한 것을 추구하는 인간들은, 다른 인간들을 위해 욕망하지 않는 어떤 것도 자신을 위해 욕구하지 않으며, 따라서 그들은 올바르고 선의가 있으며 정직하다는 것이 따라 나온다.

이것이 바로 내가 보다 장황한 질서에 따라 증명하고자 하기에 앞서 여기에서 간략하게 보여주고자 하였던 이성의 명령이다. 내가 이렇게 한 이유는, 각자가 자신에게 유용한 것을 추구할 수밖에 없다는 원리가 덕이나 도덕심(pietas)이 아니라 부도덕의 토대라고 믿고 있는 사람들의 주의를 얻기 위한 것이다. 따라서 사실은 정반대라는 것을 간략하게 보여주고 난 후에 나는 이제 우리가 지금까지 진행해왔던 동일한 길을 따라 동일한 것을 증명하는 일을 계속 하고자 한다.(E, IV, pr. 18, sc.)

B. 자기 보존의 코나투스는 덕의 제일의 그리고 유일한 토대이다. 왜

냐하면 (앞선 정리에 의해) 다른 어떤 것도 이 원리에 앞서 사유될 수 없고, (4부, 정리 21에 의해) 그 원리 없이는 어떤 덕도 사유될 수 없기 때문이다.(E, IV, pr. 22. cor.)

[13] 이기주의는 덕이다

각자는, 자신에게 유용한 것을 추구할수록, 즉 자신의 존재를 보존하려고 노력할수록 그리고 그렇게 할 수 있는 만큼, 그만큼 덕을 갖추게 된다. 반대로 각자는, 자신에게 유용한 것[을 욕구하는 것], 즉 자신의 존재를 보존하는 것을 게을리 하는 한에서, 그만큼 무능력하다(impotens).(E, IV, pr. 20)

[14] 덕은 이성의 인도에 따라 살아가는 것이다

절대적으로 말해, 덕에 따라 행위하는 것은, 우리에게는 이성의 인도에 따라 행위하고 살아가며 자신의 존재를 보존하는 것(이 세 가지는 동일한 것을 의미한다)에 다름 아니다.(E, IV, pr. 24)

[15] 신체와 정신의 역량은 무엇에 의해 규정되는가

한 물체가 동시에(simul) 보다 많은 방식으로 작용하거나 작용받을 수 있는 능력에서 다른 물체들보다 우세할수록, 그것의 정신은 보다 많은 사물들을 동시에 지각할 수 있는 능력에서 우세하다. 그리고 한 물체의 작용들이 오직 그 물체에만 의존할수록, 그리고 작용하기 위해 그것과 협력하는 물체들이 적을수록, 그 물체에 상응하는 정신은 판명하게 이해할 수 있게 된다.(E, II, pr. 13, sc.)

[16] 수동과 능동에 대한 정의

우리가 우리 안에서 또는 우리 밖에서 일어나는 어떤 것의 적합한 원인일 경우, 즉 (앞의 정의에 의해) 오직 우리의 본성만으로 명석하고 판명하게 이해될 수 있는 어떤 것이 우리 안에 또는 우리 밖에서 우리의 본성으로부터 따라 나올 경우, 나는 우리가 능동적이라고 말한다. 반대로, 우리가 단지 부분적인 원인일 뿐인 어떤 것이 우리 안에 일어날 경우, 또는 우리의 본성으로부터 따라 나올 경우, 나는 우리가 수동적이라고 말한다.(E, III, def. 2)

[17] 자유의지에 대한 계보학적 비판

인간들은 모두 사물들의 원인을 모른 채 태어났으며, 모든 사람들은 자신에게 유용한 것을 추구하는 욕구를 가지고 있고, 또한 이점을 의식하고 있다. 이로부터 첫째로, 인간들은 자신들의 의지작용들과 욕구들을 의식하고 있지만, 그러한 욕구와 의지로 이끄는 이유를 알지 못하고, 꿈에서조차 생각하지 못하기 때문에 스스로를 자유롭다고 믿는다는 사실이 따라 나온다. 둘째로, 인간들은 언제나 목적을 위해, 다시 말하면 자신들이 욕구하고 있는 유용한 것을 위해 행위한다는 점이 따라 나온다. 이로부터, 인간들은 항상 완수된 것들에 대해 그 목적인만을 알기 바라며, 그것을 듣게 되면 만족해한다는 점이 따라 나온다. 왜냐하면 그들은 이제 더 이상 의심할 어떤 이유도 갖지 않기 때문이다. 타인으로부터 그 목적인을 들을 수 없게 되면, 그들이 하게 되는 유일한 일은 자기 자신으로 향하여 자신들이 그러한 일들을 하도록 결정한 목적인을 성찰하고, 필연적으로 자신들의 기질에 따라 타인의 기질을 판단하는 일이다.(E, I, app.)

[18] 덕은 이해함에 있다

이해함으로 진정으로 인도하는 것만, 혹은 우리의 이해를 방해할 수 있는 것만이 좋거나 나쁘다는 것을 우리는 확실하게 안다.(E, IV, pr. 27)

[19] 최고의 덕은 신을 인식하는 것

A. 정신의 최고 좋음은 신에 대한 인식이며, 정신의 최고의 덕은 신을 인식하는 것이다.(E, IV, pr. 28)

B. 우리가 개별 사물들을 이해하면 할수록, 우리는 신을 더 이해하게 된다.(E, V, pr. 24)

[20] 공통성에 의한 결합이 유용성을 준다

A. 그것의 본성이 우리의 본성과 완전히 다른 어떤 개별 사물은 우리의 행위 역량을 돕지도 방해하지도 않는다. 절대적으로 말해서, 어떤 사물도 그것이 우리와 공통의 어떤 것을 가지고 있지 않으면 좋지도 나쁘지도 않다.(E, IV, pr. 29)

B. 어떤 것도, 그것이 우리의 본성과 공통으로 가지고 있는 것에 의해 나쁜 것이 될 수 없다. 그것이 우리에게 나쁜 것인 한에서 그것은 우리와 상반된 것이다.(E, IV, pr. 30)

C. 어떤 것이 우리의 본성에 합치하는 한에서, 바로 그 점에서 그것은 필연적으로 좋은 것이다.(E, IV, pr. 31)

[21] 유용성과 유사성의 상호동일적 관계

이로부터, 한 사물이 우리의 본성에 합치할수록 그것은 우리에게 더 유용하고 더 좋은 것이며, 반대로 한 사물이 우리에게 유용할수록 그것은 그 점에서 우리의 본성과 합치한다는 것이 따라 나온다.(E, IV, pr. 31, cor.)

[22] 감정모방의 원리

우리가 어떤 감정도 가지고 있지 않지만 우리와 유사한 어떤 것이 어떤 감정을 가지고 있다고 상상하는 것으로부터, 우리는 그것에 의해 유사한 감정을 갖게 된다.(E, III, pr. 27)

[23] 감정과 갈등의 인간관계

A. 인간들이 정념에 얽매여 있는 한에서, 우리는 그들이 본성적으로 합치하고 있다고 말할 수 없다.(E, IV, pr. 32)

B. 인간들은 수동적인 감정들에 얽매여 있는 한에서 본성에서 불일치할 수 있다. 그리고 또한 그러한 한에서 동일한 인간은 상이한 모습과 비일관성을 갖는다.(E, IV, pr. 33)

[24] 개체들 사이의 결합을 통한 보다 큰 개체의 구성

A. 인간들이 이성의 인도에 따라 살아가는 한에서 그들은 필연적으로 항상 본성적으로 합치한다.(E, IV, pr. 35)

B. 실제로, 예를 들면 완전히 동일한 본성을 갖는 두 개체가 서로 결

합되면, 그것들은 따로 떼어져서 있는 것 보다 두 배 더 역량이 큰 개체를 구성한다. 따라서 인간에게 인간보다 더 유용한 것은 없다. 말하자면, 모든 것이 모든 것에서 합치하여 모두의 정신들과 신체들이 거의 하나의 정신과 하나의 신체를 구성하고, 할 수 있는 한에서 모두 함께 자신의 존재를 보존하려고 노력하고, 모두 함께 모두에게 공통적으로 유용한 것을 각자를 위해 추구하는 것보다 인간이 자신의 존재를 보존하는 데 더 탁월한 어떤 것을 기대할 수 없다.(E, IV, pr. 18, sc.)

[25] 다중의 역량으로 정의되는 국가

앞 장의 15항에 의거할 때 국가의 권리 혹은 주권은, 각자의 역량이 아니라 마치 하나의 영혼에 의해서 인도되는 것과 같은 다중(multitudo)의 역량에 의해서 규정되는 자연권에 다름 아니다. 달리 말하면, 각자가 자연 상태에 있는 것처럼 국가의 신체와 영혼은 자신이 갖는 역량만큼 권리를 갖는다.(TP, III, 2, M V, 112)

[26] 합리주의자는 국가에서 살기를 원한다

이성에 의해 인도되는 사람은 자신에게만 복종하는 고독의 상태에서보다 공통의 법에 따라 살아가게 되는 도시공동체(civitas)에서 더 자유롭다.(E, IV, 73)

[27] 좋은 공동체는 어떤 것인가

인간들의 공통 사회에로 인도하는 것, 즉 인간들이 화합 속에서 살도록 만드는 것은 유용하다. 반대로, 도시공동체에 불화를 만들어내는

것은 나쁜 것이다.(E, IV, pr. 40)

[28] 유덕자는 전투적 합리주의자이다

덕을 따르는 인간 누구나가 스스로를 위해 욕구하는 것을 그는 다른 모든 인간들을 위해서도 욕구한다. 그가 신에 대한 보다 많은 인식을 갖게 될수록 그는 그것을 더욱 욕구하게 된다.(E, IV, pr. 37)

VI.

니체

— 덕 개념의 미학적 전환

1. 들어가는 말

프리드리히 니체(Friedrich Nietzsche, 1844-1900)는 철학자를 고독한 자로 이해한다. 그에게 고독은 철학자의 운명과 같은 것이다. 실제로 그의 철학은, 그가 살아 있을 때는 물론이고 그의 사후에도 오랫동안 이해받지 못하였다. 그는 자신의 철학이 겪을 이 운명을 잘 알고 있었으며, 그것을 자신의 운명, 더 나아가 철학자의 운명으로 받아들였다. 달리 사유하고 달리 존재하기 위해서 철학자는 오로지 자신의 힘에 의지해서 홀로 서야만 하며, 그렇게 그는 세상과 격리된 채 고독 속에서 살아야만 한다. 따라서 철학자가 이해받을 수 있다면, 그것은 자신의 동시대인들에 의해서가 아니라 미래의 사람들에 의해서일 것이다. 이러한 의미에서 니체는 자신의 철학을 '미래의 철학'이라고 불렀다[1].

그가 예언했던 그 미래에 니체는 다시 읽히기 시작했다. 그리고 그의 철학은 새로운 조명을 받기 시작했다. 어떤 의미에서 소위 포스트-모던 철학의 진정한 주인은 니체라고 할 수 있을 정도로 그의 철학은 우리 시대의 철학적 사유를 지배하고 있다. 그의 고독이, 그의 사상이 가졌던 급진성에서 기원하는 것이었다면, 바로 그 급진성은 오늘날 그가 우리 시대에 가장 많이 읽히고 논의되고 있는 이유가 되었다.

그러나 그의 이 급진성은 또한 적지 않은 오해를 종종 불러일으켰다. '진리' 개념에 기초해서 구축된 서양 형이상학 전체를 비판하고 '신의 죽음'을 선언함으로써 전통적인 도덕적 주장들의 토대를 무너뜨리고 있다는 점을 고려할 때, 그가 파괴와 단절의 철학자라는 점은 의심의 여지가 없어 보인다. 그러나 이것은 그가 전통과 완전히 단절하고 있다는 것을 의미하는 것은 아니다. 확실히 니체는 전통적인 도덕에 대한 가장 급진적인 비판자이다. 이러한 이유에서 그는 심지어 스스로를 '비도덕주의자', 혹은 '최초의 비도덕주의자'라고 여러 번 표명하고 있다. 그러나 그가 이렇게 도덕이나 윤리를 비판할 때, 그것은 우리가 해야만 하는 윤리적 행위가 있고 피해야만 하는 비윤리적 행위가 있다는 것을 부정하는 것은 아니다. 오히려 그가 하고자 하는 것은 윤리 자체의 부정이 아니라 윤리를 새로운 기반 위에 정초하고자 하는 데 있다. 이러한 이유로 그는 자신이 한편으로 비판하고 있는 주요 전통적 개념들, 예를 들면 도덕, 윤리, 덕, 정의 등의 개념들을 자신의 철학을 위해 긍정적으로도 사용한다. 따라서 그에게서 전통의 파괴자만을 보는 것은 일면적이며, 나아가 그의 철학적 혁신이 갖는 진정한 의미가 어디에 있는지를 간과하는 것이다. 중요한 것은 파괴자 니체뿐만 아니라 건설자 니체를 동시에 보는 것, 즉 전통적인 철학의 개념들이 니체를 통해서 어떻게 새로운 의미를 부여받게 되는지, 그리고 그것을 통해 궁극적으로 니체는 어떤 새로운 도덕이론을 우리에게 제시하고 있는지를 보는 것이다[2].

니체의 철학은 당시의 현실에 대한 진단이자 동시에 그것을 넘어설 수 있는 새로운 가능성의 모색이었다. 니체가 살았던 19세기 유럽은 근대 문명의 위기가 가시화되던 시기였다. 근대적 정치혁명을 추동했던 자유와 평등의 이념은 다양한 민주주의적, 사회주의적, 무정부주의적 정치 운동들을 만들어냈지만, 니체가 보기에 그것들은 하향 평준화를 의미할 뿐인 무리 동물의 도덕과 정치일 뿐이었다. 또한 근대 과학정신의 도달점이었던 실증주의적 사고는 인간의 삶을 형해화하고 파편화하였다. 철학자 니체는 이 유럽 문명의 질병에 대한 치료와 건강한 삶의 회복을 위한 철학적 사유를 시도하게 된다. 그런데 이 비판적이고 도전적인 사유는, '근대성'에 대한 비판을 넘어 서양 문화 전체의 뿌리를 겨냥하게 된다. 근대 유럽 문명의 위기는 서양의 오랜 철학적 전통에 그 뿌리를 두고 있기 때문이다.

덕 개념에 대한 니체의 철학적 성찰은 정확히 이러한 문제의식 속에서 이루어진다. 니체에게서 직접적이고 일차적인 비판의 대상이 되고 있는 것은 '근대'의 도덕론이다. 중세 말의 그리스도 신학 전통에서 연원하는 이 도덕론에서 도덕적 규칙들은 하나의 사실로서 제시된다. 즉 근대의 도덕론자들에게, 모든 사물이 따라야 하는 자연의 법칙이 존재하듯이, 우리 인간이 복종해야 하는 도덕 법칙이 존재한다. 이러한 의미에서 도덕 법칙은 합리적 토론과 비판의 대상이 아니라 일종의 명령으로 간주된다. 양심, 죄의식, 도덕감(moral sentiment), 실천이성 등은 그러한 법칙을 정언명령으로 파악할 줄 아는 인간에게 고유한 능력이다. 여기에서 덕은 이 도덕적 명령을 따르고자 하는 의지로서 제시될 뿐이다. 덕에 기초해서 도덕적 규칙을 고려하고 정당화하고자 하였던 고전적 덕윤리 전통은 이렇게 근대 규범 윤리학의 새로운 전통 속에서 해체되었다.

그러나 니체가 보기에 근대의 도덕주의자들이 했던 주장은 의심스러운 것이었다. 그들이 도덕적 법칙의 정당화 근거로 제시하는 양심이나 실천이성은 어떤 특수 의지들이나 욕망들을 은폐하고 있는 허구에 지나지 않기 때문이다. 그러나 무엇보다도 니체가 이 도덕에 반대하는 가장 중요한 이유는 그것이 삶을 부정하기 때문이다. 그것은 육체, 본능, 성, 이기심 등을 경멸하면서 삶의 의지 자체를 악의 근원으로 파악한다. 그리고 그 대신에 그들이 '진정한' 삶이라고 여기는 삶, 지금 여기의 삶을 부정함으로써만 도달할 수 있는 또 다른 삶을 창조해내고 그것을 긍정한다. 그러나 니체가 보기에 이 삶의 부정이 실제로 보여주고 있는 것은 몰락하고 있는 인간, 더 이상 현재의 삶을 마주하여 대면할 수 있는 힘을 가지고 있지 않은 인간의 쇠락한 의지일 뿐이다.

니체는 이 삶의 부정이 단순히 근대의 계몽주의 도덕론에 국한된 것이 아니라 서양의 도덕철학 전체에 적용될 수 있다고 주장한다. 이 점에서 니체의 근대성 비판은, 그 근대성이 해체시켰던 고전적 덕윤리 전통으로의 복귀를 의미하지 않는다. 잘 알려져 있듯이, 고대의 덕윤리는 실현해야 할 목적으로서 인간 본성을 설정한다. 이러한 이유에서 고대 덕윤리는 목적론적이다. 또한 목적으로서의 이 인간 본성이 합리성으로 규정되는 한에서, 그것은 동시에 합리주의적 윤리를 구성한다. 그리고 목적으로서의 인간 본성이, 잠재적인 것이기는 하지만 이미 주어져 있는 자연적인 것인 한에서, 그것은 또한 자연주의적이기도 하다. 그런데 니체가 보기에 이 자연주의적-목적론적-합리주의적 윤리는 삶을 부정하는 또 다른 이론적 장치이다. 니체가 보기에 고대인들이 '자연/본성에 합치하여 살아가라'고 요구할 때 그들이 말하는 자연/본성은, 마치 근대인들이 보편적 도덕을 정초하기 위해 양심과 실천이성을 날조하였듯이, 특정한 인간들이 갖는 욕망을 자연 안에 투영시켜 그것을 절대화한 것에 다름 아니다. 따라서 그 절대화된 자연/본성은 허구에 불과하다.

니체는 절대화된 보편적 도덕 규칙을 믿지 않았다. 이 점에서 그는 확실히 근대 계몽주의자들의 비판자이다. 그러나 그는 인간이 실현해야 할 절대적 인간본성의 모델도 믿지 않았다. 이 점에서 그는 고전적 덕윤리 정초자들과도 갈라선다. 물론, 그는 윤리란 특정한 유형의 삶을 구성하는 문제이며, 그러한 의미에서 그것은 일종의 시학(poetics)[1]으로 이해될 수 있다고 생각했다는 점에서 덕윤리 전통에 속한다. 그러나 그는 추구해야 할 삶의 유형을 특정한 형이상학적 전제하에서 정당화하거나 절대화하는 것을 거부한다. 우리가 따라야만 하는 삶의 진리는 존재하지 않는다. 우리가 가야할 목적지와 길은 정해져 있지 않다. 모든 것은 만들어지고 구성되는 것이다. 따라서 윤리적 자기 구성을 위해 우리가 의지할 것은 오직 우리 자신, 우리의 힘에의 의지이다. 따라서 구성 혹은 제작의 원리는 규정된 자연/본성에 있는 것이 아니라 제작자 즉 우리 안에 있다. 이러한 맥락에서 니체는 다음과 같이 말한다. "하지만 우리는 현재의 우리 자신이 되고자 한다! 새롭고, 일회적이고, 비교 불가능하고, 자기 스스로가 입법자이고, 자기 스스로를 창조하는 인간이 되고자 한다!"[2] 이렇게 우리에게 외부로부터 부여되는 원리나 의무를 거부하고 오직 우리 자신이 되고자 할 때, 비로소 우리는 우리 스스로를 창조하는 입법자가 될 수 있다.

이 창조적 인간이 니체에게는 유덕한 인간이다. 그가 유덕한 것은, 그가 진리를 인식하고 자신의 삶을 그것에 따라 합리적으로 이끌어가기 때문이 아니다. 우리가 혹은 우리의 삶이 일치시켜야 할 자연/본성은 존재하지 않기 때문에, 덕은 진리의 인식에 토대를 두고

1 고대 그리스어 'poiesis'는 제작을 의미한다. 따라서 'poietikē'는 일차적으로 제작학 혹은 제작기술을 의미한다.

2 FW, 335, KGW, V-2, 243; 『즐거운 학문』, 307쪽.

있지 않다. 오히려 니체에게서 덕은 창조성과 독창성에 있다. 이러한 의미에서 니체의 덕 개념은 고전적인 진리 형이상학으로부터 벗어나서 미학이라는 근대적인 새로운 문제설정 속에서 사유되고 규정된다. 우리는 이것을 '덕 개념의 미학적 전화'(aesthetic transformation of the concept of virtue)라고 부를 수 있을 것이다.

2. 도덕과 진리에의 의지

니체는 여러 곳에서 스스로를 '비도덕주의자', 혹은 '최초의 비도덕주의자'라고 선언하고 있다. 물론, 이것은 전통적인 도덕적 가르침에 대한 거부와 부정을 표현한다. 그리고 그런 한에서 이 선언은 니체 철학의 한 부분을 구성하고 있는 파괴적 부분(pars destruens)을 보여준다. 그러나 이 파괴는 파괴를 위한 파괴가 아니다. 그것은 구성과 건설을 위한 파괴이다. 이러한 관점에서 니체의 비도덕주의는 전통적인 도덕적 가치들에 대한 비판과 파괴를 직접적으로 지시하지만 그것은 동시에 새로운 도덕적 가치의 창조를 위한 열망과 의지를 표현하고 있다는 점을 잊어서는 안 된다[3].

그렇다면 니체가 파괴하고자 하는 도덕은 어떠한 것인가? 그것의 본성은 무엇이고, 왜 그것은 부정되어야 하는가? 니체가 보기에 지금까지의 모든 도덕이 우리에게 가르치고 있는 것은 '인간은 달라져야 한다', 혹은 '우리는 우리가 아닌 것이 되어야 한다'는 것이다. 왜 도덕 철학자들은 우리에게 다른 존재가 될 것을 요구하는가? 왜 그들은 우리 인간의 모습을 부정하는가? 그들이 부정되어야 한다고 생각하는 우리 인간은 무엇인가? 그것은 육체를 가지고 있는 인간, 따라서 감각하고 상상하며 욕망하는 인간이며, 감정들에 휩싸여 살아가는 인간이다. 이러한 인간의 삶은, 비일관성, 가변성, 침략성, 경쟁과 갈등에 의해서 규정된다. 이러한 이유에서 철학자들은 이러한 삶을 부정하였다. 그들의 욕망은 영원성, 안녕, 평화를 향하고 있기 때문이다.

도덕 철학자들은 이렇게 우리 인간에게 현재의 우리로부터 벗어날 것을, 다른 우리가 될 것을 요구한다. 니체가 보기에 이 요구는 불가능한 것을 요구하는 것과 같다. 인간은 인간이 아닌 것이 될 수 없기 때문이다. 현재의 인간은 과거의 인간의 모습이기도 하고 미래의 인간의 모습이기도 하다. 인간은 바로 지금 그대로의 모습으로 존재했었고 존재하게 될 것이다. 그리고 그 모습대로, 여전히 육체와 함께, 따라서 욕망하고 의지하면서, 인간은 많은 것들을 창조해냈고 창조하게 될 것이다. 현재의 인간은 벗어날 수 없는 운명인 것이다[4].

그렇지만 도덕주의자들은 그들이 꿈꾸는 다른 인간의 모습을 만들어내어 그것을 마치 실현 가능한 이상으로 제시한다. 이를 위해 그들은 이 이상화된 인간의 모습을 인간의 본연적 모습, 잠재적이지만 아직 현실화되지 않은 본성, 혹은 타락하기 이전의 본래 모습으로 상정한다. 그리고 더 나아가 그들은 이 이상화된 인간이 존재하고 살아가는 세계, 이 인간의 모습과 조응하고 화합하는 사물들의 세계를 새롭게 구성한다. 진리 혹은 참된 세계는 바로 이렇게 만들어진 세계에 붙여진 이름이었다[5].

이 진리의 세계에 다가가기 위해, 다른 존재가 되기 위해, 인간은 달라져야 한다. 그는 육체, 감각, 욕망, 의지의 인간이 아니라 영혼과 지성, 선함과 양심을 가진 인간이 되어야 한다. 우리가 특정한 욕망과 의지를 가지고 있을 때, 혹은 특정한 감정에 휩싸여 있을 때, 사물을 있는 그대로 볼 수 없게 될 것이기 때문이다. 그리고 그렇게 획득한 우리의 인식과 관념은 보편적인 것이 아니라 개별적이고 특수한 것이 될 것이다. 그리고 그것에 의해서 인도되는 우리의 삶은 이기적이고 비도덕적인 것이 될 것이다. 따라서 우리 인간은 다른 존재, 육체가 아니라 정신의 힘에 따르는 존재, 이기적인 욕망에서 벗어난 무관심적 존재가 되어야 한다.

그러나 여기에서 니체는 묻는다. 철학자들이 인식의 조건으로 제시하는 이 무관심성 혹은 비의지는 우리를 참된 인식으로 이끌 것인가? 오히려 그렇지 않다. 우리의 지성 자체는 우리를 인식 대상에 대한 관심으로, 따라서 그것에 대한 앎으로 이끌지 못한다. 반대로 우리의 인식을 추동하는 것은 충동들이고 감정들이다. 그런데 인식은 무관심의 상태에서 지성에 의해서 이루어진다고 우리가 믿게 되는 것은, 특정한 인식을 산출했던 충동이 다른 충동들을 지배하면서 하나의 평화의 상태가 만들어지기 때문이다. 요컨대, 사물들을 특정한 관점에서 해석할 수밖에 없는 충동이 다른 충동들과 부딪히고 경쟁하는 과정은 사상되고 오직 하나의 충동이 지배적이고 보편적인 것이 된 상태의 결과만을 의식하게 됨으로써, 우리는 그것이 산출한 인식을 객관적이고 보편적이라고 믿게 되는 것이다[6].

진리는 '진리에의 의지'라는 자연적이고 무관심적이며, 어떤 의미에서는 성스럽기조차 한 의지에 의해서 탐구되고 발견되는 것이 아니다. 철학자들이 한번도 의심한 바 없었던 이 의지는 실제로는 철학자들의 욕망, 즉 확실성, 안정성, 순수성, 영원성을 향한 욕망에 다름 아니다. 따라서 철학자들이 말하는 진리를 그대로 믿어서는 안 된다. 그 진리의 '가치'를 물어야한다. 요컨대, 그 진리를 생산해냈던 철학자들의 의지나 욕망이 무엇이었는가를 물어야한다.[3] 또한 이 자연의 진리에 기초해서 그들이 우리에게 요구했던 도덕적 삶이 궁극적으로 의미했던 것, 즉 도덕적 가치들의 가치를 물어야 한다. 니체는 철학자들이 주장했던 진리와 도덕의 가치를 묻는 이 작업을 '계보학'이라는 이름으로 부르고 있다.

3. 도덕의 계보, 혹은 가치들의 가치에 대한 탐구

심층심리학 혹은 생리심리학

니체의 도덕 비판이 갖는 고유성은 도덕적 가치들의 가치를 문제삼고 있다는 데 있다. 우리가 의심 없이 받아들이고 있는 이 가치들은 어떠한 가치들을 갖는가? 이것이 니체가 도덕비판을 위해 제기하고 있는 질문이다. 사람들은 도덕적 가치들이 갖는 가치에 대해서 의문을 갖지 않는다. 그들은 선한 사람이 악한 사람보다 가치가 있으며, 따라서 선한 사람이 되도록 노력해야 한다는 것을 당연하게 받아들인다. 그러나 니체는 이 자명해 보이는 보편적 생각에 도발적인 질문을 제기한다. 선한 사람이 퇴행적일 수도 있지 않은가? 우리가 일반적으로 악하다고 판단하는 것이 실제로는 고귀하고 아름다운 것일

3 JGB, 6, KGW, VI-2, 13-14; 『선악의 저편』, 21-22쪽 참조.

수 있지 않을까? 우리가 믿는 도덕이 우리 존재의 개화를 막고는 있지 않은가?

따라서 도덕적 가치들에 대한 가치가 무엇인지를 검토할 필요가 있다. 이를 위해 니체는 도덕의 발생을 탐구한다. 이 역사적 탐구는, 현재의 것을 정당화하는 것이 아니라 오히려 절대적이고 필연적인 것처럼 보이는 관념이나 가치가 우연의 과정을 통해서 형성된 것이며, 따라서 또 다른 가능성들이 우리에게 주어져 있음을 보여주는 비판적 작업이기도 하다. 니체의 도덕 계보학이 갖는 첫 번째 의미는 바로 여기에 있다[7].

다른 한편으로, 앞에서 언급했듯이 어떤 진리 혹은 도덕의 가치에 대한 탐구는 그것을 산출했던 충동이나 의지가 무엇이었는지를 이해하는 것인 한에서, 니체의 계보학은 심리학으로 이해될 수 있다. 그것은 의식의 표면에 나타나 있는 것에 대한 서술이나 탐구가 아니라 의식의 배후에 놓여 있는 충동과 감정에 대한 탐구라는 점에서 '심층심리학' 혹은 '생리심리학'(Physio-Psychologie)이다. 니체는 자신의 도덕 비판이 갖는 고유성을 무엇보다도 여기에서 찾고 있다. 요컨대, 도덕적 가치들은 선의지나 진리에의 의지에 기초해 있는 것이 아니라 증오, 질투, 소유욕, 지배욕 등과 같은 욕망과 정서, 우리의 삶을 근본적으로 조건짓고 있는 이러한 정서로부터 발생된 것이며, 따라서 바로 이것들에 의해서 그 가치들이 평가되어야 한다[8].

주인 도덕과 노예 도덕

도덕에 대한 니체의 계보학적 탐구는 모든 것의 발생은 충동이나 의지, 특히 그가 '힘에의 의지'(Wille zur Macht)라고 부르고 있는 것에 의해서 이루어진다는 통찰에 기초하고 있다. 힘은 의욕하고 의지한다. 인식이나 도덕의 경우도 마찬가지이다. 그것들은 어떤 힘에의 의지들의 결과물이다. 이러한 관점에서 니체가 『도덕의 계보』에서 묻는 것은 어떤 힘의 의지가 어떤 도덕을 발생시키고 있는가라는 질문이다. 그리고 그가 탐구의 결과로 제시하는 것이 '주인 도덕'과 '노예 도덕'이다.

두 도덕의 차이는 좋음과 나쁨 혹은 선과 악의 개념이 규정되는 방식에서 분명하게 드러난다. 니체에 따르면 주인 도덕에서 일차적으로 형성되는 것은 좋음(Gut) 개념이다. 여기에서 좋음은 주인의 존재 조건인 강함, 그리고 그 강한 힘이 이룩한 것들에 대한 자기 긍정으로부터 나온다. 무엇이 좋은 것인가? 그것은 산출하는 힘과 건강이며, 이것의 표현 양태들인 용기, 전쟁, 모험, 사냥, 춤 등이다. 나쁨(Schlecht)은 이렇게 정립된 좋음 개념의 대립 개념으로 파생된다. 자신이 가진 것을 고귀하고 좋은 것으로 긍정하는 주인은 '거리의 파토스'(Pathos der Distanz)에 의하여, 즉 자신을 타인들과 구별하기 위하여 자신이 가진 것과 대립되는 것을 나쁨으로 규정하게 된다. 이렇게 주인 도덕에서 가치 판단은 능동적(active)이고 긍정적인(affirmative) 방식으로 이루어진다. 즉 먼저 좋음이 규정되고, 나쁨 개념은 그것과 상관하여 이차적으로 형성된다.

노예 도덕의 경우는 정반대의 방식으로 선악 개념이 형성된다. 여기에서 일차적으로 형성되는 것은 악(Böse)의 개념이다. 노예를 규정짓는 것은 나약함, 패배한 의지이다. 따라서 그는 자신이 가지고 있는 것을 긍정하기보다는 타인이 가지고 있는 것을 부정한다. 자신을 정복하고 지배한 자가 가지고 있는 것은 그에게 악으로 간주된다. 이기주의, 침략, 전쟁 등이 그것들이다. 선 개념은 이 악의 대립 개념으로 이차적으로 형성된다. 이타주의, 평화, 안전, 사랑 등이 그것들이다. 주인 도덕의 경우와 정반대로 여기에서 가치 판단은 반응적(reactive)이고 부정적인(negative) 방식으로 이루어진다. 노예의 자기 긍정은 타인에 대한 부정을 매개로 이루어진다[9].

니체가 주인과 노예의 도덕을 분석하면서 말하고 있는 가치 판단의 두 방식, '능동적인' 방식과 '수동적인' 방식은 힘에의 의지가 표현되는 두 방식이기도 하다. 니체에게서 인간은 가치를 정하고 측정하는 동물이다. 그것은 무엇보다도 인간이 힘의 존재, 의지의 존재이기 때문이다. 힘은 가치를 정하고 측정하고자 한다. 그런데 이 힘에의 의지가 가치를 평가할 때, 그것은 서로 다른 두 가지 방식으로 이루어진다. 주인 도덕과 노예 도덕은 정확히 이 두 방식을 구별하는 이름이다.

삶의 퇴화로서의 금욕주의 도덕

니체가 보기에 철학자들이 오랫동안 가르치고 요구했던 도덕은 노예 도덕이었다. 그 도덕에 어떤 힘에의 의지가 관철되고 있다면, 그것은 싸움에서 패배한 힘, 몰락하는 삶이 갖는 원한(ressentiment)의 감정과 복수의 의지이다. 노예는 복수를 원했지만 그의 힘의 의지는 패하고 좌절한 의지이기에 복수는 오로지 정신 속에서만 이루어질 수 있었다. 정신 속에서의 노예 반란, 그것이 바로 도덕의 본질이었던 것이다. 그것은 퇴화하고 몰락하는 삶이 약동하는 풍요로운 삶에 대한, 보다 정확히 말하면 삶 자체가 그 약동성과 풍요로움을 본질로 갖고 있는 한에서, 삶 자체에 대한 부정과 반란이다. 철학자들이 위험, 불확실성, 도전, 가변성을 부정하고 안전, 확실성, 평화, 불변성, 영원성을 욕망할 때, 그리고 이 개념들을 통해 참된 세계를 구성해내었을 때, 그것은 가변적이며 불확실하고 위험한 현실을 대면하여 맞서 싸울 의지와 용기를 가지지 못한 나약한 의지가 스스로를 긍정하는 방식이었다.

이 나약한 의지는 스스로를 위로하고 구원하기 위해서 '지금'과 '여기'를 포기하고 '이후'와 '저편'을 선택한다. 지금 여기에서의 삶이 요구하고 필요로 하는 모든 것은 악으로 규정되고 부정된다. 그 의지는 인간적이고 동물적인 것, 육체와 본능에서 혐오를 느끼고 이기주의를 악의 원천으로 간주한다. 그것은 인간이 갖는 근본적인 유한성을 부정하고 영원을 욕망한다. 그 의지는 인간이 자신의 유한성으로 인해 가질 수밖에 없는 고통, 위험, 갈등을 대면할 용기가 없기 때문이다.

이렇게 금욕주의는 모든 노예 도덕의 궁극적 이상이 된다. 니체가 말하고 있듯이 금욕주의는 아무것도 의욕하지 않는 것이 아니다. 그것은 허무(Nichts)를 의욕한다. 모든 존재는 힘, 힘에의 의지이다. 따라서 아무 것도 의욕하지 않는 존재는 없다. 모든 것은 욕망한다. 그런데 금욕적 도덕주의자들이 의욕하는 것은 허무이다. 그들은 지금 여기에 존재하는 것을 부정하고 존재하지 않는 가상의 것을 욕망하기 때문이다. 니체는 이 허무에의 의지에서 당시의 유럽 문명이 겪고 있었던 퇴화와 질병을 발견하고 있다. 이것이 지금까지의 도덕이 궁극적으로 보여주고 있는 것, 도덕적 가치들의 궁극적인 가치이다[10].

니체는 이러한 진단으로부터 자신의 철학적 과제를 설정한다. 그것은 삶을 부정하는 이 질병을 치료하고 삶의 건강함을 회복하는 것이다. 이 작업은 전도된 가치들을 새롭게 전도하는 기획이 될 것이다. '모든 가치들의 가치전도'(Umwertung aller Werte)를 위한 이 작업은 '힘에의 의지' 개념을 중심으로 구성되게 될 새로운 존재론을 요청하게 된다.[4] 바로 그로부터 니체는 새로운 인간형, 보다 고귀하고 강한 인간 유형은 어떤 것이 되어야만 하는지를 이끌어낸다. 니체의 덕 개념은 이 새로운 인간형을 구성하게 될 가치들로서 제시된다.

4. 힘에의 의지

파토스로서의 힘에의 의지

'어떻게 살아야 하는가'라는 윤리적 질문은 '우리는 무엇인가'라는 인간학적 질문, 그리고 더 나아가 '우리가 한 부분을 구성하고 있는 자연 전체는 무엇인가'라는 자연철학적 질문을 제기한다. 그리고 이 일련의 질문들은 궁극적으로 존재 일반의 본질에 관한 형이상학적 질문으로 이어질 수밖에 없다. 이 궁극적인 질문은 니체에서도 나타난다. 흔히 니체는 서양 형이상학 전통의 가장 강력한 비판자로서 이해되어 왔지만, 그가 형이상학 자체를 부정한 것은 아니다. 그가 부정했던 것은 소위 '진리 형이상학'이라고 불릴 수 있는 것, 사물들의 고정된 본질을 설정하는 형이상학적 입장이었다.

니체는 덕을 '자연에 따라 살아가는 것'으로 이해하였던 스토아

---

4 니체가 말년에 기획했지만 끝내 완성하지 못했던 저작의 제목이 『힘에의 의지. 모든 가치의 가치전도의 시도』(*Der Wille zur Macht. Versuch einer Umwertung aller Werthe*)였다.

사상가들에 동의한다.[5] 그가 동의하지 않는 것은 그들의 자연 개념이었다. 앞에서 언급했듯이, 그들은 있는 그대로의 자연을 인정하지 못했다. 대신 그들은 자신들이 원하는 바대로의 자연을 꾸며냈던 것이다. 따라서 니체는 이제 묻는다. 이렇게 철학자들이 꾸며낸 자연이 허위에 지나지 않는다면, '자연에 따라 살아가는 것'은 무엇을 의미할 수 있는가? 달리 말하면, 자연의 참된 모습이 그들이 진리라고 믿었던 바로 그 모습이 아니라 오히려 그들이 가상 혹은 허위라고 믿었던 바로 그것이라면 '자연에 따라 살아가는 것'은 무엇을 의미하게 될 것인가?

니체에게서도 우리의 삶이 준거해야만 하는 것은 자연이다. 그러나 그 자연은 더 이상 스토아 철학자들의 자연도, 루소의 자연도 아니다. 그 자연의 자연성은 우리에게 특정한 도덕적 규범을 강제하기 위한 허구적 고안물에 지나지 않았다[11]. 따라서 이 이상화(idealization)와 도덕화로부터 자연을 구출해야만 한다. 그는 많은 철학자들과 마찬가지로 존재하는 모든 것의 비밀을 밝혀 줄 하나의 이름, 하나의 해결책을 묻는다. 그리고 이 질문에 그는 그것은 '힘에의 의지'라고 답한다. "이 세계는 힘에의 의지다. 그것은 그 외에 아무 것도 아니다! 그대들 자신 역시 이러한 힘에의 의지다."[6]

---

5 "이러한 이유로 제논은 자신의 논고 『인간 본성에 대하여』에서 우리의 목적은 '자연에 합치하여 살아가는 것', 즉 덕에 따라 살아가는 것이라고 말한다. 왜냐하면 자연은 우리를 덕으로 인도하기 때문이다."(D. Laërce, *Vies et opinions des philosophes*, vol. 7, §87, in *Les Stoïciens*, Gallimard, p. 44.)

6 NF, Herbst 1884-Herbst 1885, 38[12], KGW, VII-3, 338-341; 『유고』(1884년 가을-1885년 가을), 436쪽.

니체에게 우리가 따라야 하고 되돌아가야 할 자연은 힘에의 의지의 세계이다. 그렇다면 이 힘에의 의지란 무엇인가? 그는 이 결론에 어떻게 이르게 되었는가? 니체는 삶으로부터, 삶의 현상들과 기능들로부터 출발한다. 사유들, 감정들, 욕망들은 삶/생명의 현상들이다. 존재 자체 혹은 존재의 본질은 그것을 드러내는 이 삶/생명의 현상들을 통해서만 파악될 수 있다. 삶/생명을 통해 존재를 이해한다는 것은 삶/생명에 대한 재현(representation)을 통해 존재를 이해한다는 것을 의미하지 않는다. 이 재현은 '나'에 기초해서, 자기 보존이라는 틀 내에서 이루어지기 때문에 인간주의적으로 채색된 존재만을 볼 뿐 존재의 내적 구조를 드러낼 수 없기 때문이다.

니체에 따르면 삶/생명의 현상들은 그것들을 설명할 수 있는 하나의 실재로 환원될 수 있다. '힘에의 의지'는 바로 이 실재에 붙여진 이름인 것이다. 삶/생명이 충동들, 감각들, 의지들, 지적 작용들로 구성되고 그것들에 의해 채워져 있는 것이라면, 힘에의 의지는 그러한 생리심리적 사실들을 설명할 수 있는 '최종적 사실', '원초적 감정', 혹은 '근본적 욕망'에 다름 아니다. 요컨대, 힘에의 의지는 모든 생명적 현상들의 배후에 놓여 있는 심층적 사실이다[12].

그런데 이 심층-표면의 위상학은 니체에게서 새로운 의미를 갖게 된다. 그것은 전통 형이상학이 전제해 온 본질과 가상의 구조로부터 벗어난다. 니체에게서 심층은 표면의 것을 부정하지 않는다. 또한 표면은 내적 본질에 대한 왜곡이 아니다. 오히려 심층은 바로 그 표면의 것 혹은 현상성을 긍정하는 원리로서 제시된다. 그래서 힘에의 의지는 원초적 '감정', '욕망', '사실'과 동일시된다. 그것은 감정들, 욕망들, 의지들, 사실들로 표현되는 감정, 욕망, 의지, 사실인 것이다.

힘에의 의지 : 힘에 대한 관계론적 이해

니체는 삶으로부터, 삶의 현상들로부터 출발한다. 그런데 니체가 주목하고 있는 삶의 현상들은 감정과 욕망이다. 사유도 궁극적으로 그것으로 환원된다. 그리고 이 정서적 현상들은 하나의 근원적 감정 혹은 파토스를 표현하고 있다. 이것이 바로 그가 힘에의 의지라고 부른 것이다.

그런데 이렇게 힘에의 의지를 정서적 차원에서 규정하는 것은 존재 일반에 대한 니체의 이해 즉 그의 존재론을 특정한 방향으로 규정짓게 된다. 니체는 생리학, 의학, 자연과학의 근대적 성과들을 흡수하면서 사물을 힘으로 이해하였다. 그는 존재하는 모든 것이 힘이라는 점을 긍정한다. 그러나 니체 철학의 고유성이 여기에 있는 것은 아니다. 니체는 근대 자연과학자들의 성과에 의지하면서도 동시에 그것의 한계를 분명히 하고 있기 때문이다.

근대 자연철학자들은 힘의 작용을 두 가지 서로 다른 방식으로 설명하였다. 기계론(mechanism)과 동력학(dynamism)이 그것이다. 전자는 힘의 작용을 외재적 법칙 하에서만 이해하는 반면, 후자는 힘의 작용을 내생적(intrinsic) 원리로부터 설명하고자 하였다. 니체는 두 가지 모두를 거부한다. 이 두 이론은 힘이 본질적으로 가지고 있는 내적 관계성을 보지 못하기 때문이다. 니체에게서 힘은 다른 힘에 대해 작용하는 한에서만 존재한다. 힘은 그 자체로, 다른 것과 관계없이 존재할 수 없다. 힘은 다른 힘들과의 관계 속에서만 존재한다. 다른 힘을 지배하고, 그것에 작용하는 한에서, 그것은 하나의 힘으로 존재하고 나타나기 때문이다. 그래서 니체는 말한다. "힘에의 의지는 저항에 마주해서만 드러난다. 그렇기 때문에 그것은 자신에 저항하는 것을 찾는다."[7][13]

니체가 힘에의 의지를 그 정서적 차원에서 규정하고 있는 것은, 힘은 독립적으로 존재하지 않으며 본질적으로 다른 힘들과의 관계 속에서 존재한다는 사실, 즉 힘의 내적 관계성을 드러내기 위해서이다. 감정(pathos, Affekt)이 '겪음'(paschein)의 방식을 지시하는 한에서, 그것은 본질적으로 관계성을 표현하고 있다. 니체는 힘에의 의지를 근원적 '감정' 혹은 '파토스'로 규정함으로써 힘, 그리고 바로 이 힘 자체와 동일시되고 있는 존재가 관계적인 것임을 분명히 하고 있는 셈이다. 힘을 내생적인 어떤 무엇으로 표상하는 것, 그리고 보다 일반적으로 사물을 실체로서 혹은 독립된 항(term)으로 파악하는 것은 우리 정신이 만들어낸 허구에 불과하다. 독립된 항들이 먼저 존재하고, 그것들에 외재적으로 관계가 부가되는 것이 아니다. 우리 언어 구조, 더 나아가 우리 사유방식이 만들어낸 허구와는 다르게, 하나의 힘 혹은 존재는 '이미' 다른 힘과의 관계 속에서만 존재하고 이해될 수 있다.

그런데 힘의 본질적 관계성은 힘의 의지적 측면을 드러낸다. 힘이 다른 힘들과의 관계 속에서 존재하는 한, 그것은 지배를 위한 투쟁 속에 있을 수밖에 없다. 따라서 그것은 지배와 복종, 저항, 투쟁, 긴장의 관계를 필연적으로 함축하게 된다. 요컨대, 힘은 단순한 물리적이고 기계적인 것으로 이해될 수 없으며, 그것은 의지, 지배하고 제압하고자 하는 의지일 수밖에 없다. 힘은 힘에의 의지인 것이다. 이 논제는 힘이 내생적으로 의지라는 의미가 아니다. 여기에서 의지란

7 NF, Herbst 1887-Herbst 1888, 9[151], KGW, VIII-2, 88; 『유고』(1887년 가을-1888년 가을), 108쪽.

오직 저항, 긴장, 투쟁의 관계 속에서만 존재하는 것이기 때문에, 그것은 힘이 그 본질적 관계성으로부터 이해되어야 한다는 것, 보다 정확히 말하면 힘이 그 관계성 때문에 가질 수밖에 없는 지배와 확장의 의지로서 파악되어야 한다는 것을 의미한다.

안정성의 형이상학을 대체하는 생성의 존재론

힘이 그 본성에 있어서 관계적이라는 니체의 통찰은 전통적 형이상학의 주요 논제와 개념들에 대한 파괴와 해체를 함축한다. 니체에게서 이 새로운 관점은 전통적 형이상학, 특히 실체, 존재, 주체, 인과성 등과 같은 개념들로 구성되는 형이상학, '안정성의 형이상학'(metaphysics of stability)이라고 불릴 수 있는 것에 대한 근본적인 비판과 개조를 알리고 있다.

힘에 대한 니체의 관계론적 이해는 실체론적 이해의 반정립으로서 제시된다. 니체가 보기에 힘에 대한 실체론적 이해는 근본적으로 오랜 형이상학적 오류에 그 뿌리를 두고 있으며, 이 오류는 인과관계에 대한 우리의 근거 없는 믿음에서 나오는 것이다. 우리는 어떤 작용을 볼 때, 그 작용을 일으키는 '무엇'이 있을 것이라고 추정한다. 그런데 니체에 따르면 이 추론은 '원인'에 대한 믿음으로부터 나온다. 철학자들은 무엇을 '인식한다'는 것을 그것의 원인을 아는 것과 동일한 것으로 생각하였다. 그런데 그 원인이 결과에 대한 앎을 우리에게 주기 위해서는, 그 원인에는 그 결과를 산출할 수 있는 능력이 이미 있어야 한다. 요컨대, 어떤 원인이 추정될 때, 그 원인은 결과를 산출할 수 있는 능력을 가진 어떤 것으로 정립될 수밖에 없다. 따라서 특정한 원인은 필연적으로 특정한 결과를 산출할 수밖에 없는 것으로 제시된다. 이러한 한에서, 니체가 말하고 있듯이, 작용인(causa efficiens)과 목적인(causa finalis)은 근본적으로 다르지 않다.[8] 요컨대, 원인은 결과를 설명하기 '위해' 설정되는 무엇인 것이다[14].

원인은 또한 실체적인 어떤 무엇이어야 한다. 요컨대, 그것은 '사물'(thing)이어야 한다. 왜 그러한가? 니체는 그것을 일종의 심리적 편견을 통해 설명한다. 사람들은 자신들의 행위를 설명하기 위해 자기 스스로를 그 원인으로서 제시한다. 팔을 올리는 '행위'는 그것의 원인으로서 행위자인 '나', 혹은 나의 의지에 의해서 설명된다. 그런데 이렇게 설정된 나는 하나의 존재자, 동일자이자 실체이다. 그리고 이렇게 설정된 실체성은 이제 모든 사물들에 적용된다. 즉 작용들이 있는 모든 곳에서 우리는 그 원인으로서 사물들을 발견하게 되는 것이다.

이러한 방식으로 사람들은 다양한 행위들이나 사건들을 설명하기 위해 통일적 존재, 단일한 원리를 설정하게 되고, 그것을 통해 세계를 설명할 수 있다고 믿게 된다. 파르메니데스 이후 서양 철학을 지배하였던 '존재의 형이상학'은 바로 이러한 문제설정 속에서 구축된 것이다. 이 형이상학은 다양하고 변화하는 것들을 불변하는 단일한 어떤 것으로부터 설명한다. 이러한 의미에서 그것은 '안정성의 형이상학'이라고 불릴 수 있다. 여기에서 차이와 변화는 가상이 되고, 동일하고 불변하는 것이 존재의 참모습이 된다. 생성과 차이에 의해

8 이러한 관점에서 보면 고대 그리스 철학의 목적론과 데카르트의 기계론 사이의 대립은 본질적이지 않다. 실제로 일부 연구자들이 밝히고 있듯이, 데카르트의 기계론은 목적론에 대립한다기보다는 그것을 함축하고 있다고 보아야 한다. 예를 들면 시계의 작동 메커니즘을 해명하는 기계론적 설명은 그 시계를 제작한 시계공과 그의 목적을 필연적으로 전제할 수밖에 없다.

서 규정되는 삶이 부정될 수밖에 없었던 것은 도덕이 바로 이러한 형이상학적 전제 위에서 사유되었기 때문이다. 그러나 니체가 보기에 이러한 형이상학적 가정들은 우리의 심리적 욕구에서 오는 편견에 불과하다. 요컨대, 세계 자체는 동일하지도 않고 실체적이지도 않으며, 따라서 안정적이지 않다. 그러한 동일성과 안정성은 우리의 심리적 욕망에 불과한 것이며, 존재 자체의 모습과는 거리가 있다[15].

니체의 힘에의 의지 개념은 이러한 실체 형이상학의 반정립 속에서 이해되어야 한다. 힘에의 의지는 모든 생성들과 운동들의 원리로서 이해될 수 있다. 그러나 그것은 하나의 실체적 통일성을 갖는 원리가 아니다. 그것은 하나이고 영원하며 증가도 없고 감소도 없는 것으로서, 끊임없이 회귀하는 것이지만, 그것은 한 순간도 동일한 모습으로 존재하지 않는, 지속적으로 변화하는 것이다. 이러한 의미에서 그것은 하나이자 다수인 것이다. 요컨대, 그것은 원리 아닌 원리이다. 즉 모든 변화들이 그것으로부터 설명되는 원리이지만, 그 원리는 그 변화들과 구별되는 불변의 어떤 것, 그 변화들을 가상의 것으로 만드는 원리가 아니라, 오히려 변화들 자체를 존재의 참된 모습으로 긍정하는 원리이다. 원리로서의 힘에의 의지는 변화와 생성을 필연적인 것으로 만드는 어떤 것, 즉 힘들의 관계, 투쟁과 저항의 관계이다.

따라서 힘에의 의지의 세계는 도달하거나 실현해야 할 어떤 목적도 갖지 않는다. 그리고 그런 한에서 그것은 선악의 저편에 있는 세계이다. 절대적 선과 악을 판단해줄 기준이 존재할 수 없기 때문이다. 이 세계는 영원한 파괴와 창조의 세계이다. 어느 것도 영원히, 그리고 동일하게 존재할 수 없다. 따라서 철학자들이 통제하고자 하였던 이 디오니소스적 생성의 세계는 결코 안정적인 세계가 될 수 없다. 그것은 오히려 모든 안정적 사물들이나 체계들이 생성되는 토대로서 초-안정적(meta-stable) 세계라고 할 수 있다. 이러한 의미에서 힘에의 의지는 생성의 원리, 자기 자신은 어떤 생성에도 종속되지 않는 생성의 원리라고 할 수 있다[16].

5. 고귀한 인간 유형

위버멘쉬, 자기실현과 자기창조의 인간형

니체가 보기에 지금까지의 모든 도덕들에 공통적인 것이 있다면 그것은 스스로를 절대화한다는 데 있다. 모든 도덕은 자신을 보편화하고 절대화하였다. 모든 인간이 따라야만 하고 실현해야만 하는 어떤 것으로 자신을 제시하였다. 그런데 그에 따르면 도덕의 이러한 절대화는 인간을 동물화하는 것으로 귀결될 뿐이다. 모든 인간을 동일한 것으로, '무리동물'(Herdentier)로 만드는 것에 다름 아니기 때문이다.

니체의 힘에의 의지 개념은 이 무리 동물의 도덕이 기초하고 있는 인간 본성의 보편성과 절대성을 부정한다. 앞에서 설명했듯이 모든 존재들과 마찬가지로 인간 또한 힘에의 의지이다. 다시 말하면 인간은 다른 힘들과 관계를 맺고 있는 하나의 힘이며, 바로 이 관계에 의해 규정되는 존재이다. 그런데 인간의 경우, 이 관계가 다른 어떤 동물보다 매우 복합적이라는 것에 그 고유성이 있다. 즉 인간은 다른 사물들과 일의적이고 규정적인 관계를 맺지 않고 오히려 매우 복합적인 관계를 맺을 수 있다. 바로 이러한 의미에서 인간은 매우 다양한 가능성들을 함축하고 있는 존재라고 할 수 있다. 전통적 도덕들이 특정한 삶의 유형을 절대화하는 한에서, 그것들은 인간 본성이 가지고 있는 이러한 풍부한 가능성들이 발현되는 것을 억제하게 된다. 니체가 전통적인 도덕을 논하면서 인간의 '퇴화'(Entartung)와 '동물화'(Vertierung)를 말하는 것은 바로 이러한 이유에서이다.

인간은 많은 가능성들을 지닌 존재이다. 우리의 현재 모습은 그 많은 가능성들 가운데 하나일 뿐이다. 또 다른 삶의 유형, 새로운 인간 유형이 존재할 수 있다. 니체가 긍정하는 새로운 도덕, 보다 고귀한 도덕은 이러한 가능성을 긍정하는 것에 그 요체가 있다. 인간이 가진 무한한 가능성의 긍정은, 전통적인 도덕처럼 인간에게 다른 존재가 될 것을 요구하지 않는다. 오히려 그것은 우리 인간에게 우리 자신이 될 것을, 자기 자신을 실현할 것을 요구한다. 물론, 이 때 자기실현이란 이미 규정된 어떤 본성의 실현을 의미하지 않는다. 인간은 규정된 본성을 갖지 않기 때문이다. 오히려 인간의 본성은 그 미규정성, 그 무한한 가능성에 의해서 규정되는 본성이다. 규정된 본성을 갖지 않는 것, 그것이 바로 인간의 본성이라고 할 수 있다. 따라서 니체의 도덕이 긍정하는 자기실현은 자기 스스로를 만들고 창조하는 인간이 되는 것을 의미한다.

이 창조적 인간이 니체가 자신의 윤리적 문제설정 속에서 제시하고 있는 고귀한 인간 혹은 가치 있는 인간이다. 이 새로운 인간 유형, 도래할 미래의 인간 유형을 그는 '위버멘쉬'(Übermensch)라고 부른다. 위버멘쉬에게 따라야할 절대적 가치나 규범은 존재하지 않는다. 그는 '나는 해야만 한다'는 의무에 짓눌려 고행의 길을 걷는 사막의 낙타가 아니다. 그러나 동시에 그는, 자신의 주인이라고 믿었던 신을 마침내 부정함으로써 '해야만 한다'는 도덕적 의무로부터 자유로워진 사자와도 구별된다. 주인이 없는 사자는 자유롭지만 그의 자유는 진정한 창조의 자유가 아직 되지 못한다. 그는 굴레로부터 벗어났지만 어디로 가야할지를 알지 못하고 방황할 뿐이기 때문이다. 위버멘쉬는 사자의 허무주의를 극복한 자이다. 그의 자유는 단지 굴레로부터 벗어남을 의미하는 소극적 자유가 아니라 새로운 가치를 창조하는 능동적 자유를 의미한다. 이 점에서 니체는 위버멘쉬를 어린 아이에 비유한다. 어린 아이는 존재를 순수하게 긍정하는 자이다. 그는 어떤 의무나 목적에 따라 행위하지 않는다. 그래서 그는 희망이나 두려움으로부터도 자유롭다. 그는 단지 놀이하는 자이다. 그는 존재하는 것을 왜곡없이 받아들이며, 자기자신을 순수하게 표현한다. 그렇게 그는 존재를 항상 새롭게 만난다. 이렇게 놀이하는 아이는 순진무구한 창조자가 된다[17].

비도덕주의적 덕 개념 : 마키아벨리의 유산

위버멘쉬는 존재를 긍정하는 자이다. 그런데 니체에게 존재의 본질은 바로 힘에의 의지이다. 그리고 앞에서 살펴보았듯이 이 힘에의 의지에 의해서 규정되는 세계는 디오니소스적 생성의 세계이다. 니체가 자연으로 되돌아갈 것을, 그리고 그 자연에 따라 살 것을 요구했을 때 이해하였던 자연 또한 바로 이 생성으로서의 자연이다.

자연으로 되돌아간 위버멘쉬는 이 자연을 있는 그대로 받아들이고 긍정한다. 이 긍정은 무엇을 의미하는가? 그것은 자연은 전혀 목가적이지도 평화롭지도 않다는 것, 그것은 하나의 전쟁터와 같다는 점을 긍정하는 것이다. 그러기에 이 긍정은 진정한 용기를 담고 있다. 자연 자체의 모습인 싸움, 갈등, 위험 등을 회피하지 않고 그것에 맞서 싸우겠다는 의지를 그 긍정은 함축하고 있기 때문이다.

위버멘쉬의 존재 긍정은 힘에 대한 긍정, 힘에의 의지이다. 그런데 힘은 사물들을 판단하고 평가하며 그것들에 가치를 부여한다. 따라서 위버멘쉬는 평가하는 자, 평가하고자 하는 자이다. 그런데 그의 가치 평가는 어떤 절대적 도덕에도 구속되지 않은 채 자유로운 정신 속에서 이루어진다. 그렇다면 그 스스로가 사물에 부여하는 가치, 이 새로운 가치는 어떠한 의미에서 하나의 '가치', 보다 정확히 말하면 고귀한 가치로서 간주될 수 있는가? 다시 말하면, 그의 행위를 우리가 고귀하다고 평가할 수 있는 이유는 무엇인가? 그는 어떠한 의미에서 유덕하다고 말할 수 있는가?

니체에게서 가치 평가는 삶/생명의 관점에서 이루어진다. 무엇이 가치있고 따라서 추구해야만 하는 것이라면, 그것은 그것이 삶을 긍정하기 때문이고, 삶의 의지를 강화시키는 한에서 그러하다. 가치 있는 것 혹은 좋은 것은 힘을 증대시키는 것이고, 나쁜 것은 힘을 약화시키는 것이다. 행복은 힘의 증대에 대해 갖는 느낌 이상의 것이 아닌 것이다.

힘은 힘의 상승과 확장을 의지한다. 힘은 그 어떤 외적 목적이나 규범에도 종속되어 있지 않다. 힘의 덕은 바로 여기에, 즉 힘의 상승에 있다. 이 점에서 니체의 덕 개념은 비도덕주의적(immoralist)이다. 즉 그것은 절대적인 것으로 간주되었고 의심없이 받아들여져 왔던 모든 도덕적 가치들, 예를 들면 동정, 이타주의, 양심의 가책, 절제 등을 부정한다. 이것들은 삶을 부정하고 그것을 퇴화시키기 때문이다. 니체의 덕은 창조하고 생산할 수 있는 능력을 지시할 뿐이다. 한 마디로 그것은 전통적인 도덕에 자유로운 덕이다. 이 점에서 니체는 자신의 덕 개념을 마키아벨리의 덕(virtù)에 동일화한다[18].

마키아벨리의 덕 개념, 더 나아가 이 이탈리아 철학자가 살았던 르네상스 시대는 니체에게서 특별한 지위를 점유한다. 니체가 보다 고귀하고 강한 인간 유형의 육성을 자신의 시대의 과제로 설정했을 때, 그는 그러한 인간 유형은 르네상스 시대의 인간에서 발견하였다. 니체에게 루터의 종교개혁, 루소의 자연주의, 독일의 관념론은 현실을 있는 그대로 직면하고자 했던 시대, 그 어느 때보다도 풍요롭고 여유로웠던 르네상스 시대에 대한 반란이었다. 니체는 이 반란으로부터 그 위대했던 시대의 부활을 꿈꾸었다. 이 시대는 그가 높이 평가했던 그리스 시대의 부활이었기 때문이다. 요컨대, 르네상스 인간 유형은 니체에게 하나의 이상적 인간 유형을 제공해주었다. 그 시대는 무엇보다도 권위에 대한 도전, 학문과 교양에 대한 열정, 개인의 해방이 존재하였던 시대였고, 케사레 보르자(Cesare Borgia), 알베르티, 레오나르도 다 빈치와 미켈란젤로와 같은 고귀한 인간들을 길러냈던 시대였다. 마키아벨리의 덕 개념은 바로 이 르네상스적 인간형을 이론화한 것이다. 이러한 이유에서 니체는 자신의 덕 개념을 마키아벨리의 그것과 동일시하곤 한다.

마키아벨리에게 덕은 형식, 법칙 혹은 질서를 부여할 수 있는 능력이다. 이러한 의미에서 그것은 예술적 창조의 능력과 동일시될 수 있다. 그런데 마키아벨리는 이 능력의 탁월성을 특정한 도덕적 가치에 의해 제약되어 있는 것으로 보지 않았다. 탁월성은 '도덕적'이지 않은 것에서, 즉 '덕'의 부재로부터 나온다. 니체가 마키아벨리에서 주목한 것은 무엇보다도 덕 개념의 이러한 비도덕화 혹은 탈도덕화였다. 그리고 그는 그것이 함축하고 있는 철학적 의미들을 하나씩 이끌어낸다[19].

6. 니체의 덕 개념의 주요 특징

덕의 토대로서의 신체와 감정

니체는 다른 존재가 아니라 우리 자신이 될 것을 우리에게 요구한다. 따라서 그의 윤리적 요구는 우리 자신에 대한 긍정에 있다고 할 수 있다. 그렇다면 여기에서 우리 자신은 무엇인가? 오랫동안 철학자들은 우리 자신이 가지고 있는 진정한 우리의 것, 고유하게 인간적인 것은 정신이고 이 정신의 고유성은 이성 능력에 있다고 생각했다. 그리고 이와 상관적으로 신체는 기껏해야 정신의 지배를 받는 한갓 수동적인 것이거나, 나아가서는 정신의 작용을 방해하는 것 따라서 벗어나야 할 감옥으로 간주되었다. 그래서 플라톤은 철학함을 신체로부터의 영혼의 분리, 즉 죽음을 향한 연습이라고 하지 않았던가.

니체는 우리를 '정신'으로 보는 철학적 전통에 '우리는 전적으로 신체(Leib)'라는 논제를 대립시킨다. 니체에 따르면 우리는 무엇보다도 신체이다. 정신은 이 신체에 깃든 도구에 불과하다. 물론, 니체가 우리가 정신이라는 것을 부정하는 것은 아니다. 다만, 그는 우리의 삶 혹은 힘에의 의지를 일차적으로 규정하는 것은 정신이 아니라 신체라는 점을 분명히 하고자 한다. 니체는 스피노자를 따라 '우리는 신체를 알지 못한다'고 말한다. 우리가 신체에 대해서 알고 있는 것은 아주 작은 부분에 불과하다. 우리가 의식하지 못하는 많은 일들이 신체 안에서는 일어나고 있다. 이 무지 때문에 우리 인간은 정신과 의식이 우리의 본질을 구성하며 우리의 신체에 명령을 내린다고 생각하지만, 진실은 그 반대이다. 정신은 신체적 충동의 징후일 뿐이다.

우리가 정신이 아니라 신체라는 니체의 주장은, 우리 존재가 하나의 통일체가 아니라 상이한 힘들과 충동들로 구성되는 복합체, 더군다나 그것들 사이에 연합, 투쟁, 갈등, 긴장의 관계가 존재하는 복합체라는 것을 함축한다. 어떤 충동이 지배적인 것이 되어 다른 것들을 복종시키는가에 따라 우리 자신이 규정되고, 다른 사물들과 맺는 관계가 규정된다. 그리고 상이한 충동들 사이에 존재하는 이 힘의 관계가 변함에 따라 우리는 다른 존재가 되며, 사물들을 다르게 해석하고 그것들을 다르게 가치 판단하게 된다. 우리의 신체가 이렇게 다양성으로 이해되는 한에서, 우리 신체의 작용 논리는 우리 정신이 갖는 이해의 능력, 즉 작은 이성을 벗어난다. 니체는 그래서 신체를 '큰 이성'이라고 부른다[20].

정신의 작은 이성으로 신체를 판단해서는 안 된다. 오히려 신체의 큰 이성의 관점으로부터 정신이 이해되어야 한다. 이러한 관점에서 니체는 도덕적 가치 판단을 그 생리적 조건으로부터 이해할 것을 요구한다. 그는, 정신적인 것에 고귀한 가치를 부여하면서 신체를 학대하는 그리스도교와 같은 도덕은 실제로는 생리적 피로감, 힘의 하강과 의지의 쇠퇴를 표현하고 있을 뿐이라고 주장한다. 이렇게 도덕은 생리적 소화불량에서, 생리적 부작용에서 그 원인을 갖는 정신의 질병으로서 해석된다. 니체가 살던 19세기 유럽은 바로 이 질병, 삶에 대한 부정과 불신을 그 특징으로 갖는 염세주의(pessimism)의 질병을 겪고 있었다.

니체의 비도덕적 윤리학은 바로 이 질병에 대한 치료로서 제시된다. 이 새로운 윤리는, 모든 가치 판단이 그러한 것처럼, 자신의 토대를 생리적 조건에서 갖는다. 그러나 기존의 도덕과 다르게 그가 주장하는 덕의 윤리는 신체의 건강을 자신의 토대로 갖는다. 건강한 신체는 영양을 섭취하고자 하며, 힘을 상승시키고자 한다. 그리고 이 욕구는 다양한 감정들(Affeckten) 혹은 열정들(Leidenschaften)로 나타난다. 따라서 새로운 윤리, 그리고 그것이 긍정하는 덕은 바로 이 감정들에 대한 긍정으로 나타나게 된다.

많은 경우 감정은 그 자체로 악으로서 이해되어 왔다. 그리고 덕은 감정의 대립 개념으로서, 그것에 대한 억제와 통제 속에서 성립하는 것으로 정립되었다. 그러나 이제 니체는 덕은 감정에 대립되는 것이 아니라 바로 그것에 기초하고 있다고 주장한다. 감정과 열정은 많은 경우 넘치고, 거칠며, 사납다. 한 마디로 길들여지지 않은 야생의 것과 같다. 그러나 고귀한 덕은 바로 이 야생적 충동과 열정에서 생겨난다. 사람들은 어떤 형식과 질서를 부여하는 능력은 고유하게 이성적 능력에 있다고 생각한다. 그러나 그 이성과 지성을 추동하고 이끄는 힘, 따라서 사물들을 이해하고 해석하는 능력은 근원적으로 힘에의 의지, 즉 그것의 표현인 열정과 감정으로부터 나온다. 새로운 해석은 사물을 점령하고 있는 힘을 새로운 힘이 정복하고 지배하는 것, 기존의 욕망과 의지를 새로운 욕망과 의지가 대체하고 제압하는 것이다. 이 새로운 욕망은 그 사물과 다른 관계를 맺으며, 그것에 다른 가치와 의미를 부여한다. 이렇게 덕은 세련된 열정, 고양된 열정에 다름 아닌 것이다[21].

덕의 통일성 부정 : 덕은 공유될 수 없다

덕이 정신이 아니라 신체와 감정에 기초해 있다는 주장은, 덕에 관한 또 다른 혁신적 논점을 함축하고 있다. 정신의 이성적 힘은 상이한 것들에 공통적인 어떤 원리에 대한 인식을 제공하며, 이 인식은 우리에게 사물과 그 가치들에 대한 통일적 관점을 제시해준다. 이 점에서 정신, 보다 정확히는 정신적 능력은 일반적으로 소통, 통일성, 보편성을 가능케 하는 힘으로 간주되어 왔다. 바로 이러한 이유에서 전통적인 도덕은 바로 이 정신적 힘에 기초해서 함양될 수 있는 것으로 이해되어 왔다. 이에 반해서 신체는 분할과 갈등의 원리로 간주되어 왔다. 신체 혹은 물질은 개별화의 원리로 이해되었기 때문이다. 이 논리에 따르면, 예컨대 내가 다른 사람들과 구별되는 것은 내가 다른 신체를 가지고 있기 때문이라고 할 수 있다.

이 전제에 따르면, 니체에게 덕은 모두의 덕이 될 수 없다. 앞에서 설명한 바와 같이, 그에게 덕은 신체와 감정에 기초해 있기 때문이다. 내가 어떤 것에 가치를 부여하고 그것을 덕이라고 부른다면, 그것은 나에게만 그러할 뿐이다. 요컨대, 그 덕은 나의 덕일 뿐이다. 그러한 해석과 가치판단은 나의 힘에의 의지에 따르는 해석이고 가치판단이기 때문이다. 그 덕은 오직 나의 관점, 내가 그것에 관계하는 방식을 드러낼 뿐이다.

이러한 이유에서 니체는 덕은 공유되지 못한다고 주장한다. 그 덕이 모두의 덕이 될 때, 그 덕은 무리도덕이 될 뿐이다. 사람들을 동등하게 하고 균일화하기 때문이다. 그러나 이렇게 덕이 공유될 수 없는 것이라면, 그것은 도대체 윤리를 구성할 수 있는가? 윤리는 가치판단이고, 그것을 통해 추구할 만한 어떤 삶의 유형을 제시하는 것이 아닌가? 그리고 그러한 한에서 그것은 보편성에 대한 어떤 요구를 필연적으로 함축할 수밖에 없지 않은가? 물론, 니체는 이 점을 부정하지 않는다. 그가 특정한 덕윤리를 제시하는 한에서, 윤리 일반에 함축되어 있는 이 요구를 니체의 윤리 또한 가지고 있다. 그럼에도 불구하고, 니체가 덕은 공유될 수 있는 것이 아니라고 말하고 있는 것은, 그에게 덕이란 객관적인 '절대적' 보편성과 공통성을 가질 수 없다는 근본적인 통찰에 근거하고 있다. 따라서 니체에게서 덕이 보편성에 대한 요구를 함축하고 있다면, 그 주장은 상대적인 것이 될 수밖에 없다. 다시 말하면 그것은 내가 주장하는 해석이자 판단이며, '나의' 보편성 주장이다[22].

잘 알려져 있듯이 덕에 대한 니체의 이러한 이해는 그의 관점주의(perspectivism)를 표현하고 있다. 힘에 대한 그의 관계론적 이해에 따르면, 우리는 하나의 힘으로서 언제나 다른 힘과 특정한 관계 속에 존재한다. 이 관계는 우리가 한 사물을 이해하고 해석하는 관점을 규정한다. 이러한 의미에서 우리는 항상 관점 속에 있다고 말할 수 있다. 따라서 니체의 관점주의는 그의 관계론적 존재론의 또 다른 표현이라고 할 수 있다[23].

니체의 관점주의는 사태를 객관적이고 절대적으로 조망할 수 있는 특권적 자리 혹은 그런 자리를 점유하고 있는 존재는 없다는 점을 분명하게 드러낸다. 상이한 관점들 사이의 경쟁, 갈등 및 투쟁이 있을 뿐이다. 그렇다면 모든 관점적 해석들, 모든 가치판단들은 모두 동등한 가치를 지니는가? 물론, 그렇지 않다. 이미 앞에서 언급했듯이, 그것은 삶의 관점으로부터, 즉 힘의 상승과 고양을 낳는가 아니면 퇴화를 낳는가에 따라 다른 가치를 갖는다. 여러 해석과 가치 판단 가운데 덕은 힘을 고양시키는 고귀한 가치를 지시한다.

그런데 니체는 이렇게 힘을 고양시키는 덕은 다른 덕과 경쟁할 수도 있다고 말한다. 이 논제는 덕에 관한 전통적인 이해에 대립되는 것이다. 고전적인 덕 개념을 정초한 플라톤, 아리스텔레스와 같은 철학자들은 덕의 통일성을 긍정하고 있기 때문이다. 이들에 따르면, 너그러움의 덕을 가지고 있는 사람은 정의로움의 덕도 가지고 있다. 왜냐하면 덕은 참된 앎에, 지성의 능력에 기초해 있기 때문이다. 만약에 어떤 사람이 너그러운 모습을 보이면서도 정의롭지 않다면, 그가 보여준 너그러움은 참된 앎으로부터 나온 것이라고 볼 수 없으며, 그러한 한에서 그의 행위를 덕으로부터 나온 것이라고 할 수 없을 것이다. 이렇게 참된 앎에 기초해 있는 덕은 다른 덕들과 연결되어 있고 통일성을 형성한다. 그러나 니체는 덕들의 적대성을 주장한다. 덕은 특정한 감정과 열정에서 나온 한에서, 그것은 다른 감정과 열정에서 생겨난 다른 덕과 합치할 수 없다. 더군다나 덕은 자신의 긍정을 위해 모든 것을 요구한다. 그래서 그것은 다른 덕을 배제하고자 한다. 덕은 하나의 해석이자 가치판단이다. 그러한 한에서 그것은 우리를 특정한 행위로 이끄는 성향이다. 내가 특정한 감정과 열정, 예를 들면 사랑이나 분노에 휩싸여 그것으로부터 세상을 이해하고 내 스스로의 삶을 이끌어갈 때, 그 사랑이나 분노로부터 나오는 덕은 나의 삶 전체를 지배하고자 한다. 따라서 하나의 덕은 다른 덕과 조화될 수 없다. 하나의 선택은 다른 것의 상대적 배제를 필연적으로 함축하기 때문이다. 이것은 니체가 모든 것을 힘들 사이의 투쟁으로 보는 관점에서 필연적으로 귀결되는 것이다.

이렇게 덕들이 서로 경쟁할 수 있다면, 하나의 덕은 다른 덕에 의해서 파멸될 수 있다. 그리고 그 파멸과 더불어 우리 자신도 파멸되고 새로운 우리 자신으로 탄생된다. 인간은 끊임없이 극복되고 재탄생되는 존재이다. 이 과정은 구체적으로 덕들 사이의 경쟁, 그리고 그 과정 속에서의 파멸과 창조의 과정으로 나타난다. 따라서 니체에게 덕들 사이의 경쟁과 싸움은 악이 아니다. 그것은 생성의 논리 그 자체이기 때문이다[24].

용기의 덕

앞에서 살펴 본 니체의 덕 개념이 고전적인 덕 개념과 어떻게 구별되는지를 하나의 구체적인 예를 통해 살펴보도록 하자. 용기(Mut)는 고대 철학자들뿐만 아니라 니체도 중요하게 평가하고 있는 덕이다. 그러나 용기는 두 경우 서로 상이하게 이해되고 있다.

아리스토텔레스에게 용기는 성격의 덕에 속한다. 그에게 덕이란 일반적으로 중간, 즉 과하지도 모자라지도 않은 적당함의 상태를 지시한다. 그래서 그는 용기를 정의할 때, 비겁함과 무모함과 비교하면서 모자라지도 과하지도 않은 중간으로서 제시한다. 요컨대, 용기 있는 사람은 두려움과 대담함과 관련하여 모자라지도 과하지도 않은 사람이다. 물론, 이 중간 혹은 적당함은 우리가 이성의 인도에 따르게 될 때 얻어질 수 있다. 이러한 의미에서 용기에는 일종의 지혜, 앎이 내재해 있는 것이다.[9][25]

9 “따라서 마땅히 두려워해야 할 것을, 마땅히 그래야 할 목적을 위해, 또 마땅히 그래야 할 방식과 마땅히 그래야 할 때 견뎌내고 두려워하며, 또한 마찬가지 방식으로 대담한 마음을 가지는 사람이 용감한 사람이다. 왜냐하면 용감한 사람은 [부딪히는 사안의] 가치에 걸맞게, 또 이성이 그럴 것 같은 방식으로 느끼고 행위하기 때문이다.”

니체의 경우 용기는 다르게 사유된다. 우리가 일반적으로 용기의 덕에서 생각하는 것처럼, 니체의 '용기 있는 자'는 우리의 삶에서 일어나는 불행과 비극에 낙담하고 물러서는 사람이 아니다. 요컨대, 인간적인 삶에서 있을 수 있는 것들이 그의 삶의 의지를 꺾지 못한다. 적어도 여기까지는 니체가 말하는 용기는 아리스토텔레스의 그것과 다르지 않다. 그러나 이러한 인간의 삶, 우리를 낙담시키고 고통스럽게 하는 삶의 비극이 삶 자체의 모습이라면 어떠할까? 우리를 궁극적인 행복으로 인도해 줄 길이 있다는 믿음이 거짓으로 밝혀진다면? 우리에게는 애초부터 우리를 지탱하게 해줄 받침대 혹은 안전판 같은 것이 없다면? 이 세계가 모든 것이 무의미하게 반복되고 있는 영원회귀의 세계라면? 그래도 여전히 아리스토텔레스가 말하는 용기 있는 자는 그 삶을 살고자 하는 용기를 갖겠는가? 여기에서 니체와 아리스토텔레스는 갈라선다. 아리스토텔레스에게 용기는 이성적 지혜에 기초해 있다. 그런데 이 지혜는 적절하고 마땅한 해결책을 제공해 주는 것이다. 따라서 용기는 주어진 상황에서 제기되는 문제를 해결할 수 있는 합리적인 해결책이라고 할 수 있다. 이러한 관점에서, 용기는 인간의 한계 내에 있는 것, 즉 인간이 해결할 수 있는 문제 내에서만 사유된다. 즉 아리스토텔레스의 용기는 항상 상황 극복의 가능성을 전제한다. 용기 있는 사람이 위험을 감수한다면, 그 위험을 벗어날 수 있는 가능성이 있기 때문인 것이다. 따라서 그러한 가능성이 전혀 없는데도 불구하고 그 위험을 감수하고자 한다면, 그는 용기 있는 사람

(『니코마코스 윤리학』 1115b 17-19, 이창우 외 옮김, 이제이북스, 102-103쪽.)

이 아니라 무모한 사람이 될 것이다.

니체의 용기 있는 자는 바로 이 무모한 자에 가깝다. 그는 어떤 궁극적 목적 혹은 해결책을 원하지 않는다. 그러한 것은 본래 없다는 것을 알고 있기 때문이다. 그는 이 세계에는 고정되고 불변하는 원리가 없으며, 따라서 우리가 그곳에 다다르기만 한다면 영원의 관점을 획득할 수 있는 그러한 특권적 장소도 없다는 것을 잘 알고 있다. 그래서 그는 바닥이 없는 이 심연의 세계 속에서 현기증을 느낀다. 그리고 그는 도처에서 불안정, 위험을 느낀다. 그러나 그는 그것에 압도당하지 않는다. 오히려 그 현기증, 위험, 불안을 사랑하고 원한다. 왜냐하면 그것들은 새로운 탐험과 모험의 증표들이기 때문이다. 그는 모든 것을 신기하게 받아들이는 어린아이처럼 그 위험을 즐긴다. 그에게 진정으로 용기 있는 자는 유희하는 자에 다름 아니다. 니체의 용기 있는 자도 결국은 극복하는 자이다. 그는 낙담, 불안, 두려움을 극복한다. 그러나 그가 그것들을 극복했다면, 그것은 그가 그것들이 없는 어떤 상태에 도달할 수 있기 때문이 아니다. 그러한 상태는 애초에 존재할 수도 없기 때문이다. 그의 극복은, 결과에 연연하지 않고 그가 무엇인가를 하고자 한다는 사실, 자신의 힘에의 의지를 긍정하고 전개하고자 한다는 사실에서 오는 것이다. 바로 이 점에서 그는 어떤 특정한 목적이나 결과에 얽매이지 않은 자유로운 정신으로 이해될 수 있다. 니체는 이 자유정신을 '유희'로 개념 규정한다. 그래서 용기 있는 자의 극복은 '축제의 유희를 통한' 극복이다. 이렇게 유희하는 자는, 그 결과에 연연하지 않는 한에서, 죽음조차도 극복한다고 니체는 말하고 있다[26].

스피노자에서와 마찬가지로, 니체에게도 덕은 곧 힘, 보다 정확히 말하면 힘에의 의지이자 그 의지의 발현이다. 바로 이러한 의미에서 위험에 굴하지 않는 의지로서의 용기는 덕 자체로 이해될 수 있다. 이것은 용기가 왜 니체에게서 중요한 위상을 갖게 되는지를 설명해준다. 니체는 사람들에게 용기를 가질 것을 요구한다. 그러나 이 윤리적 요구는 사람들에게 같아지라고 요청하는 것이 아니다. 용기는 각자에게 어떤 공통의 규범을 따르기보다는 자기 자신이 되려는 의지, 그리고 그것을 통해 새로운 길을 여는 창조자가 되려는 의지이기 때문이다. 이러한 의미에서 그것은 인간들을 평준화하는 무리동물의 덕이 아니라, 위버멘쉬의 덕이다.

최고의 덕은 '베푸는 덕'이다

덕은 힘의 긍정, 삶의 긍정에 있다. 그런데 힘은 상승과 증대를 욕구하고 원한다. 따라서 니체에게서 덕은 힘의 상승을 위한 투쟁, 정복, 전유에 있다. 이러한 관점에서 볼 때, 니체의 덕은 어떤 의미에서 이기주의적이라고 말할 수 있다. 그러나 이 이기주의는 일반적으로 반도덕적인 것으로 비난받는 이기심과는 다르다. 후자는 굶주리고 병든 자의 욕망에 다름 아니다. 이러한 의미에서 이기적인 사람은 자신의 허기를 채우는 데에만 관심을 가질 뿐이다. 그가 무엇을 욕망한다면, 그것은 그의 결핍 때문이다. 그러한 의미에서 그의 의지와 욕망은 반응적(reactive)이며 부정적이다. 이러한 이유에서 그가 세상을 보는 시야는 좁을 수밖에 없으며, 그가 사물들과 맺는 관계는 단순하고 제한적일 수밖에 없다. 한 마디로 그의 삶은 퇴화하는 삶의 징후를 온전히 보여준다[27].

니체의 위버멘쉬는 이기적이다. 그러나 그의 이기심은 가난하고 병든 자의 탐욕과는 다르다. 그는 힘을 의지하는 자이다. 그는 더 큰 힘을 원한다. 그런데 그가 이렇게 힘을 의지하고 욕망하는 것은 베풀기 위해서이다. 그러나 보다 정확히 말하면 그가 베푸는 것을 '목적'으로 삼는 것은 아니다. 힘은 사물들을 전유하고 소화함으로써 그것들을 자신의 것으로 함으로써 힘을 증대시키고 고양시키고자 한다. 따라서 힘을 의지하는 위버멘쉬는 사물들이 가지고 있는 다양하고 풍부한 모습들을 지각하는 자이며, 그것을 통해 자신의 본성을 보다 풍부하게 만드는 자이다.

철학자들은 오랫동안 자연의 숲에는 오직 하나의 길만이, 하나의 '이성'만이 있다고 주장해왔다. 그래서 그들은 다른 길을 가고자 하는 사람들을 비난하고 비웃었다. 그러나 니체는 자연에는 아직도 탐험되지 않은 무수한 길들, 무수히 많은 모습들이 존재한다고 주장한다. 위버멘쉬는 아직 발견되지 않은 이 새로운 길들을 탐험하고자 하는 자, 자연의 다양성과 풍부함을 탐험하는 자이다. 그리고 무엇보다도 그것을 통해 자신을 극복하고 재창조함으로써 인간 본성의 수많은 가능성들을 실험해보고자 하는 자이다.

위버멘쉬의 이기성은 바로 여기에 있다. 자신을 보다 풍요롭게 만들고자 하는 노력이 바로 그의 이기성이다. 이 이기성은 자연 자체에의 충실성, 자신을 자연의 풍요로움 자체에 합치하고자 하는 의지에 다름 아니다. 그렇게 하는 한에서만 그는 변화될 수 있기 때문이다. 그가 이러한 방식으로 새로운 길, 새로운 삶의 방식, 새로운 가치를 발견할 때, 그것으로 그는 타인들에게 베푸는 자가 된다. 사람들에게 그들이 향유할 새로운 자연, 새로운 관점, 새로운 가치를 선사하기 때문이다. 베푸는 것은 어떤 목적이나 필요에 의해서 이루어지지 않는다. 풍요로워서 자연스럽게 넘치는 것이다. 이것이 바로 베풂이다. 따라서 힘을 의지하는 것은 베푸는 것을 의지하는 것과 같다.

따라서 힘을 의지하고, 그것을 통해 끊임없이 스스로를 극복하면서 재창조하는 위버멘쉬가 궁극적으로 보여주는 덕은 바로 이 '베푸는 덕'(schenkende Tugend)이다. 이러한 이유에서 니체는 "베푸는 덕은 최고의 덕"이라고 말한다. 이 선언은, 힘을 긍정하는 철학자 니체에게 힘이 궁극적으로 의미하는 것이 무엇인지를 우리에게 알려준다. 힘이 덕이라면, 이 덕의 최고의 모습은 베푸는 것에 있다. 따라서 힘의 본성은 베푸는 것에 있다고 할 수 있다[28].

니체는 투쟁, 경쟁, 정복을 악이라고 보지 않는다. 그것들은 좋은 것일 수 있다. 그러나 이것은, 니체가 친애나 사랑을 선이 아닌 것으로 이해했다는 것을 함축하지 않는다. 그는 그리스도교가 가르쳤던 대로 이웃을 사랑하라고 주문한다. 그러나 그는 그것을 위해서라도 무엇보다도 먼저 자기 자신을 사랑할 줄 아는 사람이 될 것을 우리에게 요구한다. 자신을 사랑할 줄 아는 사람만이, 그리고 그것을 통해 풍요로운 본성으로 자신을 만들 줄 아는 사람만이 타인을 진정한 의미에서 사랑할 수 있다는 것을 니체는 잘 알고 있었기 때문이다.

의무나 연민 혹은 양심은 베푸는 덕에 대립한다. 그것은 힘에의 의지를 부정함으로써 인간을 빈곤화하기 때문이다. 베푸는 자는 또한 편안함이나 안전을 멀리한다. 그는 오히려 위험이나 불확실성을 선호한다. 이미 많은 사람들이 지나갔던 길은 안전할 수는 있어도 결코 우리에게 사물들의 새로운 모습과 가치를 보여줄 수 없기 때문이다. 새로움의 발견은 언제나 위험을 감수해야만 한다. 따라서 그는 위험을 사랑하는 자, 용기 있는 자이다[29].

7. 덕의 정치, '위대한 정치'

니체의 윤리는 새로운 형이상학적 기반 위에서 모든 가치들을 비판적으로 재평가하는 파괴적 작업이면서 동시에 새로운 가치들의 창조를 과제로 삼고 있는 건설적 작업으로 이해될 수 있다. 그런데 이 윤리는 동시에 정치적이기도 하다. 모든 가치들의 전복은 그것들에 기초해 있는 사회적이고 정치적인 구조 전체를 비판하고 파괴하는 일이며, 새로운 가치의 발견은 새로운 집단적 삶의 양식을 창출하는 일에 다름 아니기 때문이다.

이렇게 이해된 정치는 고전적으로 이해되어 왔던 정치, 국가의 유지와 보존을 자신의 목적으로 삼는 정치와 구별된다. 실제로 니체가 '정치'에 대해서 말할 때, 그는 종종 이러한 의미로 그 말을 사용한다. 그리고 이 경우에 그는 정치를 문화와 대립시킨다. 이 둘을 상충하는 것으로 이해하는 니체의 이유는 간단하다. 한 개인이든 국가든 가지고 있는 역량은 한계가 있으며, 따라서 한 영역에 역량을 집중할 경우 다른 영역은 상대적으로 약화될 수밖에 없다고 그는 판단한다. 따라서 이 논리에 따르면 국가를 유지하기 위해서 군사 및 경제력에 힘을 집중할 경우, 문화는 상대적으로 퇴화될 수밖에 없다. 니체가 보기에 당대의 독일이 정신적으로 혹은 문화적으로 열등한 이유가 여기에 있다. 강력한 국가를 원했던 비스마르크의 '위대한 정치'(die große Politik)[10]는 독일문화의 하강을 의미했다. 니체의 철학적 탐

10 비스마르크적인 '위대한 정치'는 국내정치에 대비되는 대외정치에 관계된 것으로 이해되었다. 니체는 자신의 저작에서 '위대한 정치'를 이러한 의미로 사용하기도 한다.

구는 이렇게 하강하고 퇴화하고 있는 독일 정신과 문화를 어떻게 상승시킬 수 있는가라는 문제의식으로부터 출발한다. 그렇기 때문에 그는 국가의 보존, 강력한 국가의 건설을 과제로 삼는 정치에는 관심이 없었다. 이러한 의미에서 그의 철학은 단순히 비정치적인 것이 아니라 '반정치적'(antipolitisch)이다[30].

니체의 이 반정치는 실제로는 새로운 정치 개념을 지시한다. 그것은 문화와 대립하는 정치가 아니라, 반대로 문화에 관계되고 그것에 의해서만 가능해질 수 있는 정치이다. 니체는 자신의 철학을 '미래의 철학'이라고 불렀다. 그것은 도래할 시대를 위한 철학이기 때문이다. 그러나 그의 철학은 동시에 현재의 철학이기도 하다. 왜냐하면 그것은 그가 살고 있었던 당대의 현실에 대한 분석으로부터 출발하고 있기 때문이다. 그에게 철학은 현재의 진단이며, 그러한 의미에서 현재의 철학이다. 그는 당시의 독일이 직면하고 있던 현실을 문화의 퇴화라는 질병으로 진단한다. 그리고 그는 이 진단으로부터 독일의 정신을 문화적으로 고양시킬 수 있는 길을 모색한다. 그 모색과 탐구의 끝에서 그가 도달한 것이 위버멘쉬의 철학이다. 그의 선언대로 모든 신은 죽었다. 우리에게 다른 존재가 될 것을 요구해왔던 모든 도덕들의 최후의 근거인 신이 죽었다. 그 신의 죽음과 함께, 그 신의 형상에 따라 창조된 인간, 그 신과 함께 짝을 이루어 존재하였던 인간 또한 죽었다. 그러나 이 죽음은 새로운 인간의 탄생, 포스트 휴먼의 탄생을 알리는 신호이기도 하다. 위버멘쉬는 그 새로운 인간을 지시

여기에서 문제가 되는 것은 국가의 보존으로서의 정치이다. 그러나 뒤에서 보겠지만 니체는 '위대한 정치'를 다른 의미로도 사용한다.

한다. 니체는 이 위버멘쉬의 등장을 기대하였다. 그리고 그 위버멘쉬에 의한 독일 문화의 고양을 기대하였다. 니체에게서 정치는 이 위버멘쉬의 과업으로서 제시된다.

위버멘쉬의 '위대한 정치'는 덕의 정치이다. 위버멘쉬의 덕은, 앞에서 살펴본 바와 같이, 베푸는 덕이다. 따라서 니체에게서 정치는 이 베품에 다름 아니다. 이 베품은, 기존의 가치들을 비판하고 전도시키는 것이고, 더 나아가 새로운 가치들을 발견하고 그것들을 전도하는 것이기 때문이다.

위버멘쉬는 자연의 진리를 인식한 자이다. 그는 이제까지 사람들이 진리라고 믿어왔던 것이 허위에 지나지 않다는 것, 자연은 결코 신성하지 않으며 오히려 끔찍하다는 것을 비로소 인정하면서 그것에 대면할 줄 아는 자이다. 그렇기 때문에 그는 모든 가치들을 전도하는 비판자가 될 수 있었다. 깨우친 자인 위버멘쉬는 이제 사물들을 점령하고 있는 정신, 권력의 자리에 앉아 있는 정신과 싸움을 벌이게 된다. 위버멘쉬의 위대한 정치는 무엇보다도 먼저 이 투쟁과 저항에 있다. 이 투쟁에 의해 기존의 가치들에 토대하고 있었던 사회적 및 정치적 권력은 무너지게 될 것이다[31].

위버멘쉬의 위대한 정치는 이렇게 저항의 정치일 뿐만 아니라 창조의 정치이기도 하다. 그는 새로운 가치를 발견하고 그것을 알리는 자이기 때문이다. 이러한 의미에서 그는 철학자이자 동시에 입법자이다. 이 점에서 그는 플라톤의 철인왕(philosopher king)과 동일한 위상을 갖는다. 물론, 두 철학자의 입장이 완전히 동일한 것은 아니다. 무엇보다도 니체는 플라톤과는 다른 진리 개념을 가지고 있다는 점에서 그러하다.

그러나 다른 차이도 존재한다. 플라톤의 덕의 정치는 비실천적이었다. 왜 그러한가? 덕의 정치, 즉 덕을 통해 그리고 덕 안에서 통치하는 것은 정치의 이상이다. 플라톤도 이 이상을 추구하였다. 그러나 그는 이 덕의 정치가 요구하는 실천적 비도덕주의에 충실하지 못했다. 그는 철인왕에게 도덕주의적 덕을 요구하였기 때문이다. 덕의 정치를 위해서는, 덕이 지배권을 얻어야 한다. 그렇다면 어떻게 덕은 지배권을 얻을 수 있는가? 니체는 이 수단을 사유할 때 오로지 고려되어야만 하는 것은 지배권 획득의 방법 일반이라는 점을 분명히 한다. 덕이 지배를 획득하는 방법과 어떤 악덕이 지배를 획득하는 방법이 다를 수 없다는 것이다. 요컨대, 덕의 지배권은 덕을 통해서 획득되어질 수 없다. 도덕주의자들은 이 원리에 충실하지 못했다. 그들의 오류는 바로 여기에 있었다. 그들은 덕의 정치가에게 도덕적 덕을 요구했던 것이다.

플라톤과 다르게 마키아벨리주의는 가장 완전한 형태의 정치가 무엇인지를 보여주었다. 마키아벨리의 현실주의 정치는 덕의 정치가 어떻게 비도덕성에 기초해서 이루어지는지를 잘 보여주었다. 이 점에서 니체의 위대한 정치는 마키아벨리의 덕의 정치와 공명한다. 니체와 마키아벨리는 정치를 위버멘쉬나 군주와 같은 위대한 인간에 의한 통치, 그들의 덕에 의한 통치로 이해하였다는 점에서 의견을 같이 한다. 또한 둘 모두는 덕의 정치는 그 실행에 있어서 (도덕주의적) 덕에 기초해 있지 않다는 점을 인정한다. 이러한 관점에서 니체의 정치론은 마키아벨리의 그것을 따르고 있다고 말할 수 있을 것이다.

8. 나가는 말

니체의 덕의 정치가 함축하고 있는 이 비도덕주의는 보다 긍정적인 또 다른 이름을 가지고 있다. '미학주의'가 바로 그것이다. 사실 윤리와 미학의 관계, 좋음과 아름다움 사이의 밀접한 연관은 이미 오래전부터 제기되고 사유되어 왔다. 예를 들면 플라톤은 『향연』에서 아름다움에 대한 욕망은 필연적으로 좋음에 대한 욕망으로 나아갈 수밖에 없다는 점을 주장하면서 윤리와 미학 사이의 필연적 연관을 정초한 바 있다. 니체 또한 그의 초기 저작인 『비극의 탄생』 이후 말년에 이르기까지 변함없이 윤리를 미학적 관점에서 접근한다. 윤리와 미학 사이에 이러한 필연적 연관성 혹은 동일성을 주장하고 있다는 점에서는 적어도 두 철학자는 차이가 없다.

문제는 이 연관성을 어떻게 이해하는가 하는 점이다. 플라톤의 경우, 미적 판단이 윤리적 판단으로 환원되거나, 그것에 의해서 규정되고 있다는 점이 주목될 필요가 있다. 무엇이 아름다운 것은 그것이 좋은 것이기 때문이다. 그리고 그것이 좋은 것으로 판단되는 이유는 그것이 진리, 혹은 진리에 부합하는 것이기 때문이다. '아름다움'이라는 말은 인간의 행위나 성격에도 적용됨으로써 윤리적인 의미를 갖게 되는데, 이렇게 어떤 것이 좋고 아름다운 이유는 그것이 이성적인 적절함을 가지고 있기 때문이다. 이렇게 진, 선, 미의 통일성은 궁극적으로 진리에 의해서 정초된다.

니체의 경우는 달라진다. 우리가 앞에서 살펴보았듯이 그에게 절대적 '진리', 따라서 우리가 실현해야 할 절대적 목적과 같은 것은 없다. 이것은 다음을 의미한다. 이제 아름다움은, 우리의 이성이 자연의 참모습이라고 간주하는 조화와 균형에서 자신의 원리를 발견하지 않는다. 아름다움은 이제 진리와 선에 독립적으로 정의되어야 한다. 그렇다면 무엇이 아름다운가? 칸트가 명료하게 보여준 것처럼 근대인들에게 아름다움은 대상 자체에 있는 것이 아니라 그것과 주체가 맺는 특별한 관계에 존재한다. 미적 판단은 주체가 갖는 쾌감에 다름 아니다. 이 미적 판단은 규정판단이나 도덕판단에 독립적인, 자신만의 고유성을 갖는다. 이것은, 미적 판단이 사물을 보는 다른 방식, 과학이나 윤리와 구별되는 다른 방식임을 의미한다. 니체는 사물을 보는 이 고유한 방식, 즉 예술에 특권적 지위를 부여한다. 그가 보기에 형이상학, 종교, 도덕, 과학 등은 '진리'를 향한 의지에 기초해 있다. 그리고 이 의지는 실제로는 많은 허위, 가상을 만들어냈다. 그러한 '진리'는 없기 때문이다. 따라서 '진리'를 향한 의지는 실제로는 가상에의 의지, 환상에의 의지일 뿐이다. 왜냐하면 형이상학자들이나 도덕가들은 그들이 원하는 세계, 하나의 가상의 세계를 만든 것이기 때문이다. 니체는 이 거짓을 향한 의지를 예술을 향한 의지로 부른다. 예술은 세계에 대한 새로운 시각과 해석, 새로운 가치의 발견, 새로운 세계의 구성이기 때문이다. 그런데 이 예술적 능력은 인간에게만 허용된 것이 아니다. 모든 사물들이, 자연 전체가 이 능력을 가지고 있다. 자연은 계속해서 생성하고 있기 때문이다. 인간의 예술적 능력은 자연의 보편적인 능력의 표현인 것이다[32].

이렇게 가상에의 의지가 더 근원적이고 더 형이상학적인 것이라면, 모든 것은 이제 이 의지의 관점에서 이해되어야 한다. 즉 삶은 이제 예술의 관점에서, 미학의 관점에서 설명되고 해석되어야 한다. 니체가 1886년에 『비극의 탄생』의 서문으로 붙인 '자기비판의 시도'의 표현을 빌리면 "도덕이 아니라 예술이 인간의 본래적인 형이상학적 활동"이며, 따라서 "세계의 존재는 단지 미적 현상으로서만 정당화된다."[11] 도덕가들은 우리 인간에게 신체로부터 가능한 한 멀리 떨어져 있을 것을 요구하고, 감각을 믿지 말고 감정을 억제할 것을 명령한다. 이렇게 그들은 삶을 부정하고 퇴화시킨다. '존재'와 '진리'를 부정하는 예술은 생성과 거짓을 의지한다. 예술은 삶은 무한한 가능성들이라는 것을 긍정하며, 그 가능성들을 실험하라고 우리에게 요구한다. 이러한 의미에서 예술은 삶을 자극하고, 삶을 긍정하며 삶을 완성한다[33].

삶이 미적 현상으로서 이해되어야 한다는 것은, 삶이 아름다움과 추함, 예술적인 것과 반예술적인 것으로서 판단되어야 한다는 것을 의미한다. 그렇다면 무엇이 아름다운가? 힘에의 의지의 상승, 건강함 등이 아름답고, 의기소침, 우울함 등이 추한 것이다. 따라서 아름다움을 추구하는 예술가는 힘의 상승을 욕구하는 자, 추한 모든 것을 부정하는 자이다. 그는 힘을 증대시킬 수 있는 모든 자극에 민감하며, 사물들에 대한 다양한 섭취에 관심을 가지며, 열정과 도취로 사물들을 압도하고 점령한다.

이렇게 예술가는 다르게 감각하고 다르게 사유한다. 그리고 그것을 새로운 언어로 표현한다. 그런데 이 새로운 감각과 소통은 그 자체로 예술가 자신의 변화를 의미한다. 다르게 감각하는 것은 다르게 존재하는 것이기 때문이다. 이러한 관점에서, 아름다움의 추구로서의

---

11 GT, Vorrede, 5, KGW, III-1, 11.

예술은 동시에 예술가 자체를 창조하는 과정으로 이해될 수 있다. 예술가의 삶 자체가 하나의 예술작품이 되는 것이다.

니체의 덕윤리는 고귀한 인간 유형에 대한 하나의 사유이다. 위버멘쉬는 그것에 대한 니체의 답이라고 할 수 있다. 앞에서 살펴본 위버멘쉬의 덕, 그의 비도덕주의적 덕은 여기에서 긍정적인 이름을 갖게 된다. 이제 그의 덕은 미학적 관점에서 정의될 수 있다. 위버멘쉬의 덕이 하나의 덕으로서 인정될 수 있다면, 그것은 그것이 아름답기 때문이다. 위버멘쉬 자체가 하나의 아름다운 예술작품이기 때문이다. 그의 덕은 그 어떤 다른 것에 의해서도 정당화되지 않는다. 그것은 오직 미학적 관점에서만, 오직 아름답다는 이유에서만 덕으로서 정당화된다. 니체의 덕 개념이 갖는 고유한 의미는 바로 이 미학적 전화에 있다.

9. 원전 읽기

여기에 제시된 원전은 저자가 번역하였다. 참조한 판본은 이미 정본으로 확립되어 있는 F. Nietzsche, *Werke, Kritische Gesamtausgabe*, Berlin/ New York, 1967(이하 KGW로 표기)이다. 참조를 위해 *Kritische Studienausgabe*(이하 KSA로 표기)와 참세상에서 출간된 『니체전집』(전 21권)도 표기해 두었다. 출처 표기는 다음과 같다. GT(『비극의 탄생』), MAM(『인간적인, 너무나 인간적인』), M(『아침놀』), FW(『즐거운 학문』), Z(『차라투스트라는 이렇게 말했다』), JGB(『선악의 저편』), GM(『도덕의 계보』), EH(『이 사람을 보라』), GD(『우상의 황혼』), A(『안티크리스트』), NF(『유고』).

[1] 철학자의 고독

필연적으로 내일과 모레의 인간일 수밖에 없는 철학자는 어느 시대에서건 자신의 현재와 모순 속에 있었고 또 그렇게 될 수밖에 없었을 것이라는 사실은 나에게 점점 더 분명해지고 있다. 그의 적은 언제나 오늘의 이상(Ideal)이었다. 사람들이 철학자라고 부르고 있지만 스스로는 자신들을 지혜(Weisheit)의 친구라기보다는 오히려 불쾌한 익살꾼이나 위험한 의문부호로 생각했던 이 모든 인류의 비범한 수호자들은 지금까지 자신의 과업, 혹독하기 때문에 스스로 원치는 않았지만 피할 수 없는 이 과업을, 그리고 결국에는 이 과업의 위대함을 시대의 나쁜 양심이 되는 것에서 발견해왔다. 그들은 시대의 미덕(Tugenden der Zeit)의 가슴 한가운데에 해부의 칼날을 가져다댐으로써 그들 자신의 비밀이 무엇인지 드러냈다. 그들의 비밀은 인간의 새로운 위대함(Größe)과 인간을 그 위대함으로 이르게 하는 새로운 미답의 길을 아는 것에 있다. … 오늘날 고귀하다는 것, 자율적 존재가 되고자 한다는 것, 다른 것이 될 수 있다는 것, 홀로 선다는 것, 자신의 힘으로 살아야만 한다는 것은 '위대함'의 개념에 속한다. 그리고 철학자는 다음과 같이 주장할 때 자기 자신의 이상의 단면을 보여주게 될 것이다: "가장 고독하고 가장 은닉해 있으며 가장 벗어나 있는 자, 선악의 저편에 있는 인간, 자신의 덕의 주인, 의지가 넘쳐나는 사람이 될 수 있는 자가 가장 위대한 인간이 될 것이다. 다양하면서도 총체적이고 폭넓으면서도 충만할 수 있는 것이야말로 위대함이라 불려야 할 것이다." 그런데 다시 한 번 물어보자. 오늘날 위대함은 가능한 것인가?(JGB, 212, KGW, VI-2, 149-151; KSA, 5, 145; 『선악의 저편』, 188-191쪽)

[2] 니체의 도덕 비판이 의미하는 것

도덕(Sittlichkeit)을 부정하는 사람들에는 두 부류가 있다. '도덕을 부정하는 것', 이것은 첫째로 인간들이 내세우는 도덕적 동기가 실제로 그들의 행위를 일으켰다는 점을 부정하는 것을 의미할 수 있다. 따라서 이것은, 도덕은 말뿐이고 인간의 조잡하고 세련된 기만(특히 자기기만)에 속하는 것이며, 더욱이 이러한 사실은 대개의 경우 미덕으로 이름난 사람들한테서 흔히 나타난다는 주장을 담고 있다. 둘째로, 그것은 도덕 판단이 진리에 근거하고 있다는 점을 부정한다는 것을 의미할 수 있다. 여기에서 인정되고 있는 것은, 도덕 판단이 실제로 행위의 동기이긴 하지만 [진리가 아니라] 오류가 그러한 방식으로 모든 도덕적 행위들의 토대로서 사람들을 도덕적 행위로 이끈다는 점이다. 바로 이것이 나의 관점이다. 그러나 나는, 매우 많은 경우에 첫 번째 부류의 관점에 따르는, 즉 라 로슈푸코(La Rochefoucauld)식의 정신에 입각한 섬세한 불신 또한 정당하며, 대개의 경우 가장 일반적인 유용성을 갖는다는 사실을 부정하고 싶지는 않다. … 나는 비(非)도덕도 부정한다. 무수한 사람들이 스스로를 비도덕적이라고 느끼고 있다는 사실을 부정하는 것이 아니라 그렇게 느껴야 하는 근거가 진리 안에 있다는 사실을 부정한다. 자명한 것이지만, 내가 바보가 아닌 한 나는 비도덕적이라 불리는 많은 행위들은 삼가야 되고 극복되어야 하며, 윤리적이라고 불리는 많은 행위들은 행해야 하고 장려되어야 한다는 것을 부정하지 않는다. 그러나 나는 전자와 후자 모두 이제까지와는 다른 근거들에 의해 이루어져야 한다고 생각한다. 우리는 [다르게] 배워야 한다. 한참 후가 될 수도 있겠지만, 마침내 더 많은 것을 성취하기 위해, 우리는 [다르게] 느껴야 한다.(M, 103, KGW, V-1, 89-90; KSA, 3, 91-92; 『아침놀』, 111-112쪽)

[3] 니체의 비도덕주의 : 파괴는 곧 창조이다

가치를 평가하는 자들이여, 너희는 선악의 가치들과 언어로 폭력(Gewalt)을 행사하고 있다. 이것이 너희의 숨겨진 사랑이고 영혼의 광휘, 떨림, 넘쳐흐름이다.

그러나 너희의 가치로부터 더 강한 힘(Gewalt)과 새로운 극복이

자라나고 있다. 그리고 그것에 의해 알과 알껍질은 부서지고 있다.

선악[의 가치들]의 창조자가 되어야 하는 자는 먼저 진실로 파괴자가 되어 가치들을 부숴버려야 한다.

이렇게 최고의 악은 최고의 선에 속하게 된다. 그러나 이 최고의 선은 창조적인 선이다.

더없이 지혜로운 자들이여, 비록 거북한 일일지라도 이 점에 관해서만은 이야기하도록 하자. 침묵은 더 거북스러운 것이다. 발설되지 못한 진리는 모두 독이 되고 말기 때문이다.

우리의 진리에 의해 부서질 수 있는 것은 모두 부숴버리도록 하자! 지어야 할 집이 아직도 많이 남아 있다!(Z, II, KGW, VI-1, 145; KSA, 4, 149; 『차라투스트라는 이렇게 말했다』, 2부 '자기극복에 대하여', 194-195쪽)

[4] 도덕 철학자들의 요구 : 인간은 달라져야 한다

마지막으로 "인간은 이러저러해야만 한다"고 말하는 것이 도대체 얼마나 순진한 것인지 고찰해보도록 하자. 현실은 우리에게 넋을 잃을 만큼 풍부한 유형들, 지나칠 정도로 많은 형식들의 유희와 변화를 보여주고 있다. 거기에 대고 어떤 가련한 게으름뱅이 도덕주의자가 "아니야! 인간은 달라져야만 해"라고 말할 것인가? … 가련한 위선자인 그 조차도 자신이 어떠해야만 하는지를 알고 있는 것이다. 그는 벽에 자화상을 그려놓고 "이 사람을 보라!"(ecce homo)라고 말한다. … 그러나 도덕주의자가 단지 개인에게만 "너는 이러저러해야 한다!"고 말할 때조차도, 그는 계속해서 자신을 웃음거리고 만들고 있는 것이다. 개인은 한 조각의 운명, 미래로부터 그리고 과거로부터 부여된 운명(fatum)이며, 도래하고 존재하게 될 모든 것에 대한 또 하나의 법칙, 또 하나의 필연성이다. 그에게 "달라지라"고 말하는 것은 모든 것이 달라지기를, 심지어는 그 과거조차도 달라지기를 요구하는 것과 같다. … 그리고 실제로 인간이 달라지기를 즉 덕이 있기를 원하고, 인간이 자신의 모습대로 즉 위선자가 되기를 원했던 일관적인 도덕주의자들이 있었다. 이를 위해 그들은 세계를 부정하였다! 이것은 결코 작은 정신착란이 아니며, 결코 작은 겸손한 외양의 오만도 아니다! … 삶의 관점에서, 삶에 대한 고려나 삶을 향한 관심으로부터 판단하지 않는 한에서, 도덕은 어떤 동정도 가져서는 안 되는 특정한 오류이고, 말할 수 없이 많은 해악을 끼쳤던 퇴화된 특이 성질(Degenerirten-Idiosynkrasie)이다!(GD, Moral als Widernatur, 6, KGW, VI-3, 80-81; KSA, 6, 86; 『우상의 황혼』, '반자연으로서의 도덕', 6, 111쪽)

[5] 철학이 꾸며낸 자연의 '진리'

그대들은 '자연에 따라' 살기를 원하는가? 오, 그대 고상한 스토아 철학자들이여, 이것은 얼마나 말의 기만이던가! 그대들은 자연이 어떠한지 생각해보라. 그것은 한없이 낭비하고, 한없이 냉담하며, 의도와 배려가 없고 자비와 공정함도 없으며, 풍요로운가 하면 동시에 황량하고 불확실하다. 무차별성(Indifferenz) 자체를 힘(Macht)이라고 생각해보라. 그렇다면 그대들은 어떻게 이 무차별성에 따라 살 수 있겠는가? 삶, 이것은 정확히 이러한 자연과는 다른 것이 되려고 하는 욕망이 아닌가? 삶은 평가하고 선택하는 행위이고, 공평하지 않음, 한계가 있음, 다르게 되려고 함이 아니던가? 만약 '자연에 따라 산다'는 그대들의 명법이 근본적으로 '삶에 따라 산다'는 것과 같은 것을 의미한다면, 어떻게 그대들은 그렇게 할 수 없는 것인가? 그대 자신이고, 그대 자신이어야만 하는 것으로부터 왜 어떤 원리(Princip)를 만들고 있는 것인가? 실제로 사정은 완전히 다르다. 그대들은 황홀경에 빠져 자연에서 그대들의 법칙 체계를 읽어낸다고 주장하고 있지만, 기묘한 배우이자 자기기만자인 그대들은 반대의 것을 원하고 있다! 그대들의 자부심은 그대들의 도덕, 그대들의 이상을 자연에, 심지어 자연에까지 명령하고 동화시키고자 한다. 그대들은 자연이 '스토아 철학에 따른' 자연이기를 원하며, 모든 존재(Dasein)를 오직 그대들 자신의 모습에 따라 존재하게 만들고 싶어한다. 이것은 스토아주의를 영원히 찬미하고 보편화시키는 놀라운 방책이다! 그대들은 자연에 대한 전적인 사랑으로, 자연을 다른 방식으로 볼 수 없을 때까지 아주 오랫동안 집요하게 그리고 최면에 걸려 경직된 사람처럼 자연을 그릇되게 즉 스토아적으로 보도록 스스로를 강요해왔다. … 그러나 이것은 오래되었지만 결코 끝나지 않는 이야기이다. 당시 스토아 철학자들에게 일어났던 일은 오늘날에도 철학이 자기 자신을 믿기 시작하는 순간 바로 일어난다. 철학은 항상 자신의 모습에 따라 세계를 창조한다. 철학은 달리할 수가 없다. 철학은 이러한 폭군 같은 충동 자체이며, 가장 정신적인 힘에의 의지(Wille zur Macht), '세계의 창조'를 향한, 제1원인(causa prima)을 향한 가장 정신적인 의지이다.(JGB, 9, KGW, VI-2, 15-16; KSA, 5, 21-22; 『선악의 저편』, 23-25쪽)

[6] 인식과 충동에 대하여

인식한다는 것은 무엇을 의미하는가? — 비웃고, 한탄하고, 저주하지 말고 이해하라!(non ridere, non lugere, neque detestari, sed intelligere!) 스피노자는 그의 방식대로 이렇게 순박하고 숭고하게 말하고 있다. 그런데, 이 이해한다는 것은 바로 저 세 가지가 우리에게 한꺼번에 느껴지게 되는 형식과 궁극적으로 무엇이 다른가? 그것은 비웃고, 한탄하고, 저주하고자 하는 상이하며 서로 부딪히는 충동들로부터 나오는 결과가 아닌가? 인식이 가능해지기 이전에 우선 이 각각의 충동은 사물이나 사건에 대한 자신의 일면적인 견해를 내놓았음에 틀림없다. 그 후에야 이 일면성들 사이에 투쟁이 발생하고 그로부터 때때로 중용, 안정, 세 측면 모두에 대한 인정, 일종의 정의(Gerechtigkeit)와 협약이 이루어진다. 왜냐하면 정의와 협약을 통해서 이 세 충동들은 모두 존재를 유지할 수 있고 권리를 지닐 수 있기 때문이다. 이 긴 과정의 마지막 화해장면과 최종 결산만을 의식하게 되는 우리는 따라서 인식한다는 것은 평화적이고 정의롭고 선한 어떤 것, 본질적으로 충동과 대립되는 어떤 것이고 생각한다. 인식은 충동들 상호간의 어떤 작용일 뿐인데 말이다. 아주 오랜 동안 인간은 의식된 사유를 사유 일반으로 여겨왔다. 오늘날에야 비로소 우리의 정신적 작용의 대부분이 의식되거나 지각되지 않은 채 진행된다는 사실이 드러나게 되었다.(FW, 333, KGW, V-2, 238-239; KSA, 3, 558-559; 『즐거운 학문』, 301쪽)

[7] 도덕에 대한 계보학적 비판

놀랍도록 새로운 전망이 그 [어떤 도덕적 가치에 관해 의문을 던지는 것을 배운 사람]에게 열리고 하나의 가능성이 현기증처럼 그를 사로잡으며, 온갖 불신, 의혹, 두려움이 솟구치면서 도덕에 대한, 모든 도덕에 대한 믿음이 흔들릴 때, 마침내 새로운 요구가 들리게 된다. 이 새로운 요구를 다음과 같이 말해보자. 우리에게는 도덕적 가치들을 비판하는 것이 필요한데, 무엇보다도 일단 이러한 가치들의 가치가 그 자체로 문제시되어야만 한다. 이를 위해서는 가치들이 성장하고 발전하고 변화해온 조건과 상황에 대한 지식이 필요하다(결과, 징후, 가면, 위선, 질병, 오해로서의 도덕, 그러나 또한 원인, 치료제, 자극제, 억제제, 독으로서의 도덕). 그와 같은 지식은 지금까지 존재한 적도 요구된 적도 없었다. 사람들은 이러한 '가치들'의 가치를 주어진 것으로, 하나의 사실로서, 모든 문제 제기를 넘어서 있는 것으로 받아들였다. 사람들은 지금까지도, '선한 사람'을 '악한 사람'보다 더 가치가 있다고, 즉 (인간의 미래를 포함한) 인간 일반의 관점에서의 진흥, 유용성, 번영이라는 의미에서 더 가치가 있다고 평가하는 것에 대해 조금도 의심하거나 동요하지 않았다. 만일 정반대의 것이 진리라고 한다면 어떻겠는가? 선한 사람 안에 쇠퇴의 징후가, 그리고 또한 미래를 희생하는 대가로 현재를 살아가게 하는 어떤 위험, 유혹, 독, 마취제가 있는 것이라면 어떻겠는가? 아마 [그 도덕적 삶은] 좀 더 안락하고 안전한 것이 되겠지만 좀 더 왜소하고 하찮은 것이 되지 않을까? … 그리하여 인간이 자신이 도달할 수 있는 최고의 강력함과 화려함에 이르지 못하게 될 때, 바로 도덕에 그 책임을 지운다면? 그리하여 그 도덕이야말로 위험 중의 위험이라고 한다면? …(GM, Vorrede, 6, KGW, VI-2, 265; KSA, 5, 253;『도덕의 계보』, '서문', 6, 344-345쪽)

[8] 도덕 계보학은 심층심리학이다

지금까지 심리학 전체는 도덕적인 편견과 우려에 사로잡혀 있었다. 요컨대, 심리학은 감히 심연에까지 나아갈 엄두를 내지 못했다. 내가 했던 것처럼 심리학을 힘에의 의지의 형태론과 발달이론으로 이해하는 것에 관해서 말하자면, 그 누구도 그것에 대해서는 아직 생각조차도 하지 못했다. … 그러나 만일 누군가가 증오, 질투, 탐욕, 지배욕이 라는 정서를 삶을 구성하는 정서, 생명의 전체 운영에서 근본적이고 본질적인 것으로 존재할 수밖에 없는 어떤 것, 삶이 더욱 고양되어야 한다면 더욱 고양될 필요가 있는 어떤 것으로 간주한다면, 그 사람은 마치 뱃멀미를 겪는 것처럼 자신의 그러한 판단 방향 때문에 괴로워하게 될 것이다. 그럼에도 불구하고 이 가설은 이 거대하고 아직은 거의 새로운 위험한 인식 영역 안에서는 결코 가장 고통스럽지도 가장 낯선 것도 아니다. … 대담한 여행자와 모험가에게도 보다 심층적인 통찰의 세계가 아직 한 번도 열린 적이 없었다. 이와 같이 '희생을 하는' 심리학자는 — 이것은 지성의 희생(sacrifizio dell'intelletto)이 아니라 오히려 그 반대다 — 적어도 심리학이 여러 학문들의 주인으로 다시 인정받게 되고, 그 밖의 학문들이 그것에 봉사하고 준비하기 위해 존재할 것을 요구할 수도 있을 것이다. 왜냐하면 심리학은 이제 다시 근본적인 문제에 이르는 길이 되었기 때문이다.(JGB, 23, KGW, VI-2, 32-33; KSA, 5, 38-39; 『선악의 저편』, 44-46쪽)

[9] 주인 도덕과 노예 도덕

앞에서 말했듯이, 상위의 지배 종족이 하위의 종족 즉 '하층민'에 대해서 지속적으로 갖는 전체적이고 근본적인 지배적 감정 즉 고귀함과 거리의 파토스가 '선'과 '악'의 대립의 기원이다. (이름을 부여하는 지배권은 언어 자체의 기원을 지배적 권력의 표현으로 간주하는 것을 허용하기에 이를 정도이다. 지배자들은 '그것은 이러저러하다'고 말하며, 그들은 모든 사물과 사건을 한 마디 소리로 봉인하고, 이것을 통해 말하자면 그것을 점유한다.) 이러한 기원으로부터, '선'이라는 용어가 저 도덕 계보학자들의 미신이 주장하는 것처럼 처음부터 필연적으로 '비이기적' 행위와 결부되어 있는 것은 아니라는 사실이 드러난다. 오히려 이러한 '이기적'과 '비이기적'의 대립 전체가 점점 더 인간의 양심에 호소력을 갖게 된 것은 귀족적 가치판단의 몰락과 더불어서이다. 이 몰락은, 나의 언어로 말하자면, 그것과 더불어 마침내 자신의 언어를 (또한 언어들을) 갖게 된 무리본능이다.(GM, I, 2, KGW, VI-2, 273-274; KSA, 5, 259-260; 『도덕의 계보』, 354쪽)

[10] 삶의 부정으로서의 도덕

A. 삶의 최고 본능을 경멸하라고 가르쳤다는 것, 육체를 모욕하기 위해 '영혼'과 '정신'을 날조했다는 것, 삶의 전제인 성적인 것 속에서 어떤 불결한 것을 느끼도록 가르쳤다는 것, 성장에 가장 필요한 것인 단호한 이기심(이 용어는 이미 비방적이다) 속에서 악의 원리를 찾는 것, 반대로 몰락과 반본능의 전형적인 징후에서, 즉 '사심 없음' 속에서, 무게 중심의 상실 속에서, '탈개인화'와 '이웃사랑'(이웃중독!) 속에서 보다 높은 가치를, 아니 가치 그 자체를 본다는 것. … 탈아의 도덕은 전형적인 몰락의 도덕(Niedergangs-Moral)이며, '나는 몰락한다'는 사실을 '너희 모두는 몰락해야 한다'는 명령으로 옮기는 도덕이다. 그것은 단지 명령으로 옮기는 것만이 아니다. 지금까지 가르쳐진 유일한 도덕인 탈아의 도덕은 종말 의지를 누설하고 있다. 이것은 가장 밑바닥에서부터 삶을 부정하는 것이다. 그러나 지금 아직은 인류가 아니라 단지 기생충과 같은 부류의 인간들, 즉 도덕을 통해서 기만적으로 스스로를 가치를 결정하는 자로 탈바꿈시켰던 성직자들—이들은 그리스도교

도덕에서 권력에 이를 수 있는 수단을 찾아냈다—만이 퇴화할 가능성이 남아 있다. … 그리고 실제로 나의 통찰은 이러하다. 인류의 교사와 지도자, 신학자 전체가 모두 데카당(décadents)이었다. 이것에 의해 모든 가치가 삶에 적대적인 것으로 전도된 이유가 설명되고, 이것에 의해 도덕이 설명된다. … 도덕의 정의. 도덕은 삶에 보복하려는 숨은 의도를 가진 데카당의 특이 성질이다. 그리고 그것은 성공적이었다. 나는 이 정의에 가치를 부여한다.(EH, Warum Ich ein Schicksal bin, 7, KGW, VI-3, 370; KSA, 6, 372; 『이 사람을 보라』, '왜 나는 하나의 운명인지', 7, 465쪽)

B. 도덕적 주제에 대한 가장 빗나간 도식화로서의 그리스도교, 이것에 인류는 지금까지 귀를 기울여왔던 것이다. 실제로, 이 책이 가르치고 있는 순수하게 미적인 세계해석과 세계정당화에 대해서 그리스도교보다 더 대립하는 것은 없다. 그리스도교는 오직 도덕적일 뿐이며 또한 도덕적이고자 한다. 그리고 그것은 자신의 절대적인 척도를 가지고, 예를 들면 신의 진실성을 주장하면서 예술을, 모든 예술을 거짓의 영역으로 추방한다. 다시 말하면 그것을 부정하고 저주하고 단죄한다. 그것이 진정한 것인 한에서는 예술에 적대적일 수밖에 없는 이런 종류의 사고방식과 평가방식의 배후에서 나는 오래전부터 삶에 대한 적대감, 원한과 복수심에 가득 찬 삶 자체에 대한 혐오를 감지했다. 왜냐하면 모든 삶은 가상, 예술, 착각, 광학, 관점적인 것과 오류의 필연성에 근거하고 있기 때문이다. 그리스도교는 처음부터 본질적으로 그리고 근본적으로 삶이 삶에 대해서 느끼는 구토와 염증이었다. 이 구토와 염증은

'다른' 혹은 '더 나은' 삶에 대한 믿음으로 위장되고 숨겨지고 치장되었을 뿐이다. 세계에 대한 증오, 정념에 대한 저주, 아름다움과 감성에 대한 두려움, 차안의 세계를 더 잘 비방하기 위해서 고안된 피안, 근본적으로 허무, 종말, 안식, '안식일들 중의 안식일'을 향한 열망, 이 모든 것은 오직 도덕적 가치만을 인정하고자 하는 그리스도교의 무조건적인 의지와 마찬가지로 나에게는 항상 '몰락에의 의지'(Willens zum Untergang)의 모든 가능한 형식들 중에서도 가장 위험하고 가장 섬뜩한 형식으로, 적어도 삶에 있어서 가장 깊은 병, 피로, 불만, 쇠진, 빈곤의 징후로 생각되었던 것이다. 왜냐하면 삶은 본질적으로 비도덕적인 것이기 때문에 도덕(특히 그리스도교적, 즉 무조건적인 도덕) 앞에서 삶은 항상 그리고 불가피하게 부당한 취급을 받을 수밖에 없기 때문이다. 결국, 경멸과 영원한 부정의 무게에 짓눌린 삶은 갈망할 가치가 없는 것으로서, 그 자체가 무가치한 것으로서 느껴져야만 한다. 도덕 자체는 어떤가? 도덕은 처음부터 끝까지 '삶을 부정하려는 의지'이고 은밀한 파괴 본능이자 쇠망, 왜소화, 비방의 원리가 아닐까? 따라서 또한 위험 중의 위험이 아닐까? 그러므로 삶을 변호하는 본능으로서의 나의 본능은 당시에 이 문제의 책을 가지고 도덕에 대항하였던 것이며, 삶에 대한 근본적인 대항 원리와 평가, 즉 순수하게 예술적이고 반그리스도적인 원리와 평가를 고안해냈다. 그것은 무엇으로 불려야 했는가? … 나는 그것을 디오니소스적인 것이라고 불렀다.(GT, Versuch einer Selbstkritik, §5; KGW, III-1, 12-13; KSA, 1, 18-19; 『비극의 탄생』, '자기비판의 시도', §5)

[11] 자연으로 돌아가라 : 루소와 괴테의 경우

A. 내가 생각하는 진보. 나 역시 '자연으로의 회귀'(Rückkehr zur Natur)를 말한다. 그것이 본래 돌아감이 아니라 상승(Hinaufkommen), 드높고 자유로우며 심지어는 섬뜩하기까지 한 자연과 자연성으로의 상승, 큰 과업을 안고 유희하고 또한 유희할 권리를 갖는 자연과 자연성으로의 상승이기는 하지만 말이다. … 비유를 들어 말하자면, 내가 이해하고 있는 바에 따르면 나폴레옹은 한 편의 '자연으로 돌아감'이었다(예를 들면 전술의 측면에서 그러했는데, 군인들은 잘 알겠지만 전략의 측면에서는 더욱 그러했다). 하지만 루소, 그는 진정 어디로 돌아가기를 원했던가? 최초의 현대적 인간인 루소, 하나의 인물 안에 이상주의자와 천민을 함께 가지고 있었던 그는 자신의 고유한 관점을 견디기 위해 도덕적 '품위'를 필요로 했던 인물이었고, 억제할 수 없는 허영과 억제할 수 없는 자기 경멸 때문에 병들어 있던 인물이었다. 새 시대의 문턱에 자리하고 있었던 이 기형아 역시 '자연으로의 회귀'를 원했다. 다시 한 번 묻거니와 루소는 어디로 돌아가기를 원했는가? 나는 여전히 프랑스 혁명에 내재해 있는 루소를 증오한다. 그 혁명은 이상주의자와 천민이라는 이 이중성에 대한 세계사적 표현이다. 그 혁명의 수행과정에서 나타났던 잔인한 광대극, 그것의 '비도덕성'은 나의 관심사가 아니다. 내가 증오하는 것은 그 혁명의 루소적인 도덕성, 즉 소위 말하는 혁명의 '진리'이다. 그 혁명은 이 진리와 함께 계속 영향을 끼치고 있고 모든 천박하고 평균적인 사람들을 설득해대고 있다. 평등의 원리! … 이것보다 더 유해한 독은 존재하지 않는다. 왜냐하면 그것은 정의에 대해서 설파하고 있는 것처럼 보이지만 정의의 종말이기 때문이다.(GD, Streifzüge eines

Unzeitgemässen, 48, KGW, VI-3, 144; KSA, 6, 150; 『우상의 황혼』, '어느 반 시대적 인간의 편력', 48, 190-191쪽)

B. 괴테, 독일적 사건이라기보다는 유럽적 사건인 괴테. 그는 자연으로의 회귀를 통해, 르네상스 시대의 자연성으로의 상승을 통해 18세기를 극복하고자 했던 위대한 시도, 18세기 쪽에서 시도된 일종의 자기극복이었다. 그는 18세기가 가지고 있었던 가장 강한 본능들, 즉 감수성, 자연숭배, 반역사적인 것, 이상적인 것, 비현실적인 것, 그리고 혁명적인 것(이것은 비현실적인 것의 한 형식일 뿐이다)을 자신 안에 가지고 있었다. 그는 역사, 자연과학, 고대, 그리고 또한 스피노자의 도움을 받았고, 무엇보다도 실천적 활동의 도움을 받았다. 그는 순수한 그리고 하나의 전체를 이루는 지평들로 스스로를 에워쌌다. 그는 삶으로부터 떨어지지 않았고 오히려 그 안에 자리 잡았다. 그는 겁내지 않고 가능한 한 많은 것을 자신에게, 자신을 위해, 자신 안에 받아들였다. 그가 원했던 것, 그것은 총체성(Totaliät)이었다. 그는 (괴테의 대척점에 있었던 칸트에 의해 가장 끔찍하게 현학적인 방식으로 설교된) 이성, 감성, 감정, 의지의 분리에 대항하여 싸웠다. 그는 총체성을 향하여 스스로를 도야했고 그렇게 자신을 창조하였다. … 괴테는 강하고 교양이 높으며, 모든 육체적인 일에 능숙하고 스스로 자제하며 자기 자신에 대해 경외심을 갖는 인간, 자연의 전 영역과 풍부함을 자신에게 기꺼이 베풀 줄 아는 인간, 이러한 자유를 충분히 누릴 만큼 강한 인간을 구상하였다. 평균적 본성을 몰락시키는 것을 자신의 이득을 위해 사용할 줄 알기에 허약해서가 아니라 강하기 때문에 관용적인 인간, 악덕

이라고 불리든 미덕이라고 불리든 상관없이 허약함에 대한 금지 이외에는 어떤 금지도 가지고 있지 않은 인간을 … 이렇게 자유로워진 정신은 즐겁고 신뢰할만한 운명론으로 무장한 채 우주의 한 가운데에 서 있다. 오직 개별자만이 비난 받을만 하며 모든 것은 전체 속에서 구원되고 긍정될 수 있다는 믿음 속에서. 그는 더 이상 부정하지 않는다. 그런데 이러한 믿음은 가능한 모든 믿음들 가운데 최고의 것이다. 나는 디오니소스라는 이름으로 이 믿음에 세례를 베푼 바 있다.(GD, Streifzüge eines Unzeitgemässen, 49, KGW, VI-3, 145-146; KSA, 6, 151-152; 『우상의 황혼』, '어느 반시대적 인간의 편력', 49, 191-192쪽)

[12] 힘에의 의지

A. 심리학적으로 [이해된] 힘에의 의지.

심리학에 대한 통일적 이해.

우리는 엄청나게 많은 형식들의 형성을 단일성(Einheit)으로부터의 발생과 양립시키는 데 익숙해져 있다.

힘에의 의지가 원초적인 감정-형식(primitive Affekt-Form)이라는 것, 다른 모든 감정들은 단지 그것의 형태들에 불과하다는 것.

모든 생명체가 당연하게 추구한다고 말하는 개별적 '행복'(Glücks) 대신에 힘을 설정하는 것에는 의미심장한 깨우침이 있다는 것. '생명체는 힘을, 힘의 증대를 추구한다'. 쾌락(Lust)은 도달된 힘에 대한 지각(Gefühl)의 징후, 차이-의식(Differenz-Bewußtheit)에 불과하다.

생명체는 쾌락을 추구하지 않는다. 오히려 쾌락은 그것이 추구하던 것이 이루어졌을 때 비로소 등장한다. 쾌락은 수반되는 것이다. 쾌락은 유발하지 않는다. …
모든 충동적 힘은 힘에의 의지라는 것, 그 외에는 생리적 힘도, 역동적 힘도, 심리적 힘도 존재하지 않는다는 것 ….(NF, Anfang 1888-Januar 1889, 14[121], KGW, VIII-3, 92; KSA, 13, 300; 『유고(1888년 초-1889년 1월 초)』, 119쪽)

B. 운동들은 징후들이다. 사상들 역시 마찬가지로 징후들이다. 욕구들이 그것들[운동과 사상]의 배후에 있다는 것은 우리에게 명백하다. 그리고 근원적 욕구(Grundbegierde)는 힘에의 의지다. '운동 자체'가 아무 것도 아닌 것처럼 '의식 자체'는 아무 것도 아니다.(NF, Herbst 1885-Herbst 1887, 1[59], KGW, VIII-1, 21; KSA, 12, 25; 『유고』(1885년 가을-1887년 가을), 29쪽)

C. 따라서 어떤 사물(Dinge)도 남아 있지 않다. 오직 다른 모든 동력학적 양자들(dynamische Quanta)과 긴장관계 속에 놓여 있는 동력학적 양자들만이 있을 뿐이다. 그것들의 본질은 그것들이 다른 모든 양자들과 맺고 있는 관계 속에, 그것들에 대한 '작용' 속에 있다. 힘에의 의지는 존재도 아니고 생성도 아니며 오히려 하나의 파토스다. 그것은 생성과 작용이 그 안에서 비로소 생겨나는 가장 원초적인 사실(elementarste Thatsache)이다. … (NF, Anfang 1888-Januar 1889, 14[79], KGW, VIII-3, 51; KSA, 13, 259; 『유고』(1888년 초-1889년 1월 초), 69쪽)

D. 존재의 가장 내밀한 본질이 힘에의 의지라면, 쾌락이 모든 힘의

증대이고 불쾌는 저항할 수 없고 지배할 수 없음에 대한 지각이라면, 쾌락과 불쾌를 주요 사태들(Cardinal-Thatsachen)로 설정해도 되지 않겠는가? 긍정과 부정의 이 두 진동 없이 의지가 가능하겠는가? 그런데 누가 쾌락을 느끼는가? … 그런데 누가 힘을 원하는가? … 본질이 힘의지(Machtwille) 자체이고, 따라서 쾌락과 불쾌에 대한 지각인 한에서, 그것은 불합리한 질문이다. 그럼에도 불구하고 그것은 대립, 저항을 필요로 한다. 그러므로 그것은 상대적으로 특정한 위치를 점유하고 있는 우월한 단일성들을 필요로 한다.(NF, Anfang 1888-Januar 1889, 14[80], KGW, VIII-3, 52; KSA, 13, 260; 『유고』(1888년 초-1889년 1월 초), 69쪽)

E. 우리의 지성, 우리의 의지, 그리고 또한 우리의 감각은 우리의 가치 평가에 의존해 있다. 그리고 이 가치 평가는 우리의 충동이나 실존 조건에 응답하는 것이다. 우리의 충동은 힘에의 의지로 환원될 수 있다.
힘에의 의지는 우리가 도달하는 최후의 사실(letzte Factum)이다. (NF, Herbst 1884-Herbst 1885, 40[61], KGW, VII-3, 393; KSA, 11, 661; 『유고』(1884년 가을 - 1885년 가을), 504쪽)

F. 우리의 물리학자가 신과 세계를 만드는데 의거하였던 '힘'(Kraft)이라는 승리에 찬 개념은 아직 보완이 필요하다. 거기에는 내가 '힘에의 의지'로 표기하고 있는 내적 세계 즉 힘을 표출하고자 하는 지칠 줄 모르는 열망, 또는 내가 창조적 충동으로 간주하고 있는 힘의 사용과 행사 등이 부여되어야 한다. 물리학자들은 그들

의 원칙상 '원격 작용'으로부터 자유롭지 못하다. 반발력(혹은 견인력)에 대해서도 마찬가지이다. 이는 아무런 도움도 되지 않는다. 모든 운동, 모든 '현상', 모든 '법칙'은 단지 어떤 내적 생성(Geschehen)의 징후로서만 파악되어야 하며, 인간이라는 유비는 최후에 사용되어야 한다. 동물의 경우, 힘에의 의지로부터 그것의 모든 충동들을 이끌어내는 것이 가능하다. 유기적 생명체의 모든 기능을 하나의 원천에서 이끌어내는 것도 마찬가지로 가능하다. (NF, Herbst 1884-Herbst 1885, 36[31], 287, KGW, VII-3, 287; KSA, 11, 563; 『유고』(1884년 가을-1885년 가을), 375쪽)

[13] 관계로서의 힘에의 의지 : 기계론과 동력학 비판

A. 힘 양자(Machtquantum)는 그것이 행사하고 저항하는 작용(Wirkung)을 통해서 드러난다. 무관심한 상태(Adiaphorie)는 존재하지 않는다. 그러한 것을 생각해 볼 수는 있지만 말이다. 힘 양자는 본질적으로 폭력에의 의지(Wille zur Vergewaltigung)이자 폭력으로부터 자신을 방어하고자 하는 의지이다. 그것은 자기보존(Selbsterhaltung)의 의지가 아닌 것이다. 모든 원자는 존재 전체에 작용한다. 힘의지의 이러한 발산을 없는 것으로 간주한다면 원자도 없는 것으로 간주된다. 이러한 이유로 나는 그것을 '힘에의 의지' 양자라고 부른다. 이렇게 해서 기계적 질서 자체를 없는 것으로 간주하지 않는 한 그 기계적 질서로부터 배제될 수 없는 특징이 표현된다.

이런 작용의 세계를 가시적인 세계로—우리 눈에 비친 세계로—옮긴 것이 '운동'이라는 개념이다. 여기에는 어떤 것(etwas)

이 움직인다는 생각이 밑바탕에 놓여 있다. 그것이 작은 덩어리-원자라는 허구이건, 아니면 그 허구를 추상한 역동적 원자이건 간에, 거기서는 언제나 작용하고 있는 어떤 사물(Ding)이 여전히 생각되고 있다. 즉 감관과 언어가 우리를 유인한 그 습관으로부터 우리는 빠져나오지 않고 있다. 이로부터 주체, 대상, 행위와 그 행위자, 행위와 그 행위가 하는 것 사이의 구별이 나타난다. 하지만 그것은 한갓 기호론에 지나지 않으며 현실의 어느 것도 표현하지 않는다는 것을 잊지 말자. 운동에 대한 이론으로서의 기계론은 이미 인간의 감관 언어로 번역된 것이다.

… 이런 부가물들을 제거해보자. 그러면 어떤 사물도 남지 않게 된다. 오히려 다른 모든 역동적 양자들과 긴장 관계를 형성하는 역동적 양자들만이 남는다. 이 양자의 본성은 다른 모든 양자들과의 관계에 있으며, 다른 모든 양자들에 대한 작용에 있다.(NF, Anfang 1888-Anfang Januar 1889, 14[79]; KGW, VIII-3, 50-51; KSA, 13, 258-259; 『유고』(1888년 초-1889년 1월 초), 67-69쪽)

B. 우리의 물리학자가 신과 세계를 만드는 데 의거하였던 '힘'(Kraft)이라는 승리에 찬 개념은 아직 보완될 필요가 있다. 내가 '힘에의 의지'로 표현하고 있는 내적 세계, 즉 지칠 줄 모르는 힘을 드러내려는 욕망, 또는 힘의 행사와 집행, 창조적 충동 등이 보태져야 한다. 물리학자는 원리상 '원격 작용'을 벗어나지 않는다. 반발력(혹은 견인력)도 이와 마찬가지이다. 이는 아무런 도움도 되지 않는다. 모든 운동, 모든 현상, 모든 '법칙'은 단지 어떤 내적 생성(Geschehen)의 징후로서 파악될 수밖에 없으며, 인간이라는 유비

는 최후에 사용되어야 한다. 동물의 경우, 힘에의 의지로부터 모든 그 충동을 이끌어내는 일은 가능하다. 유기체적 생명의 모든 기능을 이러한 하나의 원천에서 이끌어내는 일도 마찬가지다.(NF, Herbst 1884-Herbst 1885, 36[31], KGW, VII-3, 287; KSA, 11, 563; 『유고』(1884년 가을-1885년 가을), 375쪽)

[14] 인과 개념에 기초해서 구축된 형이상학적 가정들

힘에의 의지 원리적으로

'원인' 개념 비판

나에게는 출발점이, 운동의 원천으로서의 '힘에의 의지'가 필요하다. 따라서 운동은 외부로부터 규정되어서는 안 된다—촉발되어서는 안 된다. …

나에게는 의지를 발생시키는 운동의 단초와 운동의 중심들이 필요하다. …

우리는 원인에 대해서는 절대적으로 어떤 경험도 갖고 있지 않다.

심리적으로 계산해 보자면, 이 개념 전체는 우리가 원인이라는, 말하자면 팔이 움직인다는 주관적 확신으로부터 우리에게 생겨난다. … 하지만 이것은 오류다.

우리는 우리 행위자를 행위로부터 구별하고 이 도식을 보편적으로 사용한다. 이렇게 우리는 모든 발생(Geschehen)에 대해 행위자를 찾는다. …

우리가 무슨 일을 한 것인가? 우리는 힘, 긴장, 저항에 대한 느낌, 그리고 운동의 시작일 뿐인 근육의 느낌을 원인으로 오해한 것이다.

혹은 이러저러한 행위를 하려는 의지를, 이 의지에 활동이 뒤따른다는 이유로 원인으로 이해한 것이다. 원인, 즉 …

'원인'은 결코 드러나지 않는다. 원인이 우리에게 주어진 것처럼 보이고, 우리가 그 원인에 기초해서 발생에 대한 이해를 추정하였던 몇몇 경우들은 자기기만을 입증하고 있을 뿐이다. 우리의 '발생에 대한 이해'는, 무엇인가가 발생했다는 사실과 그것이 어떻게 발생했는지에 대해서 설명할 책임을 지게 될 주체를 우리가 고안해냈다는 데에 있다.

우리는 우리의 의지-감(感), 우리의 자유-감, 우리의 책임-감과 행위에 대한 우리의 의도를 '원인'이라는 개념으로 통합했던 것이다.

작용인(causa efficiens)과 목적인(cusa finalis)은 그 근본적 개념에 있어서는 한 가지인 것이다.

우리는 결과가 이미 내재해 있는 어떤 상태가 제시되면, 그 결과가 해명된 것이라고 믿었다.

실제로 우리는 모든 원인들을 결과 도식에 따라 고안해낸다. 후자[결과]는 우리에게 알려져 있는 것이다. … 반대로 우리는 어떤 사물에 대해서 그것이 어떤 '결과를 산출할'(wirkt) 것인지에 대해서 미리 말할 수 있는 입장에 있지는 않다.

사물, 주체, 의지, 의도, 이 모든 것이 '원인' 개념에 내재해 있다.

우리는 어떤 것이 왜 변화했는지를 설명하기 위해서 사물을 찾는다. 심지어 원자(Atom)조차 이렇게 추측으로 만들어낸 '사물'이자 '근원주체'(Ursubjekt)인 것이다. …

결국, 우리는 사물, 따라서 원자 또한 어떤 결과도 산출하지 않는다는 점을 파악하게 된다. 그것들은 결코 존재하지 않기 때문이다. … 인과성이라는 개념은 전적으로 불필요하다. 여러 상태들의 필연적 연속으로부터 그것들의 인과 관계(즉 1에서 2로, 3으로, 4로, 5로 도약하게 만드는 그것들의 작용 능력)가 귀결되지 않는다.
인과 해석(Causalitäts-Interpretation)은 착각이다. …
운동은 단어다. 운동은 어떤 원인도 아니다.
사물이란, 개념이나 상 … 등에 의해 종합적으로 결합된 작용들의 총계이다.
원인도 결과도 없다.
언어상으로는 우리는 원인과 결과에서 벗어날 수 없다. 하지만 이것은 중요하지 않다. 내가 근육을 그 '작용들'로부터 분리시켜 생각하게 된다면, 나는 근육을 부정하게 되는 셈이 된다. …
요약하면, 발생은 결과로서 야기되지도(bewirkt), 결과를 야기하지도(bewirkend) 않는다.
원인은 결과를 산출하는 능력으로서, 발생에 대해서 추측으로 고안된 것이다. …
칸트가 생각하는 것과 같은 인과성-의미는 존재하지 않는다.
사람들은 어리둥절해 하고 불안해 한다. 그래서 그들은 자신을 지탱해 줄 수 있는 알려진 무언가를 원한다. …
새로운 것 안에서 오래된 어떤 것이 우리에게 제시되는 즉시 우리는 안심한다.
소위 인과-본능은 단지 익숙하지 않은 것 앞에서의 공포에 지나지 않으며, 그 익숙하지 않은 것 안에서 무언가 알려져 있는 것을 발견하려는 시도인 것이다.
원인이 아니라 알려진 것에 대한 탐구 ….(NF, Anfang 1888-Anfang 1889, 14[98], KGW, VIII-3, 66-68; KSA, 13, 274-276; 『유고』(1888년 초-1889년

초), 86-89쪽)

[15] 언어적 허구에 의해 구성된 안정성의 형이상학

마지막으로 우리가(나는 예의바르게 우리라고 말하고 있다. …) 오류(Irrthum)와 가상(Scheinbarkeit)의 문제를 어떤 다른 방식으로 포착하는지를 대조해서 고찰해보자. 이전에 사람들은 변화, 변동, 생성 일반을 가상에 대한 증거로서, 우리를 오도하는 어떤 것이 있음에 틀림없다는 표시로서 받아들였다. 반대로 오늘날 우리는, 이성의 편견이 통일성, 동일성, 지속, 실체, 원인, 물성(Dinglichkeit), 존재를 덧붙이도록 우리를 강요하는 한에서, 그만큼 우리는 오류에 빠지게 되며 필연적으로 오류로 향하게 된다는 점을 이해하게 된다. 엄밀한 검토에 기초해서 우리는 오류가 바로 여기에 있다는 점을 확신하게 되었다. 이 점은 태양의 운동과 다르지 않다. 이 경우에는 우리의 눈이 오류에 대한 불변의 변호인이 되지만, 앞의 경우에는 우리의 언어가 오류의 불변의 변호인이 된다. 언어는 그 기원에서 보자면 심리학이 가장 원초적인 형태를 띠던 시기에 속한다. 언어형이상학(Sprach-Metaphysik)의 근본 전제들, 토속적 언어로 말하자면 이성의 근본 전제들을 의식하게 될 때, 우리는 조야한 물신숭배의 단계로 진입하게 된다. 언어형이상학은 도처에서 행위자와 행위를 보며, 일반적 원인으로서의 의지를 믿는다. 그것은 '나', 존재로서의 나, 실체로서의 나를 믿으며, 자아/실체에 대한 믿음을 모든 사물에 투사한다. 이와 더불어 그것은 '사물'이란 개념을 비로소 만들어낸다. … 존재는 도처에서 원인으로 고려되고 또한 도입된다. '나'라는 개념으로부터 '존재' 개념이 파생된 것으로서 따라 나온다. … 처음부터, 의지가 결과를 산출하는 어떤 것이라는, 의지가 일종의 능력(Vermögen)이라는 치명적인 커다란 오류가 있었다. … 오늘날 우리는 의지란 단지 단어에 불과한 것임을 알고 있다. … 한참 후에, 천 배나 더 계몽된 세계에서 이성 범주를 다루면서 확실성(Sicherheit), 주관적 확신(Gewissheit)이라는 것이 놀랍게도 철학자들의 머리에 떠올랐다. 그들은 이성 범주들이 경험 영역에서 발생할 수 없고, 경험 영역 전체가 이성 범주들과는 모순 관계에 있다고 결론지었다. 그렇다면 이성 범주들은 어디에서 유래하는 것인가? … 우리가 문법을 여전히 믿고 있기 때문에 신으로부터 벗어나지 못하는 게 아닌가 하고 염려하게 된다. …(GD, Die Vernunft in der Philosophie, 5, KGW, VI-3, 71-72; KSA, 6, 77-78; 『우상의 황혼』, '철학에서의 이성', 100-101쪽)

[16] 힘에의 의지의 세계, 디오니소스적 생성의 세계

그대들은 또한 나에게 '세계'란 어떤 것인지를 알고 있는가? 그것을 너희에게 나의 거울로 보여주어야 할까? 이 세계는 시작도 끝도 없는 거대한 힘(Kraft)이며, 커지지도 적어지지도 않으며 소모되지 않고 오히려 전체로서는 그 크기가 변하지 않지만 다양한 모습으로 변화하는 견고하고 강철과 같은 커다란 힘이며, 지출과 손해가 없지만 마찬가지로 증가나 소득도 없이, 경계선에 의해 둘러싸여 있는 것처럼, '무'(Nichts)에 의해 둘러싸여 있는 가계 운영(Haushalt)이다. 또한 그 세계는 결코 흐지부지되거나 낭비되지도 않고 무한히 확장되지도 않는 어떤 것으로서, 일정한 힘으로서 일정한 공간 속에 자리하고 있지만 어디인지는 모르지만 어떤 '빈' 공간이 아니라 오히려 도처에 존재하는 힘으로서, 힘들의 놀이와 힘들의 파동으로서 존재하며, 하나이자 동시에 '다수'이고, 여기에서는 증가하지만 동시에 저기에서는 줄어드는 것이다. 그것은 자기 안에서 휘몰아치며 범람하는 힘들의 바다로서, 엄청난 세월의 귀환 속에서 밀물과 썰물처럼 그 형태들이 들어왔다가 빠져나가면서 영원히 소요하고 영원히 되돌아온다. 이렇게 그것은 가장 단순한 것에서 가장 복합적인 것으로, 가장 고요한 것, 가장 단단한 것, 가장 차가운 것에서 가장 뜨거운 것, 가장 야생적인 것, 가장 자기 모순적인 것으로 움직이며, 그다음에는 다시 풍부한 것에서 단순한 것으로, 모순의 놀이로부터 조화의 즐거움으로 귀향하면서, 자신의 궤도와 시간의 이 동일성 속에서도 자기 자신을 긍정하고, 자기 자신을 영원히 회귀해야만 하는 것으로서 즉 어떤 포만이나 권태 혹은 피로도 모르는 생성으로서 축복하는 것이다. 영원한 자기 창조와 영원한 자기 파괴의 나의 이러한 디오니소스적인 세계, 이중적 쾌락의 이 비밀스러운 세계, 이러한 나의 선악 저편의 세계, 어떤 목적이 순환의 행복 속에 놓여 있지 않기에 목적이 없는 세계, 원환의 고리가 스스로에 대해 선한 의지를 갖지 않기에 의지도 없는 세계—그대들은 이러한 세계를 위한 이름을 원하는가? 그 모든 수수께끼에 대한 하나의 해결책을? 그대들, 가장 깊게 숨어있고 가장 강하고 가장 대담하며 가장 한밤중에 있는 자들이여, 그대들을 위해서도 빛을 원하는가?—이 세계는 힘에의 의지다—그리고 그 외에 어떤 것도 아니다! 그대들 자신 역시 이러한 힘에의 의지다—그리고 그 외에 어떤 것도 아니다!(NF, 38[12], KGW, VII-3, 338-339; KSA, 11, 611; 『유고』(1884년 가을-1885년 가을), 435-436쪽)

[17] 위버멘쉬에 이르는 길 : 낙타 – 사자 – 어린 아이

나 이제 너희에게 정신의 세 변화에 대해 이야기하련다. 정신이 어떻게 낙타가 되고, 낙타가 사자가 되며, 사자가 마침내 어린아이가 되는가를.

억새고 짐깨나 지는 정신, 경외하는 마음을 가진 정신에게는 무거운 짐이 많다. 그의 강인함은 무거운 짐을, 그것도 더없이 무거운 짐을 원하기 때문이다.

… 짐깨나 지는 정신은 이처럼 더없이 무거운 짐 모두를 짊어진다. 그러고는 마치 짐을 가득 지고 사막을 향해 서둘러 가는 낙타처럼 자신의 사막으로 서둘러 간다.

그러나 한없이 외로운 저 사막에서 두 번째 변화가 일어난다. 정신은 여기에서 사자로 변한다. 정신은 이제 자유를 쟁취하여 그 자신의 사막에서 주인이 되고자 한다.

그는 여기에서 자신이 섬겨온 마지막 주인을 찾아 나선다. 그는 그 주인에게 그리고 그가 믿어온 마지막 신에게 대적하려 하며, 승리를 위해 그 거대한 용과 일전을 벌이려 한다.

정신이 더 이상 주인 또는 신이라고 부르기를 꺼려하는 그 거대한 용의 정체는 무엇인가? 그 거대한 용은 '너는 해야만 한다'라고 불리는 것이다. 그러나 사자의 정신은 '나는 하고자 한다'고 말한다.

… 새로운 가치를 창조하는(schaffen) 것, 사자라도 아직은 이것을 해내지 못한다. 그러나 새로운 창조를 위해 자유를 쟁취하는(schaffen) 일, 사자의 힘은 이것을 해낼 수 있다.

형제들이여, 자유를 쟁취하고 의무에 대해서조차도 엄숙하게 아니오라고 말할 수 있기 위해서는 사자가 필요하다.

… 정신도 한때는 '너는 해야민 한다'를 가장 신성한 것으로 사랑했었다. 이제 그는 자신의 사랑으로부터 자유를 빼앗아 오기 위해 이 가장 신성한 것에서조차 망상과 자의를 찾아내야 한다. 바로 이러한 강탈을 위해서 사자가 필요한 것이다.

그러나 말해보라, 형제들이여. 사자조차 할 수 없는 일을 어떻게 어린아이는 해낼 수 있는가? 왜 강탈을 일삼는 사자는 이제 어린아이가 되어야 하는가?

어린아이는 순진무구요 망각이며, 새로운 시작, 놀이, 제 힘으로 돌아가는 바퀴이며 최초의 운동이자 신성한 긍정이다.

그렇다. 형제들이여, 창조의 놀이를 위해서는 신성한 긍정이 필요하다. 정신은 이제 자기 자신의 의지를 의욕하며, 세계를 상실한 자는 자신의 세계를 획득한다.(Z, I, Von den drei Verwandlungen, KGW, VI-1, 23-27; KSA, 4, 29-31; 『차라투스트라는 이렇게 말했다』, 1부 '세 변화에 대하여', 38-41쪽)

[18] 니체의 비도덕주의적 덕 개념

A. 무엇인 좋은 것(선)인가? 인간 안에서 힘의 느낌, 힘에의 의지, 힘 그 자체를 증대시키는 모든 것.

무엇이 나쁜 것(악)인가? 약함에서 유래하는 모든 것.

행복(Glück)이란 무엇인가? 힘이 증가되는 느낌, 저항이 극복되었다는 느낌.

만족이 아니라 더 많은 힘, 결코 평화가 아니라 싸움, 덕이 아니라 유능함(르네상스 시대 풍의 덕, 비르투(virtù), 도덕에서 자유로운 덕)

약자들과 실패자들은 몰락해야 한다. 이것이 우리의 인류애의 제일 원리이다. 그리고 사람들은 그들의 몰락을 도와야 한다.
어떤 패륜보다도 더 해로운 것은 무엇인가? 모든 실패자와 약자에 대한 동정 행위 … 그리스도교.(A, 2, KGW, VI-3, 168; KSA, 6, 170; 『안티크리스트』, 2, 216-217쪽)

B. 덕은 평균적 인간들이 갖는 모든 본능에 대항한다. 덕은 이롭지 않고 똑똑하지도 않으며 고립을 자초한다. 덕은 열정과 닮아 있고 이성에는 접근하기 어려운 것이다. 그리고 덕은 인격, 머리, 감각을 망쳐버린다. 덕은 항상 이렇게 평균적 인간의 척도에 의해서 측정된다. 따라서 덕은 질서에 대해, 그리고 모든 질서와 제도 그리고 현실의 내부에 숨어있는 거짓에 대해 적대적 관계에 놓여 있다. 덕은 타인에게 미치는 영향의 유해함의 관점에서 판단한다면 최악의 악덕이다.
나는 다음과 같은 점에서 덕을 알아차린다. ① 덕은 인식되기를 요구하지 않는다는 점, ② 덕은 어디에서나 덕을 전제하지 않고, 오히려 바로 그 반대의 것을 전제한다는 점, ③ 덕은 덕의 부재 때문에 괴로워하지 않고, 반대로 그것을 거리관계로서, 즉 덕에는 무언가 존경할만한 것이 있다는 근거로서 간주한다는 점. 요컨대, 덕은 전해지지 않는다는 점, ④ 덕은 선전하지 않는다는 점, … ⑤ 덕은 항상 자기 자신을 위한 덕이기 때문에, 그것은 어느 누구도 판관으로 만들려 하지 않는다는 점, ⑥ 덕은 정확히 금지되어 있는 모든 것을 행한다는 점. 내가 이해하는 바에 따르면 덕은 모든 무리-입법(Heerden-Legislatur)의 내부에서 애초부터 금지된 것이다. ⑦ 요약하면 덕은 르네상스 시대 풍의 덕, 즉 도덕으로부터 자유로운 덕, 비르투이다. …(NF, 10[109], KGW, VIII-2, 184; KSA, 12, 518; 『유고』(1887년 가을-1888년 3월), 217-218쪽)

C. 우리 역시 덕을 믿기는 하지만, 르네상스 시대 풍의 덕, 도덕으로부터 자유로운 덕인 비르투를 믿는다.(NF, 11[110], KGW, VIII-2, 294; KSA, 13, 52; 『유고』(1887년 가을-1888년 3월), 348쪽)

[19] 니체와 르네상스 시대

A. 우리 시대(유럽)가 가장 고귀한 인간 유형을 보여주고 있다는 커다란 오류에 대항하여 [나는 다음과 같이 말할 것이다]. 오히려 르네상스-인간은 더 고귀했고 그리스인들도 마찬가지였다. 아마 우리는 훨씬 아래쪽에 있을 것이다. '이해함'은 최고의 힘이 아니라 유용한 피로의 표시이다. 도덕화(Moralisirung) 자체는 일종의 '퇴화'이다.(NF, 5[89], KGW, VIII-1, 227; KSA, 12, 223; 『유고』(1885년 가을-1887년 가을), 277쪽)

B. 나에게 르네상스는 최근 천년이 도달한 최고의 지점을 항상 의미하게 될 것입니다. 그리고 그 이후에 일어난 것은 온갖 종류의 무리본능이 그 시기의 개인주의에 대항하여 일으켰던 가장 커다란 반동입니다.(Letter to Franz Oberbeck, October 1882, in Selected Letters, edited and translated by Christopher Middleton, Hackett Publishing Company, 1996, 195)

C. 르네상스와 종교개혁 — 이탈리아의 르네상스는 인류가 근대 문

화에 빚지고 있는 모든 긍정적인 힘을 자신 안에 숨기고 있었다. 이 힘들은 바로 사상의 자유로움, 권위에 대한 경멸, 혈통의 긍지에 대한 교양의 승리, 학문과 인간의 학문적인 과거에 대한 감격, 개인의 해방, 가상과 빈껍데기에 불과한 효과에 대한 혐오와 진실성에 대한 열정(이 열정은 자기 작품에서의 완전성, 그리고 최고의 도덕적 순수성을 가진 완전성 이외는 그 어느 것도 요구하지 않았던 예술적인 품성으로 온전히 휩싸인 채 활활 타올랐다)이었다. 실로 르네상스는 지금까지의 우리 근대 문화에서 단 한 번도 그렇게 다시 강했던 적 없는 긍정적인 힘을 가지고 있었다. 르네상스는 모든 오점과 부도덕에도 불구하고 이 천 년의 황금시대였다. 그런데 이에 비해 독일의 종교개혁은 뒤떨어진 정신들의 줄기찬 항의라는 점에서 대조적이다. 이 뒤떨어진 정신들은 여전히 중세의 세계관에 질려하지 않았으며, 중세가 해체되어가는 징후, 종교적 삶이 지나치게 천박해지고 피상화되는 것을 당연히 그래야 하듯이 환호하는 것이 아니라 깊은 불만을 가지고 바라 보았다. … 그리고 종교개혁은 고대 정신과 근대 정신이 완전히 하나로 유착되는 것을 영원히 불가능하게 만들었을 뿐만 아니라 학문들의 완전한 소생과 지배를 이삼백 년 정도 지연시켰다. 르네상스의 위대한 과제는 완수될 수 없었다.(MAM I, 237, KGW, IV-2, 203; KSA, 2, 199; 『인간적인 너무나 인간적인 I』, 238-239쪽)

D. 그리스도교라는 커다란 비운 안에서 플라톤은 보다 고귀한 본성을 지닌 고대인들이 '십자가'로 향하는 다리에 발을 들여놓게 만든 숙명적인 애매함이었다. … 나의 위안, 나의 선호, 온갖 플라

톤주의로부터의 나의 치료가 되었던 것은 언제나 투키디데스였다. 아무것도 속이지 않고 이성을 현실 안에서—'이성' 안에서가 아니라, 더더욱 '도덕' 안에서도 아니라—보려는 무조건적인 의지를 보여주고 있다는 점에서, 투키디데스와 그리고 아마도 마키아벨리의 『군주론』은 나 자신과 가장 가깝다. …(NF, 24[1], KGW, VIII-3, 437; KSA, 13, 625; 『유고』(1888년 초-1889년 1월 초), 537쪽)

[20] 나는 신체다

그러나 깨어난 자, 깨달은 자는 "나는 전적으로 신체일 뿐 그 밖의 아무것도 아니며, 영혼이란 신체 속에 있는 어떤 것에 붙인 말에 불과하다"고 말한다.

신체는 커다란 이성이며, 하나의 의미를 지닌 다양성이고, 전쟁이자 평화, 무리이자 목자이다.

형제여, 네가 '정신'이라고 부르는 너의 작은 이성은 너의 신체의 도구, 너의 커다란 이성의 소품이자 장난감에 불과하다.

너는 '자아'(Ich) 운운하며 그 말을 자랑스럽게 여긴다. 너는 믿으려하지 않겠지만 그것보다 큰 것이 있으니 너의 신체와 그 신체의 커다란 이성이 바로 그것이다. 그것은 자아 운운하는 대신에 그 자아를 실행한다.

… 신체를 경멸하는 자들이여, 너희는 너희의 어리석음과 경멸에서조차 너희의 자기(Selbst)를 모시고 있다. 내 너희에게 말하노니, 너희들의 자기조차도 죽기를 원하여 삶에 등을 돌리고 있다.

그 자기는 자신이 가장 원하는 것 즉 자신을 뛰어넘어 창조하는 것을 더 이상 해낼 수 없다. 그것이 가장 원하는 것이 그것이며, 자신의 전

열망인데도 말이다.(Z, Von den Verächtern des Leibes, KGW, VI-1, 35-36; KSA, 4, 39-40; 『차라투스트라는 이렇게 말했다』, 51-53쪽)

[21] 덕은 신체의 고양, 열정의 승화된 상태이다

A. 너는 일찍이 열정을 가지고 있었고, 그것을 악이라고 불렀다. 그러나 이제 너는 단지 네 자신의 덕을 가지고 있을 뿐이다. 그런데 이 덕은 너의 열정에서 자란 것이다.

너는 이러한 열정의 심장부에 너의 최고의 목표를 세웠다. 그러자 그것은 너의 덕이 되고 환희가 되었다.

네가 성마른 족속 출신이거나 음탕한 족속, 아니면 광신자나 복수심에 불타는 족속 출신이라고 할지라도,

결국, 너의 모든 열정은 덕이 되었고 너의 악마 또한 모두 천사가 되었다.

너는 일찍이 너의 지하실에서 들개들을 기르고 있었다. 그러나 그것들은 결국 새로 변해 사랑스러운 노래꾼이 되었다.(Z, I, Von den Freuden-und Leidenschaften, KGW, VI-1, 39; KSA, 4, 43; 『차라투스트라는 이렇게 말했다』, I, '환희와 열정에 대하여', 56쪽)

B. 성충동의 전개로서의 인류에 대한 동정과 사랑.

보복 충동의 전개로서의 정의.

반항심, 힘에의 의지로서의 덕.

유사한 자와 동등한 힘을 가진 자에 대한 인정으로서의 명예.

계산적인 개구리에 대한 혐오.

모든 덕은 필수적이고 좋은 것으로 느껴진 생리적인 상태들, 특히

유기체의 주요 기능들이다.

모든 덕은 본래 세련된(verfeinerte) 열정이며 고양된 상태이다.(NF, 24[31], KGW, VII-1, 704; KSA, 10, 662; 『유고』(1882년 7월-1883/1884년 겨울), 889쪽)

C. 우리의 마음은 저 위를 향해 날아간다. 그것은 우리 신체에 대한 비유요, 상승에 대한 비유다. 덕이라 불리는 것들은 이 같은 상승에 대한 비유다.

생성하는 것이자 투쟁하는 것인 신체는 이렇게 역사를 통해 나아간다. 그렇다면 정신, 그것은 신체에게 무엇인가? 신체가 벌이는 싸움과 승리를 알리는 전령사, 전우 그리고 메아리이다.

선과 악으로 불리는 모든 것들은 비유일 뿐이다. 그것들은 분명하게 말하지 않으며 단지 암시할 뿐이다. 그런 것들로부터 무엇인가를 알아내고자 하는 자는 바보다!

형제들이여, 너희의 정신이 비유를 들어 이야기하려고 할 때면 언제나 주의하도록 하라. 바로 거기에 너희의 덕의 근원이 있다.

바로 그 때 너희의 신체는 고양되고 소생하게 된다. 신체는 자신의 환희로 정신을 매료시킴으로써 창조하는 자, 평가하는 자, 사랑하는 자, 그리고 모든 사물에게 선행을 베푸는 자가 된다.(Z, I, Von der schenkenden Tugend, KGW, VI-1, 94-95; KSA, 4, 98-99; 『차라투스트라는 이렇게 말했다』, I, '베푸는 덕에 대하여', 126쪽)

[22] 덕의 상대성

형제여, 만약 네가 어떤 덕을 가지고 있고 그것이 너의 덕이라면 너는 그 덕을 그 누구와도 공유하지 못한다.
물론, 너는 그 덕에 이름을 지어 부르며 어루만져주고 싶을 것이다. 또한 너는 그것의 귀를 잡아 잡아당기며 그것과 즐거운 놀이를 하고 싶어 할 것이다.
그런데 보아라! 그렇게 함으로써 너는 이제 그 덕의 이름을 대중과 공유하게 되었으며, 너는 너의 덕과 더불어 대중이 되고 무리가 되고 말았다!
너는 오히려 이렇게 말해야 했다. "내 영혼을 번민에 잠기게도 하고 감미롭게도 하는 그것, 그리고 아직 내 뱃속의 굶주림이기도 한 그것은 발설할 수도 없고 이름도 없다"고.
이름을 불러 친숙해지기에는 너무나도 높은 곳에 너의 덕이 자리하도록 하라. 그리고 네가 너의 덕에 관해 말을 해야 한다면, 말을 더듬게 되는 것을 부끄러워하지 마라.
그러니 말하라, 더듬더듬 말하라. "이것이 나의 선이며, 나 이것을 사랑한다. 그것이 전적으로 내 마음에 들기에 나는 오직 그 선만을 원한다.
나는 그것을 어떤 신의 율법으로서 원하는 것이 아니며 인간의 제도나 편의로서 원하는 것도 아니다. 나에게 그것은 이 세상을 벗어난 천국으로 인도하는 길잡이가 아니다.
현세에서의 덕이 내가 사랑하는 덕이다. 그 덕에는 어떤 현명함도 없고 모두가 가지고 있는 이성도 거기에는 별로 없다.
그러나 그 새는 이미 내 곁에 둥지를 틀었다. 그래서 나는 그것을 사랑하며 그것을 보듬어 안는다. 그것은 이제 황금빛 알을 품은 채 내 곁에 앉아 있다."

너는 이렇게 더듬더듬 말하면서 너의 덕을 찬미해야 한다.(Z, I, Von den Freuden-und Leidenschaften. KGW, VI-1, 38; KSA, 4, 42; 『차라투스트라는 이렇게 말했다』, I, '환희와 열정에 대하여', 55-56쪽)

[23] 니체의 관점주의

… '객관성'(Objectivität)은 '무관심적 직관'(interesselose Anschauung)이 아니라(무관심적 직관은 이해불가능하고 모순적이다), 오히려 지성이 스스로의 힘으로 찬반(Für und Wider)을 할 수 있는 능력, 그것을 내걸거나 철회할 수 있는 능력으로 이해되어야 한다. 이렇게 될 때 우리는 관점들의 차이와 정서적 해석들의 차이를 인식에 유용한 것으로 만들 줄 알게 된다. 철학자 여러분, 이제부터 우리는 '순수하고 무의지적이며 고뇌가 없는 무시간적 인식 주체'를 설정했던 저 위험하고 낡은 개념의 허구 앞에서 좀 더 경계를 해야 할 것이다. 요컨대, 우리는 '순수 이성', '절대 정신', '인식 자체'와 같은 모순적 개념들의 촉수를 경계해야 할 것이다. 결코 사유될 수 없는 어떤 눈이 여기에서는 사유할 것을 요구받고 있다. 그런데 이 눈은 결코 어떤 방향도 가져서는 안 되는 눈이며, 능동적이고 해석적인 힘들—이것을 통해 본다는 것(Sehen)은 무엇보다도 어떤 것을 본다는 것(Etwas-Sehen)을 의미하게 된다—이 억제되거나 결여되어 있을 수밖에 없는 눈이다. 따라서 여기에서는 항상 눈에 대한 모순적 견해와 무개념성이 요구되고 있는 것이다. 그러나 오직 관점주의적인 '보기'(Sehen)와 오직 관점주의적인 '인식'만이 존재한다. 우리가 어떤 사태에 대해 보다 많은 감정들(Affekte)을 말로 표현할수록 그 사태에 대해 보다 많은 다양한 눈들을 설정할 수 있게 될 것이며, 결국 그 사태에 대한 우리의 '이해'(Begriff)

나 '객관성'은 보다 완전해질 것이다. 그러나 의지를 완전히 제거하고 감정을 남김없이 떼어낸다는 것은, 우리가 그것을 할 수 있다고 가정해도, 어떻게 할 수 있단 말인가? 그것은 지성을 거세하는 것을 의미하는 것이 아닌가? ….(GM, III, 12, KGW, VI-2, 382-383; KSA, 5, 364-365; 『도덕의 계보』, III, 12, 482-483쪽)

[24] 덕들 사이의 적대성

형제여, 만약 네가 행운이 있다면 너는 하나의 덕만을 갖고 있을 뿐, 더 이상은 갖고 있지 않을 것이다. 그래야 좀 더 가볍게 저 다리를 건너갈 수 있다.

많은 덕을 가지고 있다는 것은 뛰어난 일이지만 무거운 운명이기도 하다. 여러 사람들이 사막으로 갔지만, 덕들 사이의 전쟁과 전쟁터가 되어 힘에 부친 나머지 스스로 목숨을 끊고 말았다.

형제여, 전쟁과 전투는 악한 것인가? 그러나 이러한 악은 없어서는 안 될 것이며, 너의 덕 사이에 생겨나는 시샘과 불신 그리고 증상 또한 없어서는 안 될 것이다.

보라, 너의 덕 하나하나가 얼마나 최고의 자리를 열망하고 있는지를. 각각의 덕은, 너의 정신이 자신의 전령이 되도록 너의 정신 전부를 원한다. 그리고 그것은 분노와 증오 그리고 사랑에 있어서도 너의 힘 전부를 원한다.

모든 덕은 다른 덕을 질투한다. 그런데 질투란 끔찍한 일이다. 덕마저도 질투에 의해 몰락할 수 있으니 말이다.

질투의 불길에 휩싸인 자는 전갈처럼 종국에 가서는 자기 자신에게 독침을 겨냥하게 된다.

아, 형제여, 너는 자기 자신을 중상하고 찔러 죽이는 덕을 아직 본 적이 없는가?
사람은 극복되어야 할 그 무엇이다. 그리고 바로 그 때문에 너는 너의 덕들을 사랑해야 한다. 너는 그것들로 인하여 몰락하게 될 것이기 때문이다.(Z, I, Von den Freuden- und Leidenschaften, KGW, VI-1, 39-40; KSA, 4, 43-44; 『차라투스트라는 이렇게 말했다』, I, '환희와 열정에 대하여', 56-57쪽)

[25] 중용의 덕에 대한 니체의 비판

겸손하고 얌전하게 만드는 것, 이것이 그들[대중]에게는 덕이다. 그들은 이 덕으로 늑대를 개로 만들고 사람조차 사람에게 가장 쓸모 있는 가축으로 만들어버렸다.
"우리는 우리가 앉을 의자를 중앙(Mitte)에 놓았다. 즐거워하는 돼지와 죽어가는 검투사로부터 똑같은 거리로 떨어져 있는 위치에 말이다." 그들이 자신들 특유의 웃음으로 나에게 하는 말이다.
그러나 그것은 중간치(Mittelmässigkeit)일 뿐이다. 비록 그것이 중용(Mässigkeit)이라고 불리고는 있지만 말이다.(Z, III, Von der verkleinernden Tugend, KGW, VI-1, 210-211; KSA, 4, 214-215; 『차라투스트라는 이렇게 말했다』, III, '왜소하게 만드는 덕에 대하여', 282쪽)

[26] 니체에서 용기의 덕

그러나 내게는 내가 용기(Muth)라고 부르는 어떤 것이 있다. 그것은 지금까지 나의 온갖 낙담을 남김없이 물리쳤다. 그 용기가 마침내 내게 멈춰 서서 말하도록 명했다. "난쟁이여! 너! 아니면 나다!"

결국, 용기야말로 가장 뛰어난 살해자다. 특히 공격적인 용기가 그러하다. 모든 공격 속에는 맑게 울려퍼지는 유희가 있기 때문이다.
인간은 가장 용감한 동물이다. 그 용기 덕택에 그는 온갖 동물들을 제압하였다. 맑게 울려퍼지는 유희로 그는 모든 아픔까지도 극복하였다. 인간의 아픔이 가장 깊은 아픔인데도 말이다.
용기는 심연에서 오는 현기증까지 없애준다. 그런데 인간은 심연이 아니라면 어디에 있겠는가! 본다는 것은 그 자체로 심연을 본다는 것이 아니겠는가?
용기는 가장 뛰어난 살해자다. 그것은 연민의 마음(Mitleiden)마저도 없애준다. 연민의 마음이야말로 더없이 깊은 심연인데도 말이다. 사람이 삶을 그토록 깊이 들여다보면 슬픔까지도 그만큼 깊이 들여다보게 된다.
용기는 가장 뛰어난 살해자다. 공격적인 용기 말이다. 그것은 이렇게 말하면서 죽음마저 없애기 때문이다. "그것이 삶이었던가? 좋다! 그렇다면 다시 한 번!"
이러한 말 속에는 맑게 울려퍼지는 유희가 많이 존재한다. 귀를 가진 자, 그것을 듣기를.(Z, III, Vom Gesicht und Räthsel, KGW, VI-1, 194-195; KSA, 4, 198-199; 『차라투스트라는 이렇게 말했다』, III, '환영과 수수께끼에 대하여', 260-261쪽)

[27] 퇴화하는 삶의 징후로서의 이기심

또 다른 유형의 이기심(Selbstsucht)이 있으니 늘 훔치려고만 하는 너무나도 가난하여 굶주려있는 이기심, 병든 자들의 이기심, 병든 이기심이 그것이다.

이런 이기심은 도둑의 눈으로 번쩍이는 모든 것을 주시한다. 또한 그것은 굶주림을 벗어나고자 하는 욕망으로 누가 부유한지를 헤아린다. 그리고 그것은 늘 베푸는 자의 식탁 주변을 어슬렁댄다.

이와 같은 욕구와 눈에 띄지 않는 퇴화(Entartung)로부터 질병이 나타난다. 그리고 쇠약해진 신체로부터 저 이기심의 탐욕스러운 욕구가 나타난다.

나에게 말해보아라, 형제들이여. 우리에게 나쁜 것으로 그리고 가장 나쁜 것으로 간주되는 것은 무엇인가? 그것은 곧 퇴화가 아닌가? 우리는 베푸는 영혼이 없는 곳에서는 항상 퇴화를 떠올리게 된다.

우리의 길은 저 위로, 종(種)에서 그것을 넘어 상위의 종(Über-Art)으로 향해 있다. 반면에 "모든 것은 나를 위해"라고 말하는 퇴화하는 의식은 우리에게는 끔직한 것이다.(Z, I, Von der schenkenden Tugend, KGW, VI-1, 94, KSA, 4, 98; 『차라투스트라는 이렇게 말했다』, I, '베푸는 덕에 대하여', 125-126쪽)

[28] 베푸는 자의 이기성

최고의 덕은 진귀하고, 유용하지는 않지만 빛이 나며, 또한 광채 속에서도 온화하다. 베푸는 덕은 최고의 덕이다.

나의 제자들이여, 진정, 나 너희를 잘 알고 있다. 너희 또한 나와 마찬가지로 베푸는 덕을 추구하고 있다. 너희가 어찌 고양이나 늑대와 같을 수 있겠는가?

스스로 제물이 되고 증여물이 되고자 하는 것이 너희의 열망이다. 그 때문에 너희는 온갖 부를 너의 영혼 속에 쌓아두고자 하는 열망을 가지고 있는 것이다.

너희의 덕이 만족을 모른 채 베풀려하기 때문에 너희의 영혼은 만족을 모른 채 보물과 보석을 갈구하고 있다.
너희는 모든 사물을 강제하여 너희에게 그리고 너희 안으로 흘러 들어오도록 한다. 그것들이 너희의 사랑의 선물이 되어 다시 너희의 샘에서 흘러나갈 수 있도록 말이다.
진정, 이처럼 베푸는 사랑은 모든 가치의 강탈자가 되어야 한다. 나는 이런 이기심을 건강하고 거룩하다고 말하는 바이다.(Z, I, Von der schenkenden Tugend, KGW, VI-1, 93-94; KSA, 4, 97-98; 『차라투스트라는 이렇게 말했다』, I, '베푸는 덕에 대하여', 124-125쪽)

[29] 베푸는 덕의 근원

너희의 마음이 강물처럼 드넓게 흘러넘쳐 이웃에게 축복이 되고 위험이 될 때, 바로 거기에 너희의 덕의 근원이 있는 것이다.
너희가 찬양과 비난에 초연해 하며, 너희의 의지가 사랑하는 자의 의지로서 모든 사물에 명령을 내리고자 할 때, 거기에 너희의 덕의 근원이 있는 것이다.
너희가 쾌적함과 부드러운 잠자리를 경멸하지만 여린 사람들로부터는 아주 멀리 떨어져 잠들 수 없을 때, 거기에 너희의 덕의 근원이 있는 것이다.
너희가 하나의 의지만을 의욕하는 자이고, 모든 필요(Noth)의 이 전환을 필연성(Nothwendigkeit)이라고 부를 때, 거기에 너희의 덕의 근원이 있는 것이다.
진정, 이것이 새로운 선이고 악이다! 진정, 이것이 새롭고 깊은 물결소리요 새로운 샘물 소리다!

이 새로운 덕, 이것이 힘(Macht)이다. 이 덕이 지배적인 사상이며 그 주위를 영리한 영혼이 둘러싸고 있다. 황금빛 태양과 그 주위를 둘러싸고 있는 인식의 뱀처럼 말이다.(Z, I, Von der schenkenden Tugend, KGW, VI-1, 95; KSA, 4, 99; 『차라투스트라는 이렇게 말했다』, I, '베푸는 덕에 대하여', 126-127쪽)

[30] 반 – 정치로서의 문화

사람들은 이렇게 생각한다. 독일 문화가 하강한다는 점이 명백할 뿐만 아니라, 그럴만한 충분한 이유도 있다. 누구도 궁극적으로는 자신이 갖고 있는 것보다 더 많이 지출할 수는 없다. 이것은 개인에게도 적용되고 민족에게도 적용된다. 권력, 위대한 정치, 경제, 세계무역, 의회제, 군사적 관심에 전력을 다하면, 인간을 이루고 있는 요소들인 지성, 진지함, 의지, 자기극복을 이런 쪽에 다 주어버린다면, 다른 쪽을 위한 것은 남아 있지 않게 된다. 문화와 국가는 적대적이다. 이에 대해서 착각하지 말아야 한다. '문화-국가'란 단지 근대적 이념일 뿐이다. 문화는 국가에 의존해 살아가고 국가의 희생의 댓가로 번영한다. 위대한 문화의 시대는 모두 정치적 하강의 시대였다. 문화적인 의미에서 중요한 것은 비정치적이었고, 심지어는 반정치적이었다. … 독일이 강대국으로 등장하는 그 순간에 프랑스는 문화 강국으로서 변모된 중요성을 획득했다. 오늘날에는 이미 새로운 진지함과 정신의 새로운 열정이 많은 부분 파리로 옮아갔다. 이를테면 염세주의의 문제, 바그너 문제, 거의 모든 심리적이고 예술적인 문제들이 그곳에서는 독일에서와는 비교할 수 없을 정도로 더 섬세하고 더 근본적으로 고려되고 있다. 독일인은 이런 종류의 진지함에는 무능하기까지 하다. 유럽문화사에서 '독일제국'(Reich)의 부상은 다른 무엇보다도 이 하나를 의미한다: 무게중심의 이동. 이 점은 이미 도처에 알려져 있다. 주요 사안에서—문화가 바로 이것인데—독일인은 더 이상 고려의 대상이 아니다.(GD, Was den Deutschen abgeht, 4, KGW, VI-3, 100; KSA, 6, 106; 『우상의 황혼』, '독일인에게 모자란 것', 4, 134-135쪽)

[31] 위버멘쉬의 '위대한 정치'

A. 모든 가치의 전도. 이것이 내 안에서 살이 되고 천부적 재능이 되었던 인류 최고의 자기 성찰에 대한 내 정식이다. 내 운명은 내가 분별력을 가진 최초의 사람이기를, 내가 수천 년간의 거짓에 맞서고 있다는 것을 스스로 잘 알고 있기를 원한다. … 나는 최초로 진리를 발견했다. 그리고 그것을 통해 나는 처음으로 거짓을 거짓으로 지각했다—그러한 낌새를 맡았다. … 나의 천재성은 나의 콧속에 있다. … 나는 그 누구도 그렇게 하지 못했을 만큼 이견을 제기하고 있지만, 그럼에도 불구하고 반대만을 일삼는 정신과는 대립한다. 나는 전대미문의 즐거운 전달자(Botschafter)이다. 나는 지금까지 누구에 의해서도 파악되지 못했던 드높은 과제들을 알고 있다. 나로부터 비로소 희망이 다시 나타났다. 이 모든 것과 더불어 나는 숙명적으로 비운의 인간이 되었다. 진리가 수천 년간의 거짓과 싸움에 돌입하게 되면 우리는 소란, 지진과 같은 급격한 변이, 지각변동을 갖게 될 것이기 때문이다. 그렇게 되면 정치라는 개념은 전적으로 정신들의 싸움이 되어버릴 것이고, 낡은 사회의 모든 권력구성체는 허공 속으로 흩어져버릴 것이다. 그것들은 모두 거짓에 기초하고 있기 때문이다. 지상에서 한 번도 존재하지

않았던 전쟁이 일어나게 된다. 나로부터 지상에서 처음으로 위대한 정치(grosse Politik)가 나타나게 된다.(EH, Warum Ich ein Schicksal bin, 1, KGW, VI-3, 363-364; KSA, 6, 365-366; 『이 사람을 보라』, '왜 나는 하나의 운명인지', 1, 457쪽)

B. 위대한 정치.

나는 전쟁을 개시한다. 그런데 그것은 민족과 민족 사이의 전쟁이 아니다. 이기심에 대한 선동을 통해서 민족들 상호간의 자기과시를 원리로, 심지어는 의무로 만들고 있는 유럽 왕조의 저 비난받아 마땅한 이해타산의 정치에 대한 나의 경멸을 표현할 만한 말이 나에게는 없다. [나의 전쟁은] 계급 간의 전쟁도 아니다. 왜냐하면 우리는 어떤 고귀한 계급도, 따라서 어떤 저급한 계급도 가지고 있지 않기 때문이다. 오늘날 사회에서 정상에 위치해 있는 계급은 생리적으로 사형선고를 받았고, 게다가—그것에 대한 증거인데—그 본능에 있어서 빈곤해지고 더욱 불확실해져서 고귀한 유형의 인간에 대한 적대원리를 고백하기에 이르렀다.

나는 민족, 계급, 종족, 직업, 교육, 교양에 나타나는 모든 불합리한 우연들을 가로지르는 전쟁을 개시한다. 상승과 하강 사이의 전쟁, 삶에의 의지와 삶에 대한 복수심 사이의 전쟁, 정직함과 악의적인 허위 사이의 전쟁을 ….

… 첫 번째 명제 : 위대한 정치는 다른 모든 문제들을 지배하는 위치에 생리학을 올려놓는다. 위대한 정치는, 인류를 전체로서 그리고 고귀한 존재로서 훈육할 수 있는 충분히 강한 힘, 무자비한 냉혹함으로 퇴화하는 것과 삶에 기생하는 것, 즉 타락하고 유해하며

비방하고 몰락하는 것에 대항하고 …. 그리고 삶의 무화 속에서 고귀한 종류의 영혼에 대한 증표를 발견하고 있는 것에 대항할 수 있는 힘을 창출하고자 한다.

두 번째 명제 : 악덕에 대한 사투. 모든 종류의 반자연은 악덕에 속한다. 그리스도교 사제는 가장 악덕한 종류의 인간이다. 왜냐하면 그는 반자연을 가르치기 때문이다.

두 번째 명제 : 위대한 정치를 위해 충분히 강한 삶의 당파를 창출한다. 위대한 정치는 다른 모든 문제들을 지배하는 위치에 생리학을 올려놓는다. 그것은 인류를 전체로서 훈육하고자 한다. 그것은 종족, 민족, 개인의 등급을 그들의 미래에 의거해서, 그들이 자신들의 내부에 지니고 있는 삶에 대한 보증에 의거해서 평가한다. 위대한 정치는 퇴화하고 기생하는 모든 것들을 가차없이 끝장낸다.

세 번째 명제. 나머지는 이것으로부터 따라 나온다.(NF, 25[1], KGW, VIII-3, 449-452; KSA, 13, 637-638; 『유고』(1888년 초-1889년 1월 초), 553-554쪽)

[32] 미적 형이상학 : 세계는 미적 현상으로서 이해되어야 한다

형이상학, 종교, 도덕, 과학. 이 모든 것이 단지 인간의 예술을 위한 의지, 거짓을 향한 의지, '진리'로부터의 도피를 향한 의지, '진리'의 부정을 향한 의지의 산물들이다. 거짓을 통해 실재(Realität)에 폭력을 가하도록 해주는 능력, 인간의 이 예술가적 능력(Künstler-Vermögen)을 인간은 존재하는 모든 것과 공유한다. 인간 자신은 한 조각의 현실, 진리, 자연이다. 그러니 어찌 그가 한 조각의 거짓의 천재(Genie der Lüge)이지 않을 수 있는가!

… 하지만 진리는 최고의 가치 척도로 간주되지는 않는다. 최고의 힘으로는 더욱 아니다. 여기에서는 가상에의 의지, 환영에의 의지, 착각에의 의지, 생성과 변화(객관적 착각)에의 의지가 진리에의 의지, 현실성에의 의지, 존재에의 의지보다 더 심오하고 더 근원적이며 더 형이상학적인 것으로 간주된다. 후자는 그 자체가 환영에의 의지의 한 형식일 뿐이다. 마찬가지로 쾌락은 고통보다 더 근원적인 것으로 간주된다. 고통은 무엇보다도 파생된 것, 즉 쾌락에의 의지(생성, 변화, 형태를 향한 의지, 즉 창조를 향한 의지. 그런데 창조에는 파괴가 포함되어 있다)의 후속 현상으로 간주된다. 최고의 고통을 필연적으로 포함할 수밖에 없는 현존재 긍정의 최고 상태, 비극적-디오니소스적 상태가 구상되었다.(NF, 17[3], KGW, VIII-3, 318-320; KSA, 13, 520-522; 『유고』(1888년 초-1889년 1월 초), 392-394쪽)

[33] 삶의 긍정으로서의 예술

예술 오직 예술만이 존재한다! 예술은 위대한 삶의 정초자(Ermöglicherin)이고 위대한 삶의 유혹자이며 위대한 삶의 자극제이다.

삶의 부정을 향한 모든 의지들에 맞서는 유일하게 압도적인 대항력으로서의 예술, 그 자체로 반그리스도적인 것, 반불교적인 것, 반허무주의적인 것인 예술.

인식자의 구원으로서의 예술. 현존재의 두렵고 불확실한 성격을 이해하고 또 이해하려고 하는 인식자, 비극적-인식자의 구원으로서의 예술.

행위자의 구원으로서의 예술. 현존재의 두렵고 불확실한 성격을 단지 이해할 뿐만 아니라 겪어내고 또 겪어내고자 하는 행위자, 비극적-전투적 인간, 즉 영웅의 구원으로서 예술.
고행자의 구원으로서의 예술. 고통이 욕구되고 미화되며 신성화되는 상태, 고통이 커다란 환희의 형식이 되는 상태에 이른 길로서의 예술.(NF, 17[3], KGW, VIII-3, 319; KSA, 13, 521; 『유고』(1888년 초-1889년 1월 초), 392-394쪽)

❁ 참고문헌

1. 원전과 번역서

Aristote, Métaphysique, introduction, notes et index par J. Trico, Paris: J. Vrin, 1974.

Aristote, Physique, traduction et présentation par P. Pellegrin, Paris: GF-Flammarion, 1999.

Aristotelis Ethica Evdemia, ed. R. R. Walzer, J. M. Mingay, Oxford: Clarendon, 1991.

Aristotelis Ethica Nicomachea, ed. I. Bywater, Oxford: Clarendon, 1984.

Aristotelis Politica, ed. D. W. Ross, Oxford: Clarendon, 1957.

Aristotle: De Anima, edited with introduction and commentary by D. Ross, Oxford: Clarendon, 1961.

Aristotle's De Motu Animalium, ed. M. C. Nussbaum, Princeton: Princeton University Press, 1978.

Cicero, *De officiis (On Duties)*, with an english translation by W. Miller, London, Cambridge, MA: Harvard University Press, 1928 (1st edition 1913).

Descartes, *Oeuvres complètes*, édition de C. Adam et P. Tannery, Paris: J. Vrin, 1996.

Diogenes Laertius: Lives of Eminent Philosophers, ed. T. Dorandi, Cambridge: Cambridge University Press, 2013.

Diogenis Laertii Vitae philosophorum, ed. M. Marcovich, Stuttgart-Lipsia: Teubner, 1999-2002.

Greek Elegy and Iambus: Volume 1, ed. J. M. Edmonds, London: Harvard University Press, 1931.

Hesiod: Theogony, Works and Days, Testimonia, ed. G. W. Most, Cambridge, MA: Harvard University Press, 2006.

Homeri Opera, ed. D. B. Monro, T. W. Allen, Oxford: Clarendon, 1917-1920.

Machiavelli, Niccolo, *The Chief Works and Others*, volume 1, trans. by A. Gilbert, Durham, NC: Duke University Press, 1989.

Machiavelli, Niccolo, *Tutte le opere*, a cura di M. Martelli, Firenze: Sansoni editore, 1971.

Nietzsche, Friedrich, *Sämtliche Werke, Kritische Studienausgabe in 15 Bänden*, hrsg. von G. Colli, M. Montinari, Berlin: W. de Gruyter, 1980.

Nietzsche, Friedrich, *Werke, Kritische Gesamtausgabe*, hrsg. von G. Colli, M. Montinari, Berlin: W. de Gruyter, 1967.

Platon, *La République*, traduction et présentation par G. Leroux, Paris: GF- Flammarion, 2002.

Platonis Opera, 5 vols., ed. J. Burnet, Oxford: Clarendon, 1901-1907.

Spinoza, *Opera*, hrsg. von C. Gebhardt, Heidelberg: Carl Winters Universitaetsbuchhand-lung, 1925.

Spinoza, *Oeuvres*, sous la direction de P.-F. Moreau, t. I: *Premiers écrits, 2009*; t. III: *Traité théologico-politique*, 1999; t. V: *Traité politique*, Paris: PUF, 2005.

Stoicorum veterum fragmenta, ed. H. F. A. von Arnim, Stuttgart: Teubner, 1964.

『니체 전집』, 니체편집위원회 옮김, 서울: 책세상, 2005.

마키아벨리, 『군주론』, 강정인·김경희 옮김, 제3판 개역본, 서울: 까치, 2008.

마키아벨리, 『로마사 논고』, 강정인·안선재 옮김, 파주: 한길사, 2003.

아리스토텔레스, 『니코마코스 윤리학』, 이창우·김재홍·강상진 번역, 서울: 길, 2014.

아리스토텔레스, 『에우데모스 윤리학』, 송유레 번역, 파주: 한길사, 2012.

아리스토텔레스, 『정치학』, 천병희 번역, 서울: 숲, 2009.

아리스토텔레스, 『형이상학』, 조대호 번역, 파주: 나남, 2012.

『아리스토파네스 희극 전집 1』, 천병희 번역, 파주: 숲, 2010.

『아리스토파네스 희극 전집 2』, 천병희 번역, 파주: 숲, 2010.

아우구스티누스, 『신국론』, 성염 번역, 서울: 분도출판사, 2004.

키케로, 『투스쿨룸 대화』, 김남우 번역, 파주: 아카넷, 2014.

플라톤, 『고르기아스』, 김인곤 번역, 서울: 이제이북스, 2011.

플라톤, 『국가·政體』 박종현 번역, 서울: 서광사, 1997.

플라톤, 『법률』, 박종현 번역, 서울: 서광사, 2009.

플라톤, 『소크라테스의 변명』, 강철웅 번역, 서울: 이제이북스, 2014.

플라톤, 『에우튀데모스』, 김주일 번역, 서울: 이제이북스, 2008.

플라톤, 『파이돈』, 전헌상 번역, 서울: 이제이북스, 2013.

플라톤, 『파이드로스』, 조대호 번역, 제2판, 서울: 문예출판사, 2016.

플라톤, 『프로타고라스』, 강성훈 번역, 서울: 이제이북스, 2011.

2. 연구서와 논문

Adkins, A. W. H., *Merit and Responsibility: A Study in Greek Values*, Oxford: Clarendon, 1960.

Angle, S. C., *Sagehood: The Contemporary Significance of Neo-Confucianism*, Oxford: Oxford University Press, 2009.

Annas, J., *The Morality of Happiness*, Oxford: Oxford University Press, 1993.

Bayle, P. *Dictionnaire historique et critique* (1697), 5th edition, Amsterdam: P. Brunel, 1740.

Bennett, J., *A Study of Spinoza's Ethics*, Cambridge: Cambridge University Press, 1984.

Chantraine, P., *Dictionnaire étymologique de la langue grecque. Histoire des mots*, 2nd edition, Bd. 1/2, Paris: Klincksieck, 1990.

Dihle, A., *The Theory of Will in Classical Antiquity*, Berkeley, Los Angeles, London: University of California Press, 1982.

Frede, M., *A Free Will. Origins of the Notion in Ancient Thought*, Berkeley, Los Angeles, London: University of California Press, 2012.

Hadot, P., *Qu'est-ce que la philosophie antique?*, Paris: Folio, 1995.

Hansen, M.-H., *Polis: An Introduction to the Ancient Greek City-State*, Oxford: Oxford University Press, 2006.

Hursthouse, R., *On Virtue Ethics*, Oxford: Oxford University Press, 1999.

Hursthouse, R., 'Virtue Ethics', http://plato.stanford.edu/entries/ethics-virtue/, 2003.

Irwin, T., *The Development of Ethics: Volume 1: From Socrates to the Reformation*, Oxford: Oxford University Press, 2007.

MacIntyre, A., *A Short History of Ethics. A History of Moral Philosophy from the Homeric Age to the Twentieth Century*, London: Routledge Classics, 1998.

Munro, D. J., *The Concept of Man in Early China*, Ann Arbor: University of Michigan Press, 1969.

Norden, B. W. Van, *Virtue Ethics and Consequentialism in Early Chinese Philosophy*, Cambridge: Cambridge University Press, 2007.

Russell, D. C., *Virtue Ethics, Happiness, and the Good Life*, Cambridge: Cambridge University Press, 2013.

Séris, J-P., *La technique*, Paris: PUF, 1994.

Yu, J., *The Ethics of Confucius and Aristotle: Mirrors of Virtue*, London: Routledge, 2007.

김형중, 「'덕(德)'의 함양과 행위지침」, 고려대학교 박사학위논문, 2011.
송유례, 「의지의 기원과 이성적 욕망—아리스토텔레스의 '소망'(boulêsis) 개념 연구」, 『서양고전학연구』 55권 1호, 2016, pp. 59-86.
시라카와 시즈카, 『한자의 세계』, 고인덕 옮김, 서울: 솔출판사, 2008.
이혜경, 「유학과 문명, '倫理'를 둘러싸고 주도권을 다투다」, 『개념의 번역과 창조』, 파주: 돌베개, 2012.
赤塚忠·金谷治 외, 『중국사상개론』, 조성을 옮김, 서울: 이론과실천, 1987.
헤르만 프랭켈, 『초기 희랍의 문학과 철학 1』, 김남우·홍사현 옮김, 파주: 아카넷. 2011.

高瀨武次郎, 『陽明學詳傳』, 東京: 文明堂, 1904.
高瀨武次郎, 『支那哲學史』, 東京: 文盛堂書店, 1909.
孔安國 傳, 孔穎達 疏, 李學勤 主編, 『尙書正義』(十三經注疏 整理本), 北京: 北京大學出版社, 2000.
關口すみ子, 『國民道德と國民道德とジェンダ-—福澤諭吉·井上哲次郎·和つじ哲郎』, 東京: 東京大學出版部, 2007.
福沢諭吉, 『文明論之概略』, 東京: 岩波文庫, 1995.
井上圓了, 『倫理通論』, 東京: 普及舍, 1888.
井上哲次郎, 『勅語衍義』, 東京: 敬業社, 1900.
井上哲次郎, 『日本陽明學派之哲學』, 東京: 富山房, 1900.
陳鼓應, 『管子四篇詮釋』, 北京: 商務印書館, 2006.
湯可敬, 『說文解字今釋(上·下)』, 長沙: 岳麓書社, 2001.

✿ 찾아보기

[ㄱ]

감정 22, 53, 55, 92, 100, 107, 110, 112, 127, 185, 197-199, 208, 209, 212, 230, 237, 247, 249, 252, 262, 263, 277, 284, 285, 304, 322, 330-332, 338, 339, 344, 350, 351, 355, 356, 358, 364, 376, 378, 380, 384-386, 395, 397, 398, 400, 413, 428, 450

견유주의 77

계보학 377, 378

공동선 72, 128, 180-182, 290, 308, 309

공동체 24, 72, 75, 105, 107, 132, 135, 160

공리주의 5, 16-19, 20, 44, 289, 290

과잉 329, 331, 332, 336, 348

관습 49, 67, 69, 77, 78, 134, 137, 241

관조 99, 110, 114, 156, 221-224, 227, 239, 262, 263

광기 115, 116

국가 30, 49, 50, 52, 67, 72, 74, 75, 78, 80, 81, 91, 94-96, 102-113, 120-123, 125-131, 134, 135, 138-143, 146, 148, 149, 160-164, 166, 168, 169, 171, 178-180, 182, 187-189, 193, 196, 217, 218, 221, 225, 227, 234, 259, 261, 272, 273, 275, 276, 278, 283, 285-290, 292, 294, 297, 301, 304, 306, 346, 347, 365, 407, 408, 455

권력 → 힘

균형 58, 119, 186, 332, 336-338, 348, 412

그리스도교 18, 19, 22, 23, 55, 56, 58, 270, 276, 297, 301, 315, 316, 396, 406, 424-426, 442, 444, 458

금욕주의 78, 101, 380, 381

긍지 → 자부심

기개 → 분노

기능 20, 22, 48, 100, 108, 112, 129, 155, 184, 185, 206, 207, 212, 217, 218, 235, 236, 247, 250, 251, 258, 274, 280, 281, 333, 339, 384, 432, 434, 447

[ㄴ]

나라 → 국가

내분 98, 105, 306

능력 20, 30, 31, 36, 48, 71, 79, 86, 88, 103, 107, 135, 153, 155, 168, 169, 184, 201, 214, 215, 221, 224, 234,

246, 248, 250, 251, 255, 258, 272, 274, 288, 290, 302, 304, 305, 317, 334, 361, 371, 387, 393, 394, 396, 397, 412, 436, 438, 449, 458

[ㄷ]
다양성 58, 279, 280, 332-334, 336-338, 342, 348, 396, 405, 445
덕의 단일성 89-91, 154
덕치 50, 121, 125, 136
돌봄 50, 52, 73, 75, 100, 162, 188, 205, 218, 240
자기 돌봄 73, 74, 76, 82
동등 132, 170, 171, 220

[ㄹ]
르네상스 5, 57, 133, 229, 322, 394, 428, 441-444

[ㅁ]
모델 38, 50, 94, 95, 135, 180, 182, 273, 286, 288, 315, 319, 321, 325-333, 336-339, 341, 348, 354, 372
목적 16, 18, 20, 25, 42, 49, 51, 56, 57, 59, 73, 86, 96, 118, 125, 126, 128, 135, 177, 178, 180, 182, 183, 186, 189, 197, 199, 213-215, 218, 225, 230, 231, 233, 234, 239, 245, 250, 258, 269, 271, 273, 274, 279, 290-292, 300, 307, 320, 344, 348, 359, 362, 372, 383, 388, 389, 392, 393, 401, 403, 405, 407, 411, 439
인생의 목적 73
못됨 205, 219, 249, 258
무리동물 390, 404
민중 101, 129, 134, 283, 287, 290, 302, 304, 306-308

[ㅂ]
법치 50, 123-126, 136
변증론 94, 196
본(paradeigma) 80, 145
본성 18, 23, 24, 46-48, 53, 56, 59, 82, 87, 100, 119, 129, 130, 137, 145, 153, 155, 157, 161, 164, 169-171, 178, 182, 184, 208, 230, 236, 239, 241, 242, 251, 260, 272, 274, 284, 285, 291, 300, 316, 317, 319, 322, 325, 331, 333-335, 337, 340, 342-346, 351, 353-357, 359, 360, 362-364, 372-375, 387, 391, 405, 406, 428, 433, 444
인간(의) 본성 19, 46, 49, 52, 58, 105, 123, 137, 181, 182, 270, 274, 284, 286, 316, 318, 321, 322, 325-327, 329, 330, 332, 333, 336-339, 341, 345, 348, 353, 354, 372, 383, 390, 391, 405
부동심 53
분노 70, 107-110, 129, 160, 196, 204, 215, 244, 245, 249, 253, 400, 450
분업 105, 106, 135
불의 28, 30, 71, 72, 129, 130, 145, 155, 169, 190, 198, 203-206, 210, 219, 241, 249
불화 137, 285-287, 305-307, 347, 365
비도덕주의 57, 269, 271, 279, 288, 289, 370, 374, 410, 411, 417

비르투 281, 441, 443

[ㅅ]

사랑 22, 55, 76, 77, 98, 101, 107, 115-119, 127, 166, 380, 400, 406, 417, 420, 441, 446, 450, 454

삶 19-21, 24, 25, 29, 30, 46, 52, 53, 57, 58, 63, 68, 73, 75-77, 83, 94, 98, 100, 101, 104, 106, 117, 123, 160, 178, 179, 183-186, 190, 191, 193, 216, 222, 223, 225, 226, 228, 234-238, 240, 262, 263, 269, 270, 272, 275-277, 279, 280, 282, 283-286, 298, 306, 308, 315, 320, 321, 325, 326, 329, 330-333, 339, 352, 355, 370-373, 375-378, 380, 381, 383-385, 389, 391, 393, 395, 396, 398-400, 402, 404, 405, 407, 412-414, 419, 422-426, 428, 434, 444, 445, 452, 457-459

상기 116, 150

생명 → 삶

선택 15, 48, 177, 190, 191, 196, 200, 201, 205, 206, 214, 215, 237, 245, 249, 250, 276, 381, 400, 419

섭리 52, 205, 324

성격 16, 23, 49, 51, 64, 65, 92, 103, 128, 157, 158, 160, 164, 177, 185, 188, 198, 199, 204, 205, 208-210, 212, 215, 216, 226, 230, 245-247, 251, 256, 262, 318, 358, 401, 411, 459

성향 163, 166, 184, 199, 206, 208-212, 236-238, 246, 251, 253, 254, 256, 258

소망 55, 73, 126, 196, 213, 244, 245, 300

소크라테스 21, 31, 49-52, 63, 64, 66-79, 81-94, 97-102, 105-107, 109, 120, 127, 129, 131, 134, 136, 137, 139, 140-145, 150-152, 154, 155, 158, 165, 175, 186, 188, 203, 212, 218, 230, 239, 256

소피스트 31, 67, 68, 69, 84, 94, 134, 136, 137, 148

소홀함 84, 204, 248, 249

수행 65, 97, 98, 100, 101, 113, 123, 152, 176, 177, 191, 207, 230, 236, 272, 291, 301, 309, 333, 339, 427

숙고 84, 148, 205, 206, 208, 213-215, 217, 249, 250, 256, 257

슬기 31, 53, 79, 85-87, 91, 92, 96, 97, 99, 106, 109, 110, 112, 124-126, 138, 139, 153, 154, 157-159, 163, 165-168, 188, 199, 209, 212-214, 216, 218, 220, 221, 245, 246, 255-259, 261, 262

습관 51, 86, 101, 102, 110, 163, 188, 204, 208-210, 240, 251, 252, 254, 433

시민 30, 31, 50-52, 68, 74-77, 82, 83, 101-104, 113, 120, 121, 125-128, 132, 135, 136, 139, 141, 149, 166, 167, 179-181, 186, 187, 192, 193, 218, 219, 225, 227, 231, 232, 241, 275, 276, 283, 301, 309

신(神) 54, 95, 224

신체 27, 48, 53, 71, 74, 81, 82, 97-99, 100, 101, 104, 105, 110, 111, 118, 128, 130, 146, 147, 162, 163, 225,

262, 298, 334-336, 339, 351, 353, 355-358, 360, 361, 365, 371, 375, 376, 381, 395-398, 413, 424, 445-447, 453
실천 19, 21, 22, 24, 25, 44, 50, 51, 68, 71, 72, 74, 83, 176, 185, 186, 188, 189, 200, 209, 210, 216, 217, 220, 221, 224, 229, 230, 235-237, 241, 246, 255, 257, 258, 263, 289, 292, 301, 309, 322, 371, 372

[ㅇ]

아레테 5, 26-29, 31, 79, 138, 206, 207
아름답고도 좋음 226
아카데미 77, 78, 94, 120, 136, 137, 175, 196, 232
여가 98, 192, 193
역량 58, 121, 184, 199, 225, 272, 290-292, 309, 323, 325, 330, 332, 334-337, 342, 344-346, 353, 355-357, 360, 361, 363, 365, 407
역사 13, 15, 25, 26, 175, 278, 280-282, 284, 287, 292-294, 302, 306, 310, 428, 447
연습 23, 76, 97, 98, 101, 102, 110, 114, 163, 169, 170, 187, 217, 230, 299, 351, 395
영혼 33, 52-54, 68, 71, 72, 74, 81-83, 87, 92, 93, 95, 97-100, 104, 105, 107-111, 113-118, 120, 128-130, 139, 145-147, 150, 154, 157, 159, 161-164, 166, 167, 185, 196, 197, 207, 212, 222, 236, 237, 244, 246, 251, 255, 258, 261-263, 317, 351, 359, 365, 375, 395, 417, 424, 445, 448, 453, 455, 458
영혼삼분설 108, 196
예술 59, 412, 413, 425, 458-460
온화 31, 208, 219, 252-254, 453
욕구 82, 98, 107-110, 129, 131, 147, 158, 166, 195-199, 208, 212, 243-245, 254, 263, 323, 343, 345-347, 353, 354, 359-362, 366, 389, 397, 404, 413, 430, 453, 460
욕망 13, 21, 47, 48, 55-58, 73, 85, 92, 97, 98, 100, 101, 105-108, 112, 118, 119, 184, 185, 195-197, 205, 214, 233, 237, 244, 245, 270, 272, 274, 276, 277, 283-285, 287, 290, 294, 303-305, 307, 319-330, 336, 340, 343-353, 354, 357, 360, 371, 372, 375-378, 381, 384, 385, 389, 397, 404, 405, 411, 419, 433, 453
용기 27-29, 31-33, 53, 79, 85, 87-93, 99, 103, 106, 107, 109, 111, 126, 137, 154-160, 166, 168, 208, 210, 212, 239, 241, 270, 289, 379, 381, 392, 401-404, 406, 451, 452
우리에게 달린 것 213
우연 5, 183, 206, 230, 325, 378, 457
우정 → 친애
운 183, 291-293, 310, 311
위버멘쉬 390-393, 404-406, 408-410, 414, 440, 456
육신, 육체 → 신체
윤리학 6, 13, 16, 19, 21, 26, 31, 42-44, 48-52, 58, 63, 65-67, 71, 73-75, 85, 93, 94, 120, 125, 133, 138, 175-177,

179, 188, 196, 220, 221, 225, 226, 229-231, 233, 239, 274, 277, 315, 318-323, 325, 327, 336, 337, 339, 342, 345, 348, 350, 353, 355, 371, 396, 402
의도 16, 25, 198, 205, 300, 301, 419, 425, 435
의무론 5, 16-18, 20, 55, 278
의지 19, 22, 23, 48, 58, 59, 122, 196, 197, 220, 271, 276, 277, 310, 316, 317, 321, 339-341, 348, 350-353, 362, 371, 372, 374-376, 378, 379, 381, 387, 388, 393, 396, 397, 402, 404, 405, 412, 416, 420, 424, 426, 428, 431, 432, 435, 437-439, 441, 445, 450, 454, 455, 458, 459
이기주의 44, 71, 72, 263, 361, 380, 381, 404
이데아 80, 81, 110, 111, 114, 116, 121, 137, 177, 189, 229
이상주의 276
이성 20, 51, 53, 56, 92, 107, 108-110, 115, 129, 130, 157, 184, 185, 188, 192, 195-199, 207, 209, 212, 217, 221, 222, 230, 231, 236, 243, 244, 252, 270, 272, 274, 284, 304, 318, 320, 322, 324, 333, 335, 339, 340, 345, 346, 358-361, 364, 365, 395-397, 401, 405, 411, 428, 437, 438, 442, 445, 448, 449
인식 19, 20, 23, 30, 36, 44, 58, 59, 65, 95, 99, 100, 104, 105, 111, 112, 114-117, 156, 168, 177, 181, 186, 217, 219, 221, 223, 231, 234, 239, 240, 246, 249, 257, 261, 270, 271, 274, 281, 282, 294, 316, 324-326, 329-335, 338, 340, 341, 345, 346, 354, 357, 358, 363, 366, 373, 376, 379, 387, 398, 409, 420-423, 442, 449, 455
입법 128, 176, 178, 187, 218, 234, 442

[ㅈ]

자기애 227, 228, 263, 264
자발성 203, 250
자부심 31, 77, 209, 225, 253, 254, 420, 444
자연 19, 20, 23, 24, 52, 56, 57, 67, 130, 131, 133, 169, 170, 230, 247, 272-274, 279, 282, 288, 294, 304, 305, 317, 323-325, 328, 337, 341, 346, 354, 358, 359, 365, 371-373, 377, 382, 383, 392, 405, 409, 411, 412, 419, 420, 427, 428, 458
자유 23, 48, 58, 59, 103, 121, 289, 290, 306, 307, 310, 316-318, 327, 339-341, 347, 348, 350, 362, 370, 392, 403, 428, 435, 440, 441
자유인 318, 339, 341, 342
자제력 194-196, 243, 244
장인 82, 86, 95, 96, 103, 146-148, 151, 156, 164, 192, 193, 206, 210-212, 218, 220
절제 31, 33, 53, 79, 85, 88-91, 99, 101, 103, 106, 107, 109, 111, 114-116, 125, 126, 131, 132, 137, 141, 143, 144, 156, 158-162, 166-168, 170, 194, 195, 208, 210-212, 219, 240,

243, 245, 254, 255, 263, 264, 289, 393
정의(正義) 30, 31, 33, 53, 57, 72, 85, 128, 129, 131, 132, 142, 180, 219, 227, 259
정체 84, 112, 134, 156, 167, 192, 197, 440
정치 39, 40, 50, 67, 83, 273, 408, 410, 411
정치가 51, 63, 78, 82-84, 89, 94, 96, 120, 122-124, 132, 135, 136, 149, 164, 165, 187, 189, 213, 217, 218, 224, 230, 231, 234, 241, 257, 259, 278, 410
정치술 83, 84, 123, 124, 171, 221, 259, 261
정치학 50, 51, 65, 120, 176-178, 180-182, 186, 188-190, 193, 196, 222, 225, 228, 231, 233, 234, 239, 241
정화 54, 97, 99, 159
제작 95, 96, 104, 186, 216, 288, 294, 327-329, 373
조화 41, 47, 57, 119, 129, 135, 137, 164, 197, 198, 310, 400, 412, 439
좋음 5, 32, 50, 52, 81, 95, 96, 110-112, 114, 121, 126, 127, 139, 153, 157, 166, 171, 179, 189, 191, 195, 196, 212, 229-231, 234, 235, 241, 246, 253, 265, 273, 276, 315, 319, 320, 324, 325, 327, 328, 330, 331, 336, 338, 339, 341, 345, 355, 363, 379, 411
인간적인 좋음 177, 178, 190, 222, 230, 231, 233, 234
외적인 좋음 185, 237
즐거움 → 쾌락
지성 18, 22, 23, 51, 86, 91-93, 95, 96, 101, 110, 114, 115, 132, 133, 153, 158, 166-168, 185, 188, 199, 208, 214, 218, 220, 221, 223, 224, 226, 230, 231, 245, 246, 251, 258, 261, 262, 376, 397, 400, 423, 431, 449, 450, 455
지혜 21, 22, 31, 33, 50, 51, 53, 81, 83, 85-91, 93, 98, 101, 106, 109, 111-113, 116, 117, 121, 133, 135, 137-139, 151, 153, 154, 156, 160, 163, 168, 188, 189, 199, 212, 216-218, 220-222, 224-227, 230, 261, 272, 280, 289, 401, 402, 415
진리 46, 47, 59, 64, 77, 96-98, 100, 110, 116, 137, 139, 217, 224, 261, 281, 297, 306, 369, 373-378, 382, 383, 409, 411-413, 417-419, 422, 427, 456, 458, 459
질서 48, 50, 56, 57, 82, 94-96, 110, 123, 129, 130, 132, 133, 146, 162, 170, 178, 196, 222, 230, 276, 283, 287, 288, 294, 304, 317, 319, 320, 324, 325, 347, 354, 358, 360, 394, 397, 432, 442

[ㅊ]

척도 111, 133, 137, 191, 194, 229, 242, 425, 442, 459
철인왕 78, 83, 112, 113, 121-123, 189, 217, 231, 288, 409, 410
친애 160, 170, 180, 181, 227, 228, 406

[ㅋ]

코나투스 58, 322, 323, 325, 326, 332, 336, 338, 342, 347, 353, 358, 360

쾌락 20, 52, 53, 73, 97, 99-101, 107, 109, 114, 118, 119, 127, 158-160, 166, 182, 187, 190-194, 201, 208, 215, 228, 242, 243, 249, 263, 331, 429-431, 439, 459

[ㅎ]

합리성 20, 58, 318, 320, 327, 332, 336, 337, 339, 340, 348, 372

행복 20, 49, 51-53, 55, 66, 73, 74, 86, 87, 118, 126, 131, 138, 139, 151, 154, 177-180, 182-186, 188-192, 197, 199-201, 213, 215, 218, 220-227, 230-232, 237, 238, 261-263, 276, 331, 350, 359, 393, 402, 429, 439, 441

헬레니즘 52, 54, 96, 232, 329

현실주의 58, 269-272, 276, 278-280, 294, 298, 410

현자(賢者) 53, 69, 170, 317, 341

형상 79, 80, 95, 116, 143-145, 156, 294, 304, 343, 356, 408

형이상학 23, 24, 46, 51, 59, 65, 67, 81, 94, 189, 229, 231, 234, 239, 274, 275, 282, 295, 318, 322, 325, 348, 369, 374, 382, 384, 387, 388, 412, 437, 458

활동 29, 30, 40, 47, 52, 59, 67, 78, 106, 117, 164, 185, 191-193, 216, 220-222, 224-227, 231, 234, 235, 237, 248, 254, 261-263, 290, 301, 413, 428, 434

훈련 → 연습

히스토리아 279-281

힘 21, 32, 36, 50, 53, 55, 56, 59, 87, 117, 118, 121, 122, 125, 130, 135, 139, 143, 155, 157, 163, 165, 170, 185, 187, 197, 201, 223, 248, 256, 276-279, 285, 291, 292, 297, 299, 308, 309, 316, 317, 321, 346, 356, 369, 372, 376, 379-381, 386, 387, 393, 396-400, 403, 405-407, 409, 413, 416, 417, 419, 423, 425, 430-434, 438-441, 443, 444, 446, 449, 450, 455, 457-459

　힘에의 의지 373, 378-386, 389, 390, 392, 393, 395, 397, 398, 403, 404, 406, 413, 420, 422, 429-434, 438, 439, 441, 446

박기순

서울대학교 미학과와 동 대학원 철학과를 졸업하고, 프랑스 파리 4대학에서 스피노자에 관한 연구로 박사학위를 받았다. 스피노자를 중심으로 한 근대철학과 프랑스 현대철학 및 미학을 주로 연구하고 있다. 논문으로는 「스피노자와 니체의 관계—감정과 기억의 문제를 중심으로」, 「랑시에르의 로맹—미학적 사건으로서의 로맹과 그 정치성」, 「스피노자와 데리다에서 폭력과 신학-정치적 문제」, 「스피노자와 바디우: 진리와 주체를 사유하는 두 가지 길」 등이 있고, 역서로는 『스피노자의 철학』(민음사 1999), 저서로는 『미술은 철학의 눈이다』(문학과지성사 2014), 『동서의 문화와 창조』(이학사, 2016), 『현대 프랑스 철학사』(창비 2015), 『서양 근대미학』(창비 2012) 등이 있다. 서울대학교 인문학연구원 HK연구교수를 거쳐 현재 충북대학교 철학과 교수로 재직 중이다.

송유레

서울대학교 불어교육과와 동 대학원 철학과를 졸업하고, 독일 함부르크 대학에서 플로티누스에 관한 연구로 박사학위를 받았다. 주요 연구 분야는 서양고대의 형이상학과 윤리학이며, 특히 플라톤주의 전통에 중점이 놓여 있다. 논문으로는 「플라톤의 『에우튀프론』에 나타난 인간애와 경건」, 「덕(德)의 미메시스: 플라톤의 시(詩) 개혁」, 「의지의 기원과 이성적 욕망—아리스토텔레스의 '소망'(boulêsis) 개념」, 「플로티누스의 세계제작자: 플라톤의 『티마이오스』의 탈신화적 해석」 등이 있고, 역서로는 아리스토텔레스의 『에우데모스 윤리학』(한길사 2012), 저서로는 『문명 밖으로』(견유주의, 문명을 냉소하다: 한길사 2011), 『문명의 교류와 충돌』(알렉산드리아의 히파티아와 고대 그리스-로마 문명의 최후: 한길사 2013) 등이 있다. 서울대학교 인문학연구원 HK교수를 거쳐 현재 경희대학교 철학과 부교수로 재직 중이다.

❁ 문명총서 발간사

서울대학교 인문학연구원은 2007년 11월 한국연구재단의 인문한국(HK) 사업을 수탁하여 HK문명연구사업단을 출범시켰다. 한국과 아시아, 세계를 향한 문명연구의 허브를 구축하기 위해 '한국 인문학'의 정립을 목표로 인문학 제 분야는 물론 인근 분야의 전공자들까지 한 지붕 아래 모였다.

인문학연구원이 한국 인문학의 도약을 위해 핵심 과제로 주목한 것은 문명에 대한 새로운 이해이다. 문명이란 장구한 세월 동안 인류가 일구어 낸 정신적·물질적 성과들의 종합이며, 타 문명들과 서로 영향을 주고받으며 진화해온 복합적 실체이다. 이에 대한 심층적인 이해가 선행되지 않는다면 현재와 미래에 대한 유효적절한 준비와 대응은 불가능하다.

'문명텍스트총서'는 인문학 안팎의 다양한 전공을 가진 우리 연구원의 연구자들이 자신의 영역에서 과거와 현재 문명의 정수와 그에 대한 인식을 담은 중요한 텍스트를 선정하여 번역하고 주해한 결과물이다. 이는 긴 시간의 노동을 요하면서도 성취가 단기간에 가시화되지 않는 우직한 작업이지만, 인류의 유산을 한국화하는 이 같은 작업이 주체적으로 세계문명을 사유하고 새로운 문명을 개척하는 데 발판이 되리라고 믿는다. 문명텍스트총서가 현재와 과거를 엮는 씨줄 놓기 작업이라면, 문명공동연구총서는 인간과 세계를 총체적으로 이해하려는 날줄 얽기라고 할 수 있다. 오랫동안 자신의 분야에서 전문화를 추구했기에 공동연구가 쉬운 일은 아니지만, 문명 이해의 융합적 시각뿐만 아니라 한국 인문학의 새로운 전망을 써 내려가는 방법론을 제시할 수 있기를 희망한 결과물이다. 또한 문명지평총서는 연구원 안팎의 연구자들이 참여한 연구서와 교양서를 아우르고 있다.

아무쪼록 문명총서 시리즈가 동서고금의 문명을 더 깊고 더 넓게 이해하는 창발의 효과를 가져오길 기대하며, 국내외의 학자들이 참여하고 교류하는 열린 연구공간이 되길 바란다.

2014년 4월

서울대학교 인문학연구원 원장